最新版

すぐ使える手話

元NHK「手話ニュース」キャスター
深海 久美子 監修

ABCブックス
主婦と生活社

目次

本書の見方と使い方………6

第1章 簡単な自己紹介から始めよう………7

例文 はじめまして、よろしくお願いします………8

あいさつのあらわし方………9

例文 私の名前は佐藤まゆみです………10

人のあらわし方………11

人名のあらわし方………12

人名によく使う漢字………13

指文字を覚えよう………16

例文 私はいま、19歳です………20

数字のあらわし方………21

例文 私は４人家族です………22

家族のあらわし方………23

家族を紹介します………24

例文 私の生まれた場所は東京です……26
例文 祖父は横浜に住んでいます……27
都道府県のあらわし方……28
地名のあらわし方……34
例文 父は福祉関係の仕事をしています……36
職業のあわらし方……37
例文 弟の趣味は映画観賞です……40
例文 私の好きなスポーツはテニスです……41
趣味・スポーツのあらわし方……42
★手話とコミュニケーション……46

第2章 身近なことをあらわしてみよう……47

例文 あの店のラーメンはおいしい……48
「食べる」「飲む」のあらわし方……49
食べもの・飲みもの・味のあらわし方……50
例文 弟の部屋にはパソコンがあります……58
身近なもののあらわし方……59

目次

例文 いま４時15分です……64

時間・空間のあらわし方……65

例文 マンションには駐車場があります……74

公共機関・交通・場所のあらわし方……75

例文 今夜は星がきれいです……82

自然・生物のあらわし方……83

例文 家族で初詣でに行きます……88

行事・交遊のあらわし方……89

第３章 これだけは覚えておきたい手話……93

疑問詞……94

いろいろなあいづち……96

感情をあらわす手話……98

対で覚える手話……100

からだ・医療に関する手話……110

色をあらわす手話……118

第4章

日常会話にチャレンジ……119

弟は春から大学生です……120

明日はまた真夏日のようです……122

毎日残業で帰宅も遅いです……124

ＤＶＤを貸してください……126

郵便局の場所はどこですか？……128

自転車と電車で通勤しています……130

昨日のサッカーはすごかったです……132

セールで新しい靴を買いましょう……134

手話サークルを教えてください……136

イタリアンの店に行きましょう……138

講演会のお知らせを見ましたか？……140

電車で伊豆に行きましょう……142

お正月は家族でハワイに行きます……144

沖縄で毎日泳いでいました……146

熱があるので病院に行ってきます……148

肩こりにマッサージはどうですか？……150

アルファベットのあらわし方……152

索引……154

本書の見方と使い方

- 手話には「日本手話」と「日本語対応手話」があります。その他の表現方法もありますが、本書では日本のろう者の使う標準的な手話を基本にしています。

- 手話は、動きのあるほうを利き手でおこなうのが基本です。本書では右手が利き手の人を想定しています。左利きの人は、左右逆に表現してください。

- 手話には文字がないため、本書では日本語の文字表記を借り、手話単語を　　　　や【　】で掲載しています。

- 手話のイラストは原則として、相手から見た立場で描いてあります。ただし、一部、斜めや横から見た形で描いてあるものもあります。

- 既出の手話については、基本的には動かし方の説明を省略しています。動きがわかりにくい場合は、巻末の索引を利用してください。

イラスト中のおもな表現について

それぞれ以下のような動きをあらわしています。

→ 動作を１回おこなう

↠ 動作を２回から数回おこなう

⇉ 同じ動作をくり返しおこなう

↔ 上下・前後・左右に動かす

〜 ヒラヒラさせながら動かす

体や手にあてる、またはたたく

軽く動かす

第1章

簡単な自己紹介から始めよう

「はじめまして」のあいさつから
名前、出身地、職業、そして趣味まで。
しっかりと自分自身のことを
伝えるための基本手話です。
指文字や数字もここで覚えて
おきましょう。

例文

はじめまして、よろしくお願いします

手話文　初めて　会う ／ よい　頼む

斜線は間《ま》をとる場所をあらわしています。

コミュニケーションのはじめはあいさつから。【おはよう】【こんにちは】【こんばんは】【おやすみなさい】【ありがとう】【よろしくお願いします】など、あいさつの表現を集めてみました。

軽く手を動かすと軽いあいさつ、ていねいな手の動きにおじぎも加えると、きちんとしたあいさつになります。

1

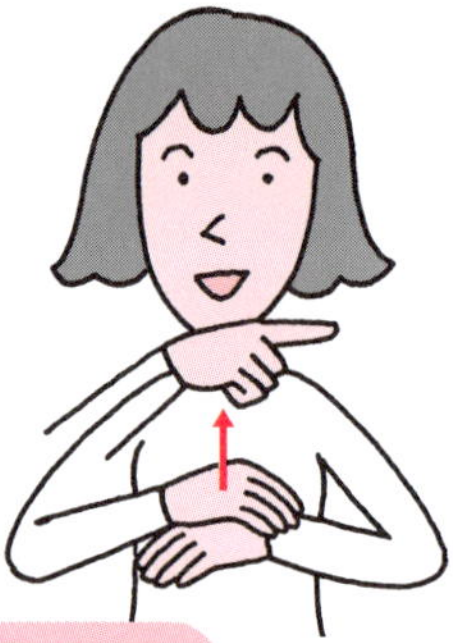

左手の甲に右手をのせてから、右の人さし指だけを伸ばして上げます

初めて　数字の【1】をつかむように

2

両手の人さし指を立て、左右から近づけ合わせます

【会うA】

会う　人と人(左手と右手)が会う

3

右の握りこぶしを鼻にあて、前に出します

よい　鼻が高い

4

右手を顔の前に垂直におき、前に出します

頼む　お願いごとをするしぐさ

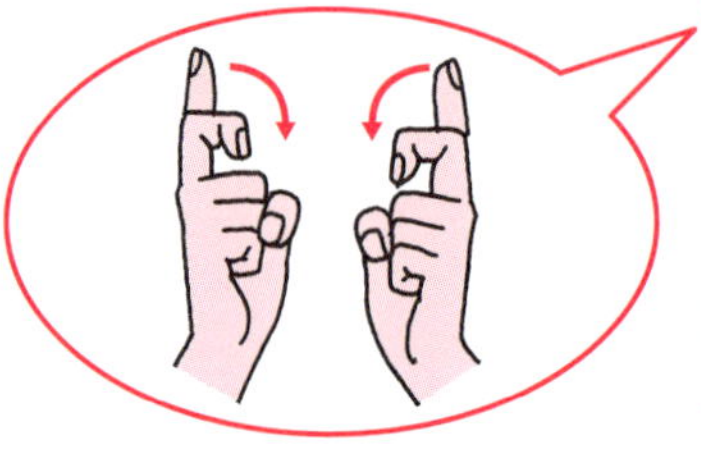

ポイント　【あいさつ】

【あいさつ】は、左右の人さし指を人と人に見立て、向かい合わせて同時に曲げ、おじぎをする動作で表現します。「おはよう」は【朝】➡【あいさつ】、「こんばんは」は【夜】➡【あいさつ】で表現します。「おはよう」は【朝】だけ、「こんばんは」は【夜】だけで表現することもあります。

あいさつのあらわし方

おはよう

【朝】こめかみにあてた右のこぶしを下ろす➡【あいさつ】

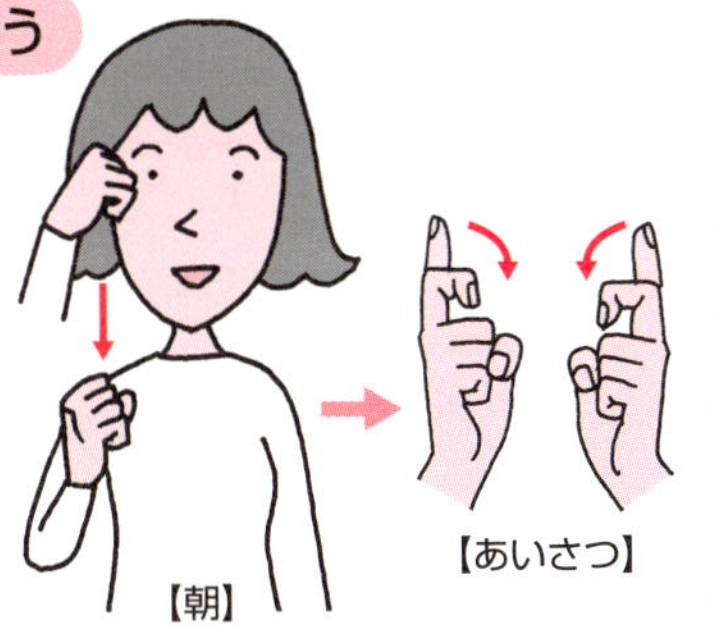

こんにちは

【正午】右の人さし指と中指を立てて額にあてる➡【あいさつ】

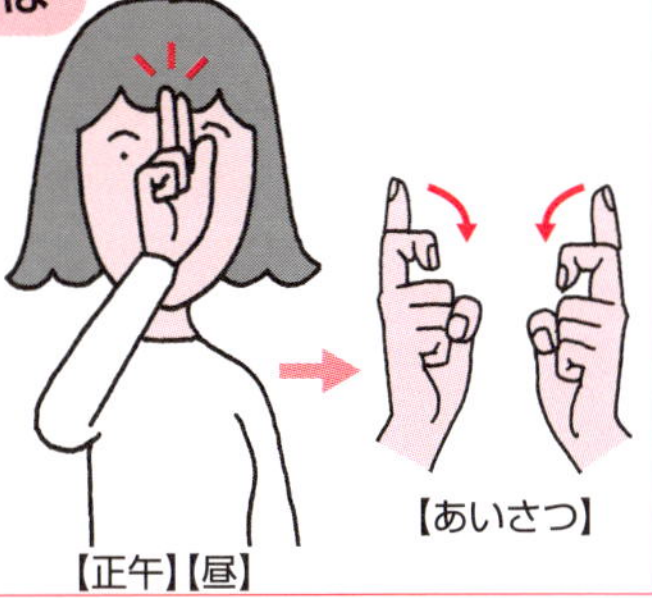

こんばんは

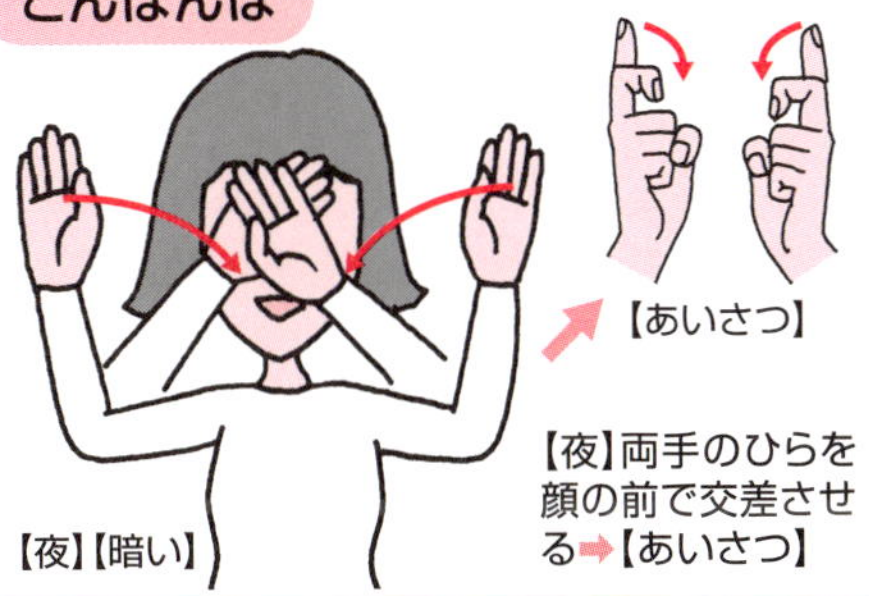

【夜】両手のひらを顔の前で交差させる➡【あいさつ】

おやすみなさい

右のこぶしをこめかみにあててから、右手を前に出す

久しぶり

両手の甲を胸の前でつけ合わせ、左右に離す

お疲れさま

右のこぶしで左手首をトントンとたたき、右手を前に出す

ありがとう

左手の甲を右手の小指側でトントンとたたいて上げる

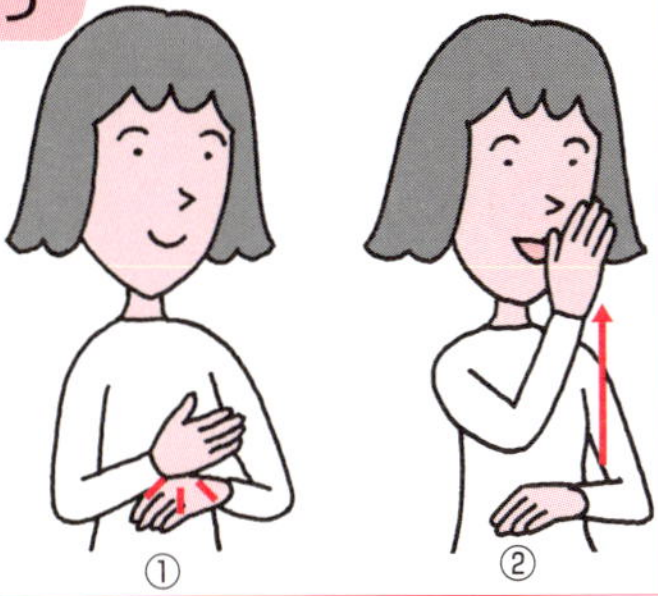

ごめんなさい

右の親指と人さし指で眉間をつまみ、右手を前に出す

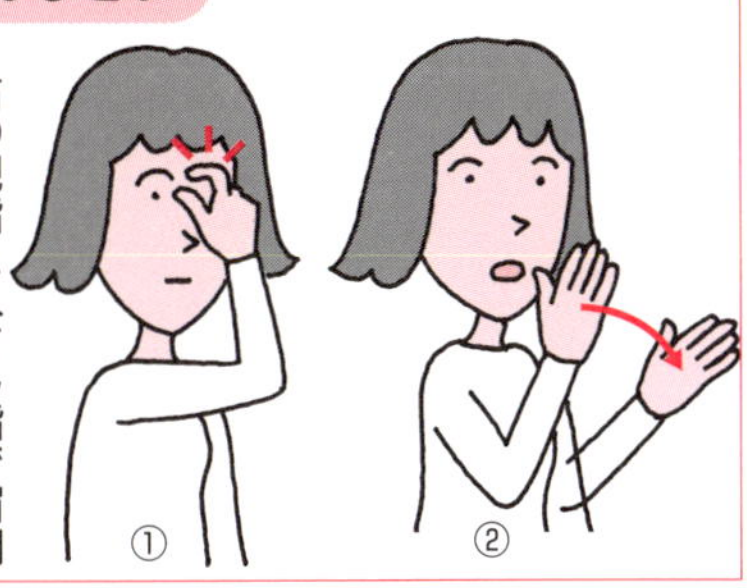

例文

私の名前は佐藤まゆみです

手話文　私　名前／佐藤　まゆみ

手話の語順の基本は「主語➡目的語➡動詞」で日本語と同じです。「副詞➡形容詞」の場合は、【とても】➡【暑い】と日本語どおりの語順でも通じますが、【暑い】➡【とても】というように「形容詞➡副詞」の語順で表現したほうが自然です。ただし、例外も多くあるため、語順についてはあまり厳密に考えなくても大丈夫です。

1

右の人さし指を胸にあてます

私　自分を指さす

2

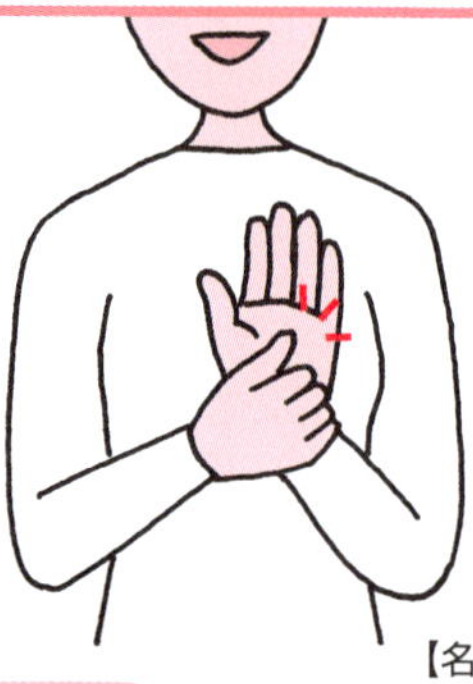

右の親指の腹を左の手のひらに押しつけます

【名前A】

名前　拇印を相手に示す

3

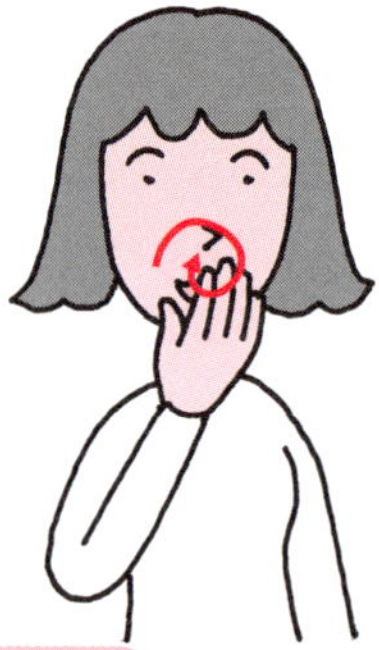

右手のひらを口の前で回します

【砂糖】
【甘い】

佐藤　口がベタベタする様子で甘い食べもの（砂糖）を表現

4

ひと文字ずつ指文字《ゆびもじ》（→P16～19）で表現します

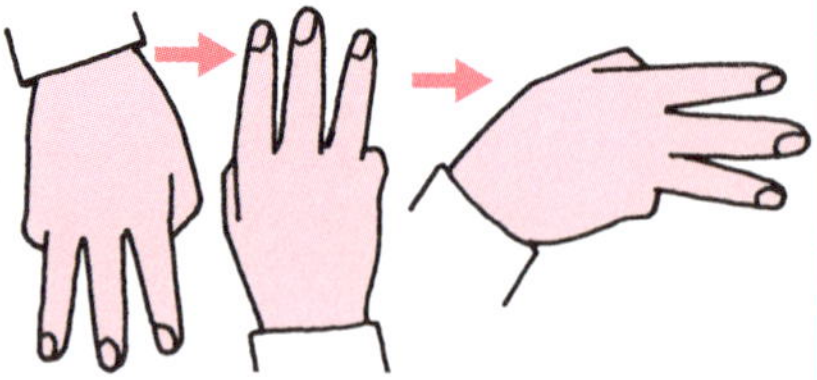

【ま】　【ゆ】　【み】

まゆみ

ポイント　**名前の表現方法**

名前の表現方法は、①漢字の形（例：井上）、②名前の発音と同じ手話（例：佐藤）、③名前のイメージ（例：加藤）などがあります。その他、個人の特徴をつかんであだ名のように表現する場合もあります。これらであらわせないものは指文字や空書《くうしょ》（→P46）であらわします。

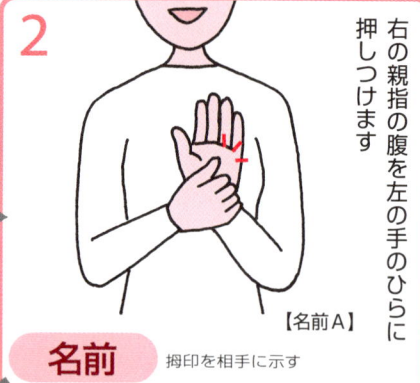

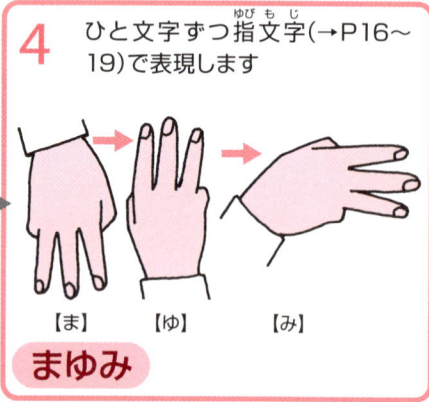

人のあらわし方

名前

右の親指と人さし指で輪をつくり、左胸につける

あなた

右の人さし指で、相手を指さす

皆さん

右手のひらを下に向け、弧を描くように左から右へ動かす

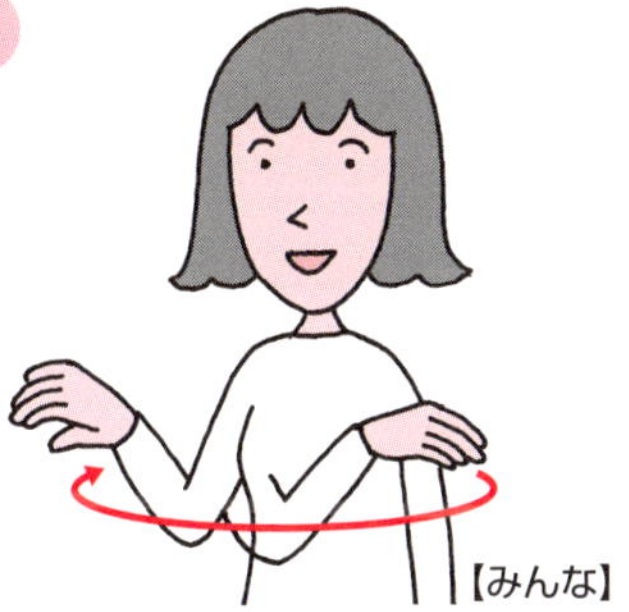

私たち

【私】↓【みんな】

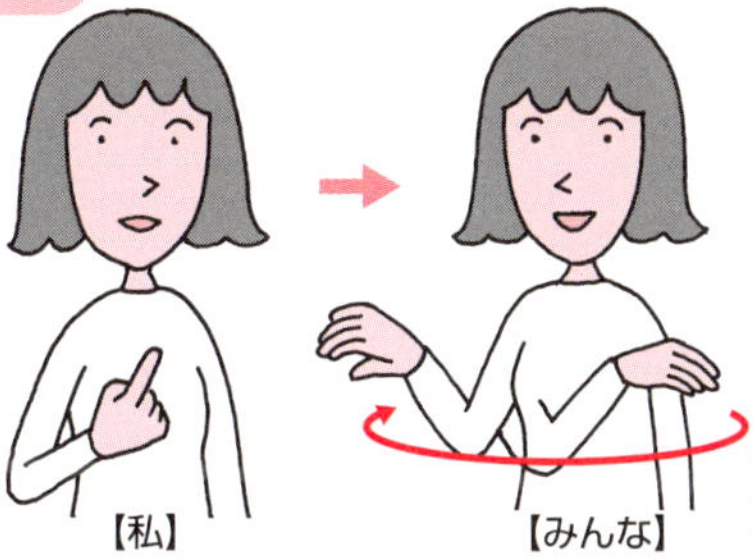

人々

両手の親指と小指を立て、胸の前から左右にヒラヒラと離す

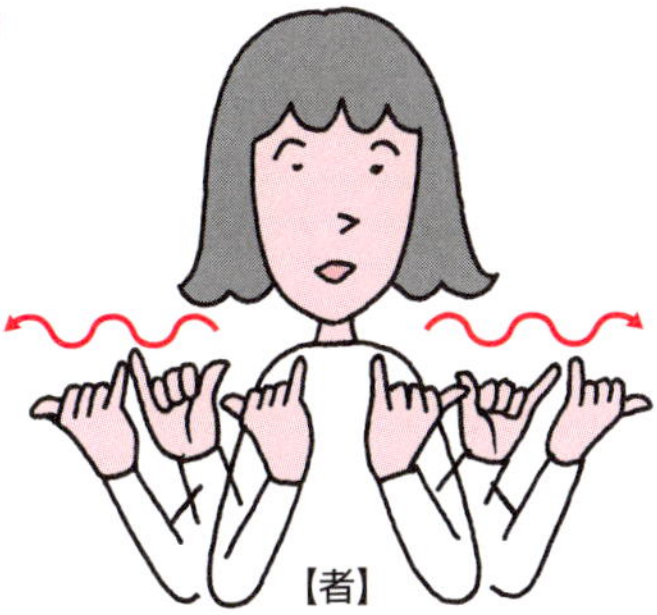

友達

両手のひらを胸の前で軽く組み合わせる

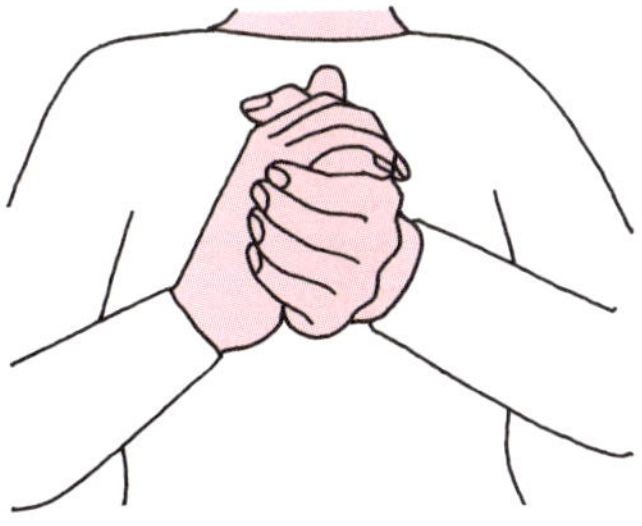

男性

右の親指を立てる

女性

右の小指を立てる

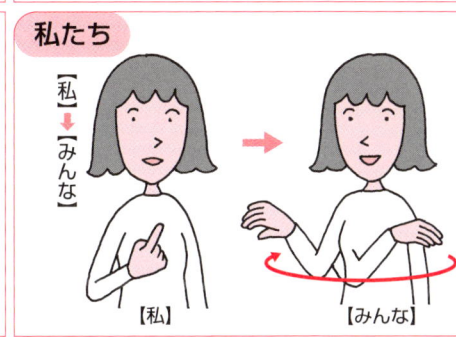

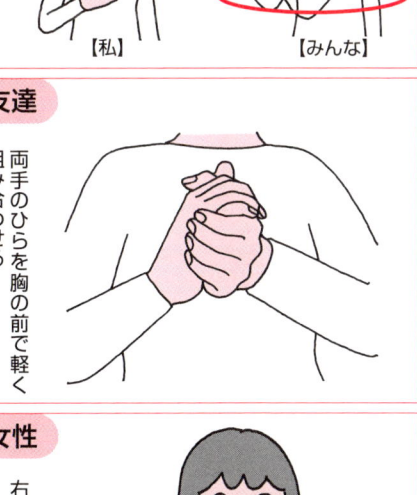

人名のあらわし方

加藤

槍《やり》の名手、加藤清正から

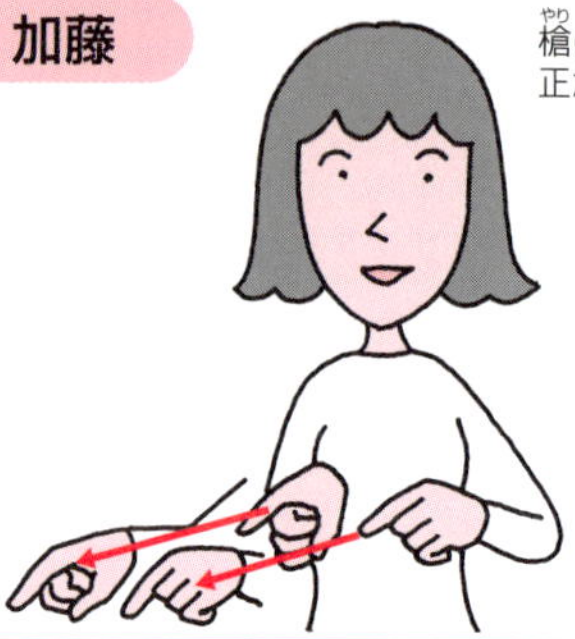

両手の人さし指を伸ばして前後に並べ、槍のようにさす

佐々木

刀を背中にさした佐々木小次郎から

右のひじを曲げ、右のこぶしを右肩まで上げ、斜め上に引き上げる

斉藤

武将、斎藤道三のあごひげの形から

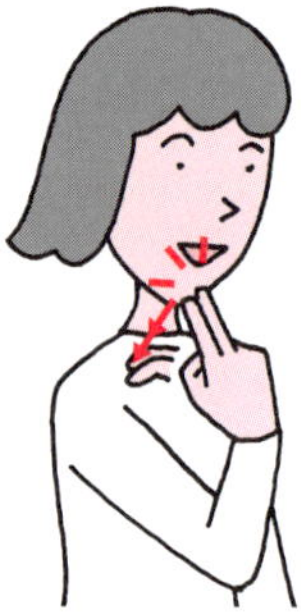

右の人さし指と中指を伸ばしてあごにあて、2回下げる

服部

洋服のボタンから

右の親指と人さし指で輪をつくり、胸の真ん中で上から下に移動

渡辺

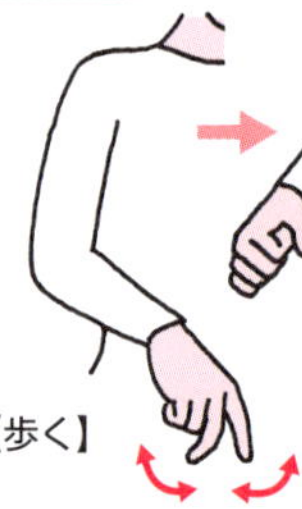

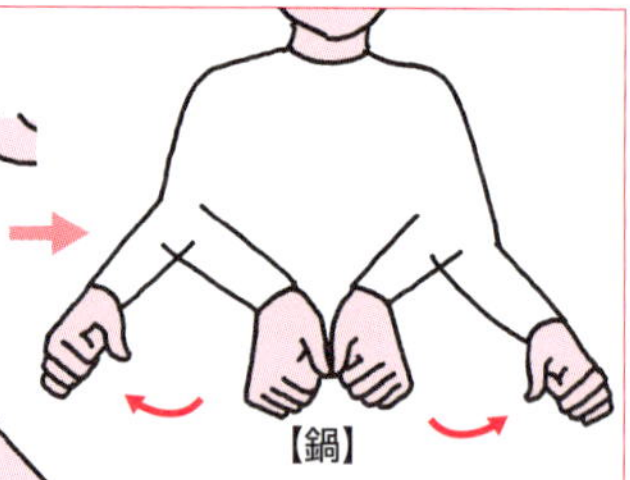

【歩く】人さし指と中指を交互に動かす➡【鍋】鍋の取っ手をつかむように動かす

鈴木

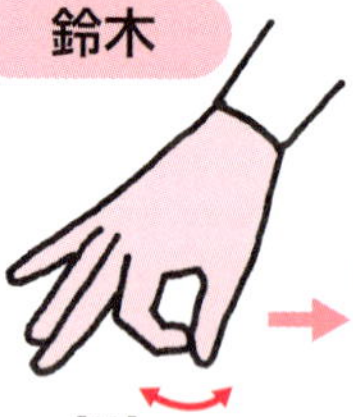

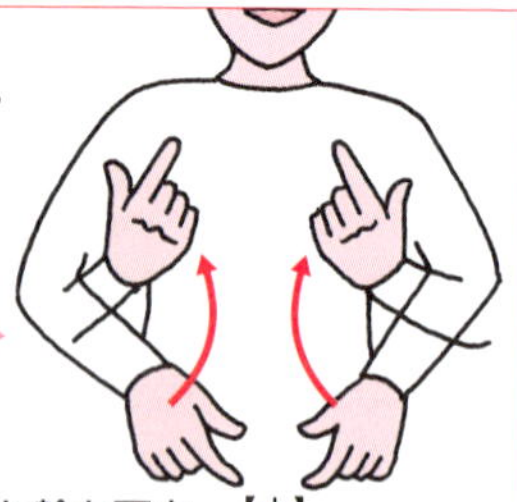

【鈴】2本指でつくった輪を下向きに軽く振る➡【木】両手の親指と人さし指を立てて上に開く

高橋

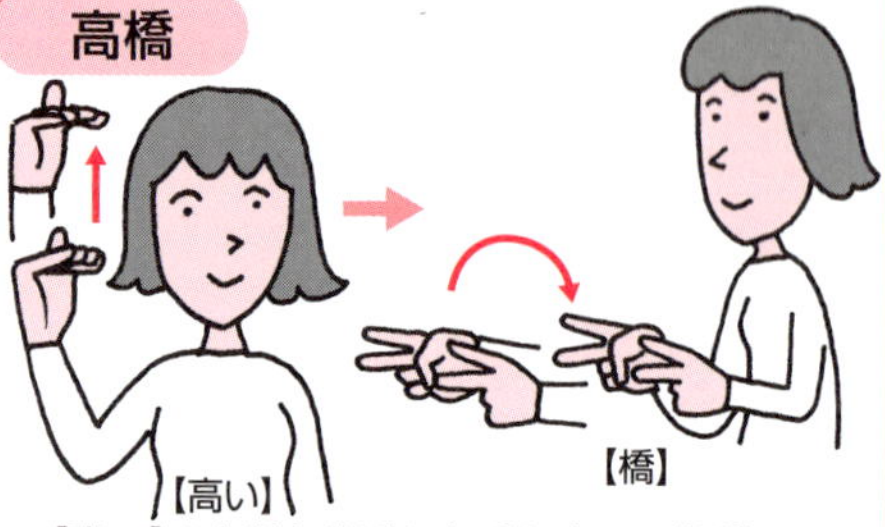

【高い】4本指を曲げた右手を上へ➡【橋】両手の2本指を伸ばし、弧を描いて手前に引く

伊藤

指文字【い】➡【藤】左手の下で右手をねじりながら下げる

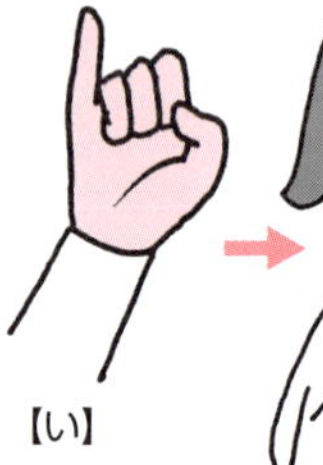

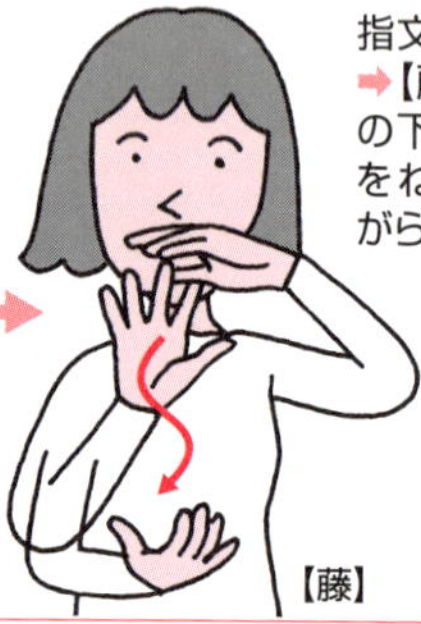

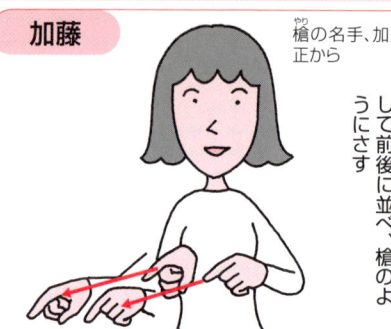

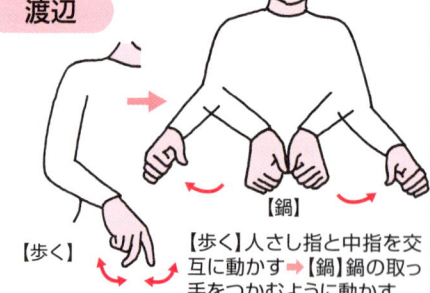

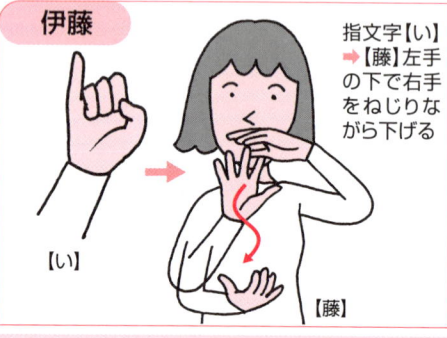

人名によく使う漢字

「佐々木」、「加藤」などは、佐々木小次郎や加藤清正など、人物のイメージから表現しますが、一般に人名は、漢字を組み合わせて表現します。字の形や意味を描写する漢字手話を覚えましょう。

大

右の親指と人さし指を伸ばし、右に動かす

林

向かい合わせた両手を交互に上下させる

水

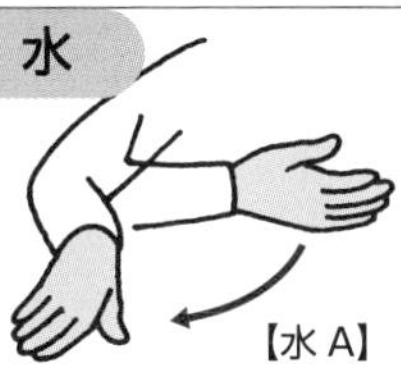

【水A】

右手のひらを上に向け、右下にはらう

田

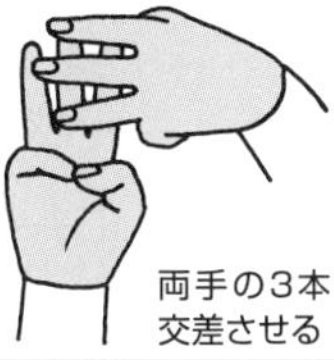

両手の3本指を交差させる

中

左の親指と人さし指に、右の人さし指をあてる

森

両手の甲を相手に向け、交互に上下させながら左右に開く

川

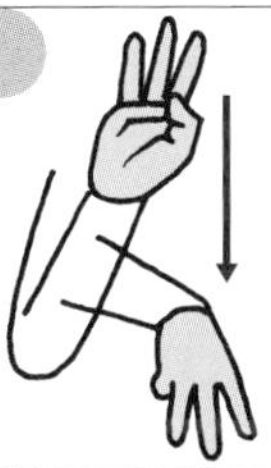

右の人さし指・中指・薬指を立て、前に倒す

井

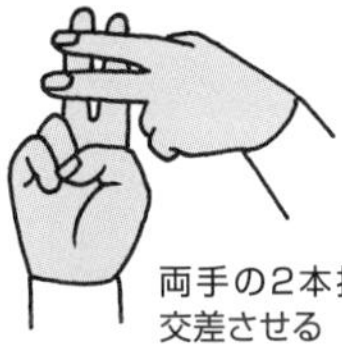

両手の2本指を交差させる

小

左の人さし指を立て、右手の2本指ではさむ

杉

左手で「杉」の木へんの形を、右手は3本の指でつくりを表現

泉

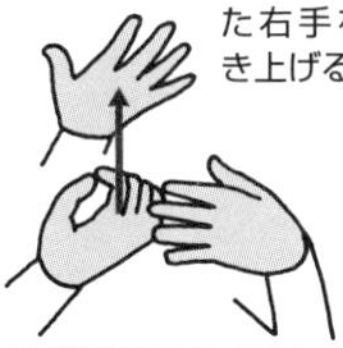

左手の内側で、軽く閉じた右手を開き上げる

道

両手のひらを向かい合わせ、指先を前にして前方に動かす

上

右の親指と人さし指を立てて、上に動かす

松

右の人さし指と中指を立て、頬にあてる

池

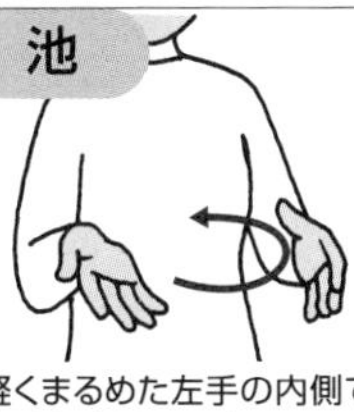

軽くまるめた左手の内側で、右手を水平に回す

村

左手の下に右の人さし指をあて、手前に引く

下

右の親指と人さし指を伸ばし、下に動かす

山

右手のひらを下に向けなだらかに弧を描く

谷

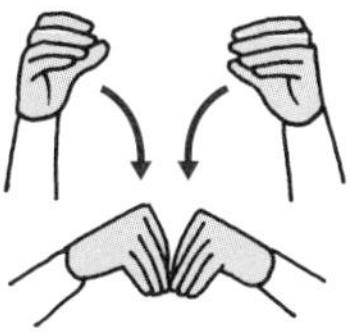

山と山の間（谷間）をあらわす

町

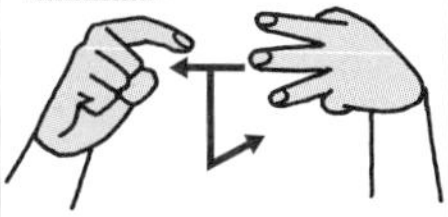

左手の3本指で「田」をあらわし、右の人さし指で「丁」と空書

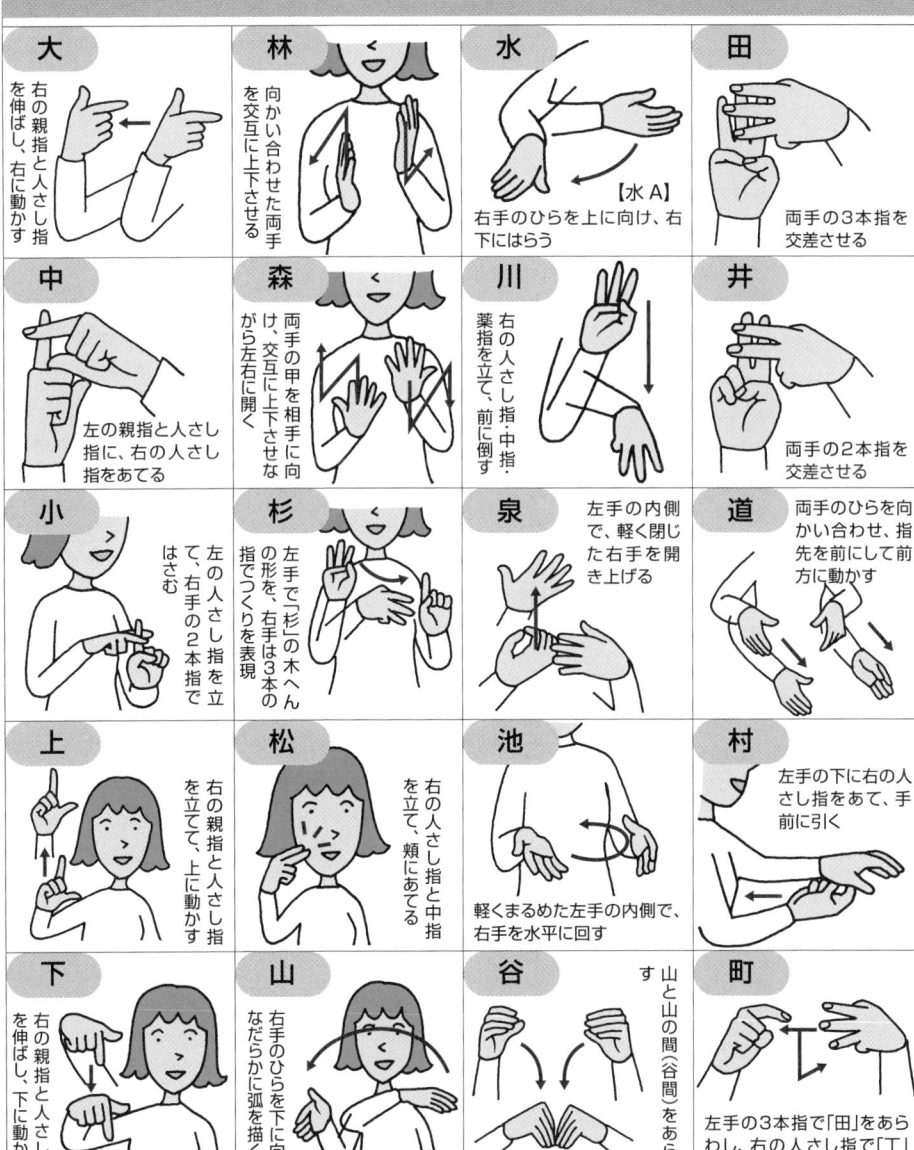

坂

右手のひらを下に向け、斜め上に動かす

城

両人さし指を曲げながら左右に開く（城のしゃちほこ）

新

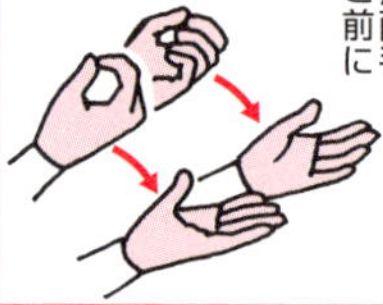

すぼめた両手をパッと前に開く

武

左手は腰でさやをあらわし、右手は刀をさすしぐさ

浜

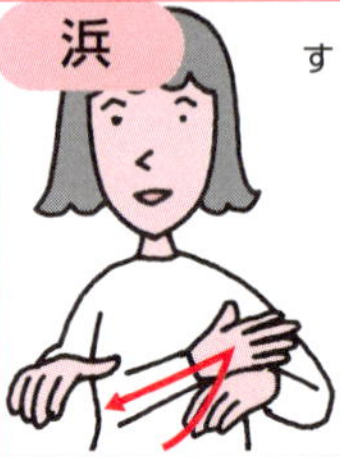

左手で浜辺、右手で波が打ち寄せる様子をあらわす

神

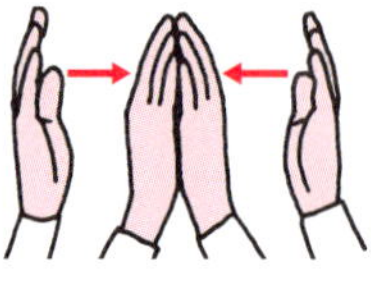

軽く柏手を打つ

古

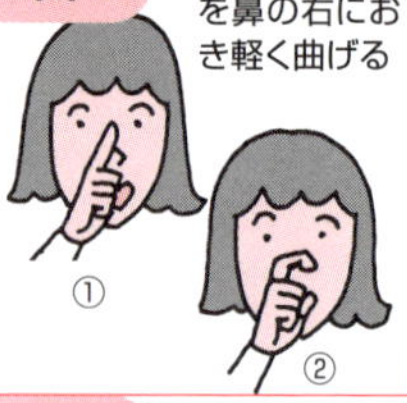

右の人さし指を鼻の右におき軽く曲げる

金

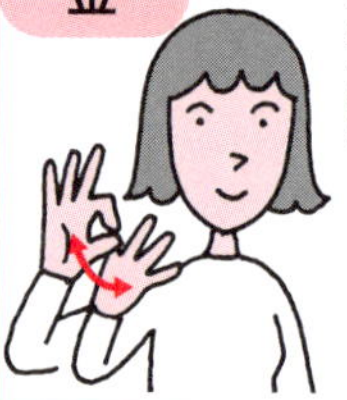

右手の2本指でつくった輪を軽く振る

沢

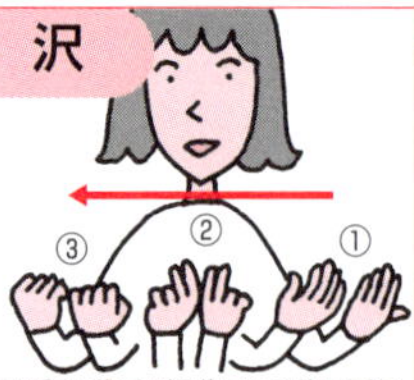

両手の指を親指から順に握りながら同時に右に動かす

寺

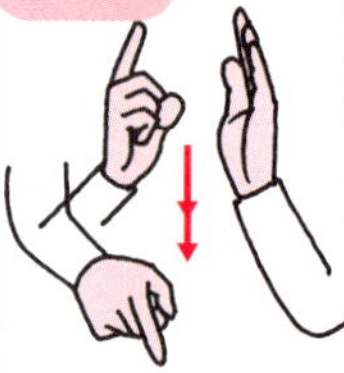

左手を立て、右の人さし指で木魚をたたくしぐさ

今

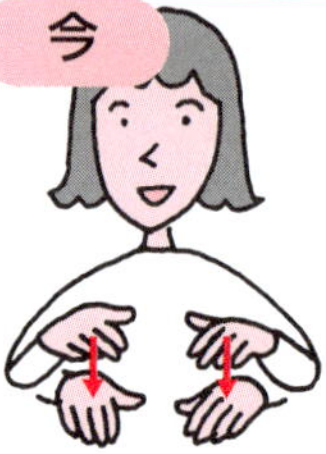

両手のひらを下向きにし、少し下げる

河

上向きにした右手を川が流れるように右へ動かす

島

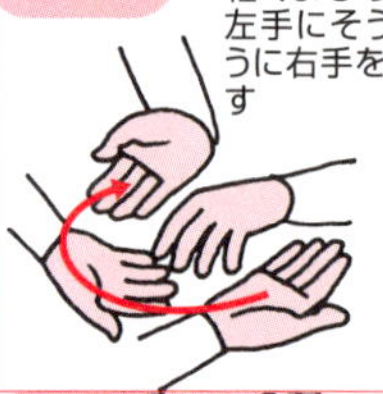

軽くまるめた左手にそうように右手を回す

宮

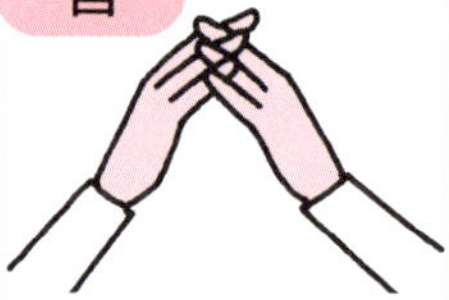

両手の指を組み合わせる

本

両手のひらを合わせ、本を開くように手を開く

前

右手のひらを相手に向け、顔の横から前に出す

崎

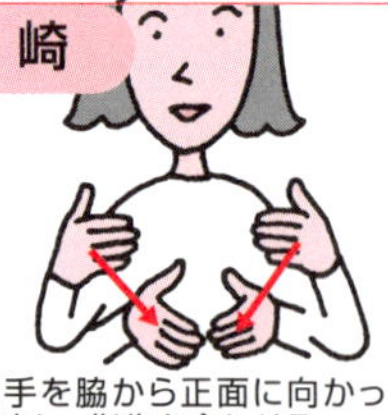

両手を脇から正面に向かって出し、指先を合わせる

福

右手をあごにあて、閉じながら下ろす

口

右の人さし指で口の周りをまるくさし示す

原

両手を、交互に上下させさせながら左右に小さく開く

石

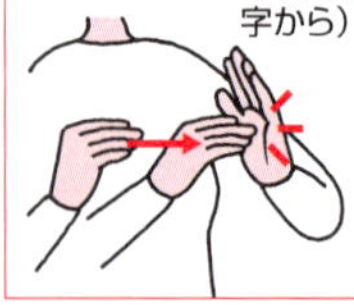

斜めにした左手に、4本指を曲げた右手をあてる（漢字から）

清

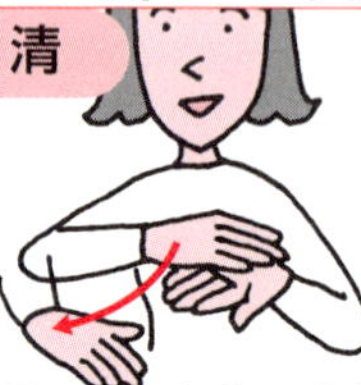

左手のひらに右手のひらをのせ、前にすべらせる

米

右手の2本指でつくった輪を口の横にあてる

国

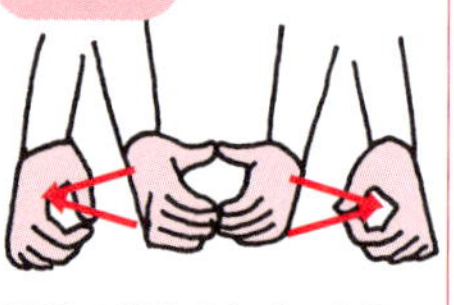

両手の指を合わせ、水平に左右に開きつつ、指を閉じる

吉・良

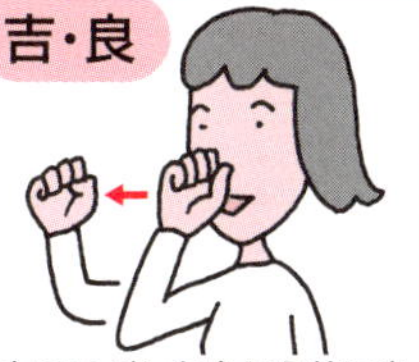

右のこぶしを鼻から前に出す

和

両手を組み合わせる。【友達】と同じ

菊

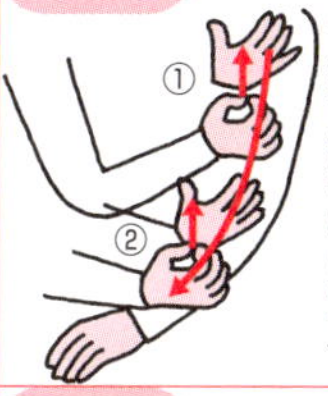

左腕の上で右手をパッパッと開きながら下ろす（菊人形をあらわす）

立

右手の2本指を、左手のひらに立てる

岡

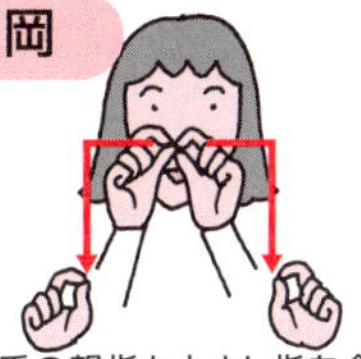

両手の親指と人さし指を合わせ、「岡」の一部を描く

辻

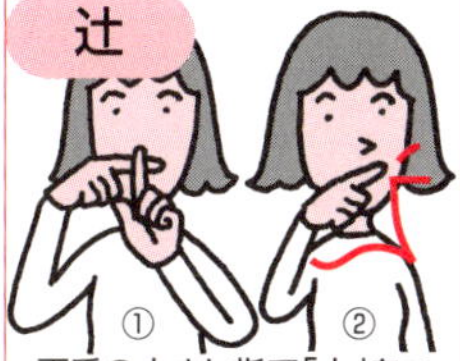

両手の人さし指で「十」をつくり、しんにょうを空書

桜

手を入れ替えながら両手のひらを合わせ、右へ移動

浦

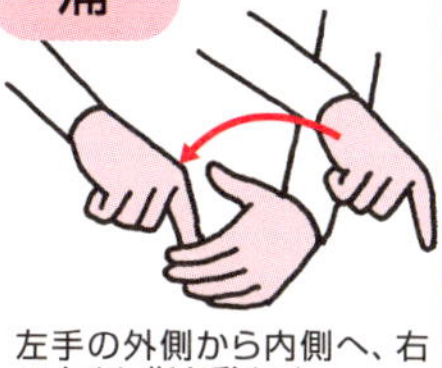

左手の外側から内側へ、右の人さし指を動かす

子

こどもの頭をなでるように手を動かす

【こどもA】

安

両手のひらを上に向け、指先を合わせ、下げる

相・会

向かい合わせた人さし指を近づけ合わせる

豊

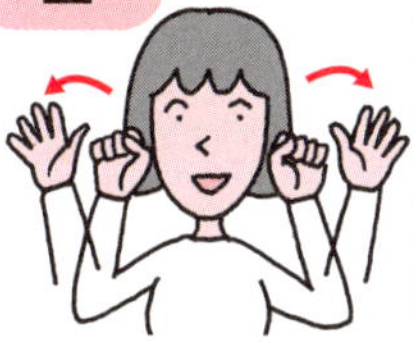

顔の両横で握った手を開く

平

両手の親指と人さし指をそれぞれ合わせ、左右に開く

市

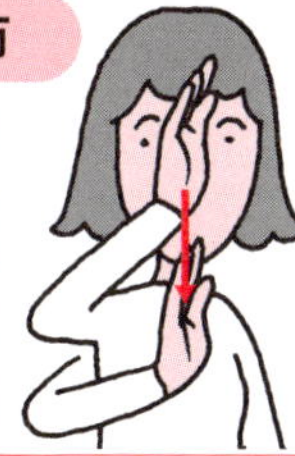

立てた右手のひらを少し下に下ろす

鎌

握った左手の下で、右の人さし指を軽く曲げて回す

成

左手のひらの上に右手をのせ、ひっくり返す

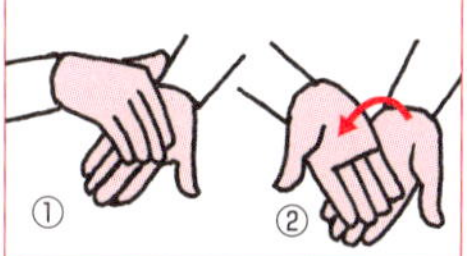

増

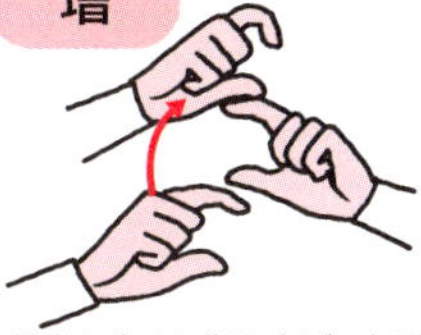

親指と人さし指を広げ、右手を左手の下から上に動かす

塚

右手のひらを下に向け、小さく弧を描く

熊

首の前で、合わせた親指と人さし指を離して合わせ、三日月を描く

堀

左手で囲いをつくり、右手でその内側を掘るしぐさをする

内

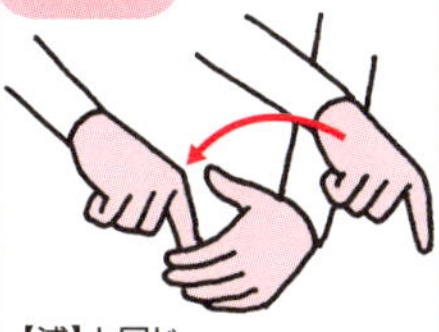

【浦】と同じ

関

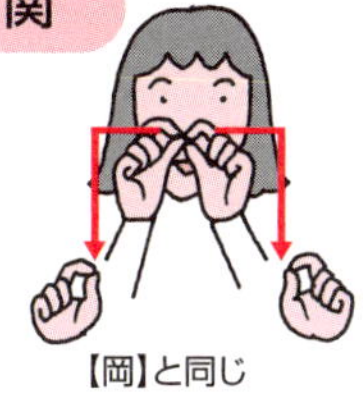

【岡】と同じ

栗

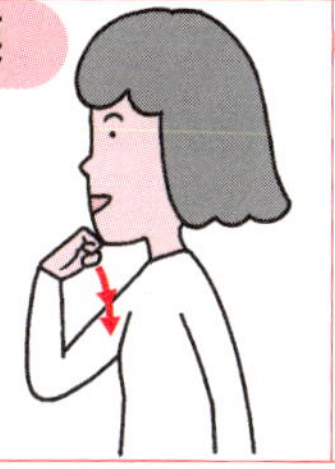

握った右手をあごの下で2回こする

富

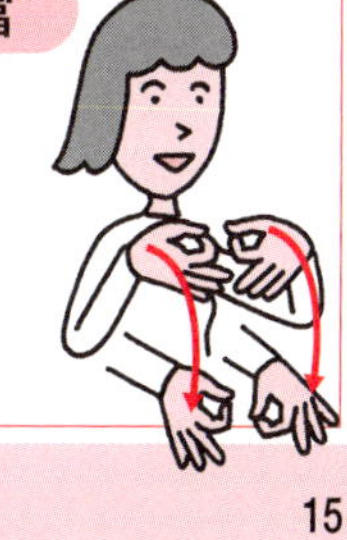

両手の指で輪をつくり、弧を描くように下ろす

指文字《ゆびもじ》を覚えよう

人名や固有名詞のなかで手話の語彙のないものは、指文字であらわします。指文字は五十音をあらわし、アルファベットや数詞などを指の形であらわしたり、形を空書するものなどがあります。左は自分から見た形、右は相手から見た形を示しています。

自分　相手

あ行

あ（自分）
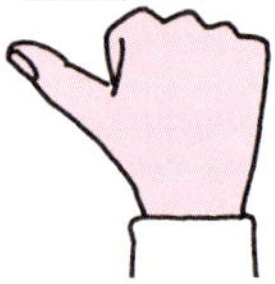
あ（相手）
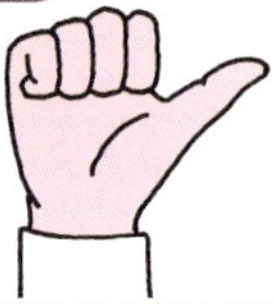
アメリカの指文字【A】

い（自分）
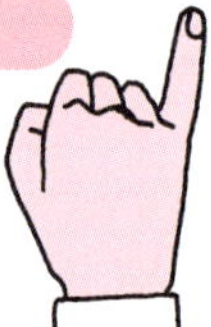
い（相手）
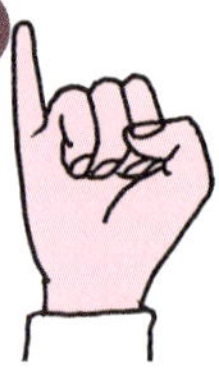
アメリカの指文字【I】

う（自分）
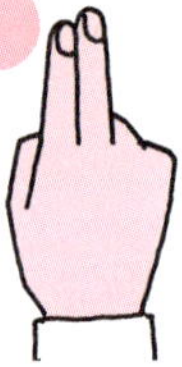
う（相手）

アメリカの指文字【U】

え（自分）
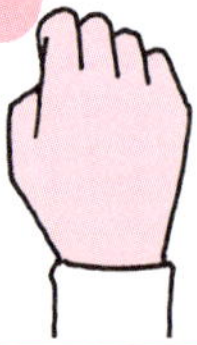
え（相手）

アメリカの指文字【E】

お（自分）
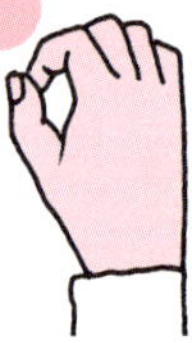
お（相手）

アメリカの指文字【O】

か行

か（自分）

か（相手）
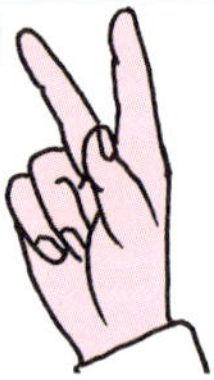
アメリカの指文字【K】

き（自分）
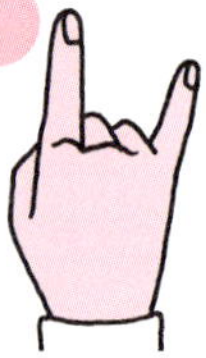
き（相手）
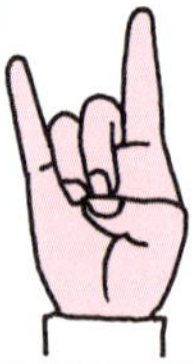
影絵の「キツネ」の形

く（自分）
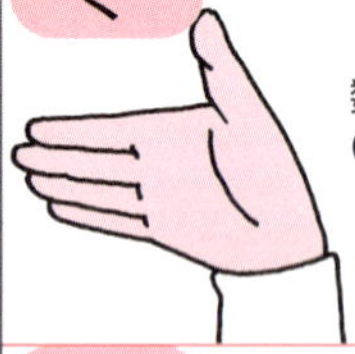
く（相手）
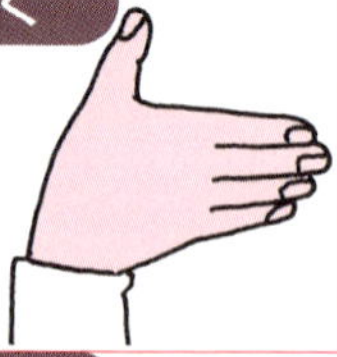
数字の【9（く）】から

け（自分）
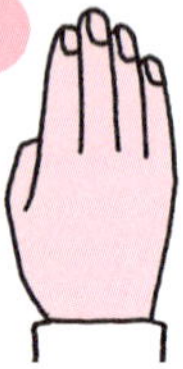
け（相手）
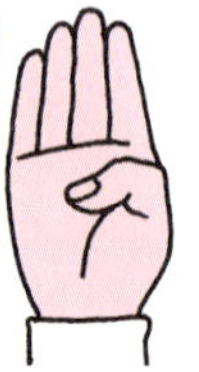
「敬礼」をするときの手の形

こ（自分）
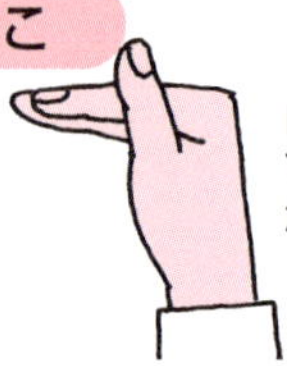
こ（相手）
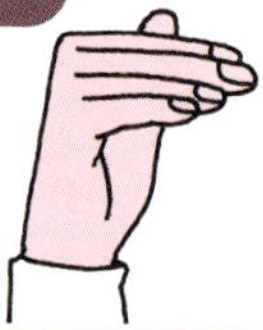
自分から見て「コ」の形から

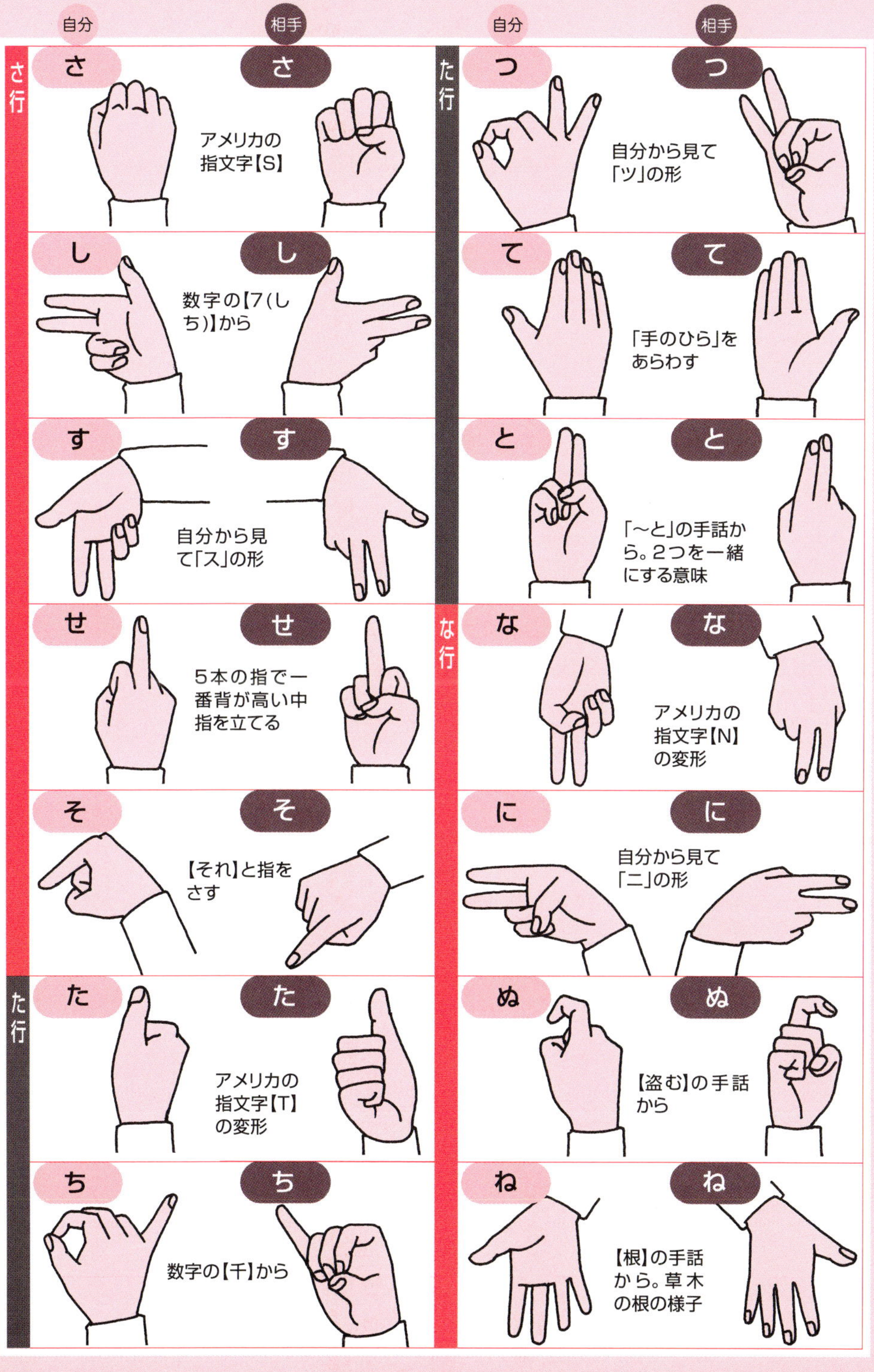
自分
相手
自分
相手
さ行
さ さ
アメリカの指文字【S】
し し
数字の【7(しち)】から
す す
自分から見て「ス」の形
せ せ
5本の指で一番背が高い中指を立てる
そ そ
【それ】と指をさす
た行
た た
アメリカの指文字【T】の変形
ち ち
数字の【千】から
た行
つ つ
自分から見て「ツ」の形
て て
「手のひら」をあらわす
と と
「〜と」の手話から。2つを一緒にする意味
な行
な な
アメリカの指文字【N】の変形
に に
自分から見て「二」の形
ぬ ぬ
【盗む】の手話から
ね ね
【根】の手話から。草木の根の様子

自分　相手　自分　相手

な行

の

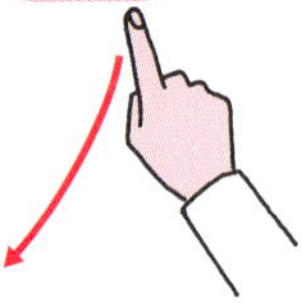

自分から見て
「ノ」を空書

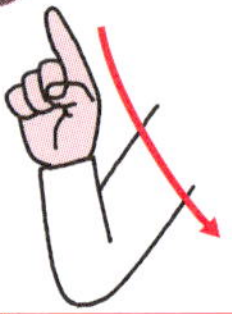

は行

は

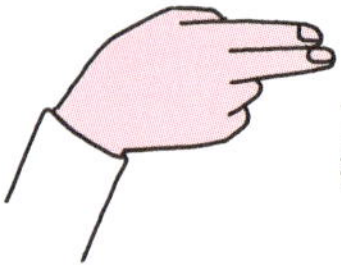

アメリカの
指文字【H】

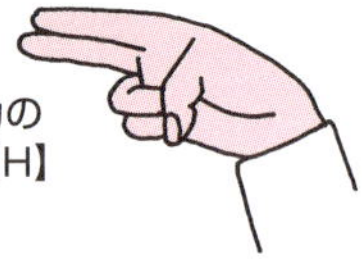

ひ

数字の【1】
から

ふ

自分から見て
「フ」の形

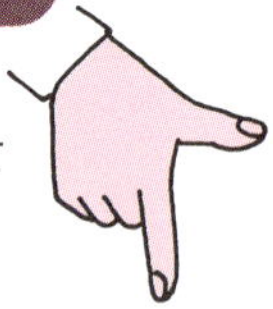

へ

自分から見て
「へ」の形

ほ

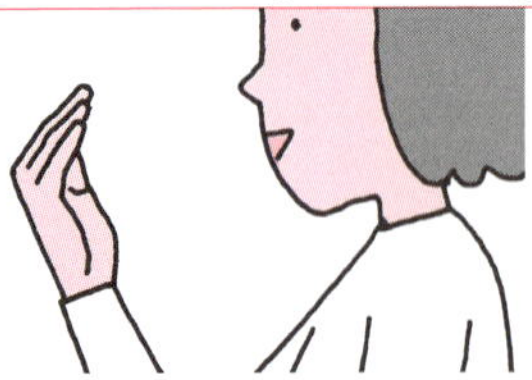

船の帆がふ
くらんだ様
子

ま行

ま

アメリカの
指文字【M】
の変形

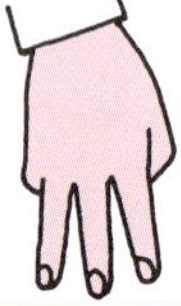

み

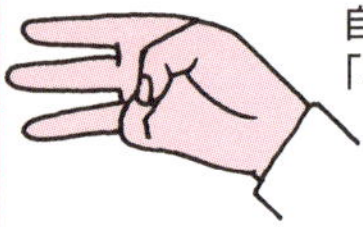

自分から見て
「ミ」の形

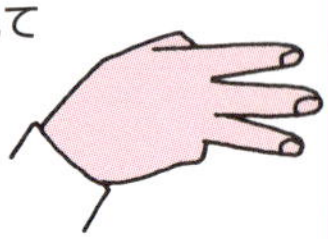

む

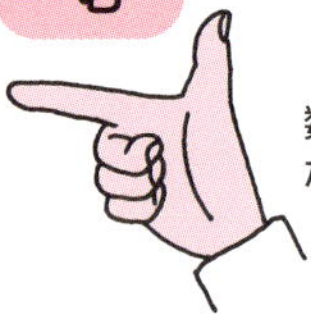

数字の【6(む)】
から

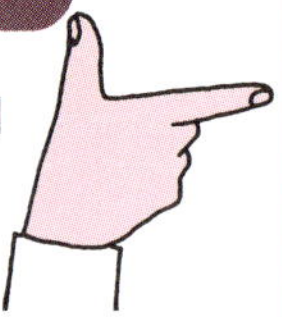

め

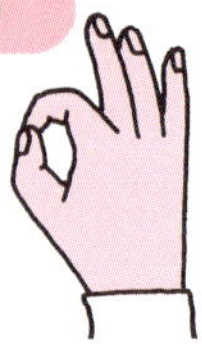

「目」の形を
つくる

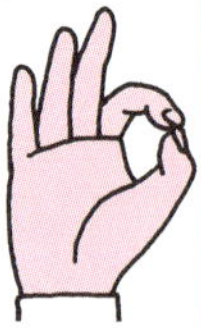

も

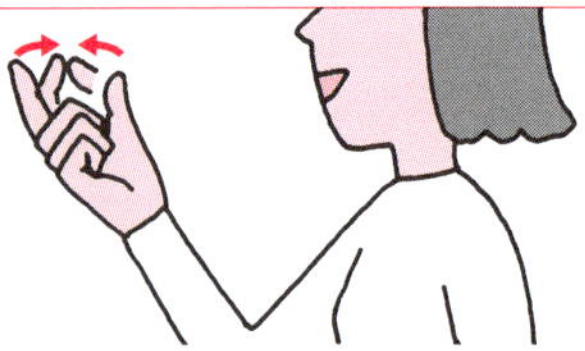

【同じ】の手
話。親指と
人さし指を
つける

や行

や

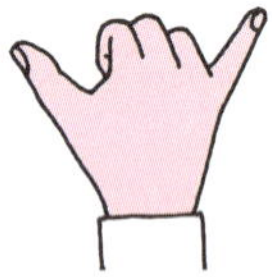

アメリカの
指文字【Y】

ゆ

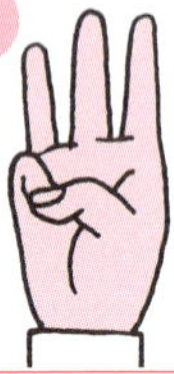

温泉マーク
(♨)をつくる
(「湯」)

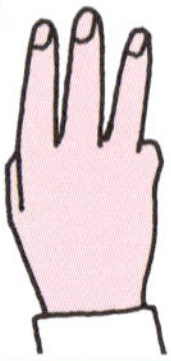

よ

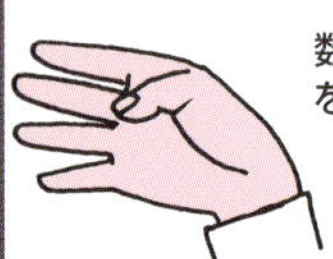

数字の【4】
を横にする

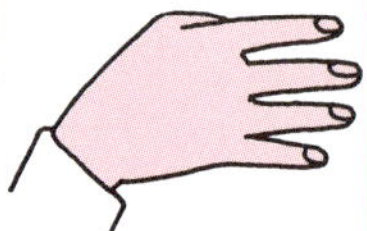

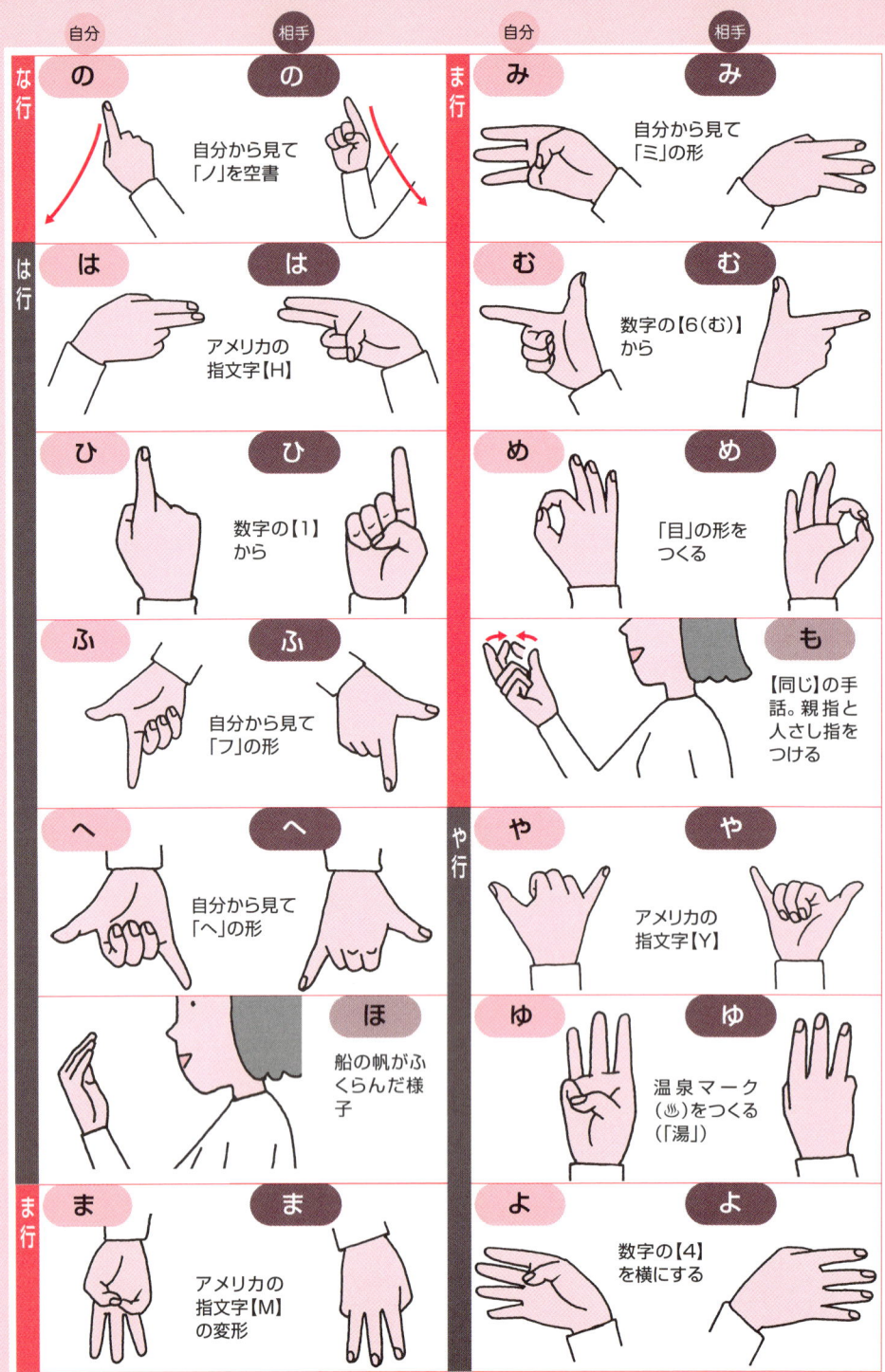

自分　相手

ら行

ら

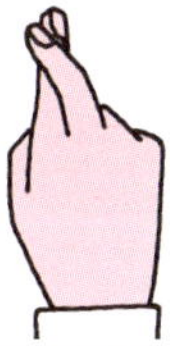

アメリカの指文字【R】

り

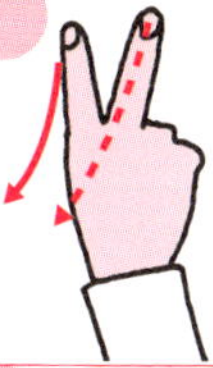

自分から見て「リ」を空書

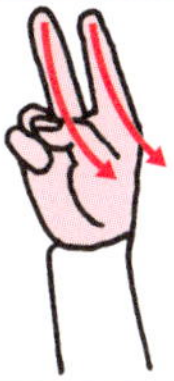

る

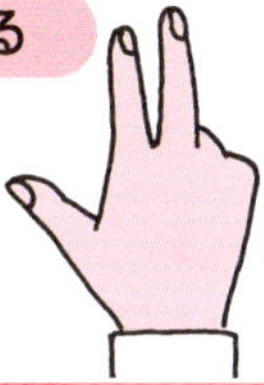

相手から見て「ル」の形

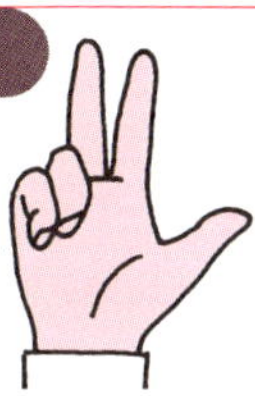

れ

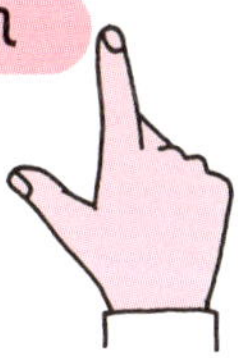

相手から見て「レ」の形

ろ

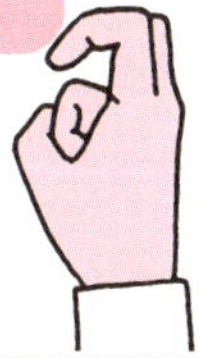

自分から見て「ろ」の形

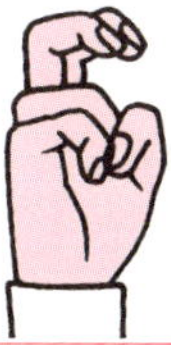

わ行

わ

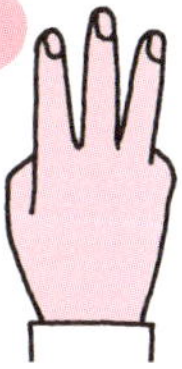

アメリカの指文字【W】

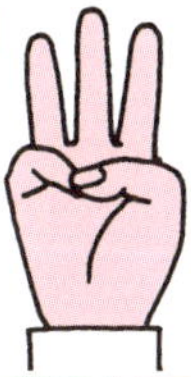

を

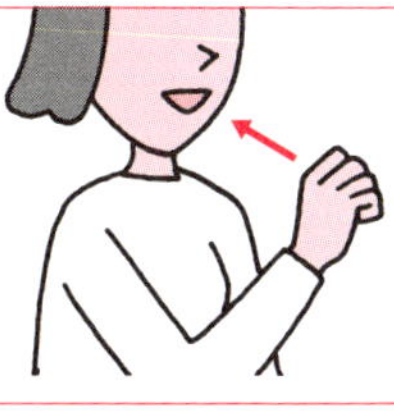

アメリカの指文字【O】を手前に引く

ん

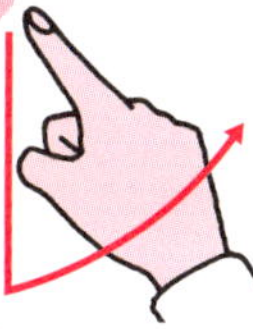

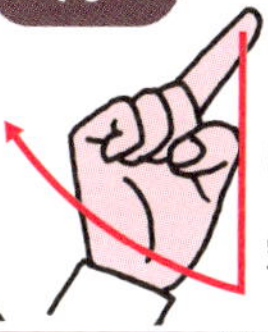

自分から見て「ン」を空書

濁音／半濁音／拗音・促音／長音

濁音

相手

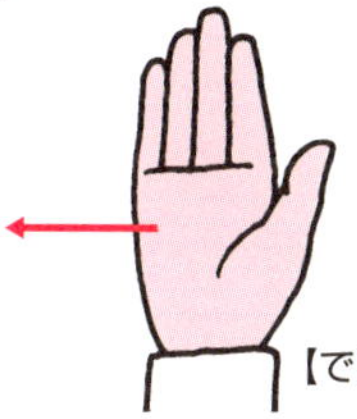

指文字を右に移動

【で】

半濁音

相手

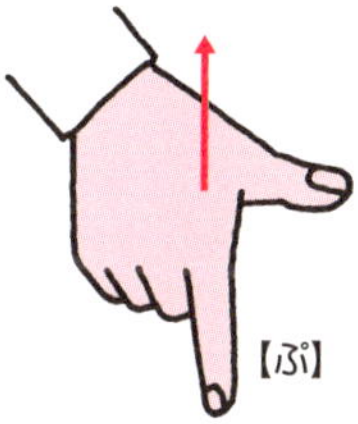

指文字を上に移動

【ぷ】

拗音・促音

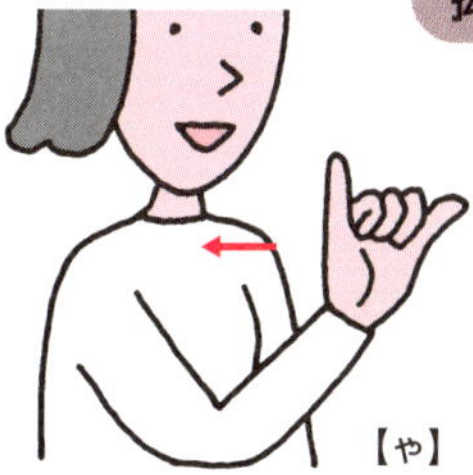

指文字を手前に引く

【ゃ】

長音

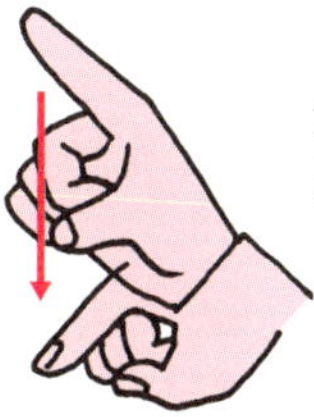

人さし指を下ろして、伸ばす棒(｜)を表現

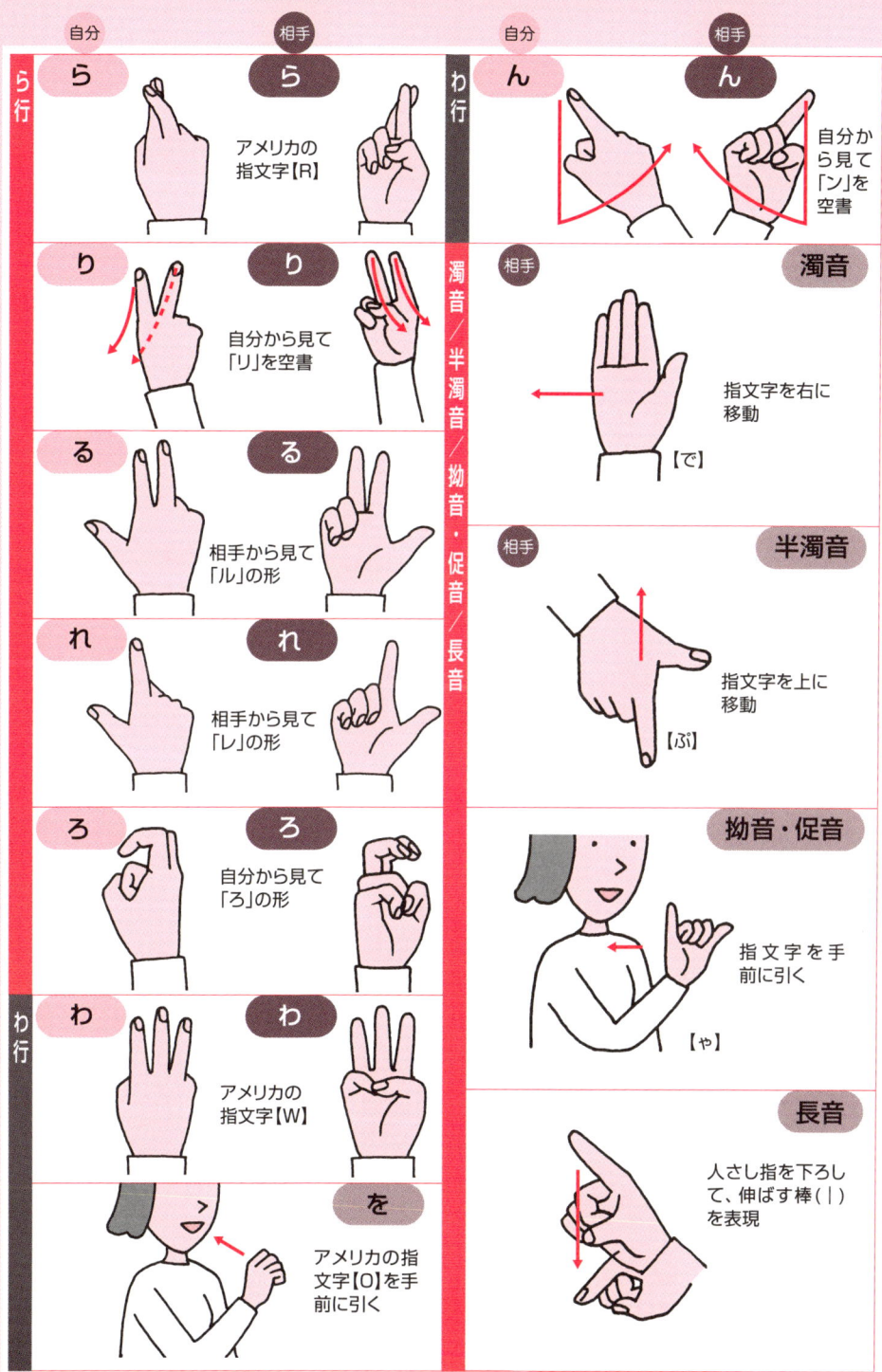

例文 私はいま、19歳です

手話文 私 ● いま ● ／ 年齢 ● 19 ●

年齢は、【いくつ?(年齢)】をあらわす手話に数字の手話をつけます。ただし、この「いくつ」は年齢の場合。数をたずねる場合は、あごの下ではなく、体の前で右手の指を親指から順に折っていきます。

二桁以上の数字は【19】なら【10】と【9】の手話を組み合わせます。右ページはすべて相手から見た形です。

1

右の人さし指を胸にあてます

私 自分を指さす

2

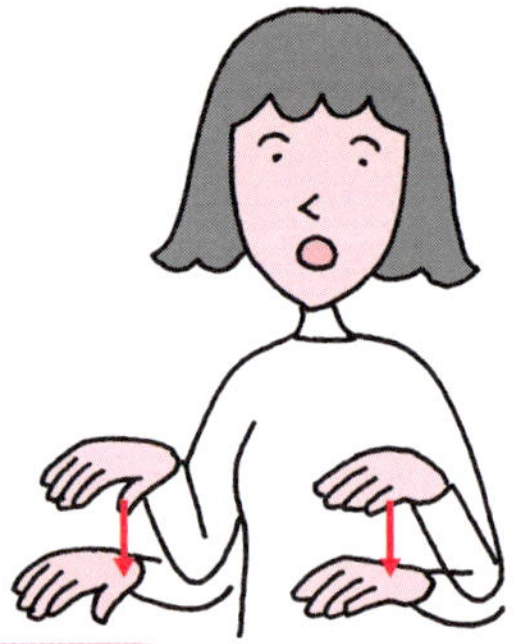

両手のひらを下に向けて、少し下げます

いま 自分のいる場所を示す

3

あごの下で、右手の指を親指から順に折っていきます

年齢 あごの下で数を数える様子

4

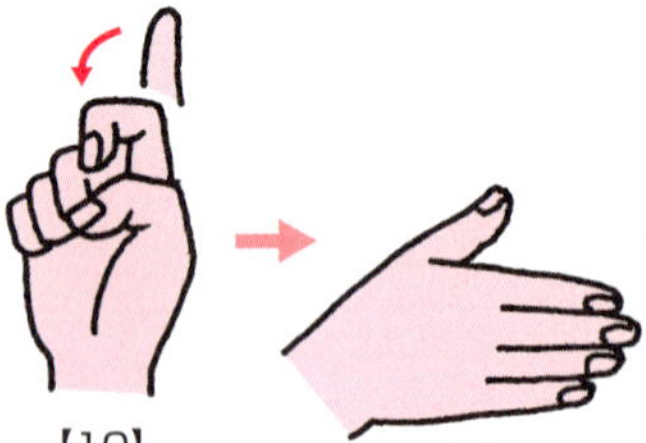

【10】人さし指を曲げます→【9】手を横にして甲を前に向けます

19

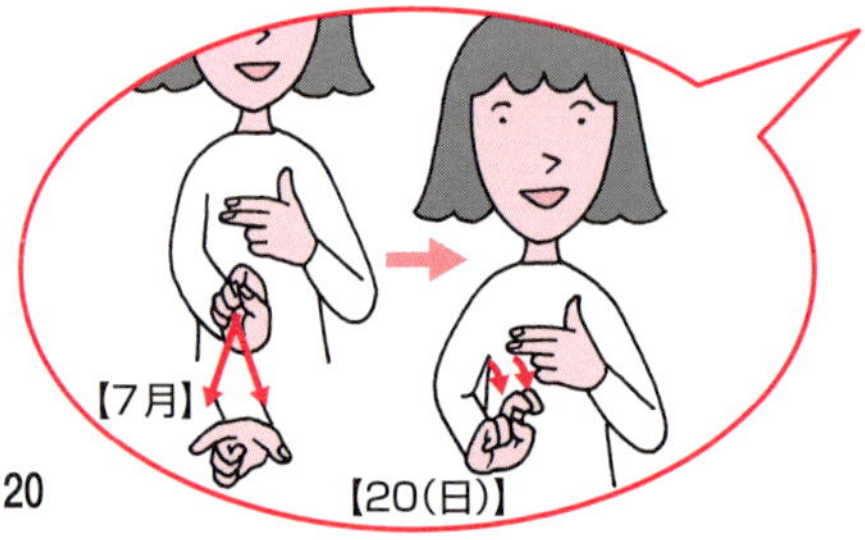

ポイント 単位と数字どっちが先?

例文の「19」は【10】→【9】の順に表現します。「○歳」「○時」「○年」などは単位の手話が先(例:「20歳」=【年齢】→【20】)、「○月」、「○cm」などは単位の手話が数字のあとになります。月日の場合「7月20日」という表現は左手【7】の下で、右手【月A】→【20】とあらわします。

数字のあらわし方

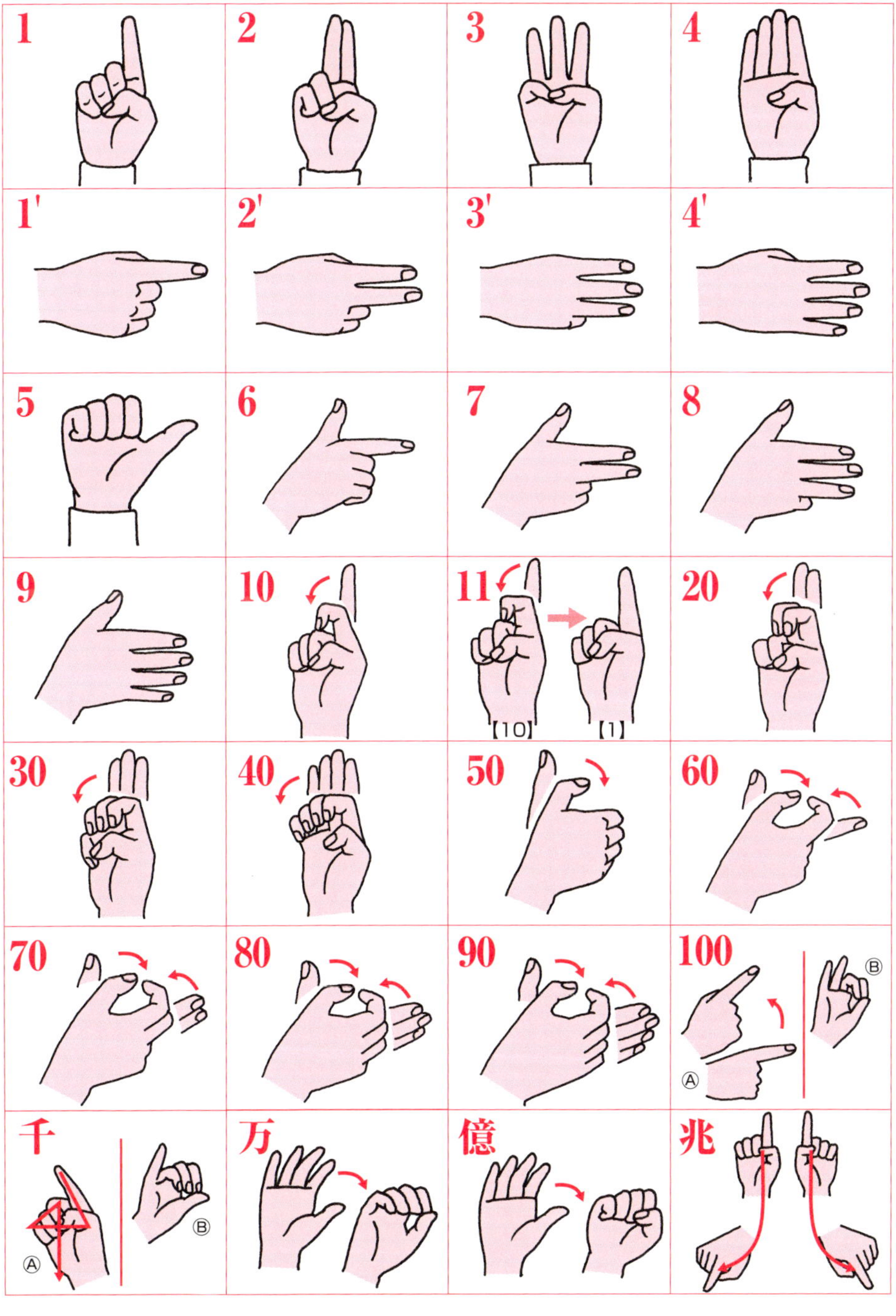

例文 私は4人家族です

手話文 私 ● 家族 ● / 4人 ●

「4人家族」は日本語の語順どおり【4人】➡【家族】の順でもかまいません。家族に関連した手話は、自己紹介のときなどによく使いますから、一緒に覚えておきましょう（→P23〜25）。【祖父】【祖母】の手話は、血のつながりをあらわすために、頬をさわりますが、単に【おじいさん】【おばあさん】というときは、頬をさわる動作は省きます。

1

右の人さし指を胸にあてます

私 自分を指さす

2

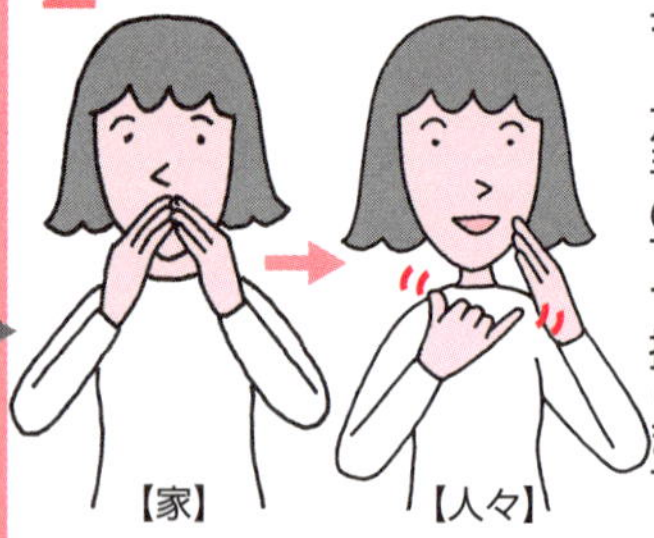

【家】両手の指先を合わせ屋根を表現します⬇【人々】親指と小指を立て、左手の下で振ります

家族 家（屋根で表現）の中にいる人々

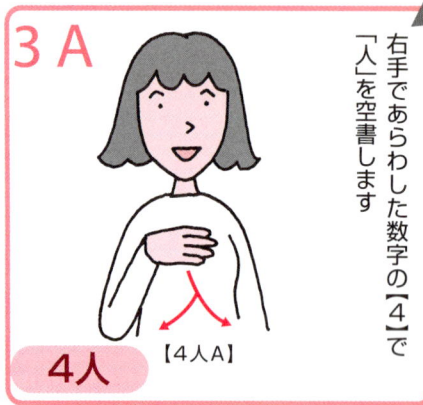

3A

右手であらわした数字の【4】で「人」を空書します

4人

3B

数字の【4】をあらわした左手の下で、右手で「人」を空書します

4人

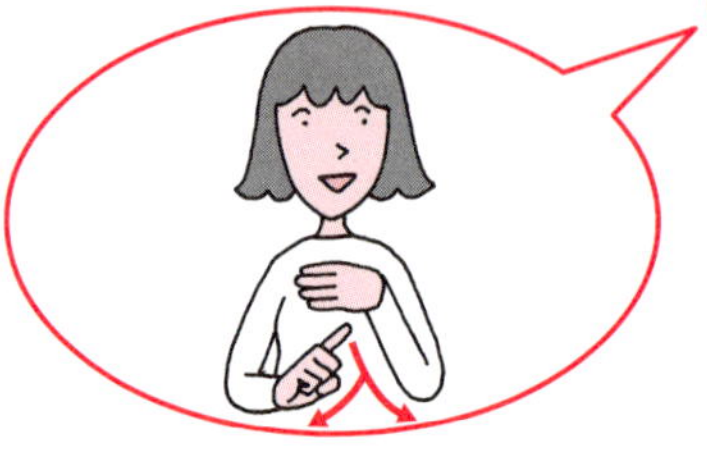

ポイント 人数によって異なる「〜人」の表現

10人までを表現するときは、上のA、B両方の表現ができますが、11人以上では、人数により表現が変わります。「10人」や「20人」など、きりのよい数字のときはAの方法、「11人」、「12人」というときは、Bの方法であらわします。Bは「日本人」というときにも使えます。

家族のあらわし方

夫・妻

【男性】を胸につけ、斜め前に出す

【女性】を胸につけ、斜め前に出す

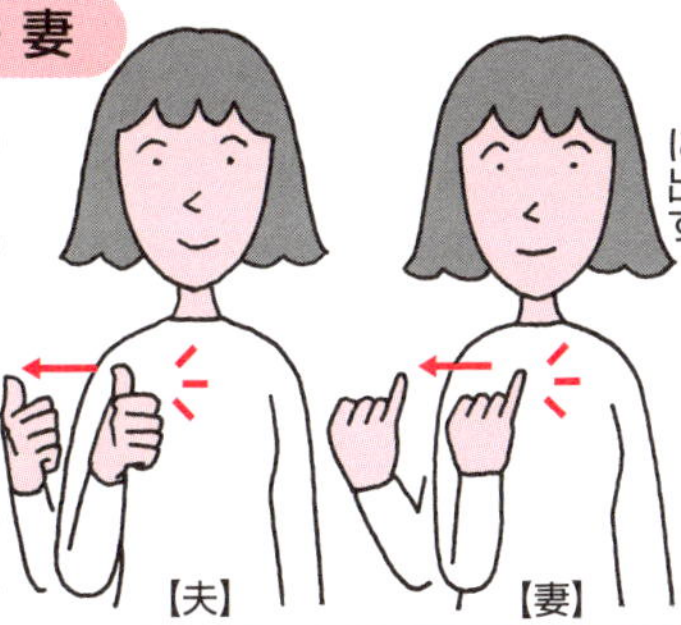

夫婦

片手で【男性】、片手で【女性】をあらわし、両手を合わせる

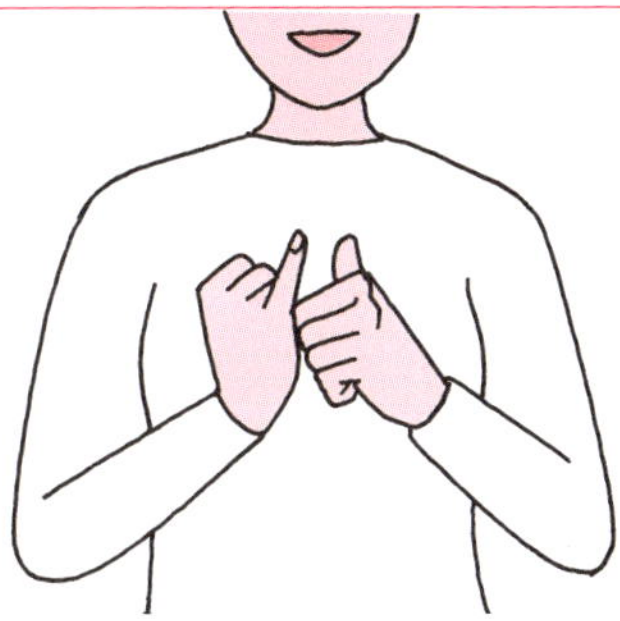

兄弟・姉妹

両手の中指を立て、上下に離す

両手の小指を立て、上下に離す

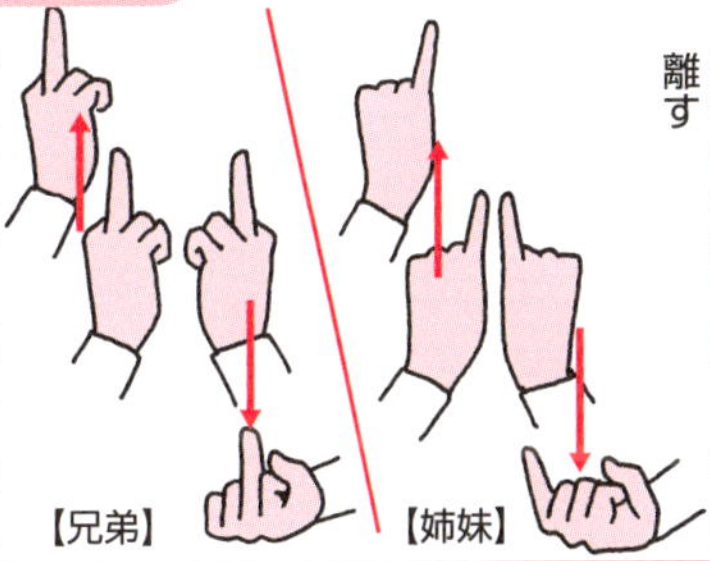

両親

右の人さし指を頬にあて（肉親）、親指と小指を立てて振る

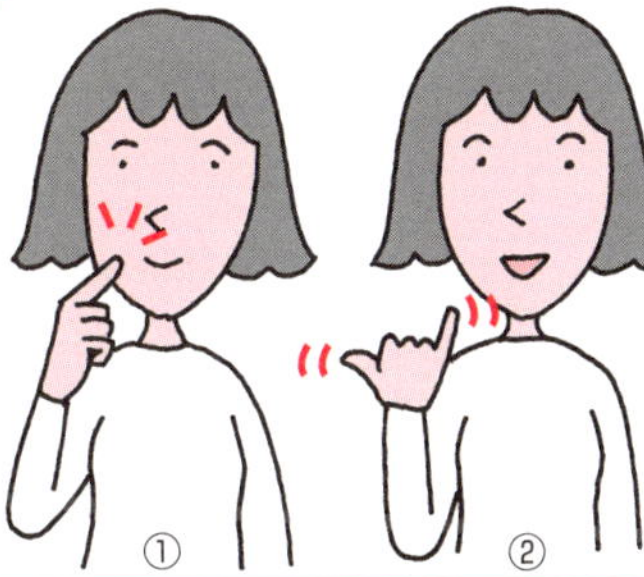

親戚

両手の親指と小指を立て、小指を軽く交差させて左右に離す

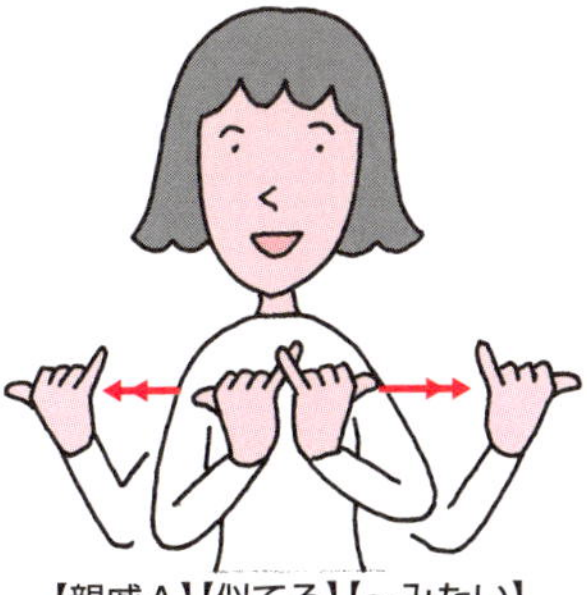

【親戚A】【似てる】【〜みたい】

親戚

親指と人さし指をくっつけた両手を頬につけ、右手だけを斜め前に出す

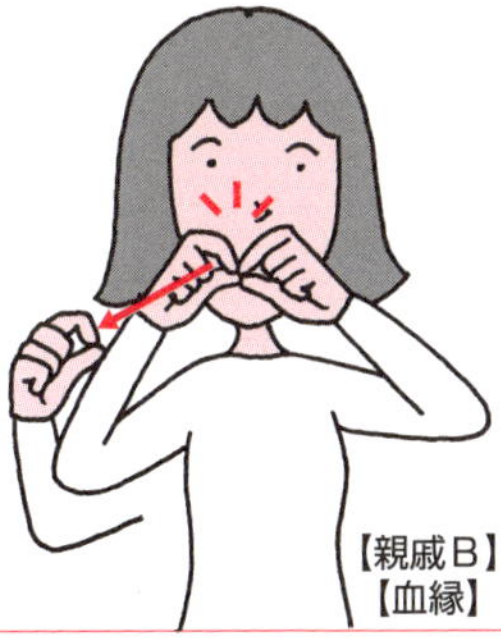

長男（長女）

横向きにした数字【1】の指先から【息子（→次頁）】の手話（【娘】にすると【長女】）

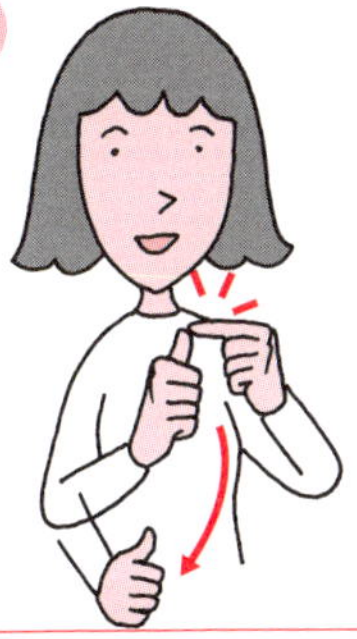

次女（次男）

横向きにした数字【2】の指先から【娘（→次頁）】の手話（【息子】にすると【次男】）

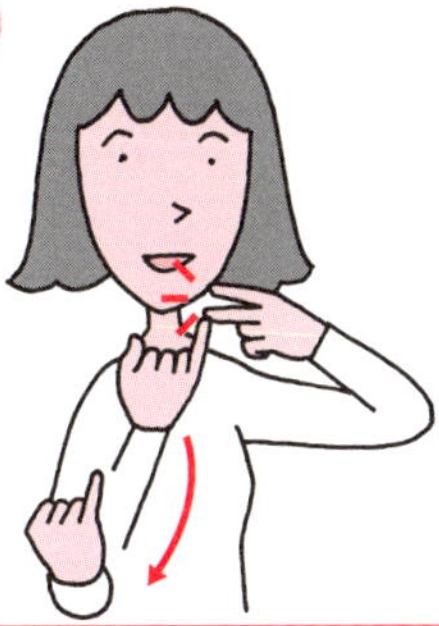

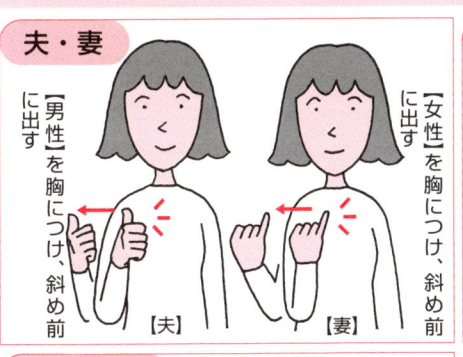

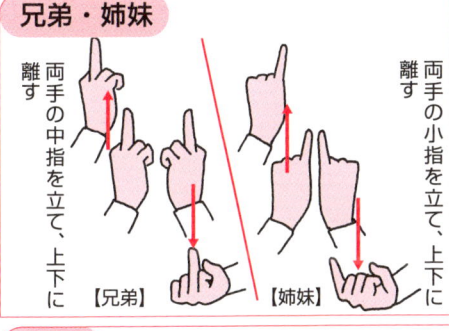

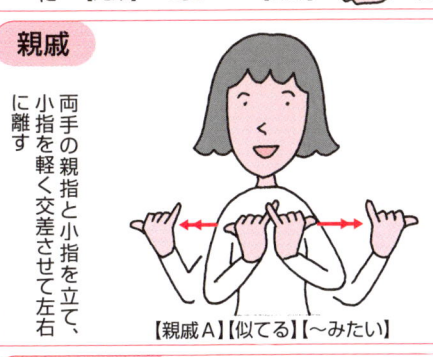

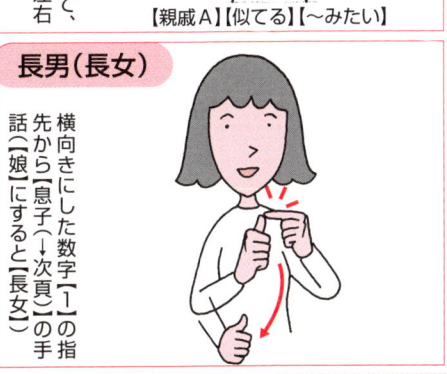

家族を紹介します

家族を構成する人たちは、【女性】（小指を立てる）と【男性】（親指を立てる）の手話を基本に、「肉親」をあらわす表現（人さし指で頬をさわる）を加えます。目上の場合は、指を目の上に上げます。きょうだいは年上（兄・姉）なら指を上に、年下（弟・妹）なら指を下に動かします。

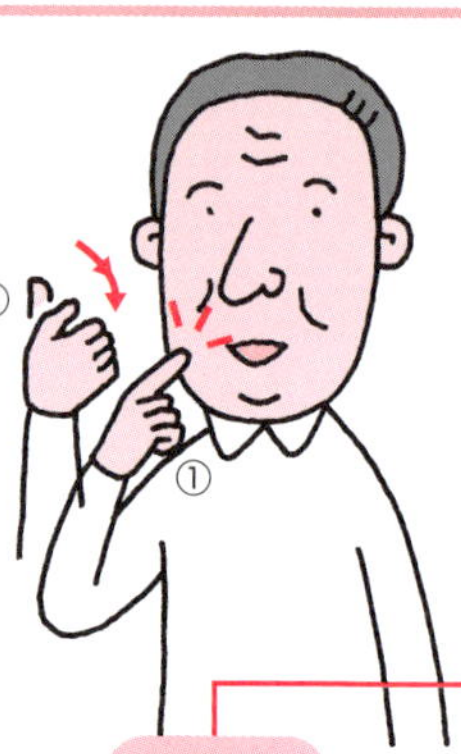

祖父

人さし指を頬にあててから、親指以外は握りこみ、立てた親指を2回折り曲げる。肉親の腰が曲がった男性

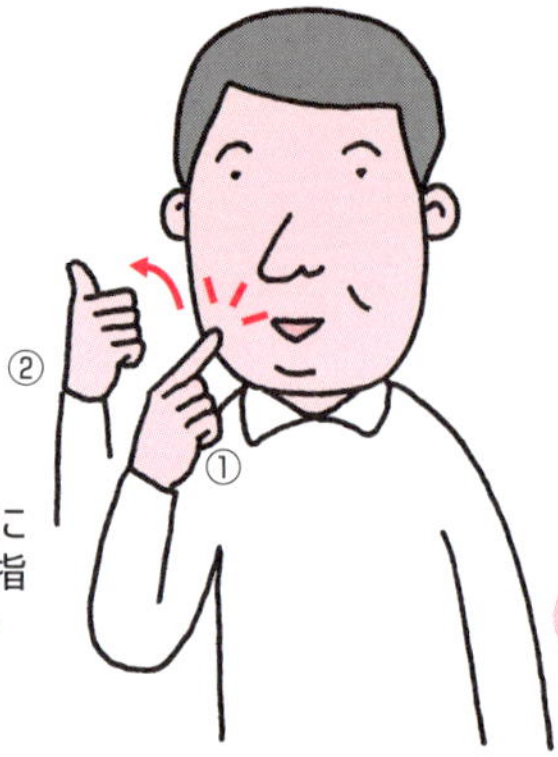

父

人さし指を頬にあててから、親指【男性】を立てる

兄

手の甲を相手に向け、兄さん指（中指）を立てて上げる（目上をあらわす）

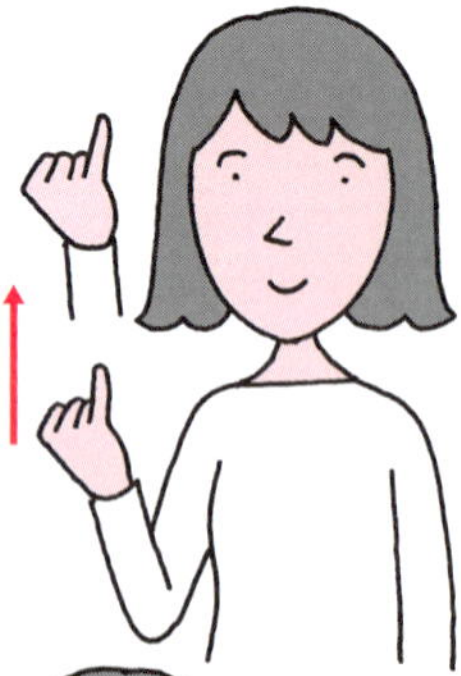

姉

手の甲を相手に向け、小指【女性】を立てて上げる（目上をあらわす）

息子

おなかの前で親指を立て、やや斜め下に出す（おなかから生まれた【男性】）

娘

おなかの前で小指を立て、やや斜め下に出す（おなかから生まれた【女性】）

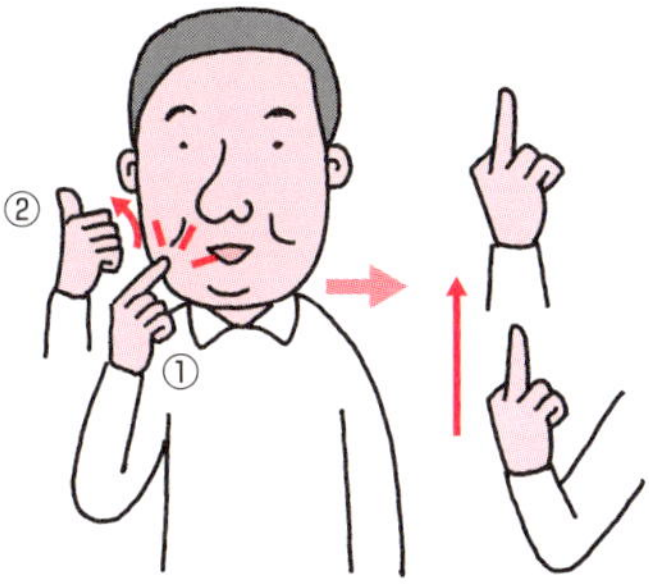

おじ（おば）

イラストは【伯父（父の兄）】。【父】の手話に続いて【兄】の手話をする。【母】に【姉】か【妹】を組み合わせると【おば】

祖母

人さし指を頬にあててから、小指以外は握りこみ、立てた小指を2回折り曲げる。肉親の腰が曲がった女性

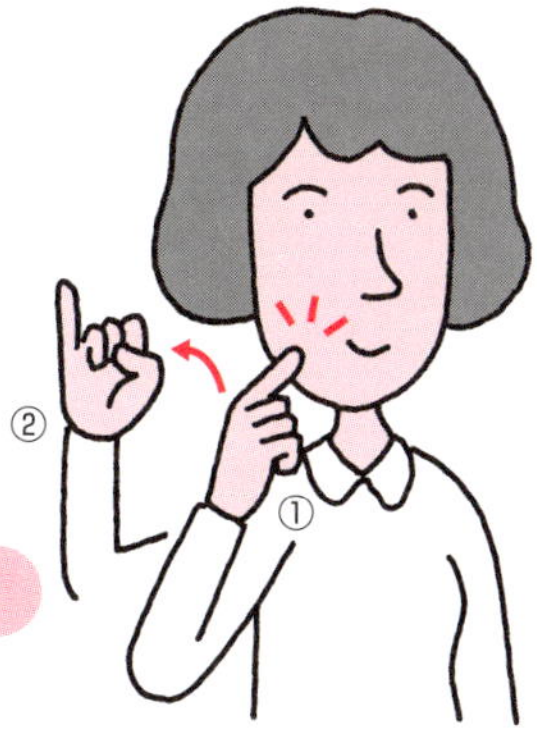

母

人さし指を頬にあててから、小指【女性】を立てる

私

弟

手の甲を相手に向け、中指を立てて下げる（目下をあらわす）

妹

手の甲を相手に向け、小指を立てて下げる（目下をあらわす）

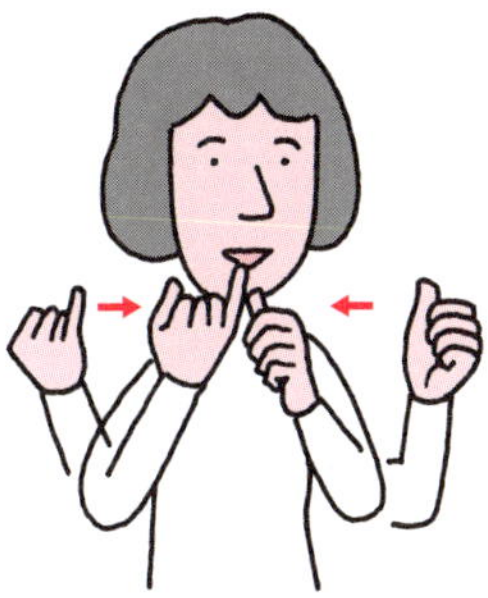

結婚

【男性】と【女性】を胸の前でつける

離婚

【男性】と【女性】を胸の前で離す

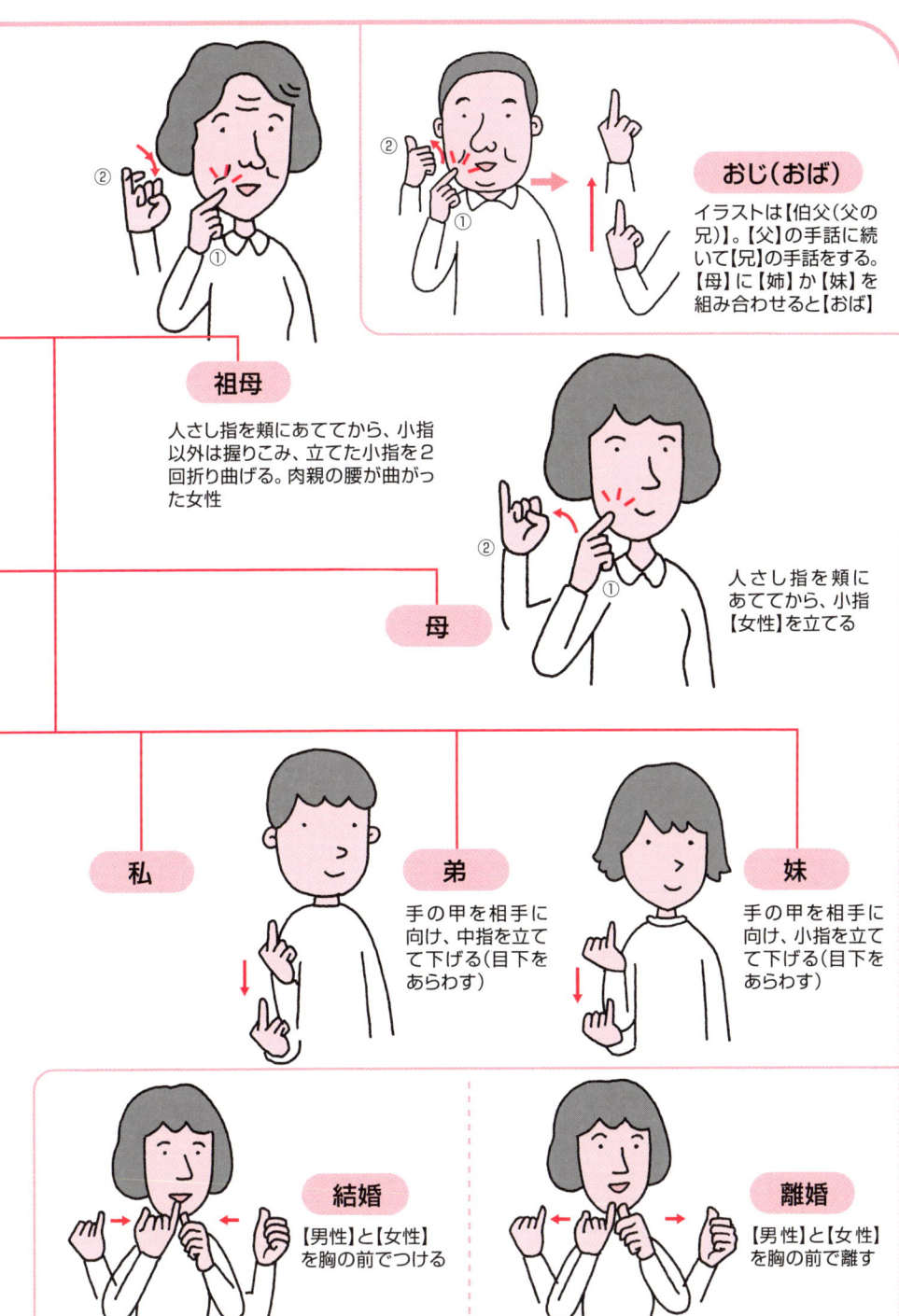

例文

私の生まれた場所は東京です

手話文　私・生まれる・場所／東京

地名をあらわす手話には、その土地ならではの特徴や、史実をあらわしたものが多くあり、同じ地名を使っていても、それぞれの地方で表現が異なることもあります。本書では標準的な表現を載せていますが、自分の住んでいる地域の手話を覚えるためにも、広報等で募集している地域主催の手話講習会等に積極的に参加してみましょう。

1

右の人さし指を胸にあてます

私　自分を指さす

2

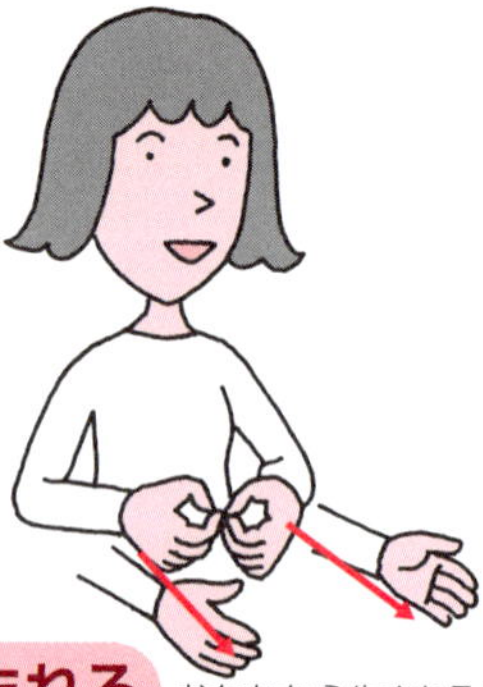

おなかの位置につけた両手を、広げながら前に出します

生まれる　おなかから生まれる様子

3

右手の指を軽く曲げて下に向け、軽く下げます

場所

4

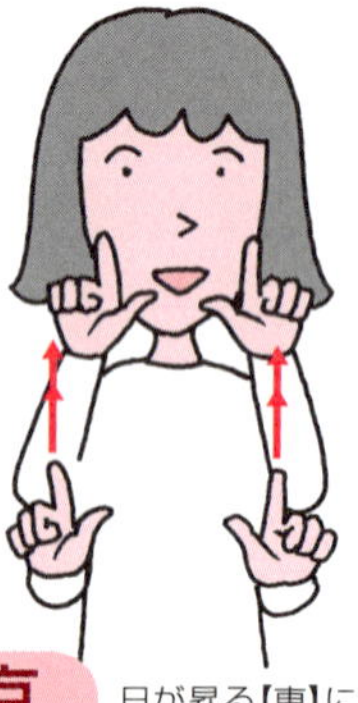

両手のひら側を相手に向け、親指と人さし指を伸ばし、2回上げます

東京　日が昇る【東】にある都

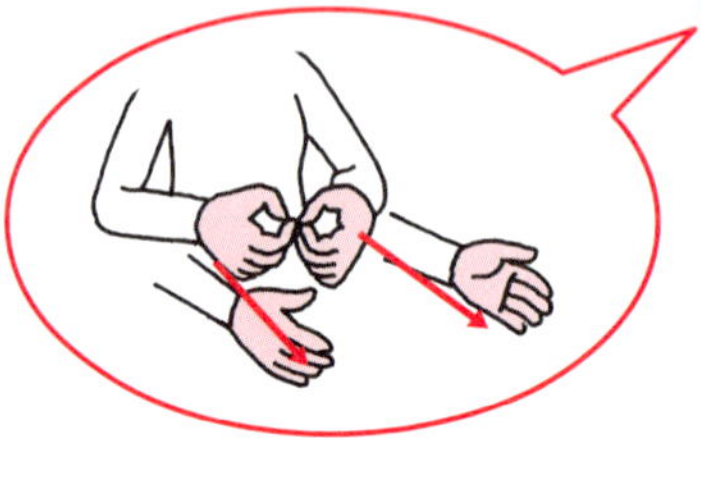

ポイント　【生まれる】のバリエーション

【生まれる】は、例文のように【生まれる】➡【場所】と表現すると「出身地」(「ふるさと」も同じ)、【生まれる】➡【いつ】と表現すると「誕生日」、【生まれる】➡【家】と表現すると「実家」、「生家」となります。よく使う手話なので、しっかり覚えておきましょう。

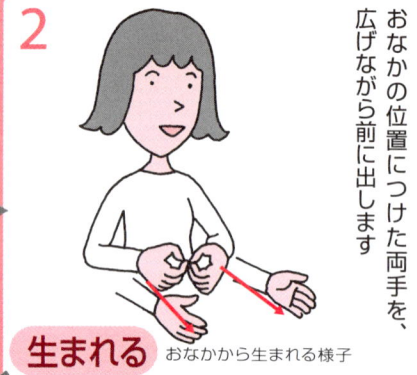

例文

祖父は横浜に住んでいます

手話文　祖父／横浜／住む or 暮らす

住んでいる場所に関する表現は、例文では「○○に【住む】」、「○○で【暮らす】（【生活】）」となっていますが、「住所は○○」（ポイント参照）という表現のしかたもあります。日常会話では「どこに住んでいるの？」は、名前をたずねるのと同様にコミュニケーションの最初となる会話です。スムーズに話せるようにマスターしておきましょう。

1

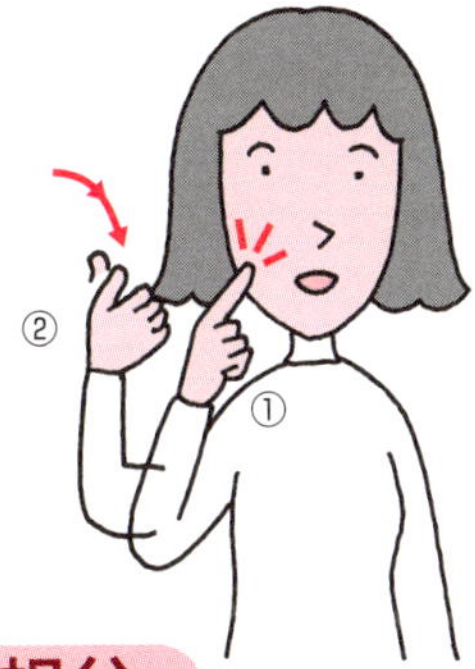

右の人さし指を頬にあててから、親指を立て、2回折り曲げます

祖父　肉親の腰が曲がった男性

2

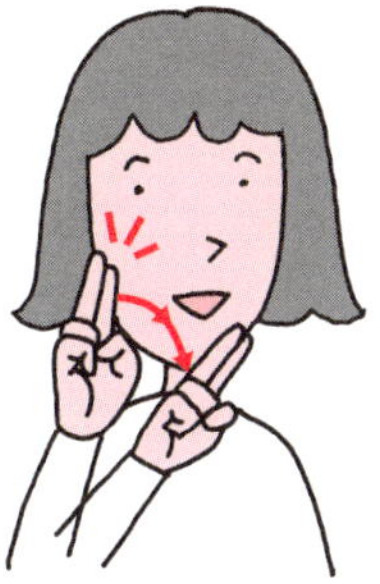

右の人さし指と中指を伸ばして右の頬にあて、頬をなでるように2回前に出します

横浜　日本で最初の理容店が横浜にできたことから、ひげを剃る動き

3A

両脇でこぶしをつくり、下げます

住む　その場所に「いる」という意味

3B

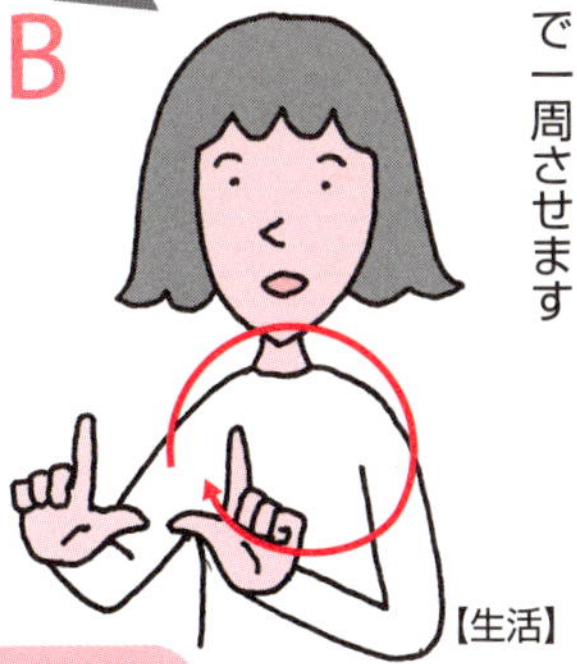

両手のひら側を相手に向け、親指と人さし指を伸ばし、胸の前で一周させます

暮らす　太陽が昇って沈む様子

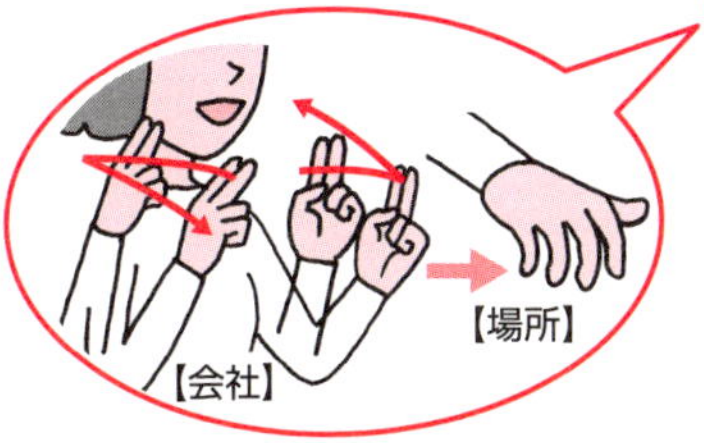

ポイント　「住所は○○です」のあらわし方

「住所は○○」というときの「住所」は、【場所】を組み合わせてあらわします。たとえば、家の住所なら【家】➡【場所】、会社の住所は、【会社】➡【場所】、職場の住所は、【仕事】➡【場所】です。家の住所については、【住む】➡【場所】や【暮らす】➡【場所】でも表現できます。

都道府県のあらわし方

都道府県の表現は、特産品、漢字の形からなど、何であらわしているのかという意味を知っておくと覚えやすいでしょう。県名、市名を区別したいときには、県名などのあとに指文字で【けん】、【し】とつけます。

北海道

北海道の形から

両手の人さし指と中指を立て、ひし形をつくるように下に動かす

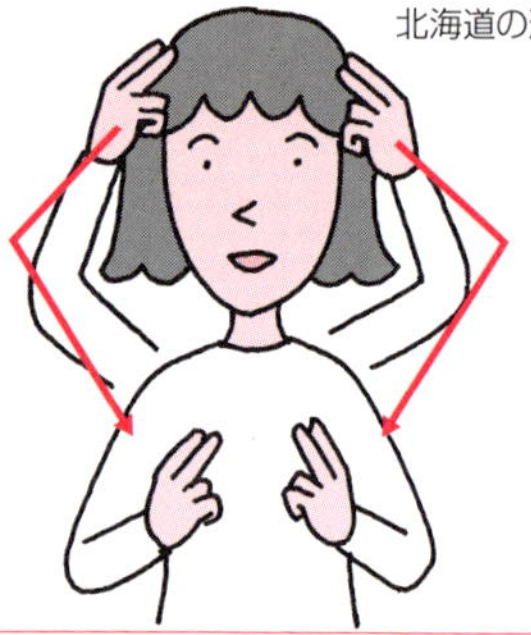

青森

【青】右手のひらを右頬にあてて後ろに引く↓【森】

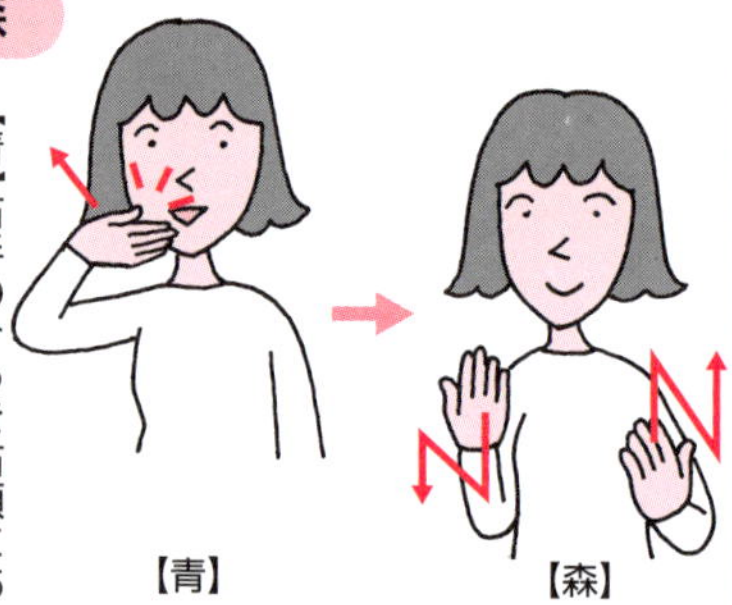

岩手

【岩】指を曲げた両手を向かい合わせて互い違いに回す↓指文字【て】

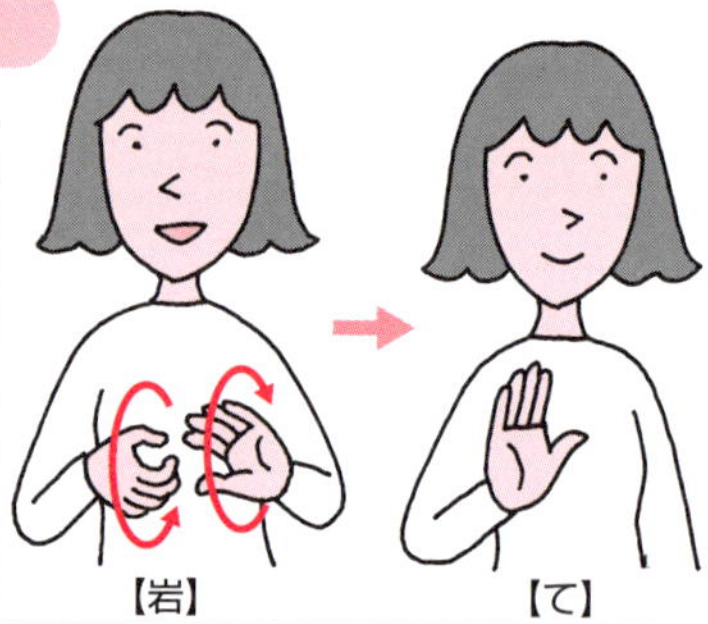

宮城

【宮】両手の指を斜めに組み合わせる↓【城】両手の人さし指を曲げて左右に開く

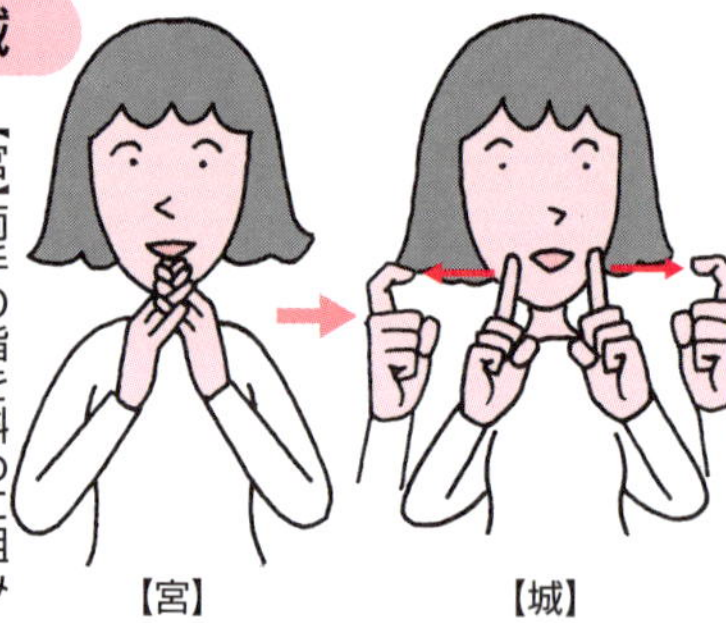

秋田

特産品「ふき」から

左の手のひらを上向きにしたふきの葉っぱの下に、右手の親指を立てて茎をあらわす

山形

左の親指と人さし指で輪をつくり、右の人さし指をつける

福島

【福】↓【島】軽くまるめてふせた左手の周りにそって、手のひらを上に向けた右手を動かす

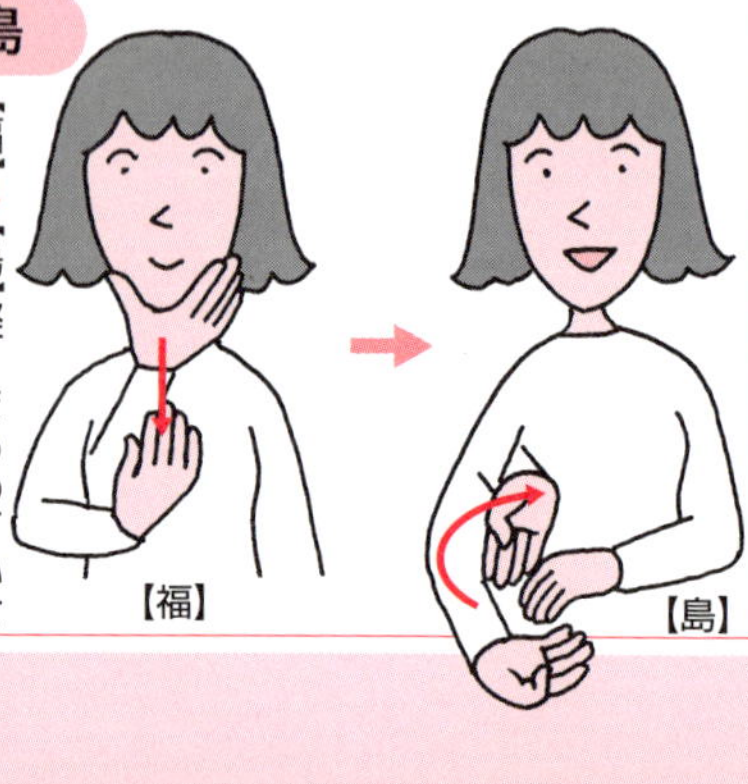

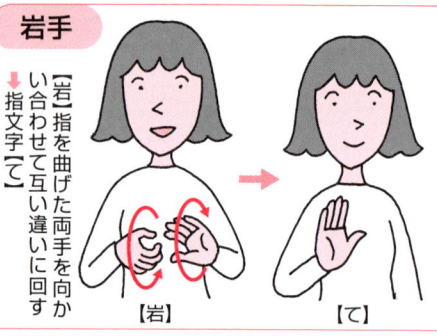

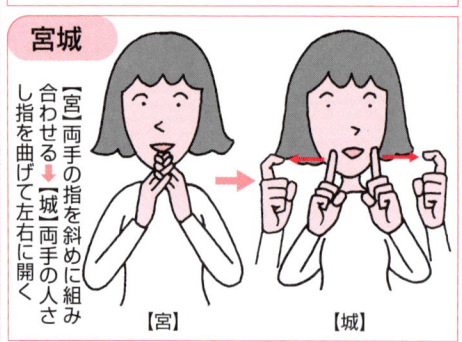

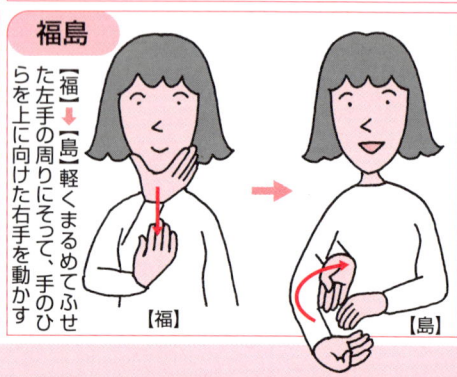

茨城

水戸浪士の蓑《みの》姿から

胸の前で両手を交差させ、腕をなでるように両手を下げる

栃木

栃ノ木の葉の形から

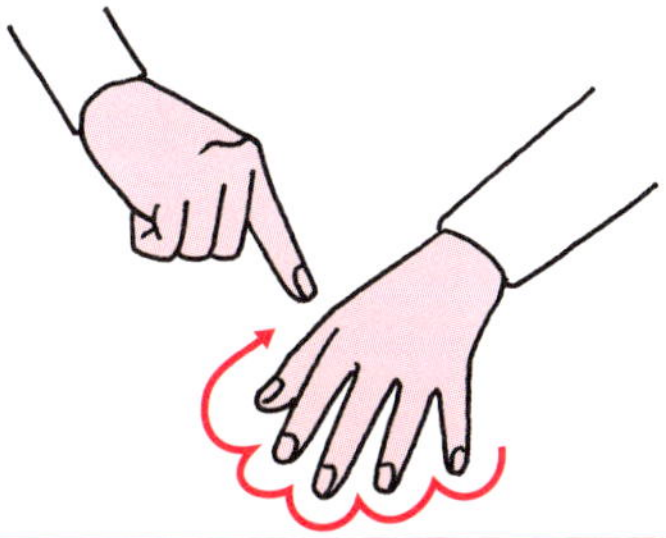

左手の指を開き、右の人さし指でその周りをなぞる

群馬

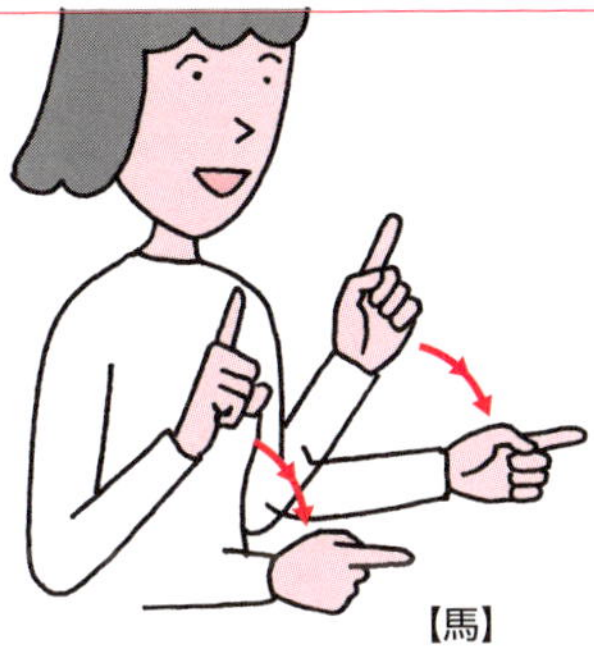

【馬】

右手に手綱、左手に鞭のイメージで、両手の人さし指を2回振り下ろす

埼玉

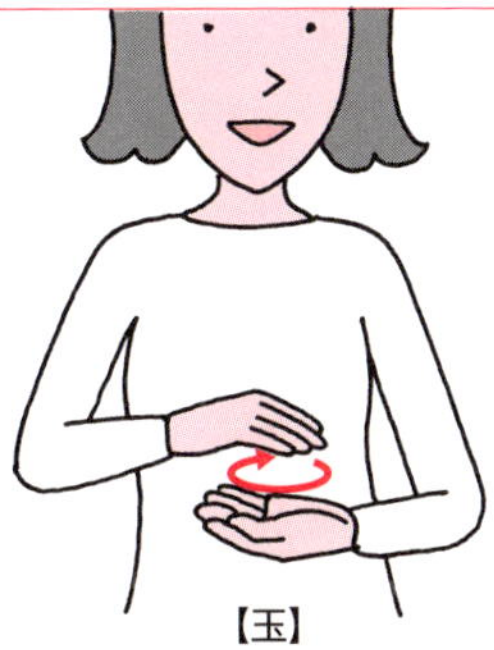

【玉】

手のひらの上の玉を転がすように両手を動かす

千葉

【千】

左の親指と人さし指を伸ばし、右の人さし指をあてる

東京

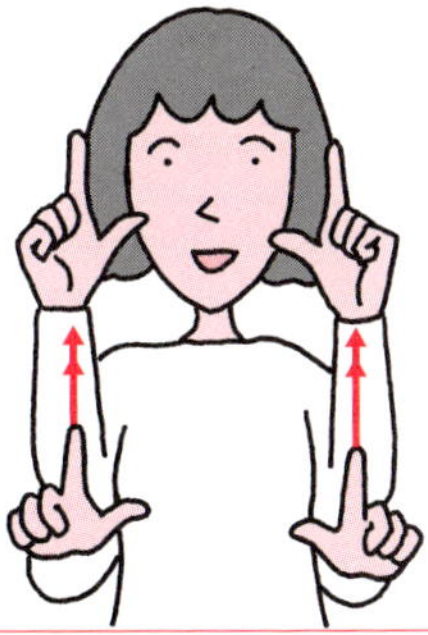

【東】の手話（両手の親指と人さし指を伸ばし、人さし指を上向きに）を2回上げる

神奈川

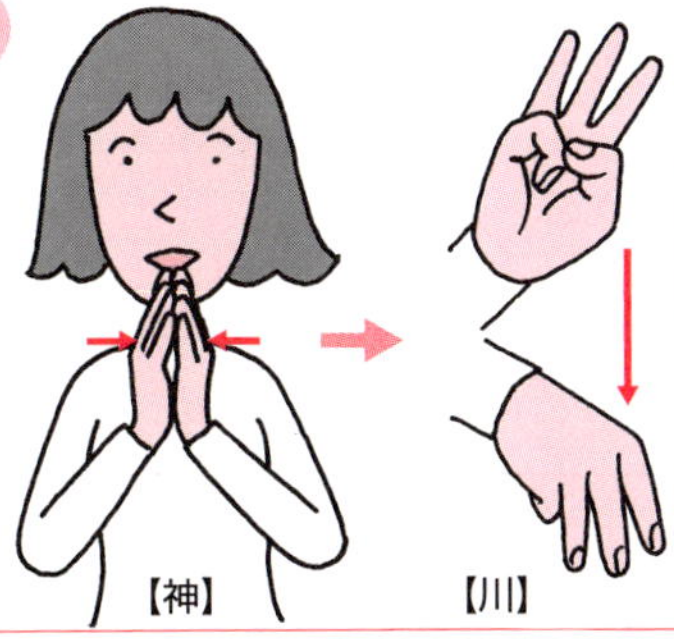

【神】　【川】

【神】柏手を打つ⇩【川】右手の3本指を前に倒して漢字の形をあらわす

新潟

港に船が出入りする様子

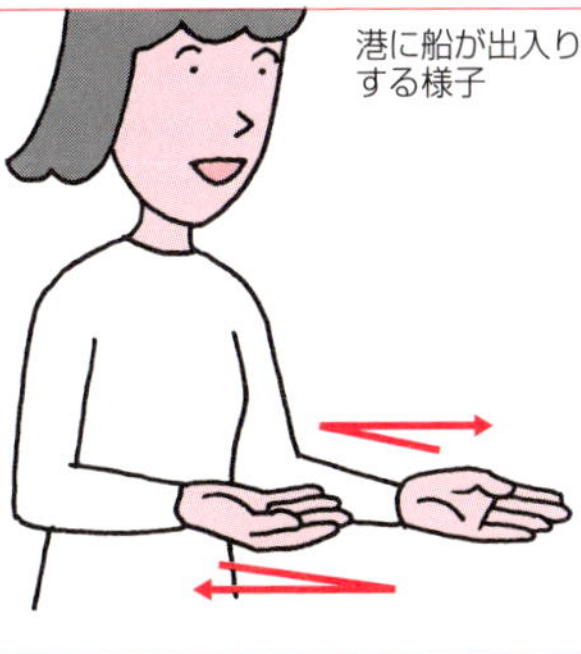

両手のひらを上向きにして、交互に前後に動かす

富山

指文字【と】↓【山】右手で左から右に弧を描く

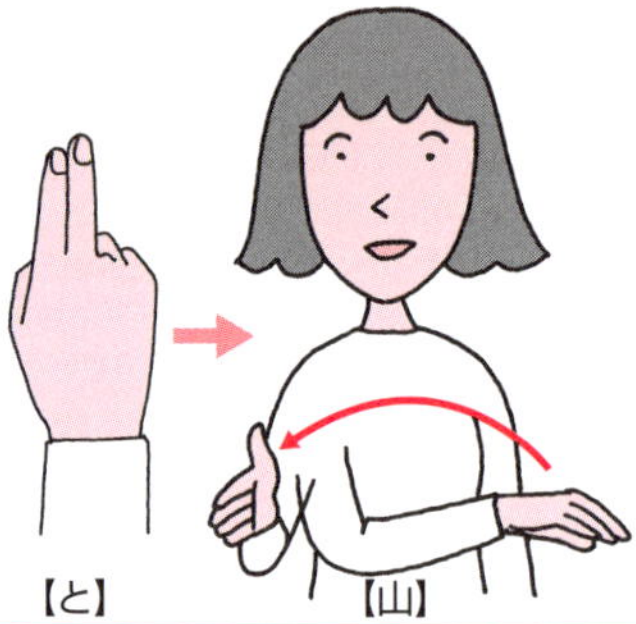

石川

【石】立てた左手のひらに、折り曲げた右手の指をつける↓【川】

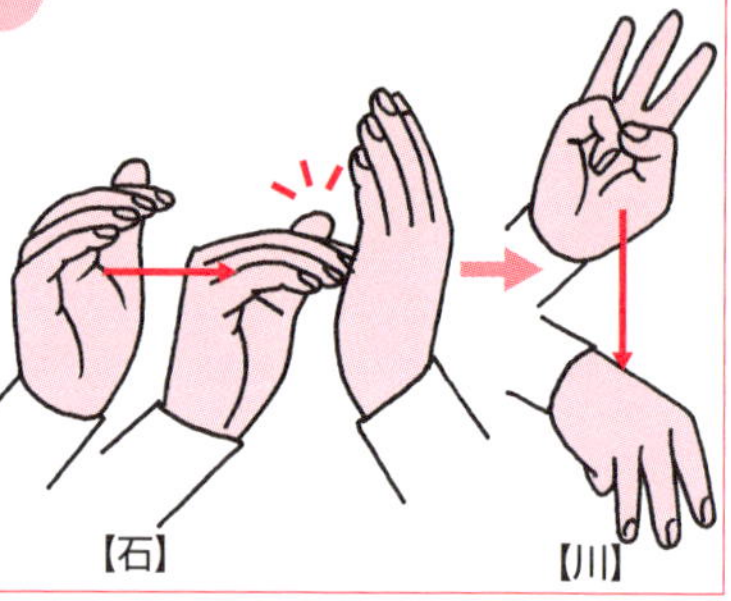

福井

【福】↓【井】横に伸ばした左手の2本指に、縦に伸ばした右手の2本指を合わせる

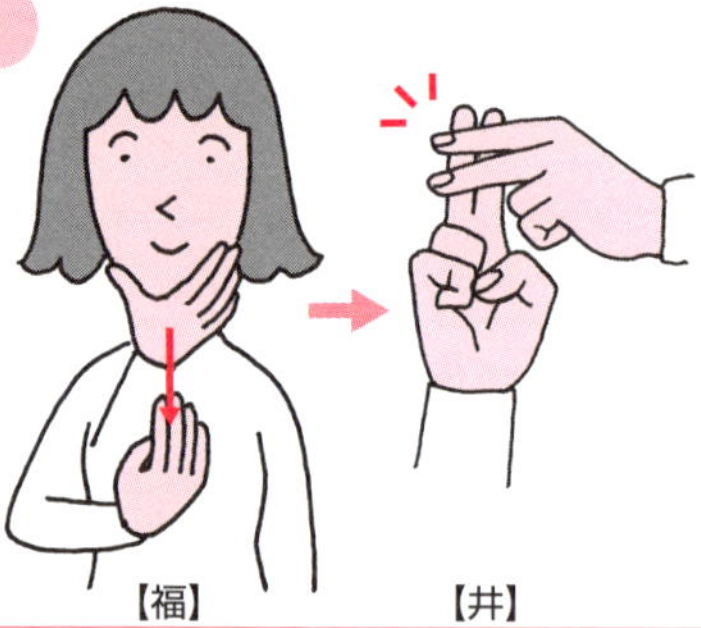

山梨

【山】↓【ぶどう】ふせた左手の下から、右手をすぼめつつ下げる

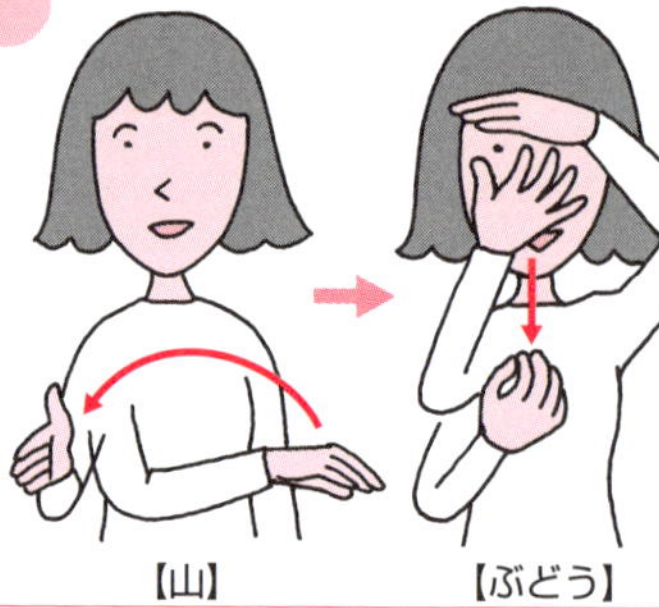

長野

【長い】親指と人さし指をつけた両手をくっつけ、左右に開く↓指文字【の】

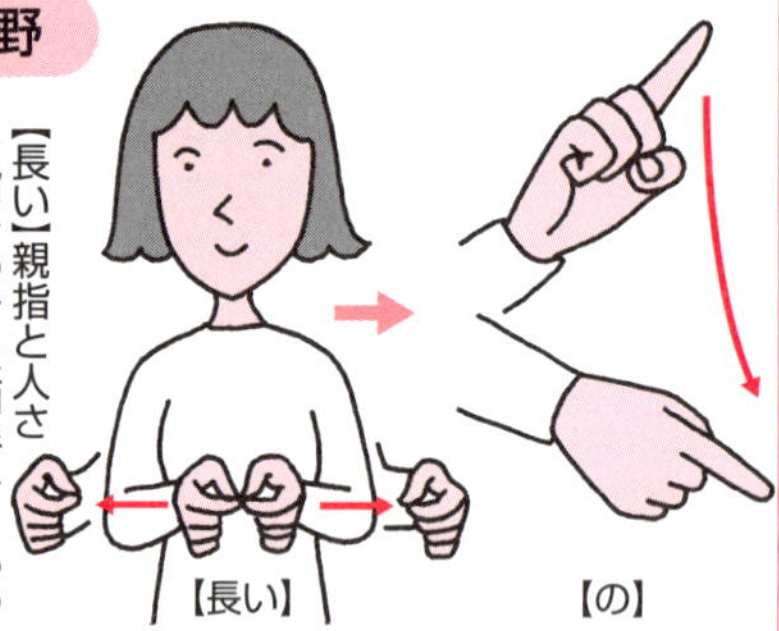

静岡

【富士山】両手の人さし指と中指を伸ばし、富士山の形をあらわす↓【岡】

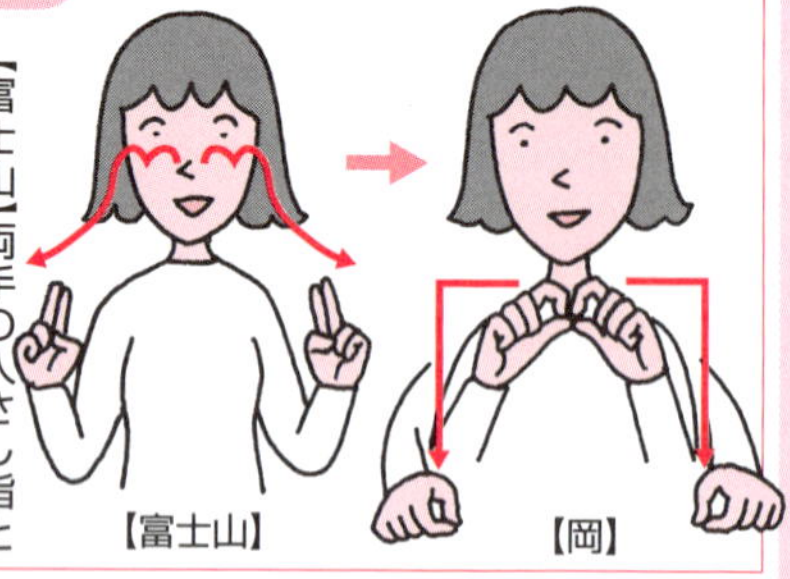

岐阜

長良川の鵜飼いの鵜のくちばしから

右手の甲を口にあて、3本の指を伸ばして、つけたり離したりする

愛知

男の子をかわいがる様子

左の親指を立て、その上で、なでるように右手を動かす

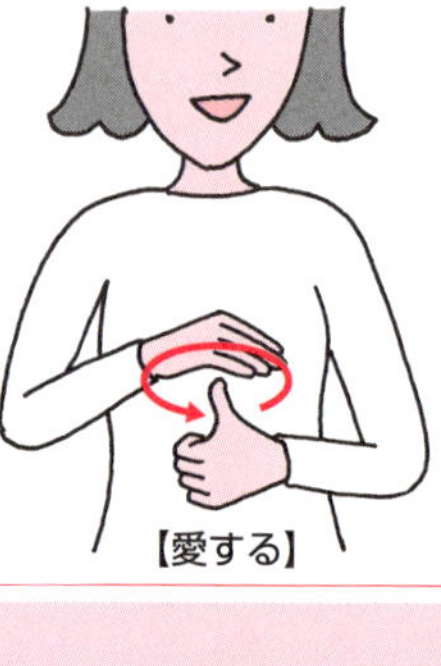

三重

指文字【み】➡【重い】両手のひらを上に向けて並べ、下げる

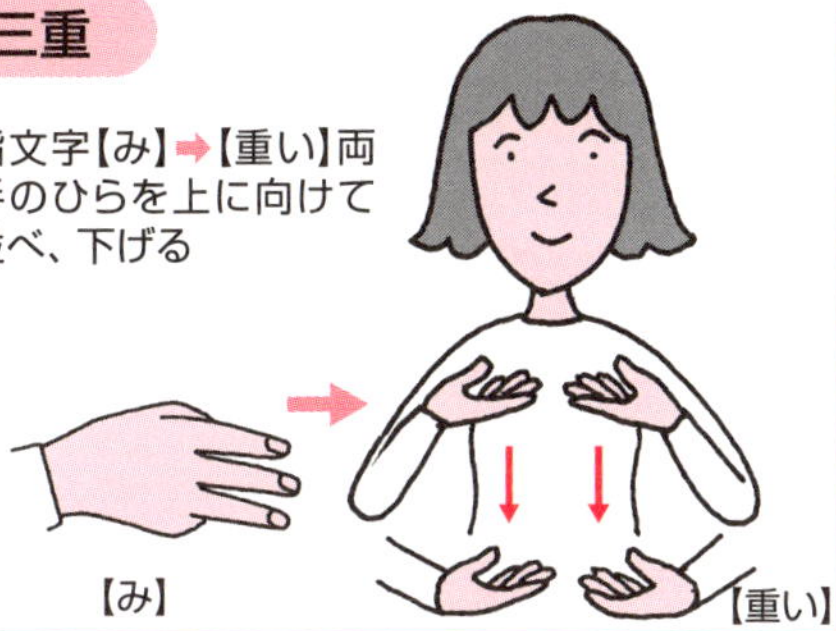

滋賀

琵琶湖から。琵琶を奏でる様子

左手で琵琶をもち、右手で弦をはじくようなしぐさをする

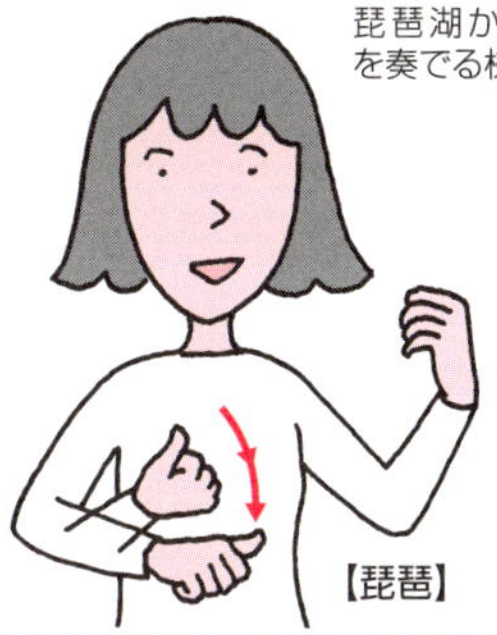

京都

【西】の手話(両手の親指と人さし指を伸ばし、人さし指を下向きに)を2回下げる

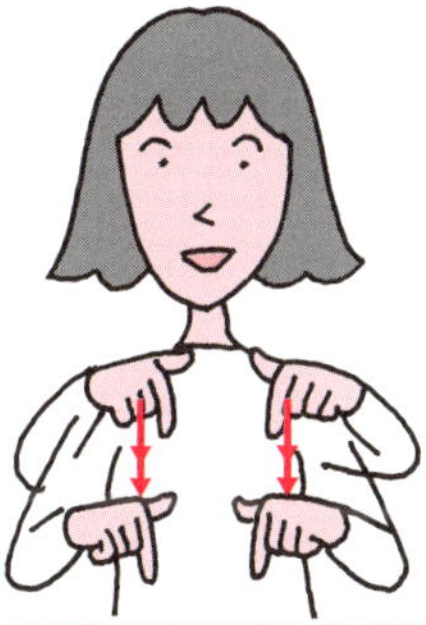

大阪

豊臣秀吉のかぶとの飾りから

右の人さし指と中指を伸ばしてこめかみにあて、2回前に出す

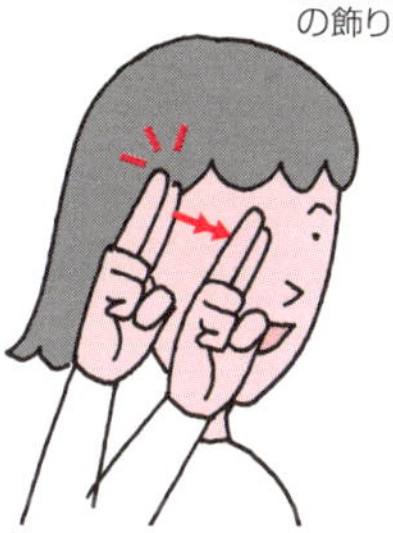

兵庫

銃をささげもつ様子

両手の握りこぶしを縦に並べ、銃を右胸に引きつけるしぐさをする

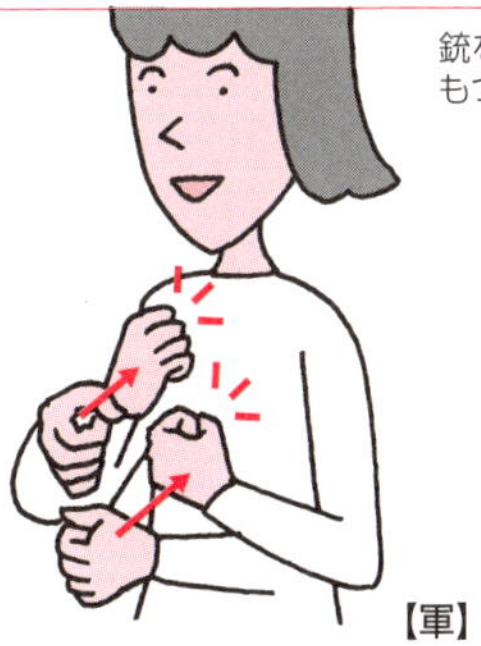

奈良

両手の親指と人さし指で輪をつくり、奈良の大仏をあらわす

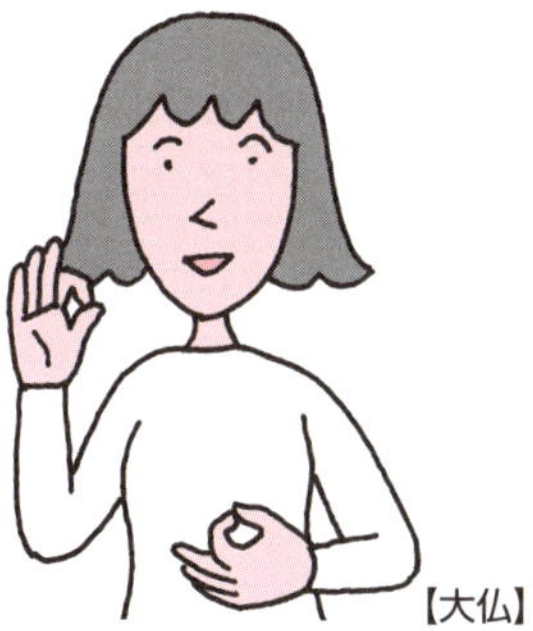

和歌山

和歌を詠む様子

右手の指を軽く曲げ、人さし指側を口元に2回あてる

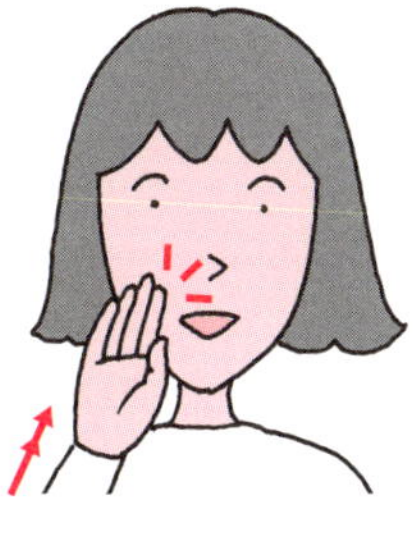

鳥取

【鳥】口の前で、右の親指と人さし指をつけたり離したりする➡【取る】

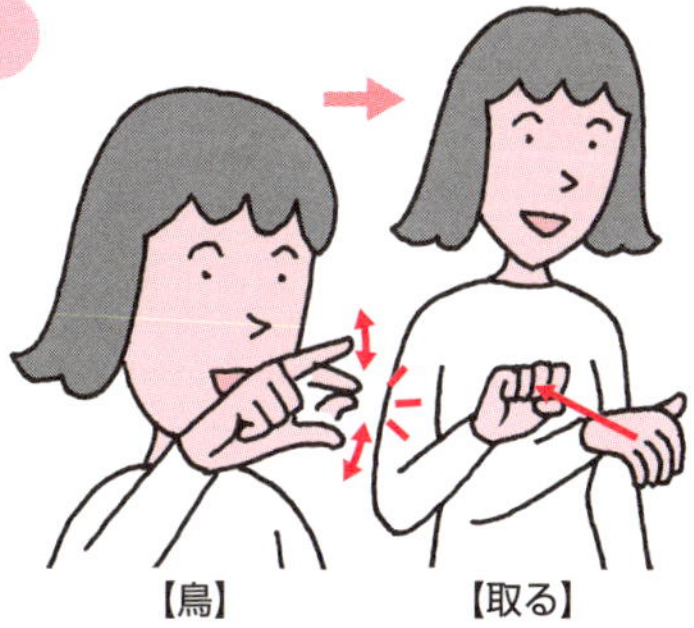

島根

【島】↓【根】左ひじの下に握った右手をつけ、下に向かって開く

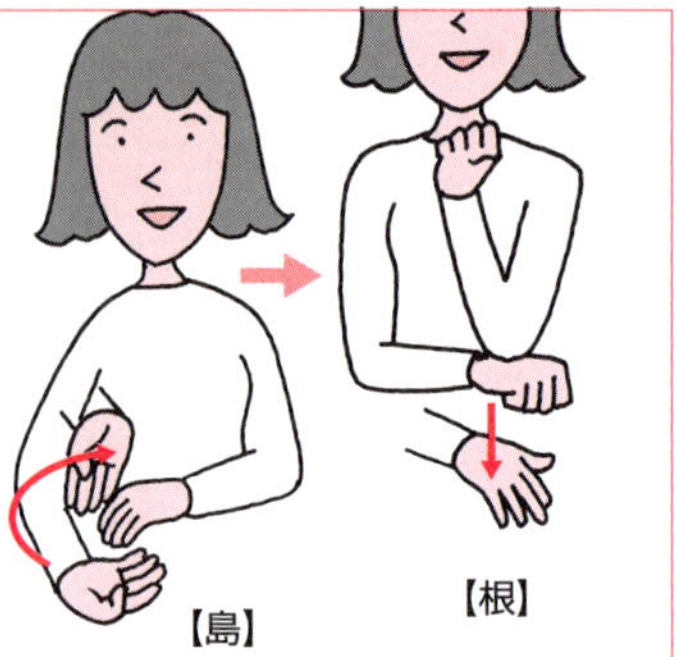
【島】 【根】

岡山

両手を握り交差して、手を開いたり閉じたりする

特産品「い草」の葉の形から

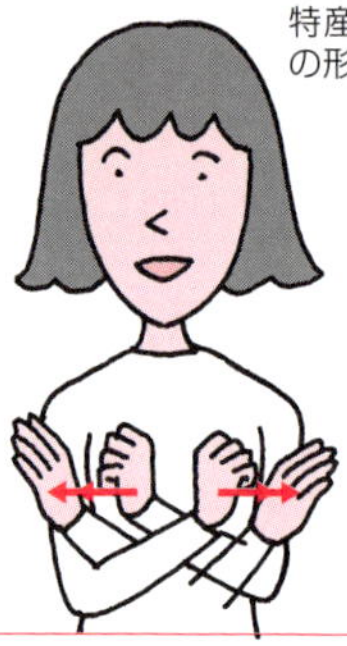

広島

人さし指と中指を合わせた両手を、左右に開きつつ手のひらを相手に向け、さらに上から下へと下ろす

厳島神社の鳥居の形から

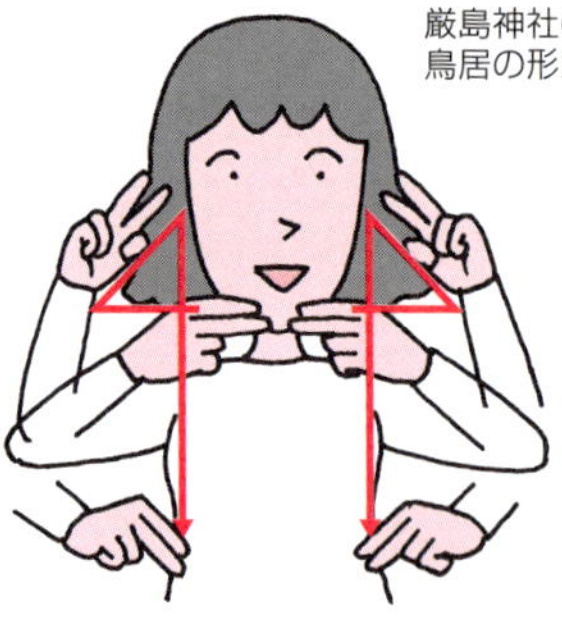

山口

【山】↓【口】右の人さし指を口の周りで一周させる

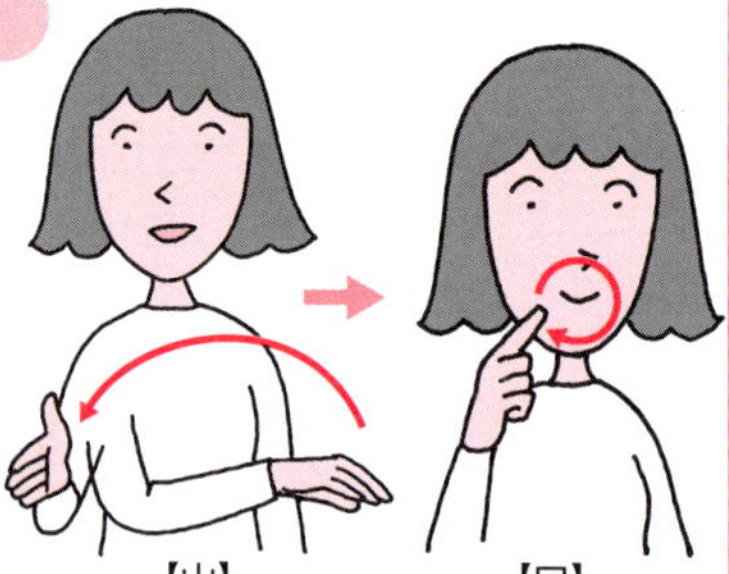
【山】 【口】

徳島

【徳】右の親指をあごにつけ、人さし指を振る↓【島】

【徳】徳川家康のひげから

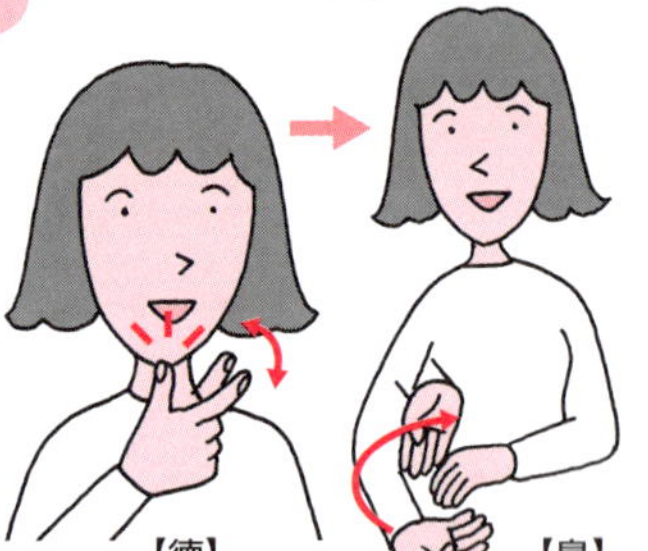
【徳】 【島】

香川

【香り】右の人さし指と中指を伸ばして鼻に近づける↓【川】

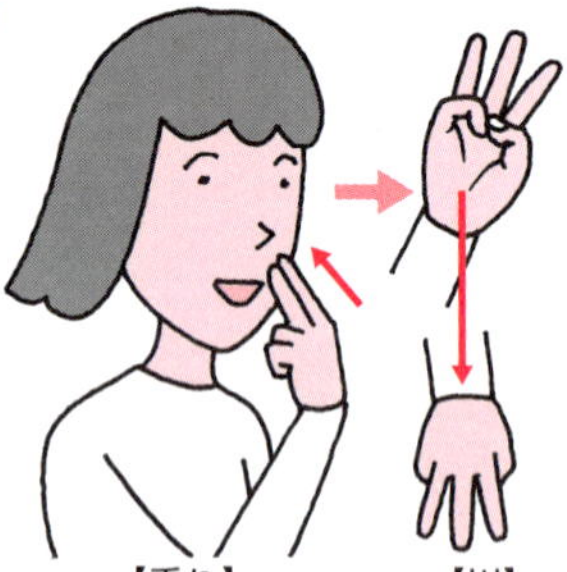
【香り】 【川】

愛媛

左の小指を立て、その上でなでるように右手を動かす

女の子をかわいがる様子

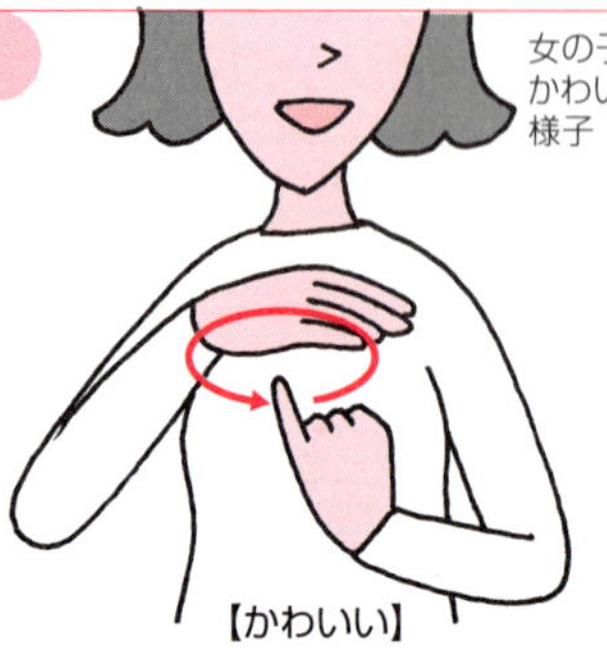
【かわいい】

高知

【高い】↓【知る】手のひらを胸にあててなで下ろす

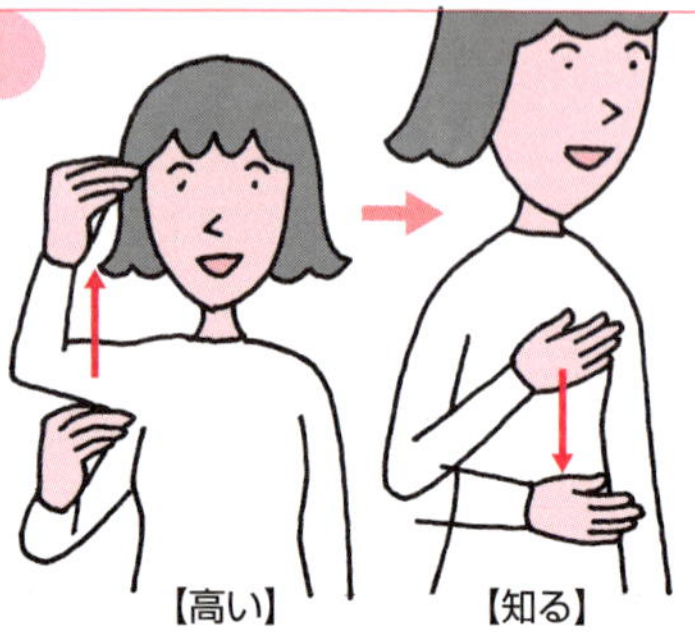
【高い】 【知る】

福岡

名産品「博多帯」から

おなかの位置で右手を左から右に動かす

佐賀

大隈重信（佐賀出身）の大学帽の房から

右の人さし指をこめかみにあてたあと、それ以外の指を開いて振る

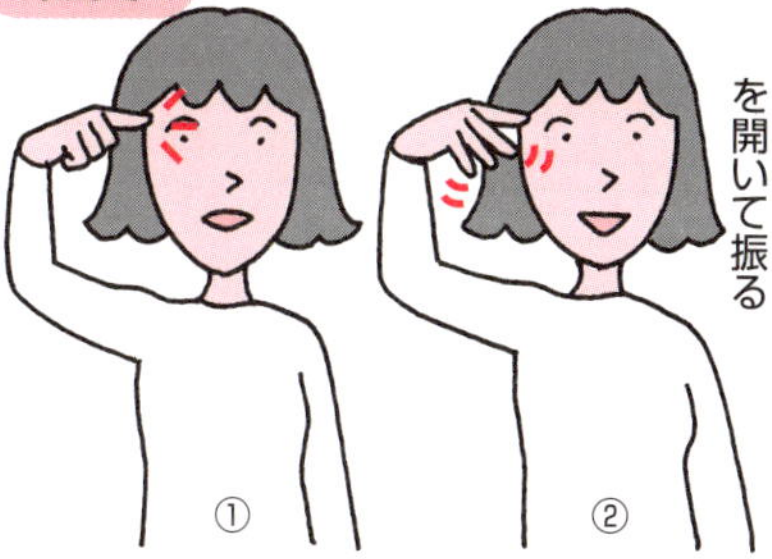

長崎

【長い】→【崎】

両手を脇から正面に向かって出し、指先を合わせる

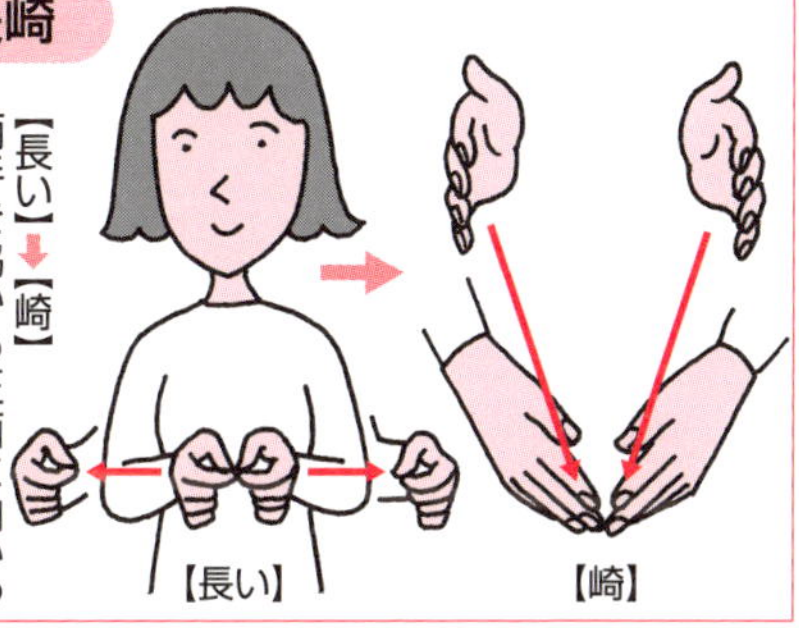

熊本

加藤清政のよろいの紋から

両手の親指と人さし指で丸をつくり、おなかにあてる

大分

左手を九州に見立てたときの大分の位置から

右手の2本指で輪をつくり、左手の甲の小指つけ根あたりにおく

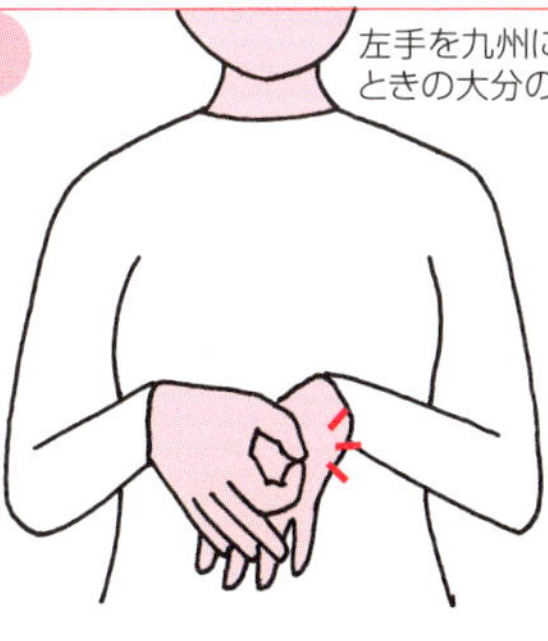

宮崎

【宮】→【崎】

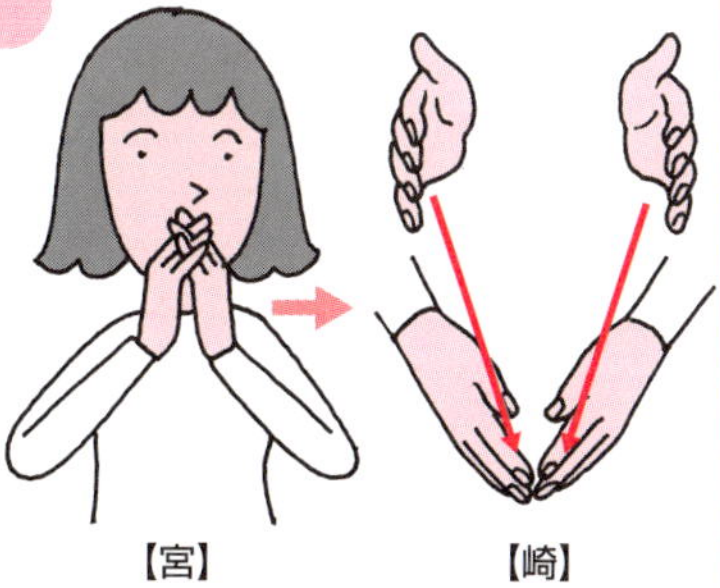

鹿児島

鹿の角の形から

右手の3本指を立て、頭の横でねじり上げる

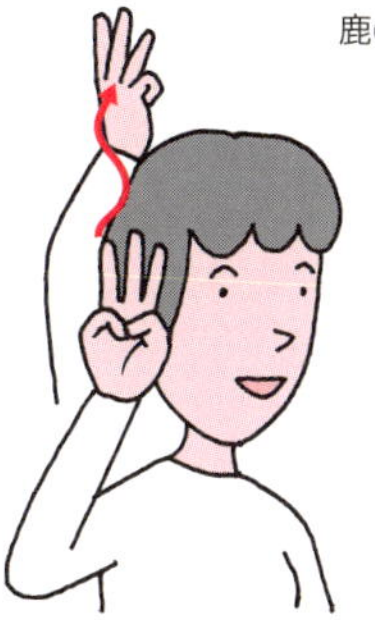

沖縄

民族衣装の髪飾りの形から

両手の人さし指と中指を頭の横で合わせ、片方の手はねじり上げ、もう片方はねじり下げる

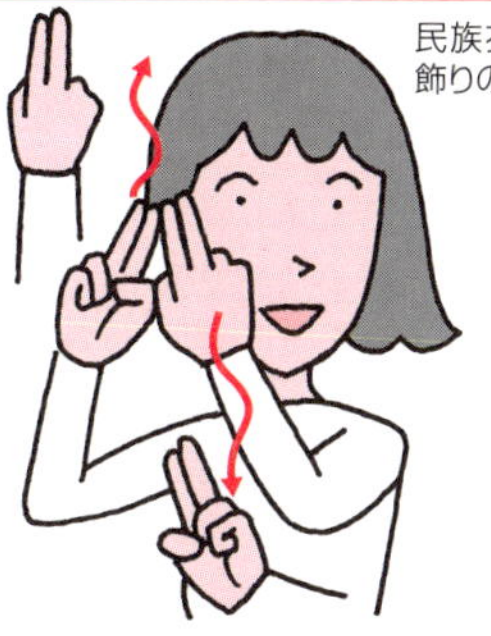

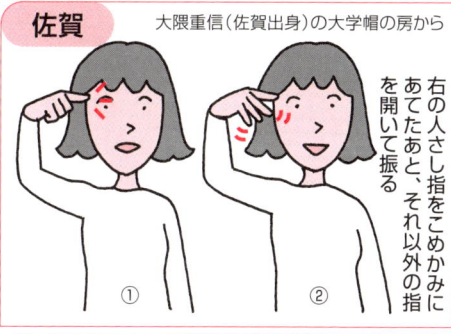

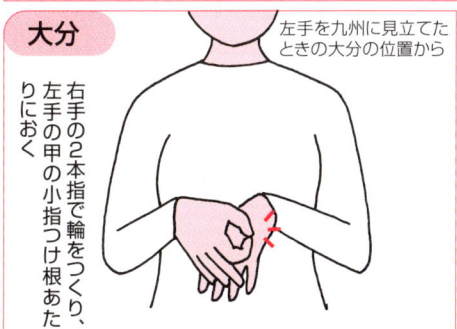

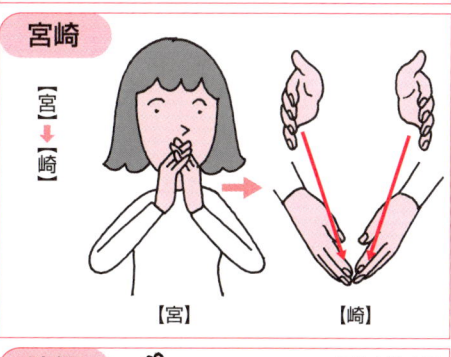

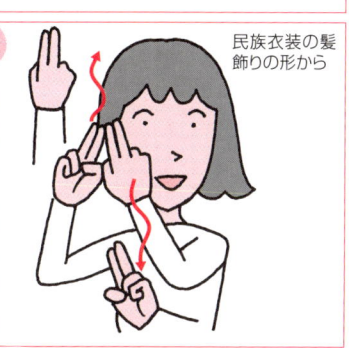

地名のあらわし方

東北

【東】→【北】2本指を伸ばした両手を縦に下ろし、さらに左右に開く

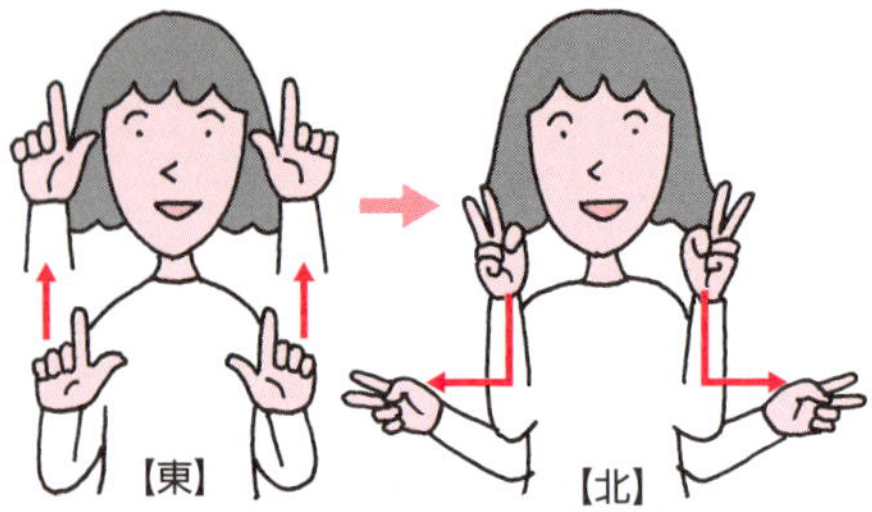

北陸

【北】→指文字【り】→指文字【く】

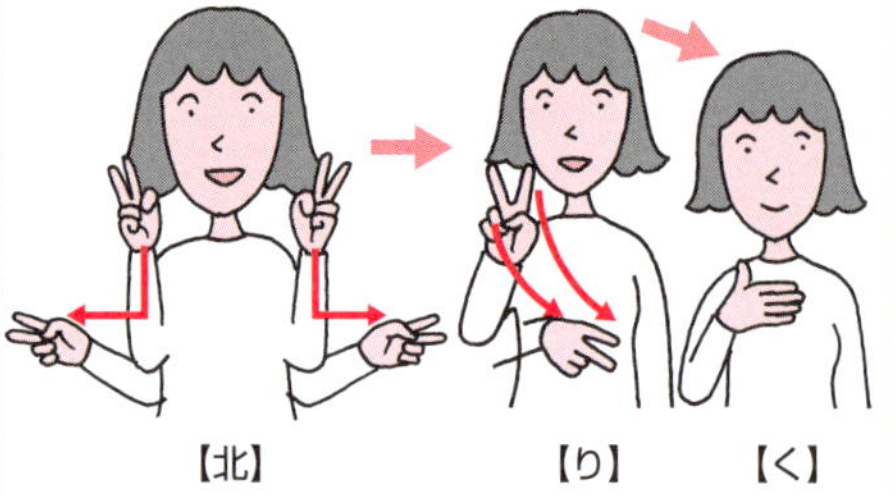

関東

関東の形から

指をつけた両手を合わせ、前に弧を描くように動かす

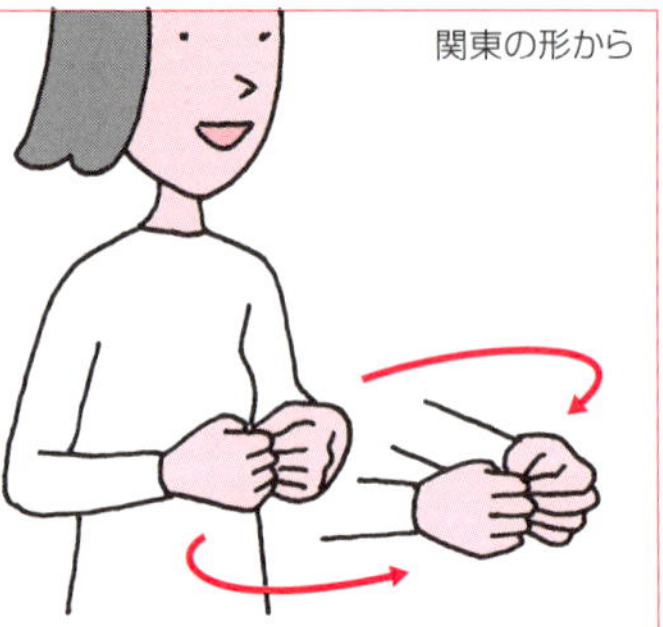

東海

【海】しょっぱい水から

【東】↓【海】右の小指を唇にあて、右手のひらを上に向け、波打つように右へ動かす

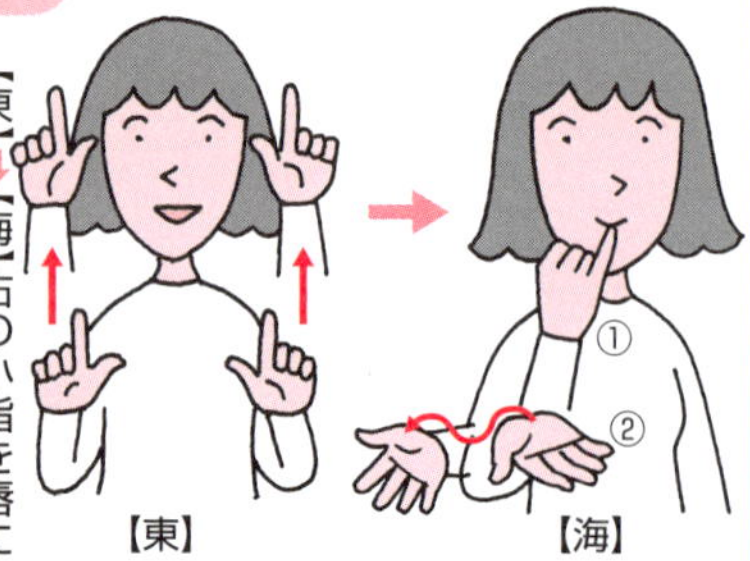

近畿

近畿の形から

左手のひらを相手に向け、右手で人さし指と親指の間をなでるように動かす

中国

【中】↓【国】両手の指先を合わせ、両手を開きつつ指先を閉じる

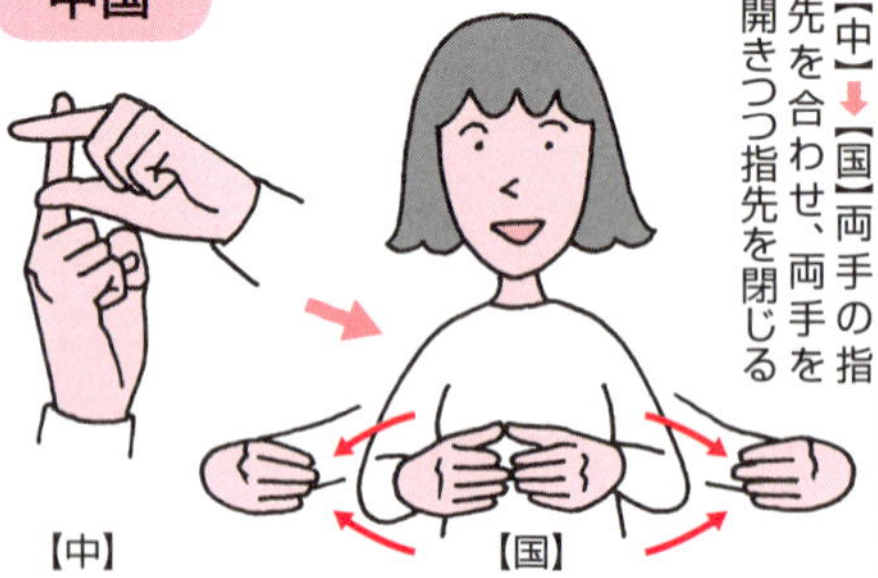

四国

四つの県があることから

左手のひらを上に向け、右手であらわした数字【4】を左手首から指先へ動かす

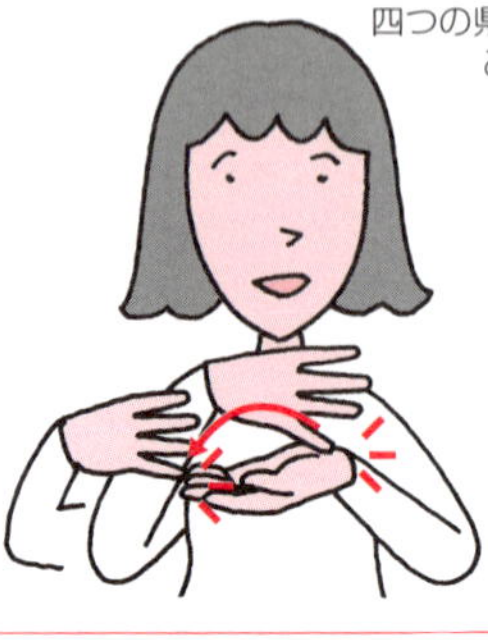

九州

九州の形から

数字【9】を下げる

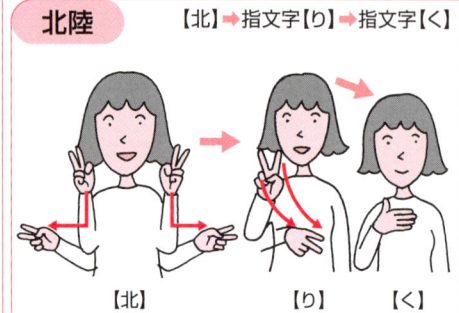

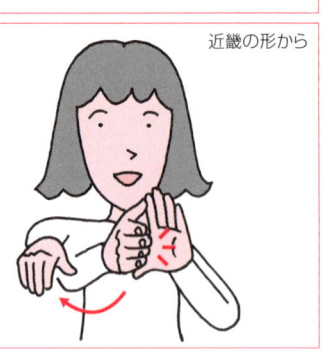

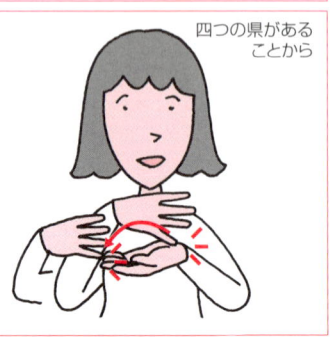

日本

日本（本州）の形から

両手の親指と人さし指を合わせ、斜め上下に手を開きながら指先を閉じる

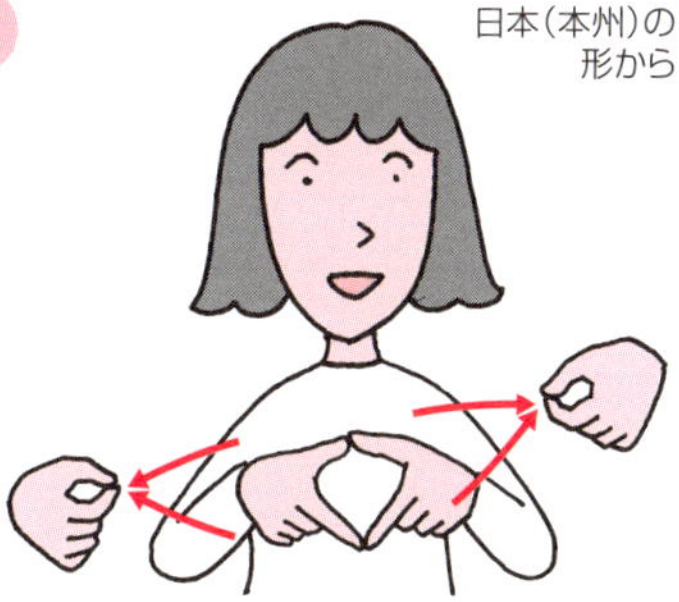

札幌

碁盤の目状の街から

両手の指を広げて交差して重ね、上にある右手を手前に引く

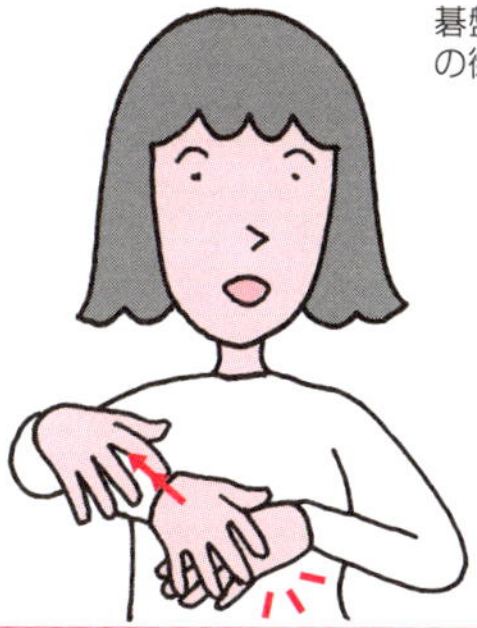

仙台

伊達政宗のかぶとの飾り（三日月）から

右の人さし指と親指で、額の前で三日月をつくる

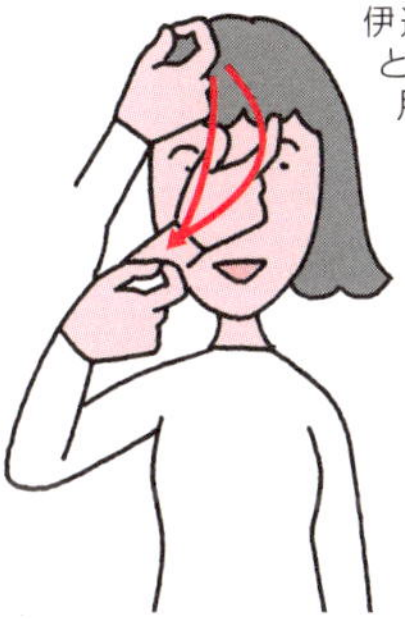

盛岡

原敬のオールバックの髪型から

右手の指を軽く曲げ、指を下向きにし、前髪の位置から後ろへ手を動かす。

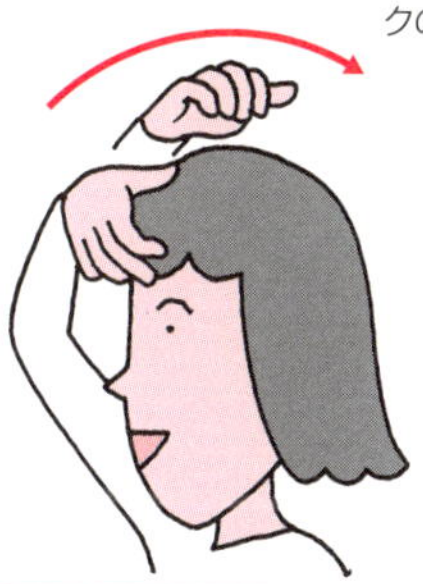

名古屋

名古屋城の金のしゃちほこから

両手の人さし指を立てて向かい合わせ、指を折り曲げながら手を左右に開く

【城】

神戸

楠木正成がまつられている湊川神社の菊水の紋から

右の親指と人さし指で輪をつくり、額にあて右へ動かす

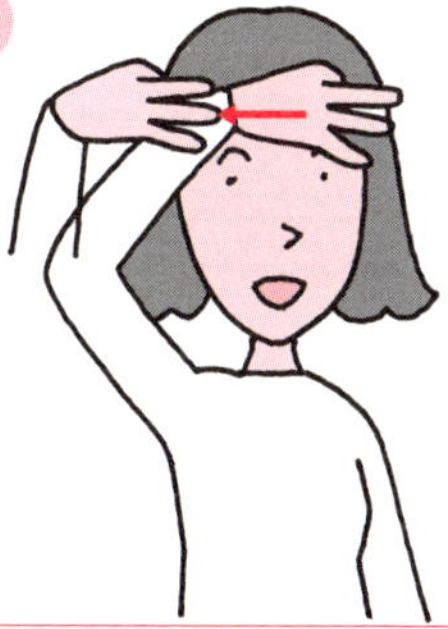

博多

名産品「博多帯」から

おなかの位置で右手を左から右に動かす

【福岡】

那覇

首里城から

左手の甲を相手に向け、内側に親指を立てた右手をおき、上げる

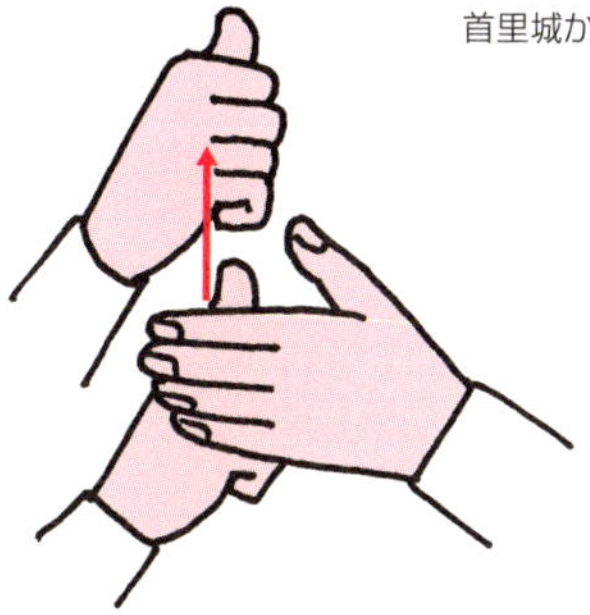

例文

父は福祉関係の仕事をしています

手話文　父／仕事／福祉／関係

【仕事】は印刷の際に紙を集める様子をあらわしています。耳の聞こえない人が特別支援学校（ろう学校）高等部の次に進むことの多い専攻科に、印刷科があったことからこの動きが使われています。また、両手のこぶしを縦に並べてトントンとつける手話は【作る】で、この表現も【仕事】をあらわす手話になります。

1

右の人さし指を頬をにあててから、親指【男性】を立てて上げます

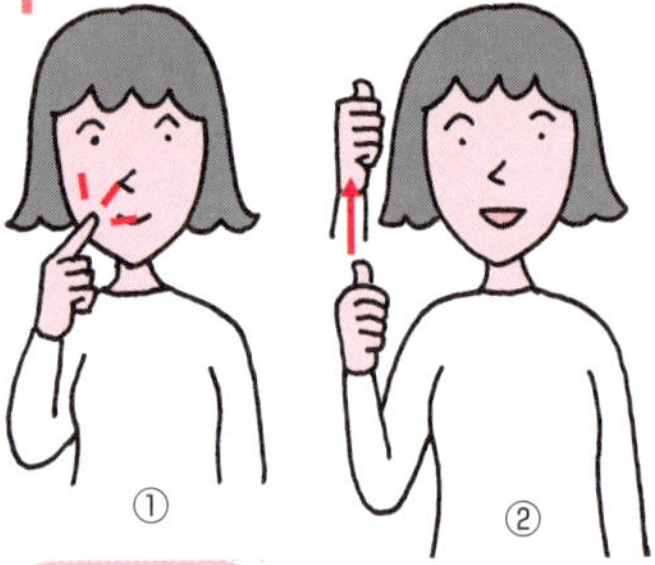

父　肉親の年上の男性

2

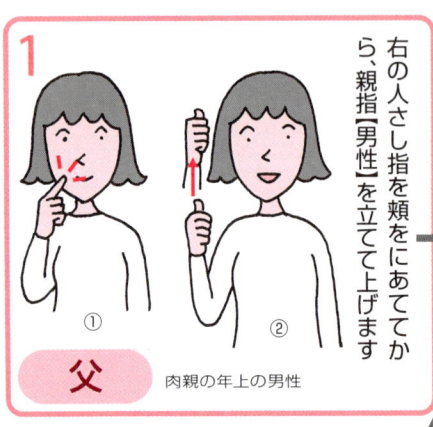

両手のひらを上に向け、おなかの前で外から内へ2回引き寄せます

仕事　印刷業で紙を集める様子

3

【福】右手を開いてあごにあて、閉じながら下ろします↓指文字【し】

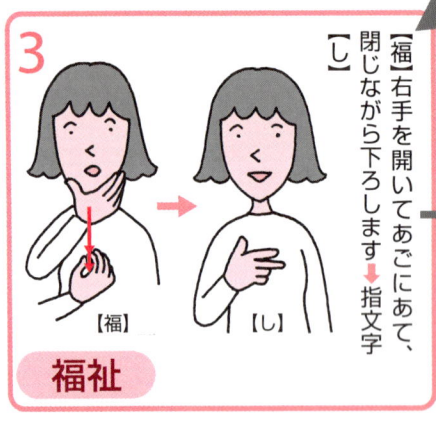

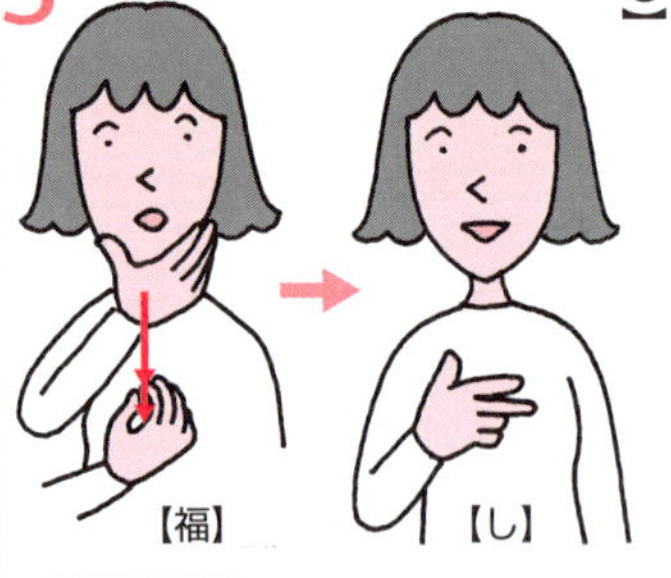

福祉

4

両手の親指と人さし指で輪をつくってつなぎ、前後に動かします

関係　鎖がつながった様子で、つながりをあらわす

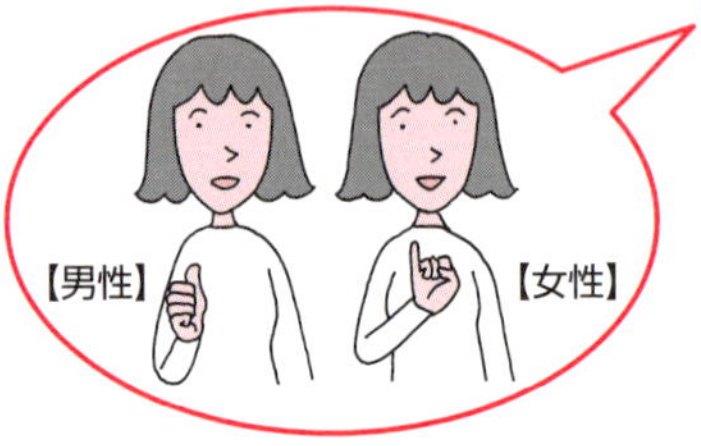

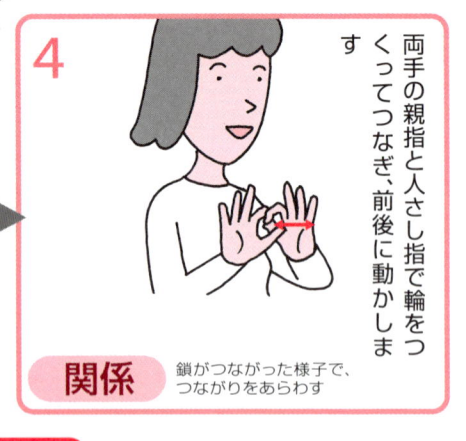

ポイント 性別を示したいときは…

手話では一般に「師」は指文字【し】で、「士」は肩に指文字【し】をあてて表現します。「警察官」「小説家」「運転手」などには、職業のあとに親指を立ててあらわします。「師」や職業名で、あえて男女の区別をつけて示したいときには、親指【男性】か小指【女性】で表現します。

職業のあらわし方

会社員

【会社】証券取引所の場立ちの様子

【会社】両手の人さし指と中指を立てて、交互に前後に動かす↓【員】

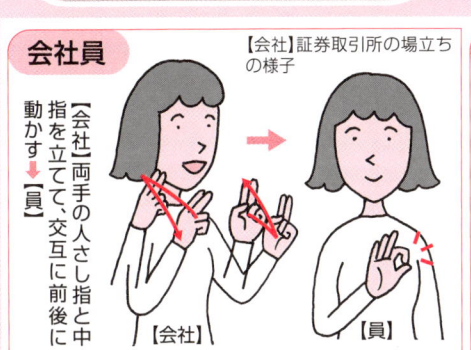

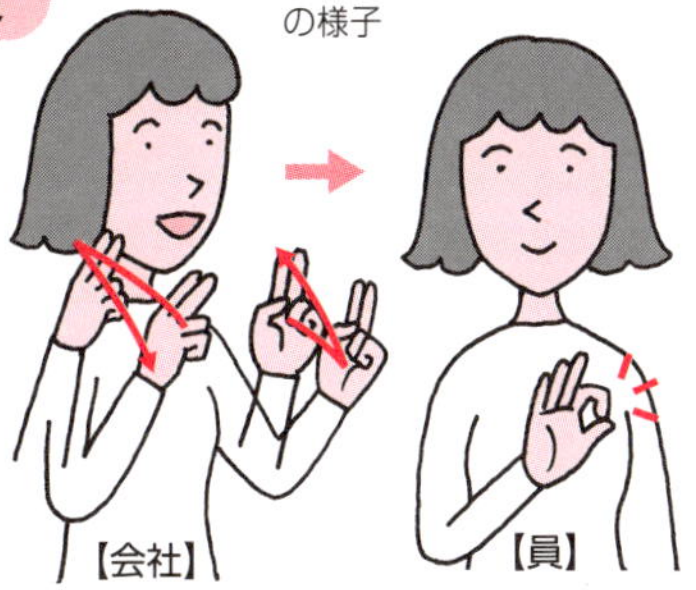

職員

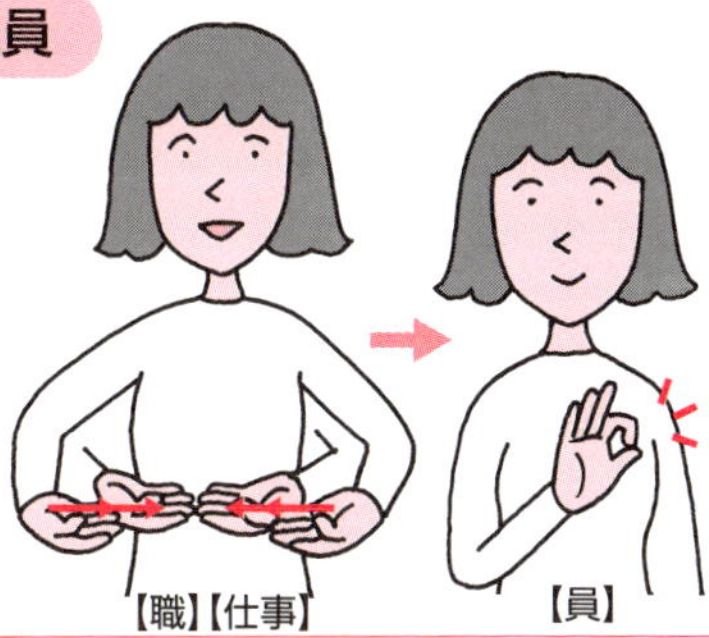

公務員

【公】両手の人さし指で八を書いてから右手でムを空書↓【員】

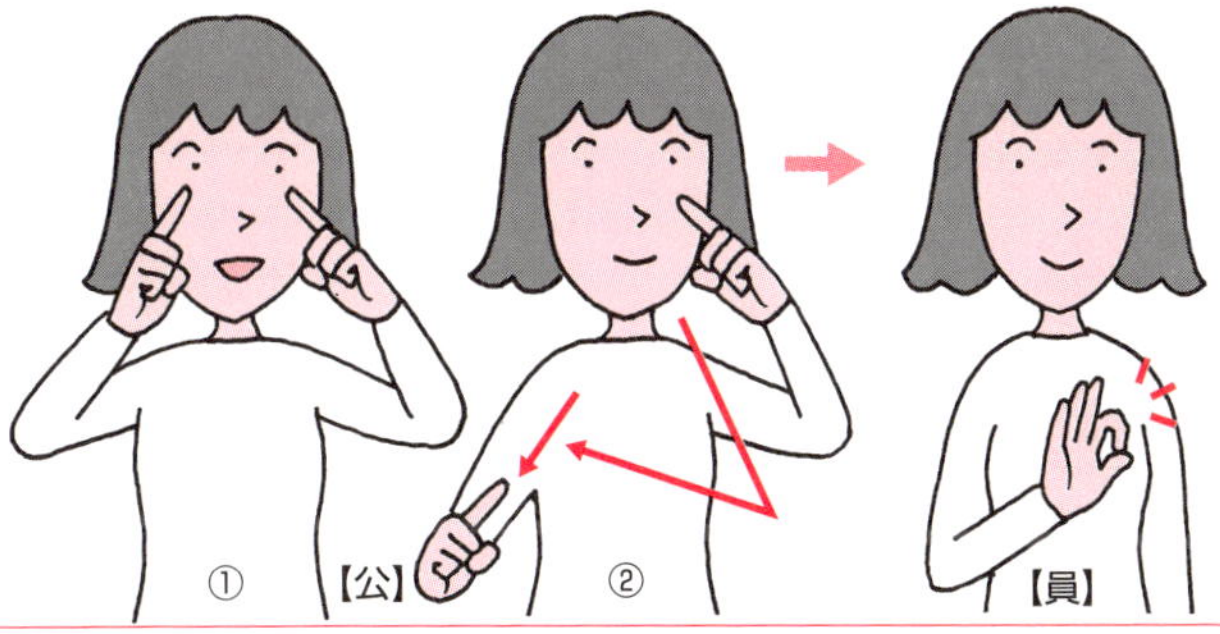

先生

【教える】右の人さし指を下向きに2回振る↓【人】

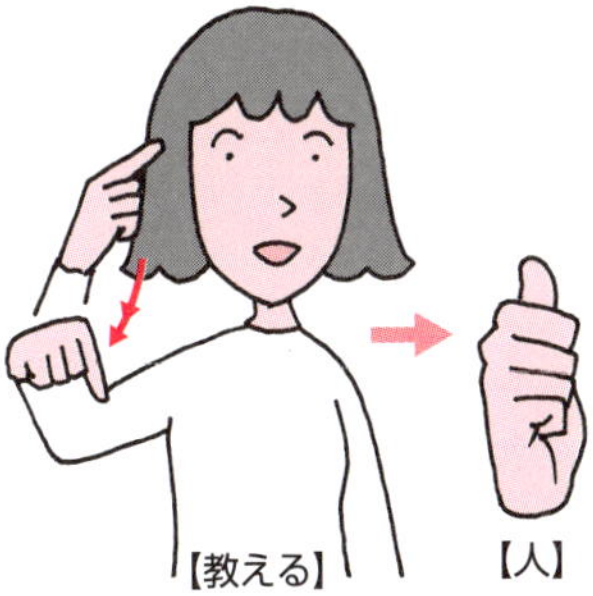

学生

【学生A】はかまをずり上げるしぐさから
【学生B】学生服のつめえりから

両手を交互に上下させながら手を閉じる

親指と人さし指を軽く曲げ、首の横で2度前に出す

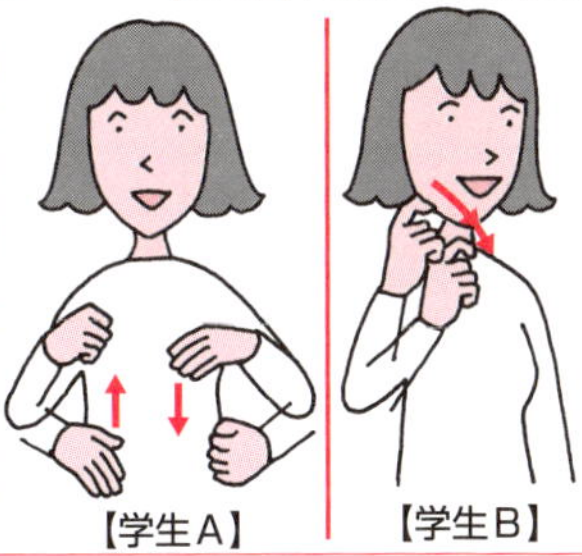

主婦

家の中にいる女性から

両手の指先を合わせ屋根をつくり、左手を残して、その下で右手で【女性】を表現

店員

【店A】お金を出し入れする様子

【店A】両手で【お金】をあらわし、交互に前後させる↓【員】

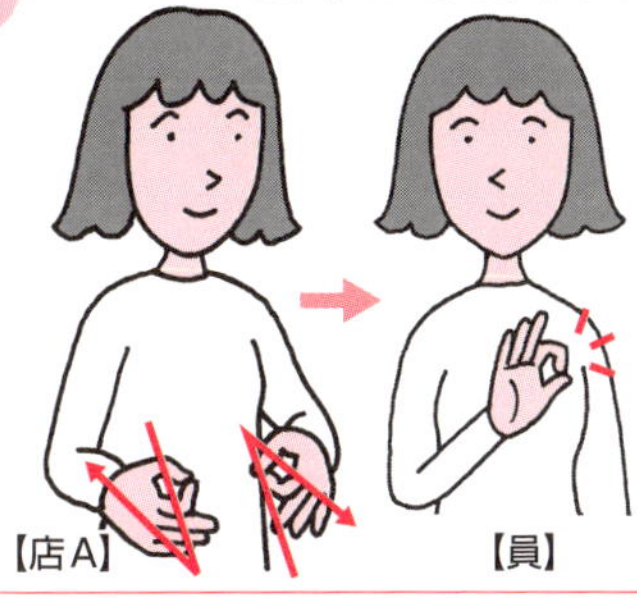

保育士

【こどもA】頭をなでるしぐさ➡【世話】両手を脇で交互に上下➡【士】指文字【し】を左肩にあてる

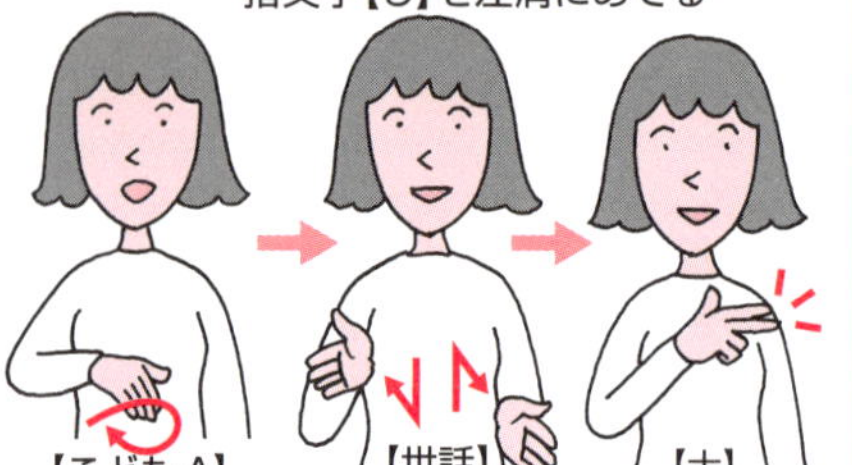

看護師

【脈】左手首に右手の指先をあてる➡【世話】➡指文字【し】

医師

【打診】右手の2本指で左手の甲を軽くたたく⬇【人】

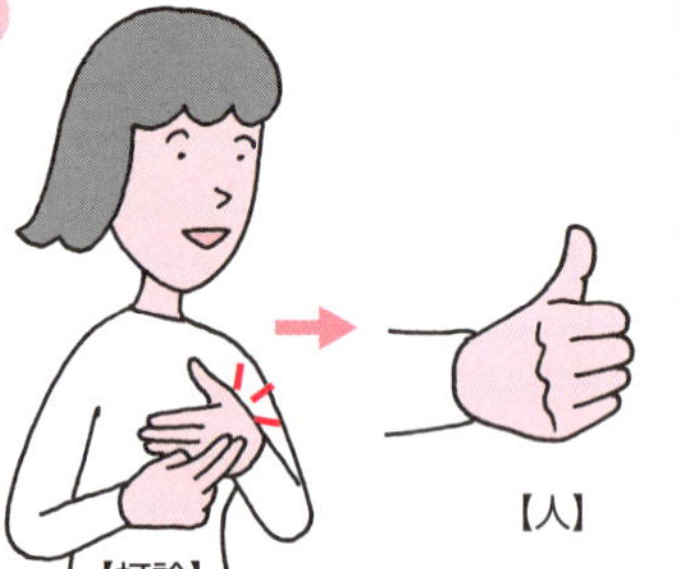

調理師

【料理】左手はものをつかむように、右手は包丁で切る様子⬇指文字【し】

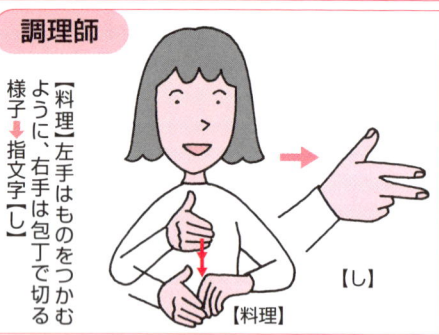

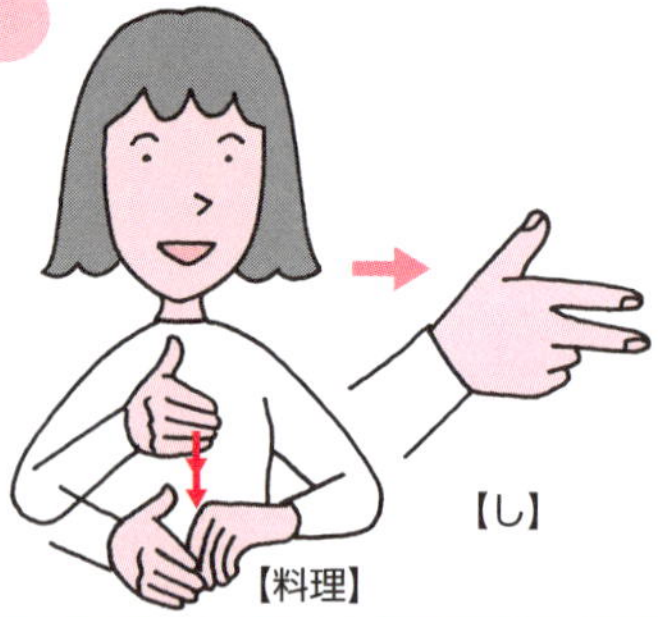

美容師

【パーマ】両手でウェーブヘアをあらわす⬇指文字【し】

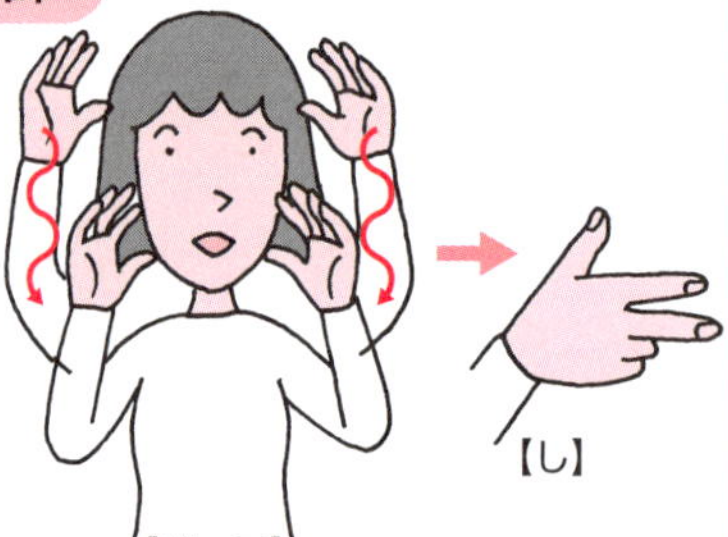

理容師

【理容】髪を切る様子

【理容】両手の2本指を重ね、右手を斜め上に2度出す⬇指文字【し】

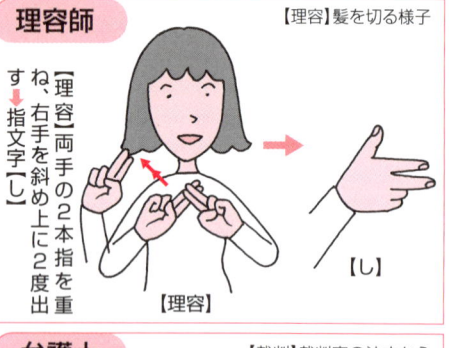

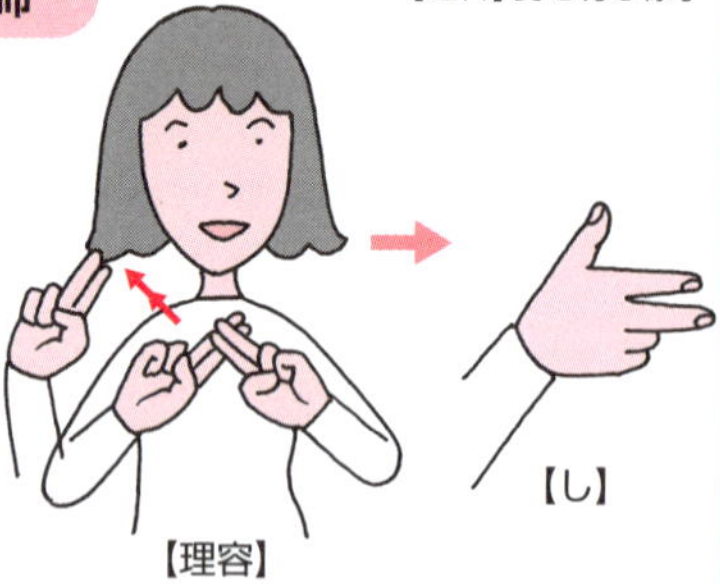

警察官

【警察】帽子のき章から

【警察】右の親指と人さし指で輪をつくり、額にあてる⬇【人】

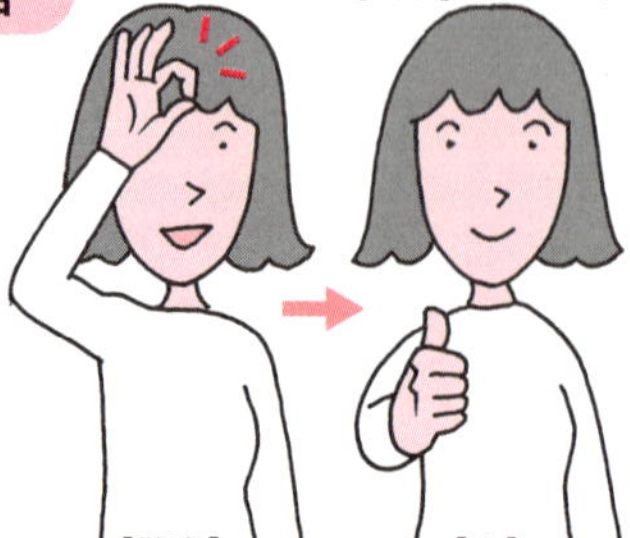

弁護士

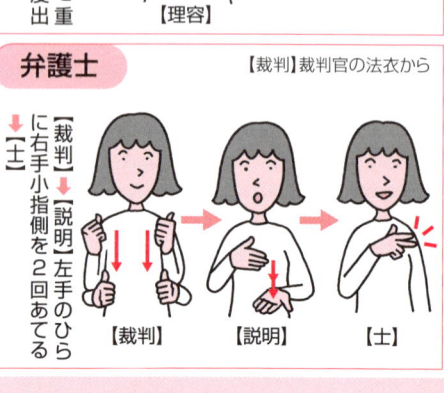

【裁判】裁判官の法衣から

【裁判】⬇【説明】左手のひらに右手小指側を2回あてる⬇【士】

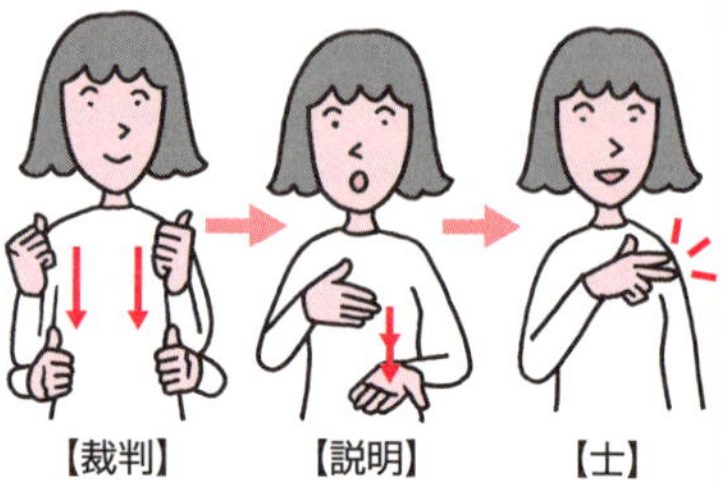

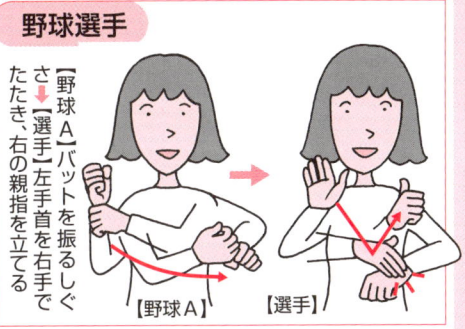

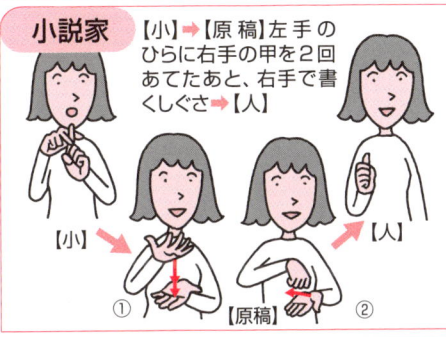

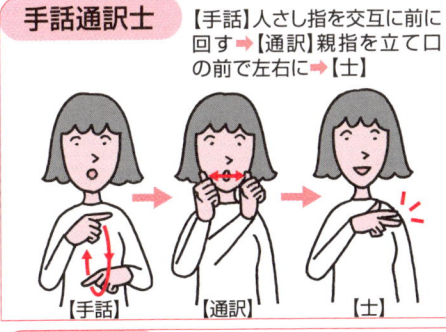

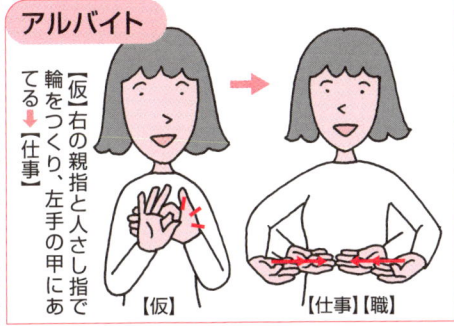

ウエイトレス

【給仕する】左手のひらにコップをもつように右手をおき、前へ出す➡【女性】

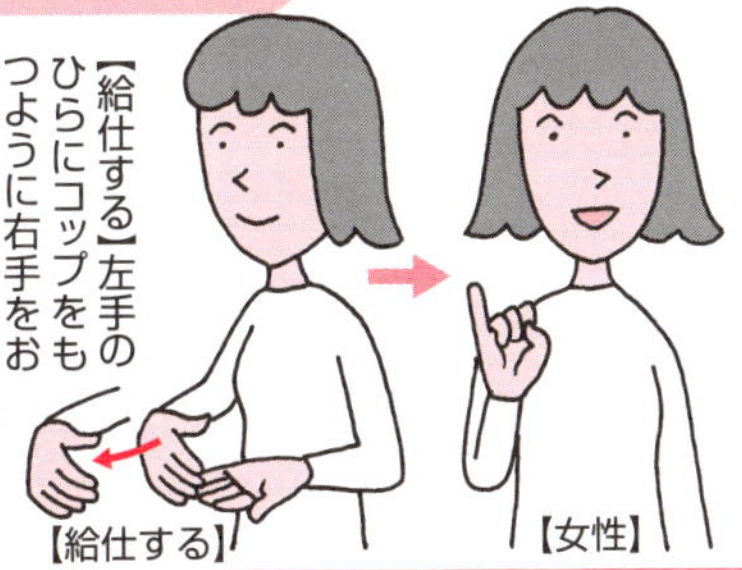

野球選手

【野球A】バットを振るしぐさ➡【選手】左手首を右手でたたき、右の親指を立てる

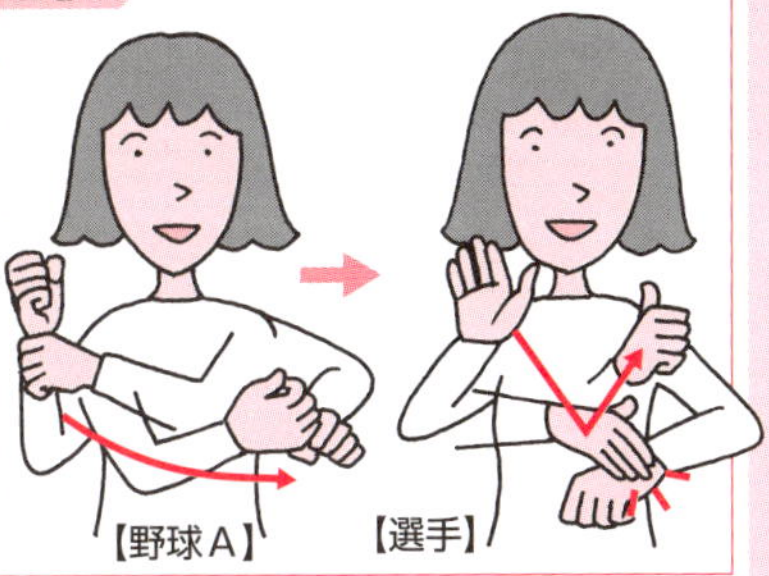

小説家

【小】➡【原稿】左手のひらに右手の甲を2回あてたあと、右手で書くしぐさ➡【人】

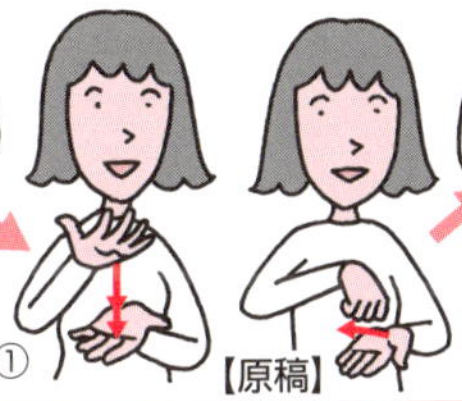

運転手

【運転】握った両手でハンドルを動かすしぐさ➡【人】

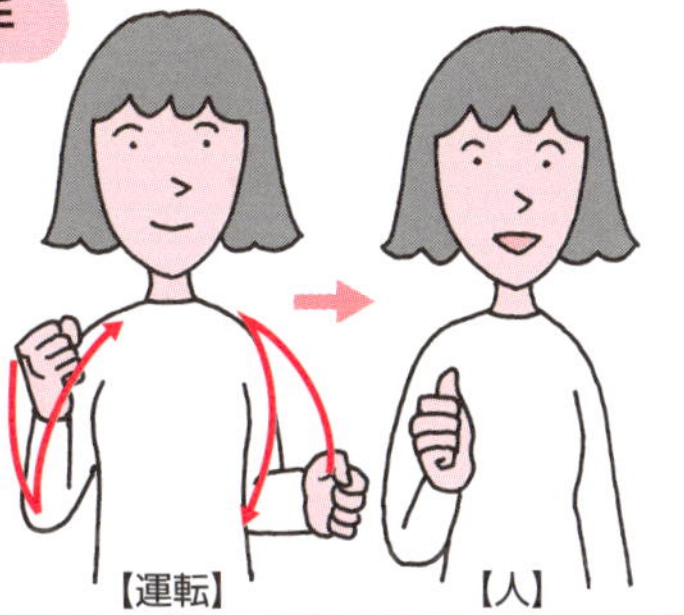

手話通訳士

【手話】人さし指を交互に前に回す➡【通訳】親指を立て口の前で左右に➡【士】

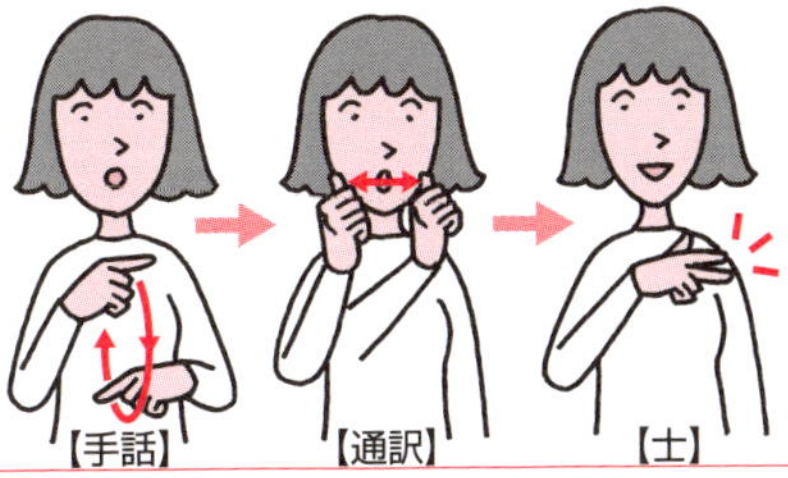

正社員

【正式】手のひらを下に向けた右手を顔の前に立てる➡【会社】➡【員】

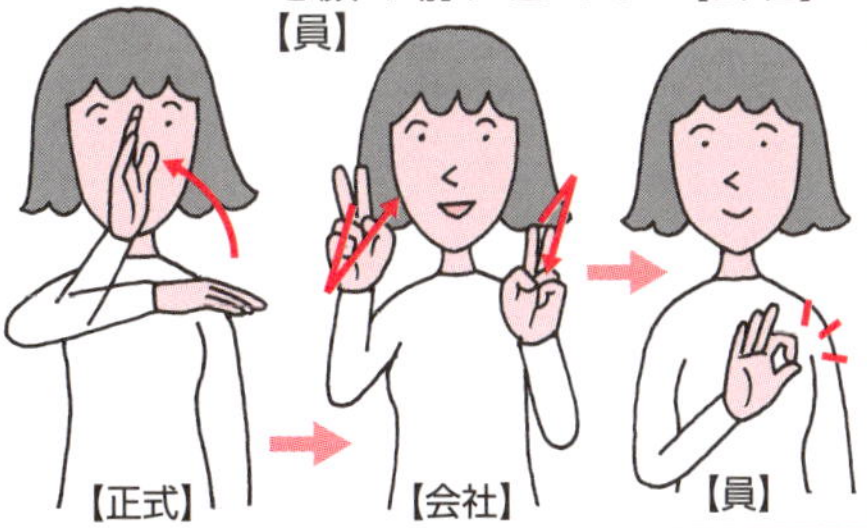

アルバイト

【仮】右の親指と人さし指で輪をつくり、左手の甲にあてる➡【仕事】

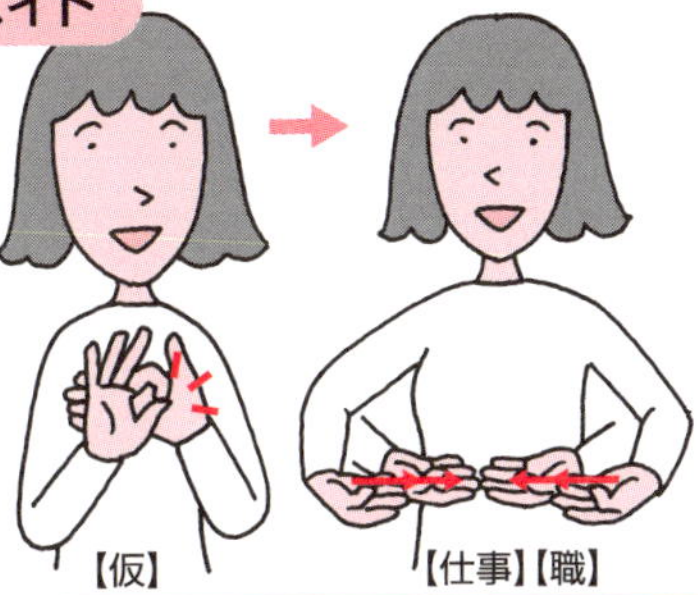

パートタイマー

指文字【ぱ】➡長音【ー】➡指文字【と】

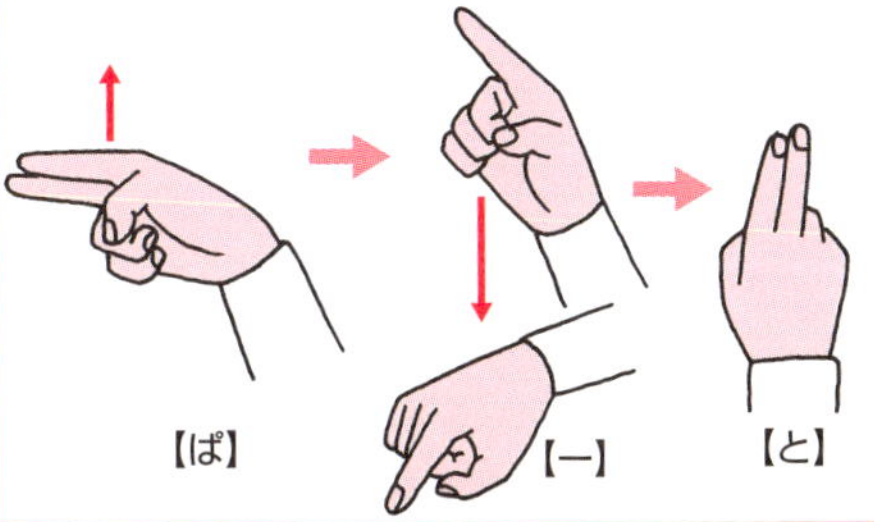

例文

弟の趣味は映画観賞です

手話文 弟 / 趣味 / 映画 / 見る

聞こえない人たちが好むものに映画があります。洋画には日本語字幕がついていますし、邦画も最近は字幕つきのものが増えてきました。TVもだんだんとデジタル化され、新聞のテレビ欄に[字]とついているものは字幕つき放送が見られます。耳の聞こえない人も、聞こえる人と同じようにたくさんの趣味をもち、楽しんでいます。

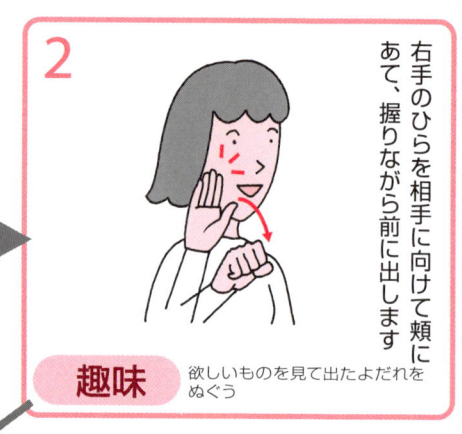

1

右の中指を下げます

弟 兄さん指を下げ目下をあらわす

2

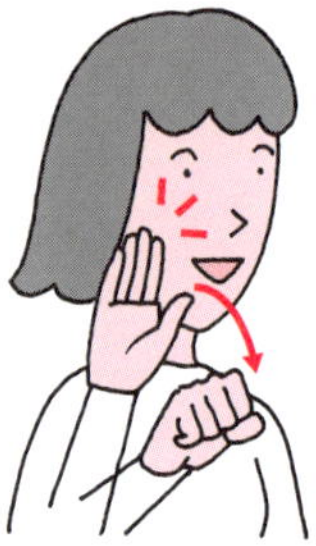

右手のひらを相手に向けて頬にあて、握りながら前に出します

趣味 欲しいものを見て出たよだれをぬぐう

3

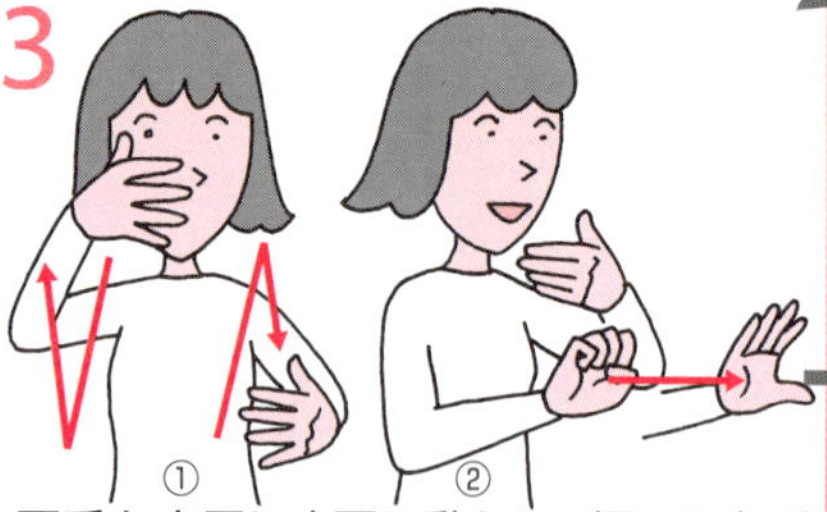

両手を交互に上下に動かし、握った右手を左手の下から前に出しつつ開きます

映画 スクリーンに投影する様子

4

右の親指と人さし指で輪をつくって右目にあて、少し前に出します

【見るA】

鑑賞 目で見る様子

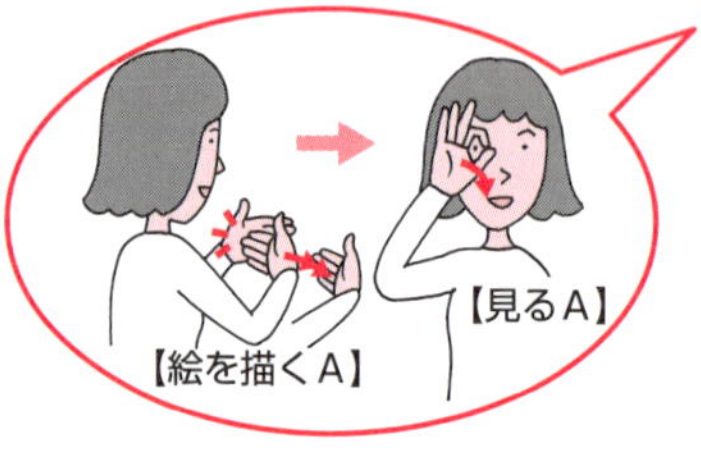

ポイント **「描く」か「見る」かで手話が変わる**

絵画や音楽は、描いたり演奏して楽しむ人と、鑑賞して楽しむ人がいますが、左のように【絵を描くA】➡【見る】は「絵画鑑賞」となります。絵を見るのが趣味の場合は、この2つを組み合わせますが、単に絵を描くのが趣味の場合は、【絵を描くAorB】の手話だけになります。

例文　私の好きなスポーツはテニスです

手話文　私 ／ 好き ／ スポーツ ／ テニス

スポーツや遊びの手話は、例文のように、動きをそのまま手話として表現するものがあります。
オリンピックのときなど、日本で認知度が低い、あるいは新しいスポーツでとくに手話がないものが、話題になることがあります。その際には、動きをまねて表現しながら指文字を加えてあらわすこともあります。

1

右の人さし指を胸にあてます

私　自分を指さす

2

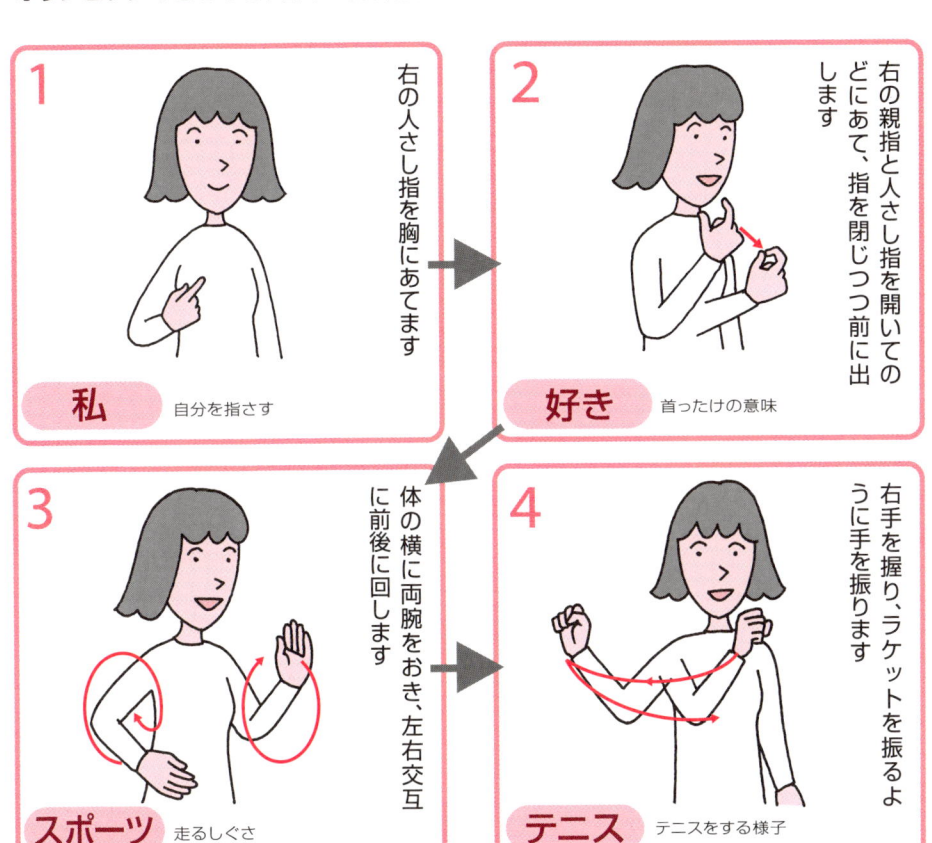

右の親指と人さし指を開いてのどにあて、指を閉じつつ前に出します

好き　首ったけの意味

3

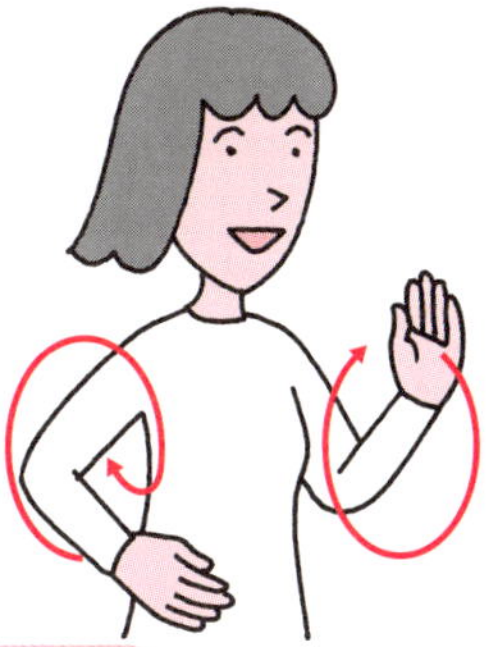

体の横に両腕をおき、左右交互に前後に回します

スポーツ　走るしぐさ

4

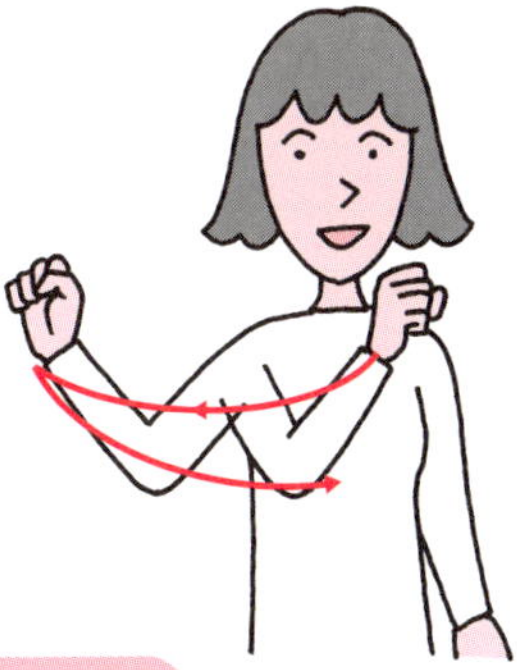

右手を握り、ラケットを振るように手を振ります

テニス　テニスをする様子

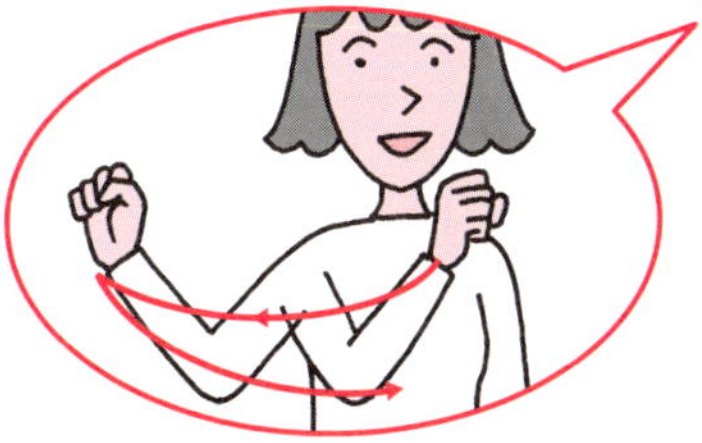

ポイント　「テニス」も「テニスをする」も同じ表現

【テニス】という手話は、それだけで「テニスをする」という意味にもなり、名詞だけでなく動詞としてもそのまま使えます。このように、名詞をあらわすだけではなく、動作をともなうことにより動詞として使用する場合があり、手話の特徴のひとつです。

趣味・スポーツのあらわし方

絵を描く

キャンバスに筆で絵を描く様子

左手の甲を相手に向け、内側に右手の甲をあて右へ２回動かす

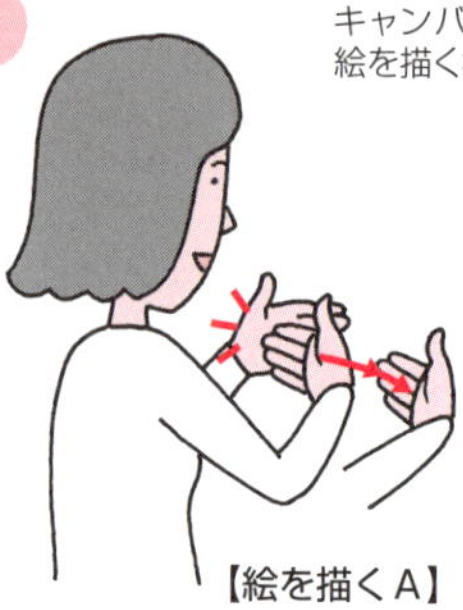

【絵を描くA】

絵を描く

パレットナイフで絵を描く様子

左手の甲を相手に向け、内側に右の親指をあて右へ２回動かす

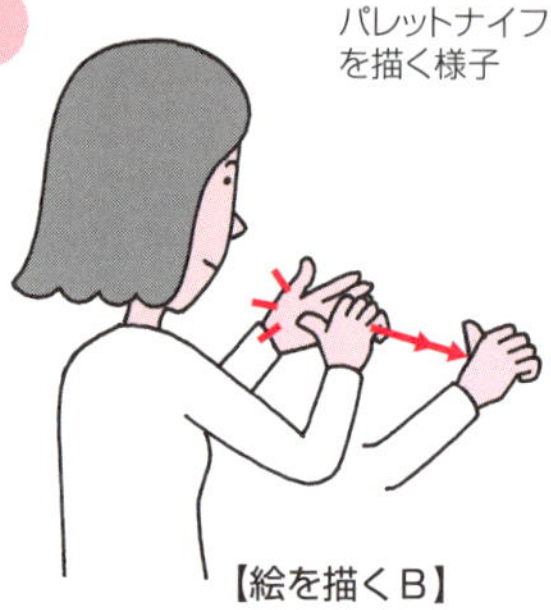

【絵を描くB】

読書

【本】本を開くしぐさ→【読む】左手のひらの上で右手の２本指を上下に動かす

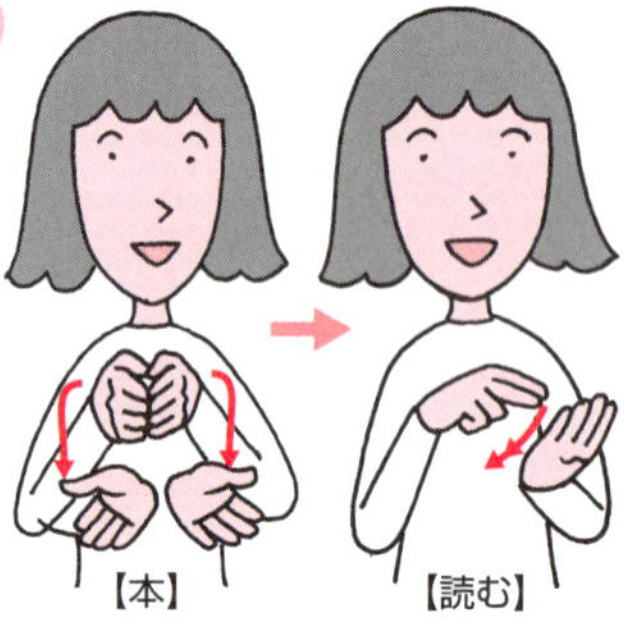

【本】　【読む】

音楽

両手の人さし指を立て、指揮棒を振るように動かす

ピアノ

ピアノを弾くように指を動かしながら、両手を左から右へ動かす

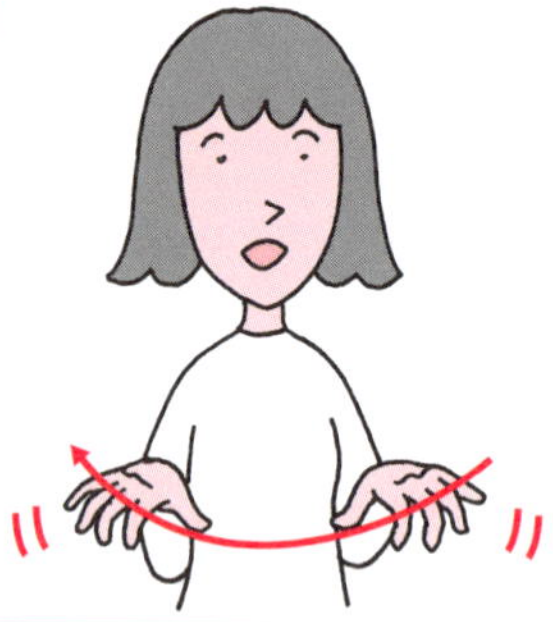

ギター

左手でギターをもち、右手で弦を弾くようなしぐさをする

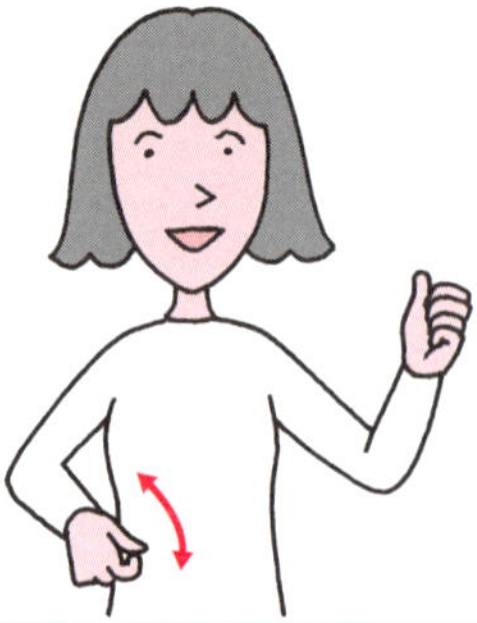

演劇

歌舞伎で見得を切る様子

両手のこぶしを顔の横におき、互い違いに手首をひねって回す

散歩

【休憩】両手を交差→【歩く】右手の２本指を交互に動かしながら前へ出す

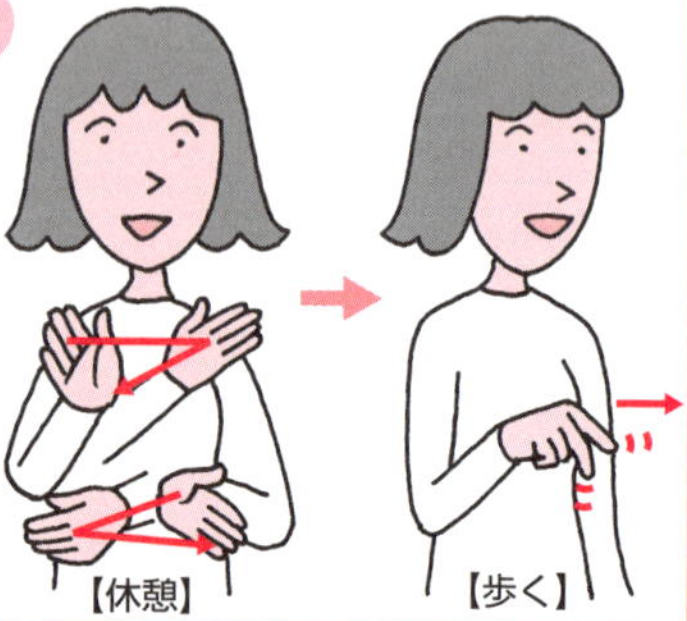

【休憩】　【歩く】

料理

包丁で切るしぐさをしたあと、鍋の柄を両手で握り、振るしぐさ

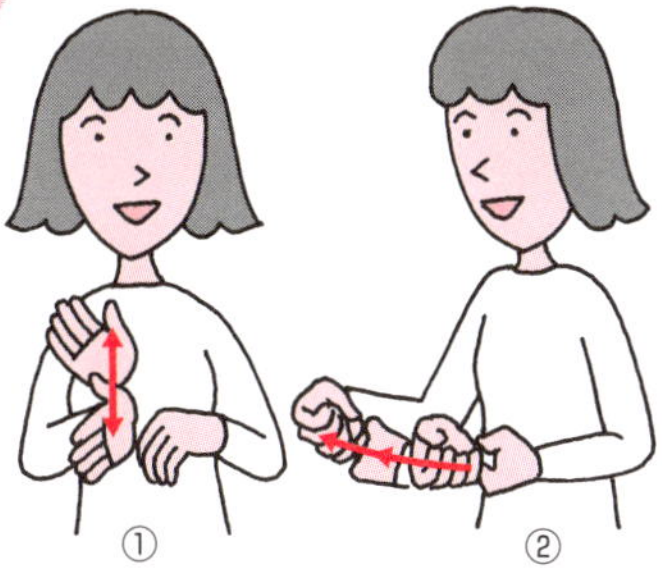

茶道

左手で茶碗、右手で茶せんをもつようにし、お茶をたてるしぐさ

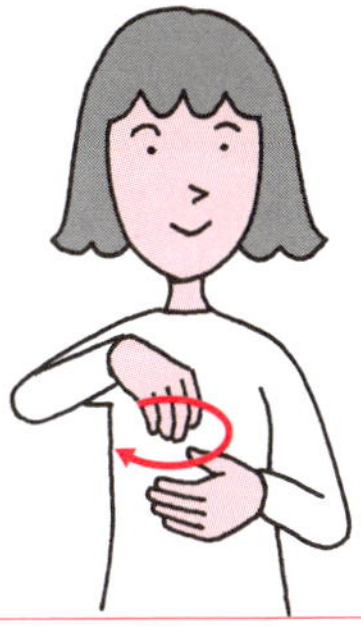

旅行

【列車】左手の横で、右手の2本指を回す→【遊ぶ】人さし指を交互に前後に振る

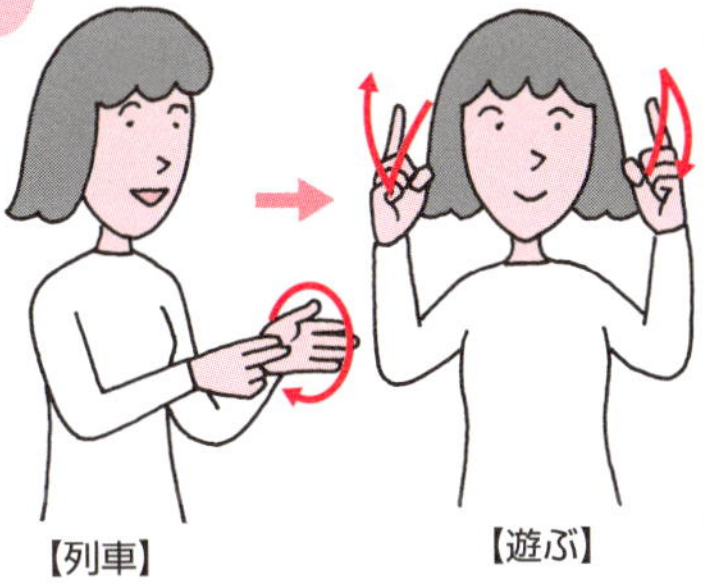

将棋

右の親指・人さし指・中指で駒をもち、前に出すしぐさ

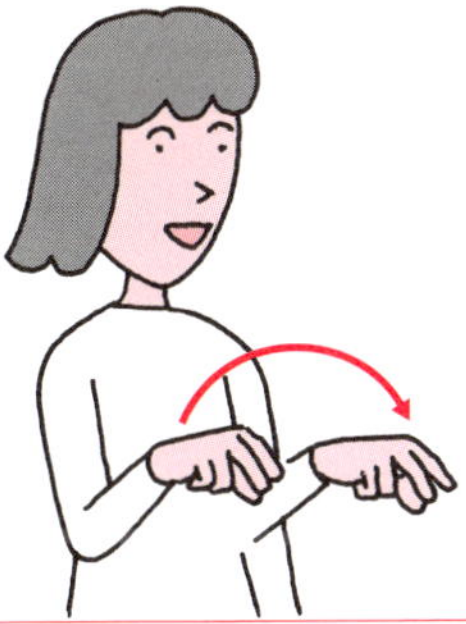

麻雀

両手の親指と人さし指で牌《ぱい》を押さえるようにし、それをひっくり返すしぐさ

釣り

【魚】右手をヒラヒラさせながら左へ→【釣る】人さし指を重ねて釣り上げるしぐさ

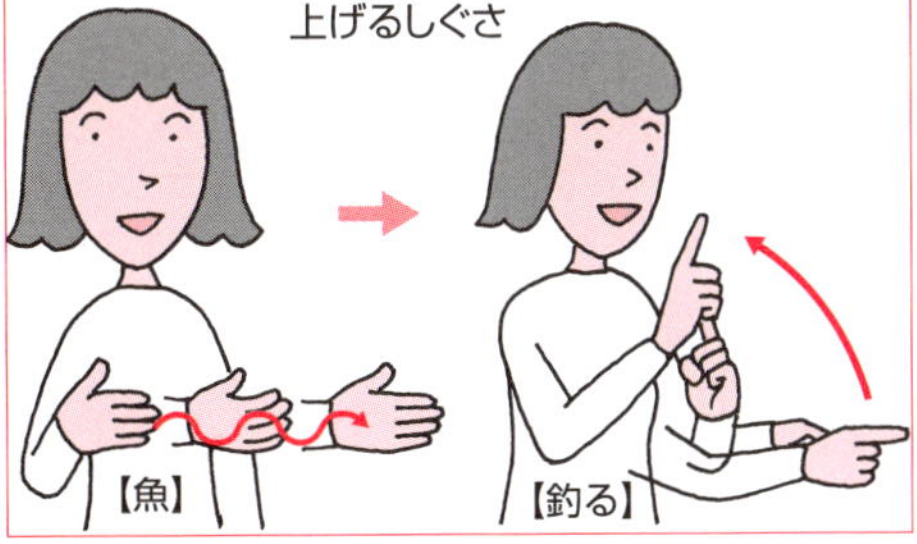

相撲

両手のこぶしで足のつけ根を交互にたたく

野球

右の人さし指を立て、左の親指と人さし指でつくったボールを打って飛ばす

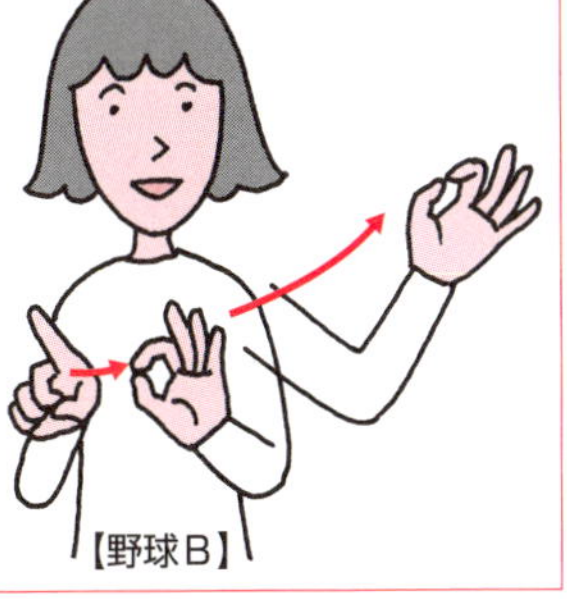

サッカー

右の人さし指と中指で、左の親指と人さし指でつくったボールを蹴って飛ばす

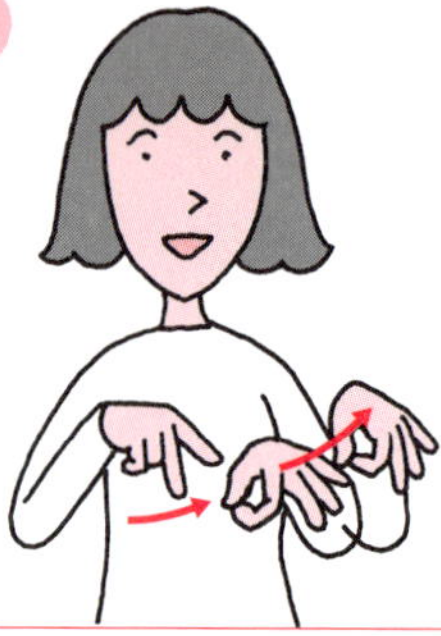

スキー

人さし指を曲げて並べ、前へ

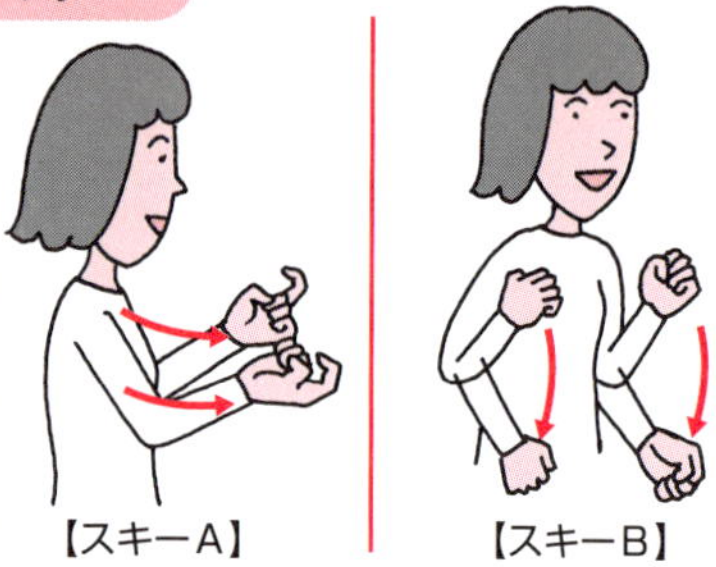

ストックを動かすしぐさ

スノーボード

【雪】歯をさわり、指の輪を振りながら交互に上下へ➡【ボード】両手を水平に並べて２回前へ

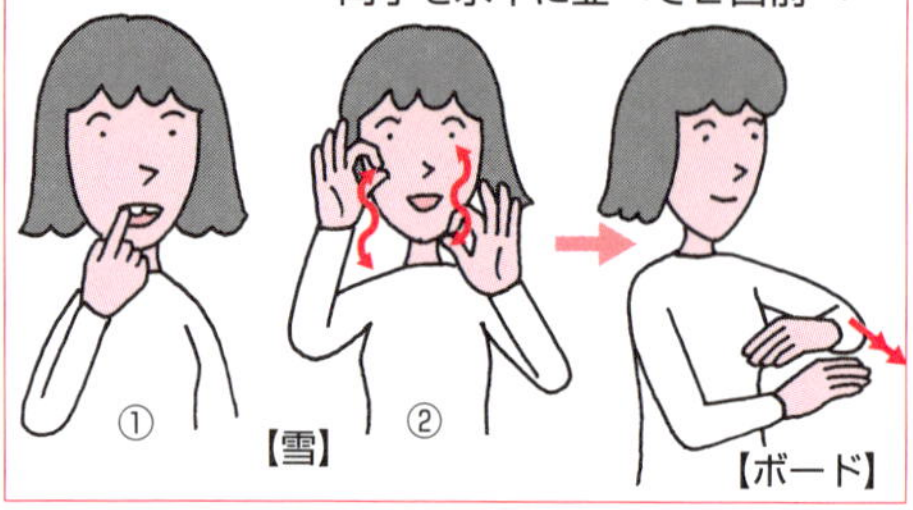

ゴルフ

両手でゴルフクラブを握るようにし、右下から左上へ振り上げる

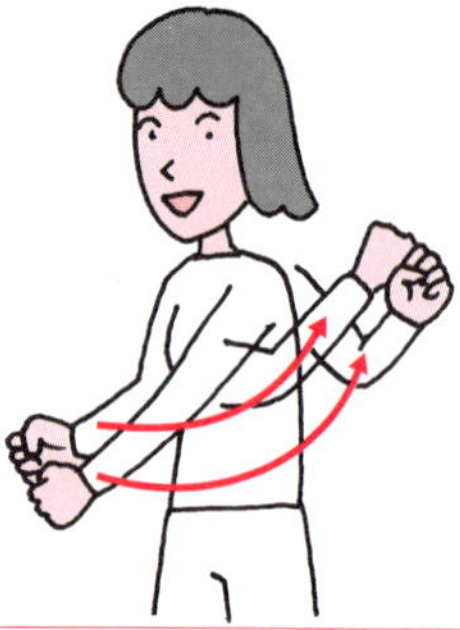

水泳

右手の２本指を交互に上下しながら、左から右へ移動

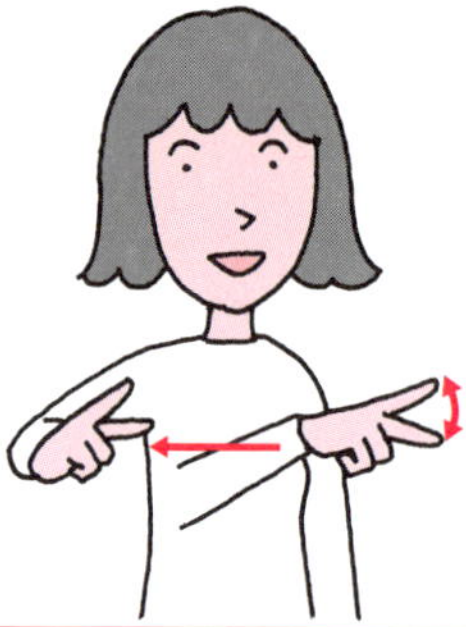

バレーボール

両手のひらを相手に向け、ボールをトスをするように腕を上げる

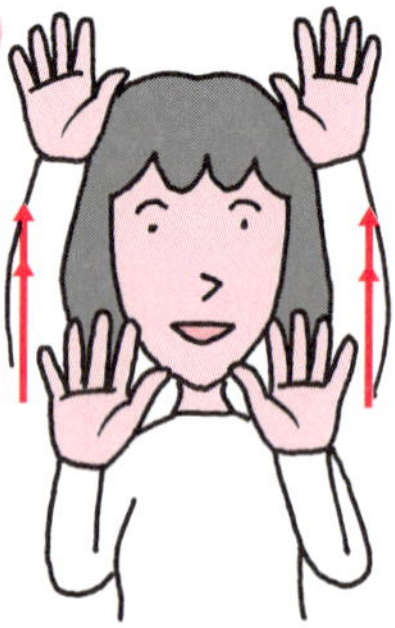

卓球

右手のひらを斜め下向きにし、ラケットを振るように動かす

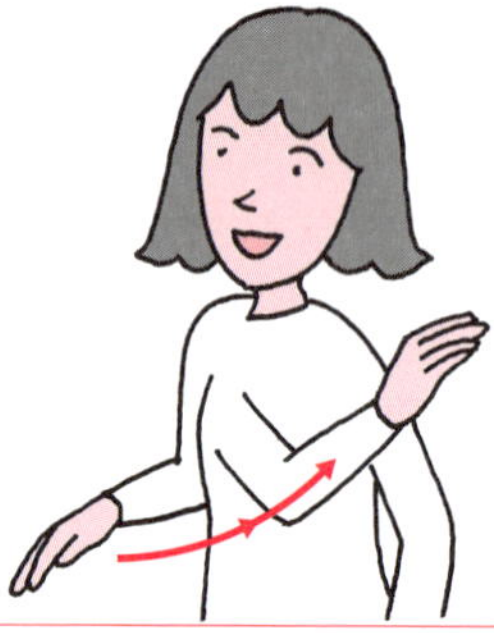

バドミントン

右手を握り、ラケットを振るように上から斜め下へ腕を振り下ろす

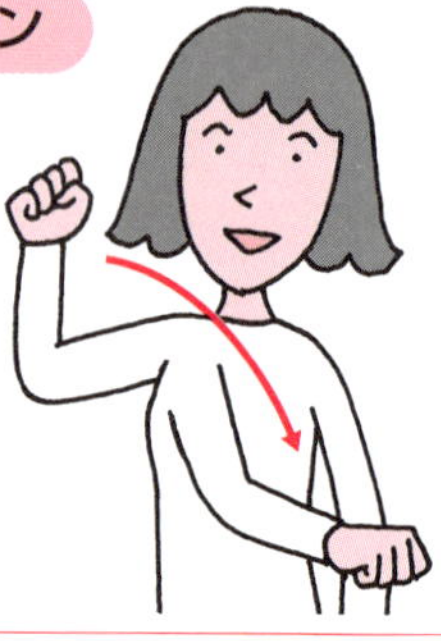

スケート（フィギュア）

【フィギュア】指文字【ふ】を左手の上からせんを描くように上げて下ろす⬇【スケート】両手を交互に斜め前へ出す

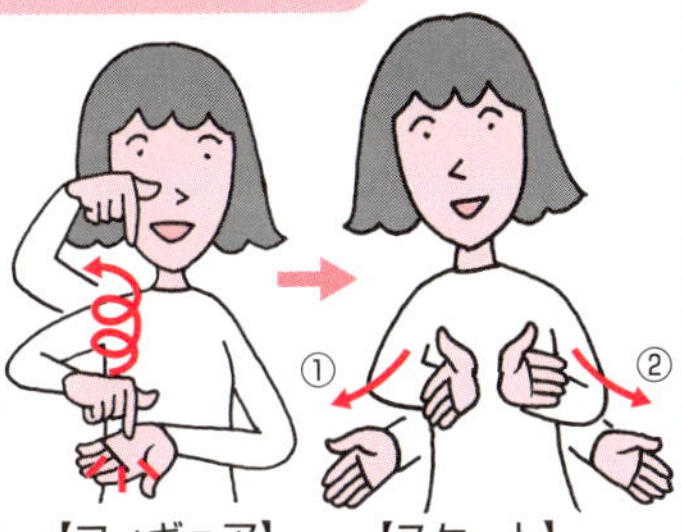

【フィギュア】　【スケート】

ジョギング

握った両手を体の脇で軽く上下させ、走っているときのしぐさ

編みもの

両手の人さし指をクロスするように重ね、指を編み棒に見立て、編むように動かす

手芸

左の親指と人さし指で刺しゅう枠をもち、右手で針を刺し、上げるしぐさ

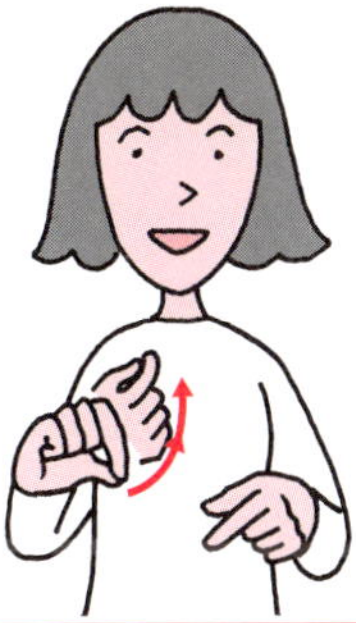

ドライブ

車のハンドルを動かすように軽く握った両手を動かす

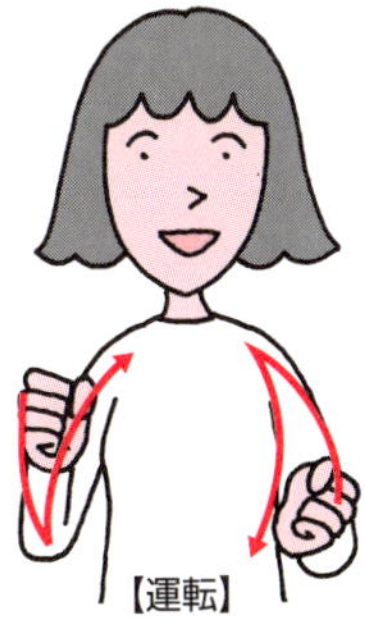

【運転】

カラオケ

右手を握り、マイクをもって歌うように、口の前で左右に動かす

漫画

【おもしろい】右のこぶしの小指側で脇腹を数回たたく⬇【本】

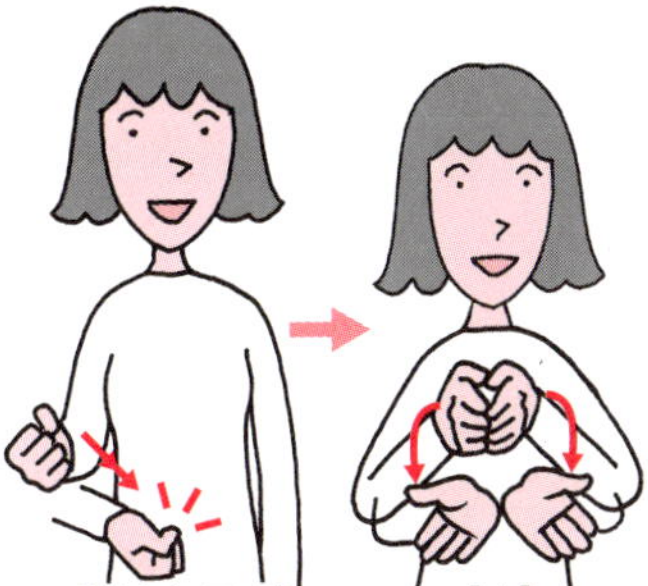

【おもしろい】　【本】

コーラス

両手の2本指を立てて、口の両側におき、左右に開く

【歌う】

手話と
コミュニケーション

手話以外にどんなコミュニケーション方法があるの？

空書《くうしょ》(空書《そらが》き)

空中に「字」を書くこと。相手が指文字を知らなかったり、手話で表現できなかった場合、漢字、ひらがな、数字、アルファベットなどを自分の側から、原則として人さし指で、わかりやすく書きます。

口話《こうわ》(発話《はつわ》・読話《どくわ》)

声に出して話したり(発話)、相手の口や唇の動き、表情から話の内容を読み取ります(読話)。ただし、日本語は同音異義語が多いので、口の動きだけでは正しく読み取れないものがたくさんあります。タマゴとタバコなど、口型《こうけい》が同じで似たような言葉の場合、動きをつけると伝わりやすくなります。

筆談

耳の聞こえない人、聞こえる人双方にとって有効な方法です。だらだらと長い文章で書かず、イラストや矢印なども使いながら簡潔に書きましょう。情報は正確に伝わりますが時間がかかってしまうという点もあります。最近では携帯電話で文字を打って、画面を見せる方法も使われているようです。一方、文章は苦手という聞こえない人もいますので、注意しましょう。

指文字は、指文字を知らない人には通じません

日本の指文字《ゆびもじ》は1931年(昭和6年)に、大阪市立聾唖《ろうあ》学校(現：大阪府立中央聴覚支援学校)の大《おお》曽《そ》根《ね》源助《げんすけ》先生が、アメリカの指文字を参考にして考え、作られました。形や様子からあらわすことの多い手話とは違い、指文字は記号のようなもの。指文字を知らない人には伝わりません。また特別な場合を除き、指文字だけで会話をすることもありません。おもに名前や地名など固有名詞をあらわす時に使います。相手の表情を見て伝わっているかどうかを確認しながら使いましょう。このように、コミュニケーション方法はいろいろありますが、相手に伝えようとする姿勢が必要です。

手話は外国で通じるの？

手話は、生活習慣や文化に根ざしてつくられているため、日本のなかでも地域によって違うことがありますし、もちろん国によっても違います。ですから、日本の手話がそのまま海外で通じるというわけではありません。

手話には男性的な表現と女性的な表現があったり、年代によって手話が違う場合があります。たとえば、【風呂】は、女性は頬や腕を洗うしぐさ、男性は背中を洗うしぐさなどで表現します。しかし最近では男女の区別も減り、よりわかりやすい表現になってきています。

第2章

身近なことをあらわしてみよう

行った場所やそこでのできごと、
部屋の中の様子、
時刻や天候のあらわし方は、
日常会話でとても大切な要素です。
語彙を増やして会話を楽しみましょう。

例文 あの店のラーメンはおいしい

手話文 あの / 店 / ラーメン / おいしい

食べたり飲んだりするものによって手話は変化します（→P49）。食べるしぐさは箸と茶碗であらわすのが基本ですが、洋食の場合はナイフとフォークであらわします。さらに、おいしいものはおいしそうに、まずいものはまずそうになど、表情を変えることが、食べている様子をより豊かに表現するポイントとなります。

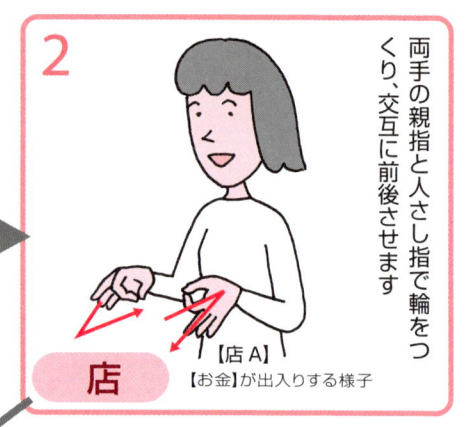

1

右の人さし指で対象物がある位置の方向を指さします

あの 指さし

2

両手の親指と人さし指で輪をつくり、交互に前後させます

店 【お金】が出入りする様子

3

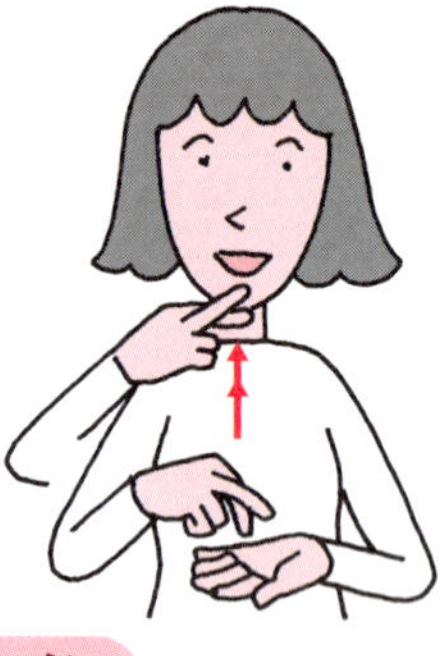

左手を食器をもつようにし、右の人さし指と中指をからめて口に数回もっていきます

ラーメン 指文字【ら】で食べるしぐさ

4

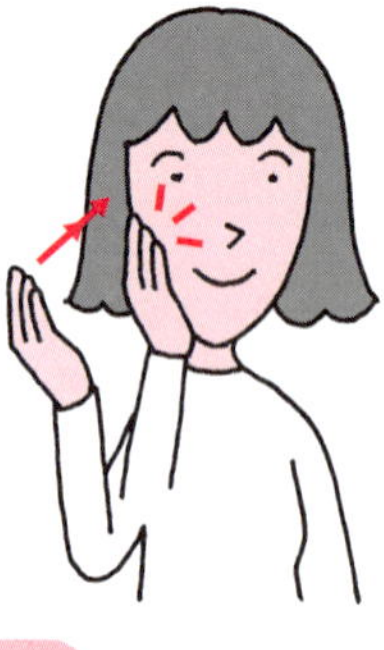

立てた右手のひらを頬にあて、2〜3回、軽くたたきます

おいしい 頬を軽くたたく

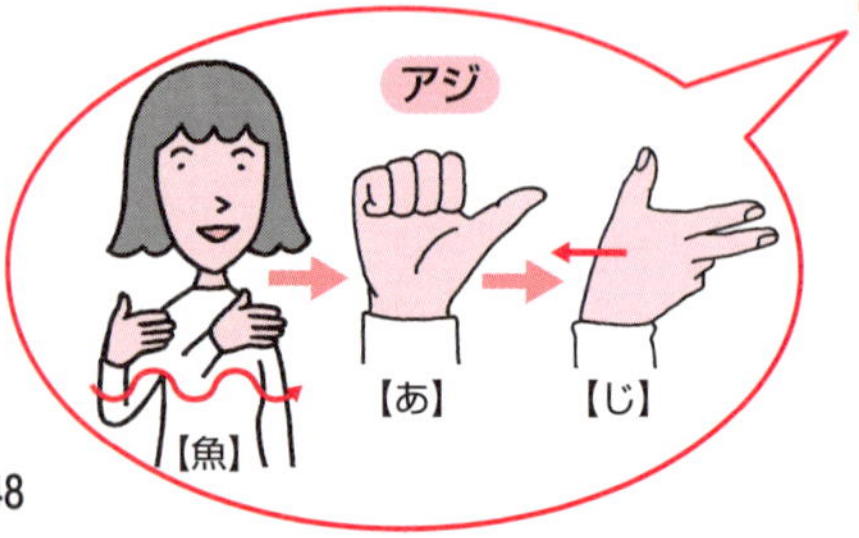

ポイント 「アジ」は口型《こうけい》も使って

野菜や果物の手話は、その形状をあらわします。手話で表現できないものは、指文字や口型（→P46）で補います。たとえば魚の場合、「アジ」なら右手で【魚】を表現したあと、指文字で【あ】【じ】とあらわしながら「アジ」とはっきり口を動かします。

「食べる」「飲む」のあらわし方

同じ【食べる】【飲む】の手話でも、食べるもの、飲むものによって、あらわし方が変わってきます。それぞれの例を見比べてみましょう。

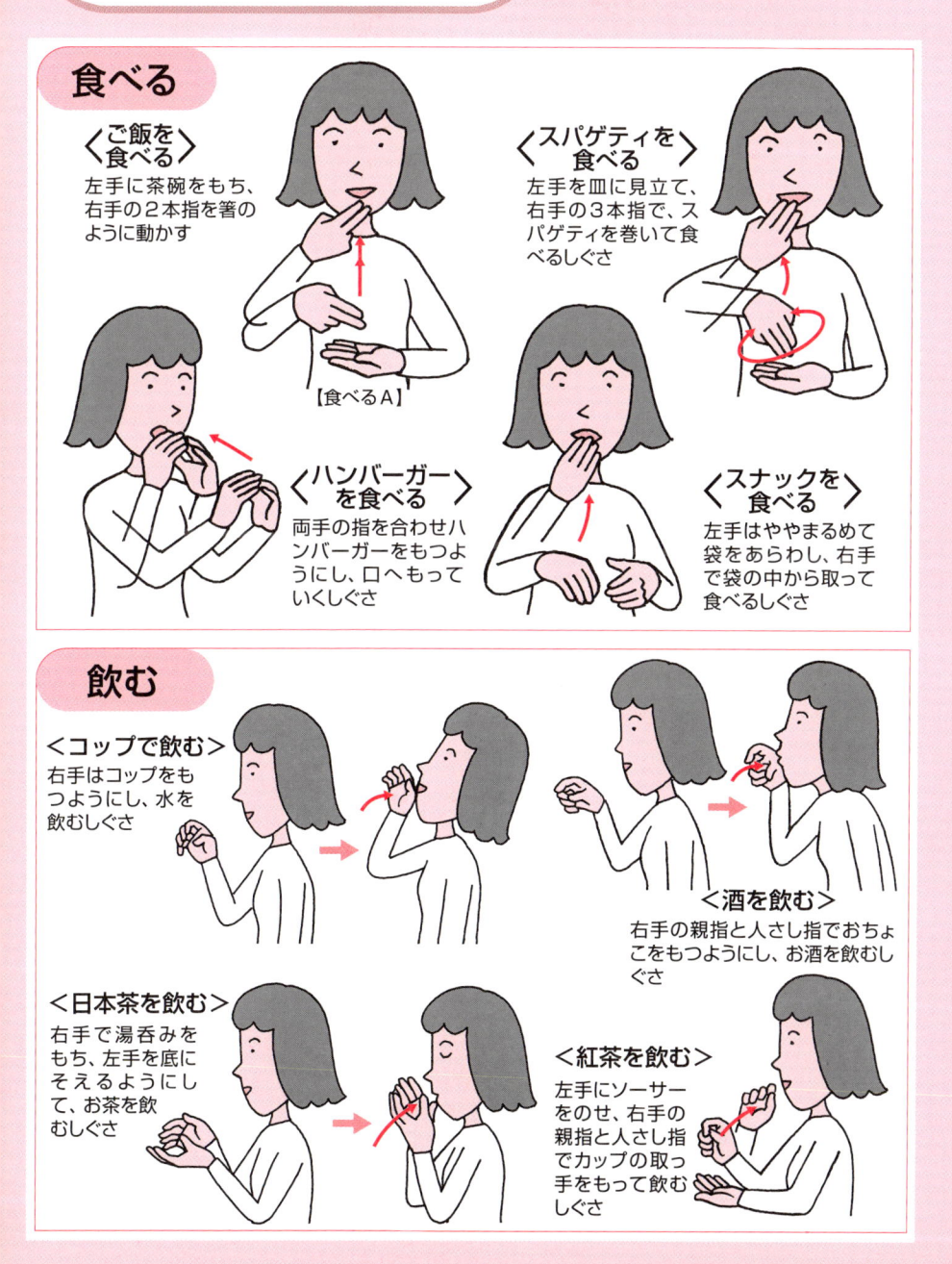

食べる

〈ご飯を食べる〉

左手に茶碗をもち、右手の2本指を箸のように動かす

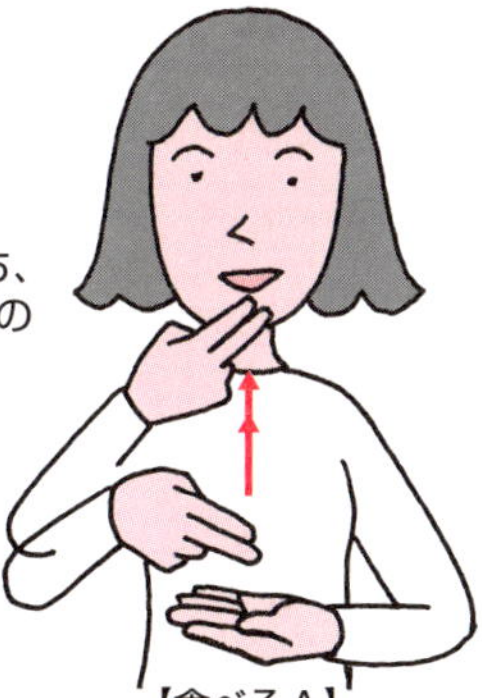

【食べるA】

〈スパゲティを食べる〉

左手を皿に見立て、右手の3本指で、スパゲティを巻いて食べるしぐさ

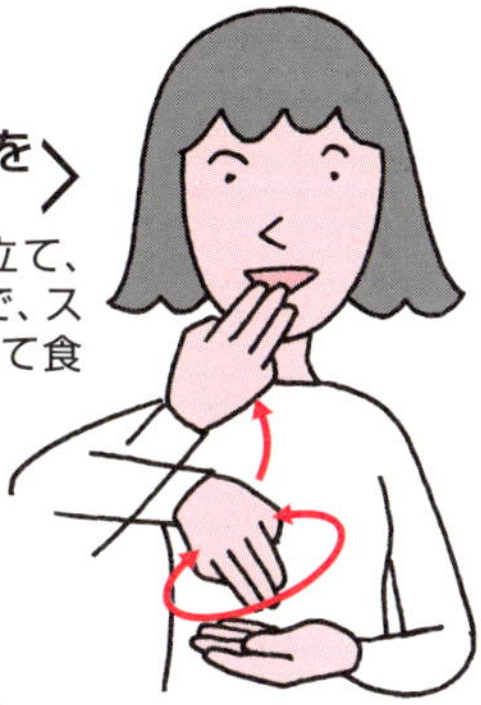

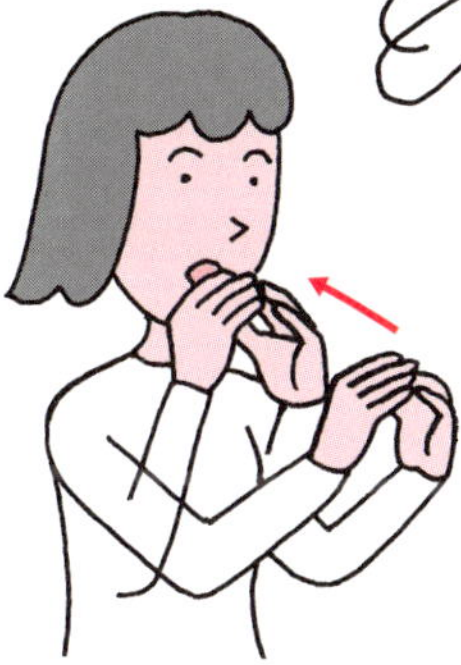

〈ハンバーガーを食べる〉

両手の指を合わせハンバーガーをもつようにし、口へもっていくしぐさ

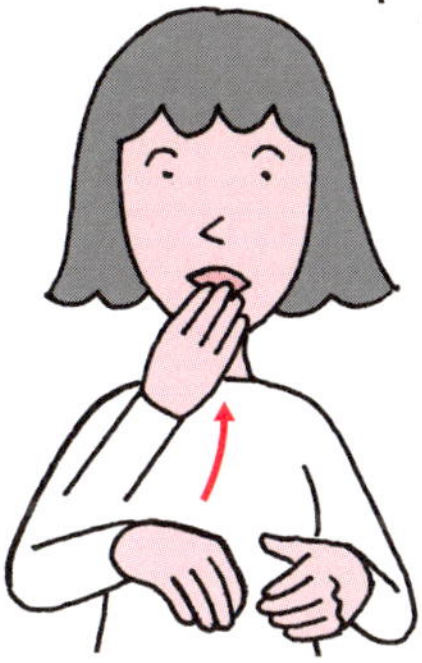

〈スナックを食べる〉

左手はややまるめて袋をあらわし、右手で袋の中から取って食べるしぐさ

飲む

<コップで飲む>

右手はコップをもつようにし、水を飲むしぐさ

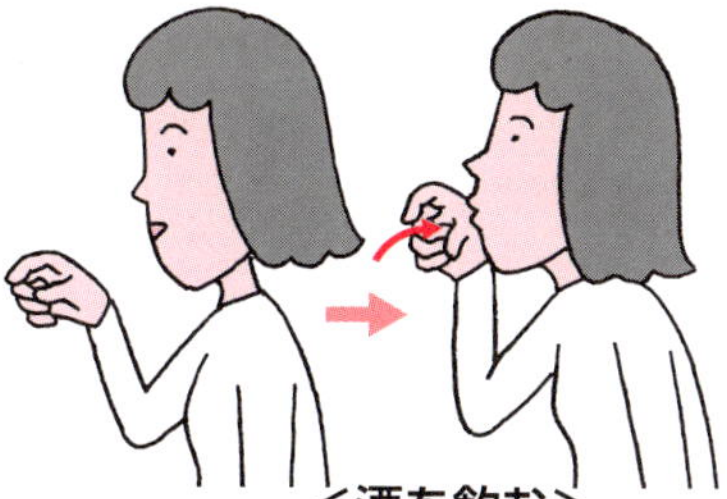

<酒を飲む>

右手の親指と人さし指でおちょこをもつようにし、お酒を飲むしぐさ

<日本茶を飲む>

右手で湯呑みをもち、左手を底にそえるようにして、お茶を飲むしぐさ

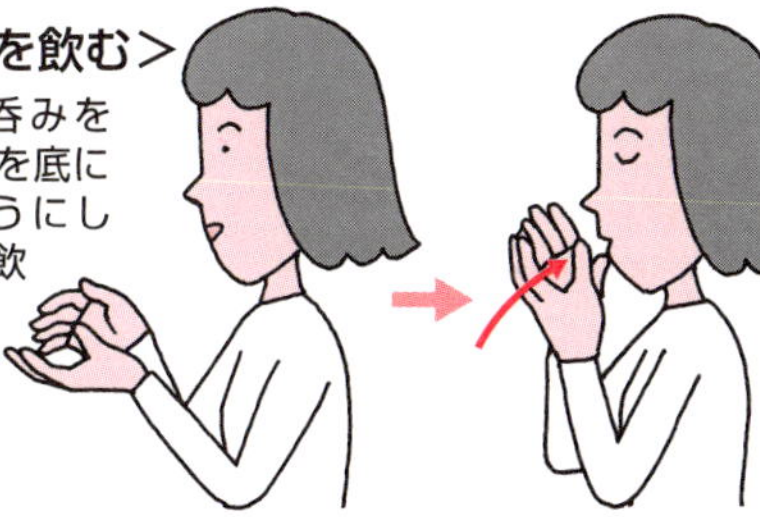

<紅茶を飲む>

左手にソーサーをのせ、右手の親指と人さし指でカップの取っ手をもって飲むしぐさ

食べもの・飲みもの・味のあらわし方

日本茶

右手は湯呑みをもつようにし、それを左手のひらに2回下ろす

ウーロン茶

指文字【う】とお茶をいれる様子を同時にあらわす

右の薬指を曲げ、お茶をいれるように斜め下に振る

紅茶

【赤】人さし指を唇にあて、右へ⇩【ティーバッグ】左手でカップをもち、右手でティーバッグを上下させるしぐさ

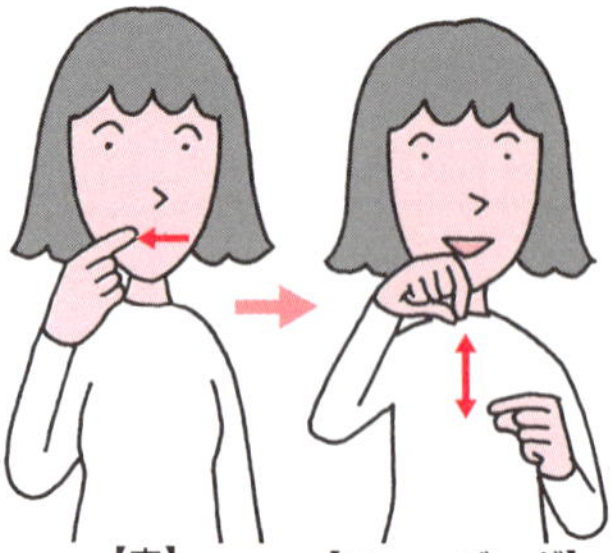

【赤】　【ティーバッグ】

コーヒー

スプーンでかき回す様子

左手でカップをもち、右手はスプーンをもってかき回すしぐさ

ジュース

右の小指を立ててJを空書したあと、それをストローのようにして飲むしぐさ

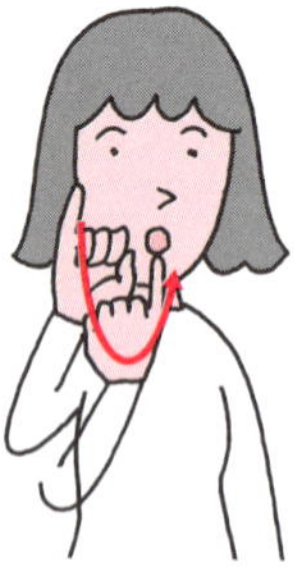

ミルク

右手を右胸につけ、手を開いたり閉じたりして乳をしぼるしぐさ

日本酒

ろう学校の先生が酒を飲むときのくせから

伸ばした右の人さし指と中指を、あご、額の順におく

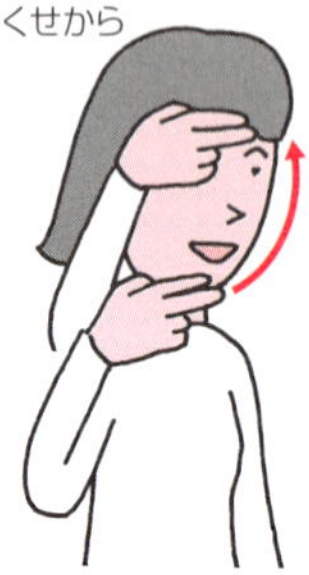

ビール

右手の2本指を、左のこぶしにあて、栓抜きでふたを開けるように指を上げる

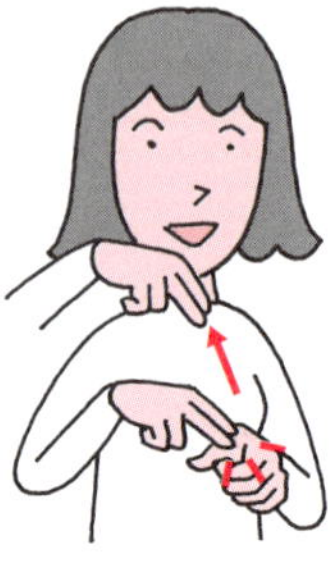

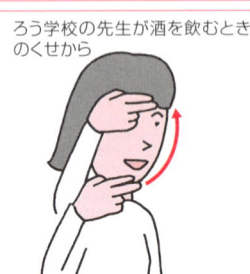

焼酎

さとうきびをかじる様子

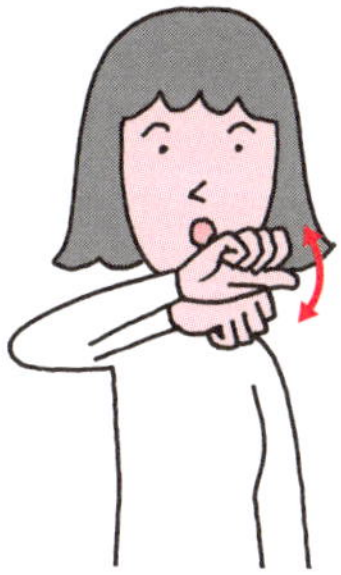

握った右手の甲側をあごにあて、手首を半回転させる

酎ハイ

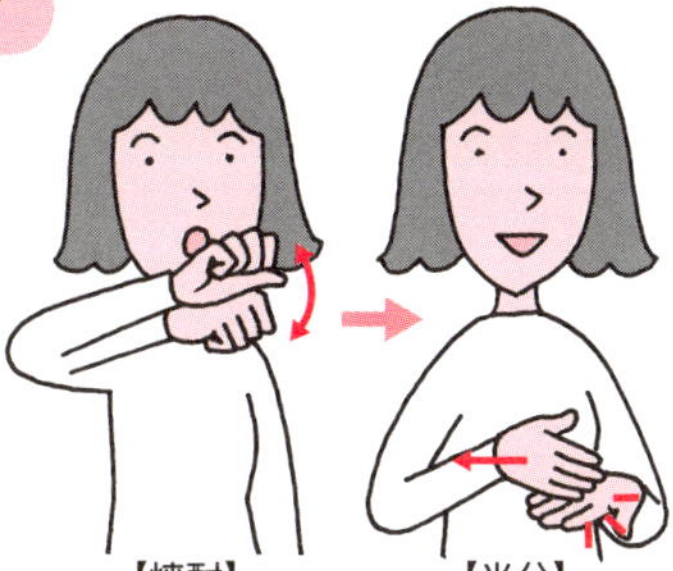

【焼酎】　【半分】

【焼酎】↓【半分】左手のひらの真ん中に、右手の小指側を垂直におき、手前に引く

ワイン

指文字【わ】を口の前で回す

ウィスキー

指文字【わ】を口の端に2回あてる

シャンパン

握った右手を左手でおおい、右の親指をはじくように立て、ふたを開けるしぐさ

カクテル

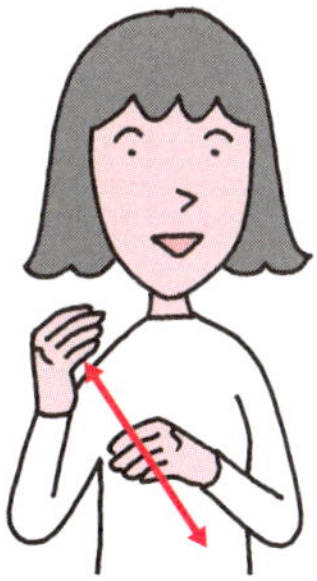

左右の手を斜めに構えて、シェーカーを振るように上下に数回振る

ご飯

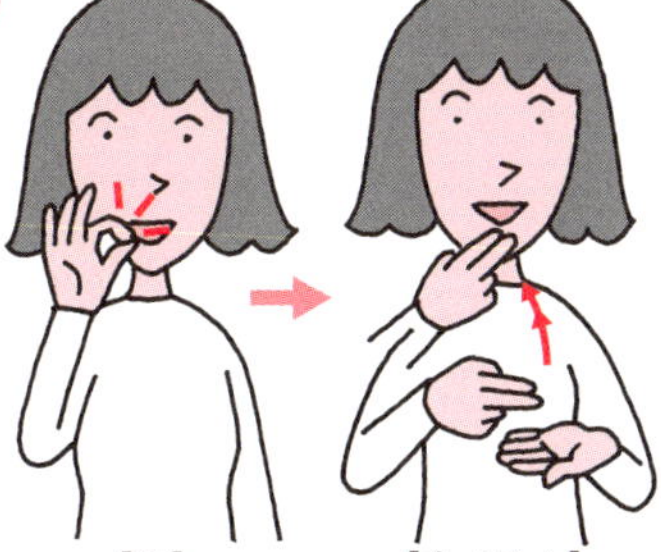

【米】　【食べるA】

【米】右手の2本指で輪（米粒）をつくり、口の横にあてる↓【食べるA】

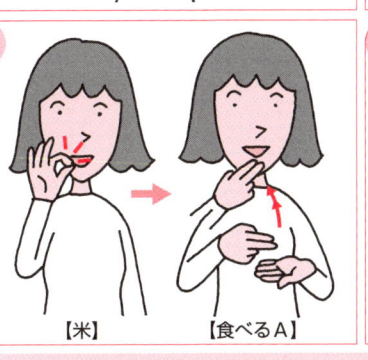

おかず

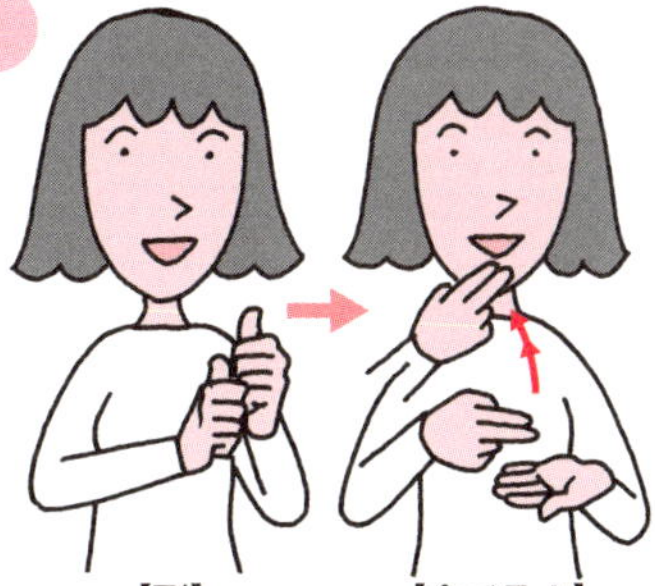

【副】　【食べるA】

【副】親指を立てた左手のやや下位置に親指を立てた右手をつける↓【食べるA】

和食

【日本】両手の2本指を合わせ、手を斜め上下に開きながら指を閉じる⬇【食べるA】

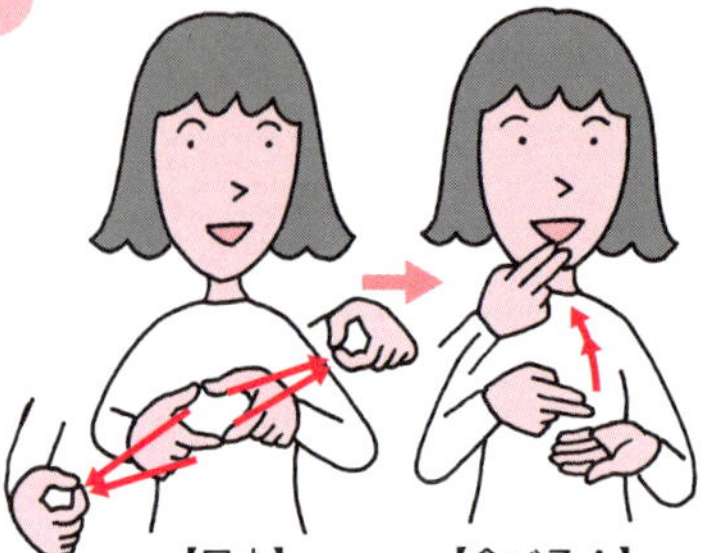

【日本】　【食べるA】

イタリアン

【イタリア】右の親指と人さし指でイタリア半島の形を描く⬇【食べるB】ナイフとフォークをもって、ナイフで切るしぐさ

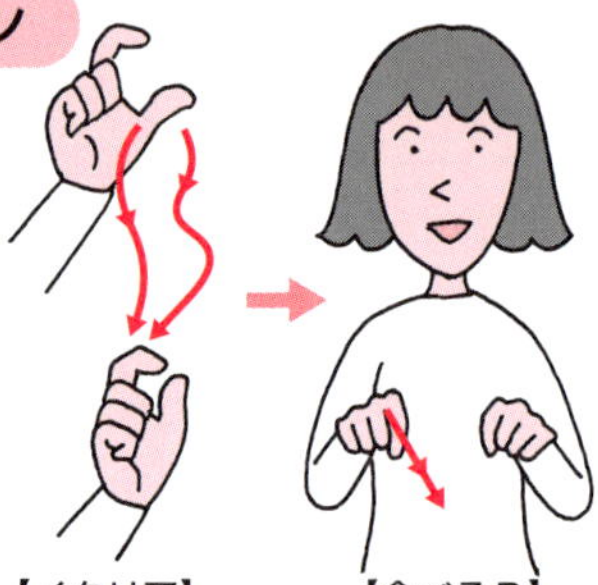

【イタリア】　【食べるB】

中華

【中国】チャイナドレスのえりの形から

【中国】右の人さし指と親指をつけて、左胸から直角を描く⬇【食べるA】

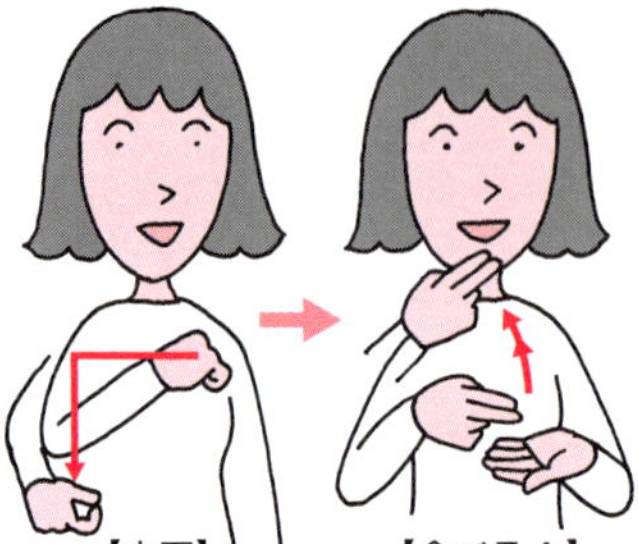

【中国】　【食べるA】

フレンチ

【フランス】ナポレオンの洋服の形から

【フランス】右の親指を立て右胸から下ろす⬇【食べるB】

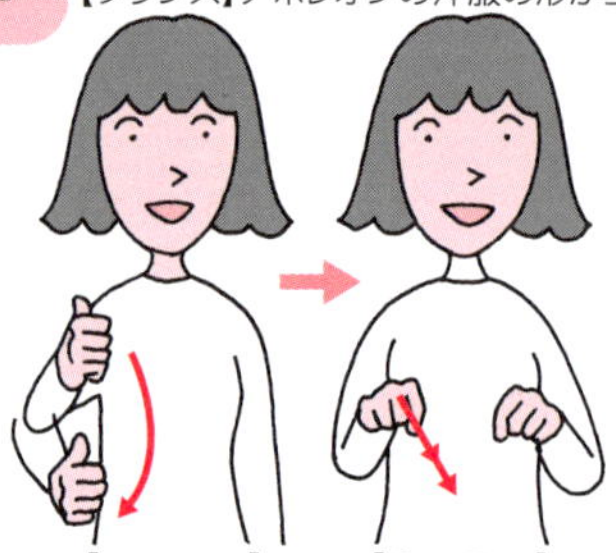

【フランス】　【食べるB】

パン

パンがふくらむ様子

右の親指と人さし指をつけ、手を前に出しつつ指先を開く

そば

左手でそばちょこをもち、右手の2本指でそばを食べるしぐさ

スパゲティ

右手はフォークをあらわし、スパゲティを巻くように左手の上でクルッと回す

ピザ

右の親指と人さし指でつかんだピザを口に運ぶしぐさ

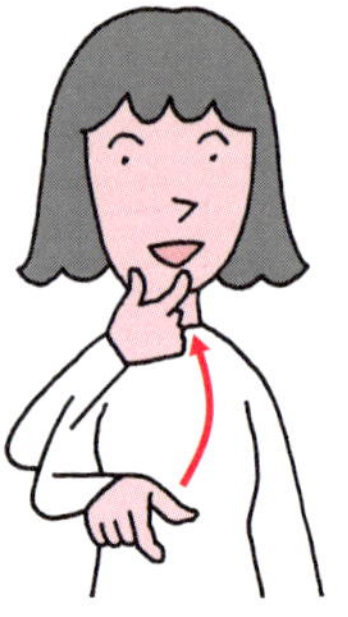

カレーライス

【辛い】右手の指を軽く曲げ、口の前で回す↓【食べるC】スプーンですくうように食べるしぐさ

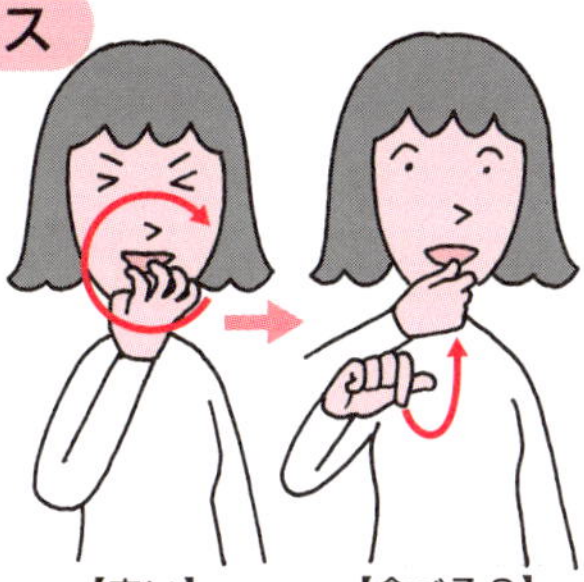

【辛い】 【食べるC】

すし

左手のひらに右の人さし指と中指をあて、寿司を握るように左手を握る

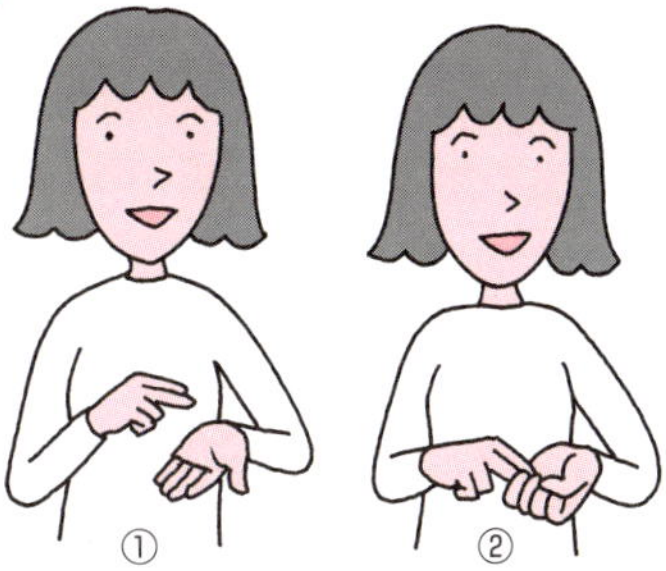

① ②

焼き肉

【肉】左手の甲をつまむ↓【焼く】2本指を伸ばした右手をひっくり返し、肉を焼くしぐさ

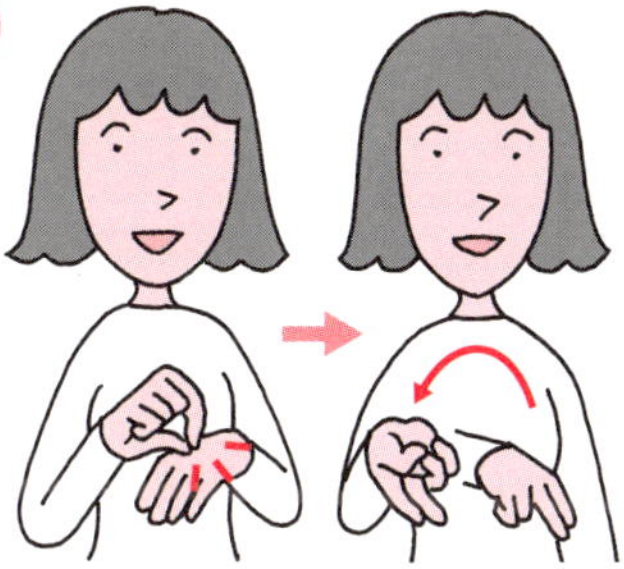

【肉】 【焼く】

天ぷら

【油】頭においた右手を下げてから、指をこすり合わせる↓【揚げる】＝【焼く】

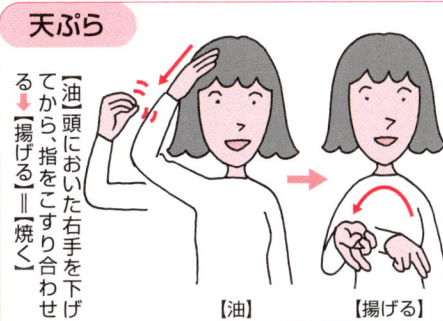

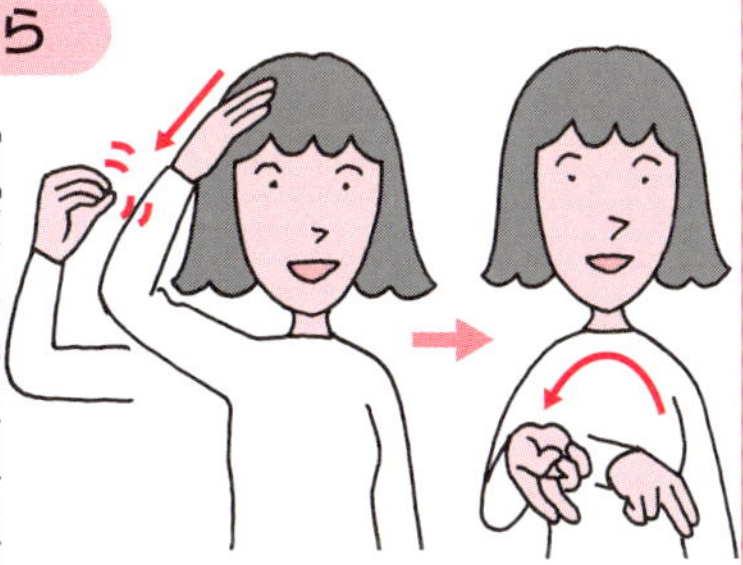

【油】 【揚げる】

お好み焼き

【好き】↓へらでひっくり返すしぐさ

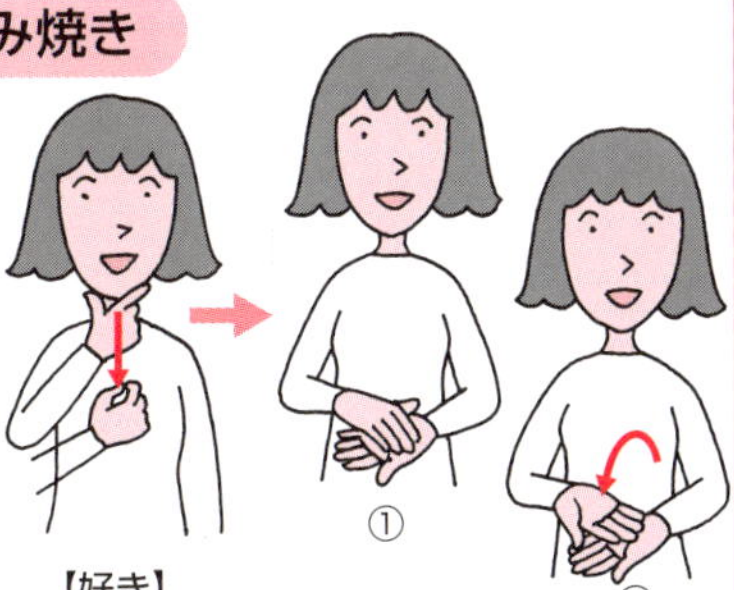

【好き】 ②

野菜

軽く広げた両手で、キャベツの葉を描くように、上に向かって円を描く

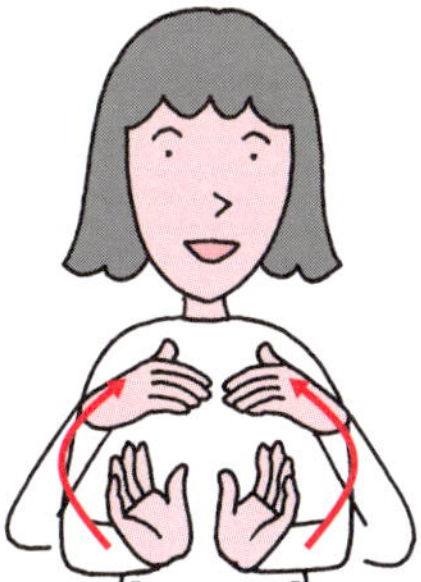

【キャベツ】

にんじん

【赤】↓両手でにんじんをつかむようにし、右手を右に移動して形をあらわす

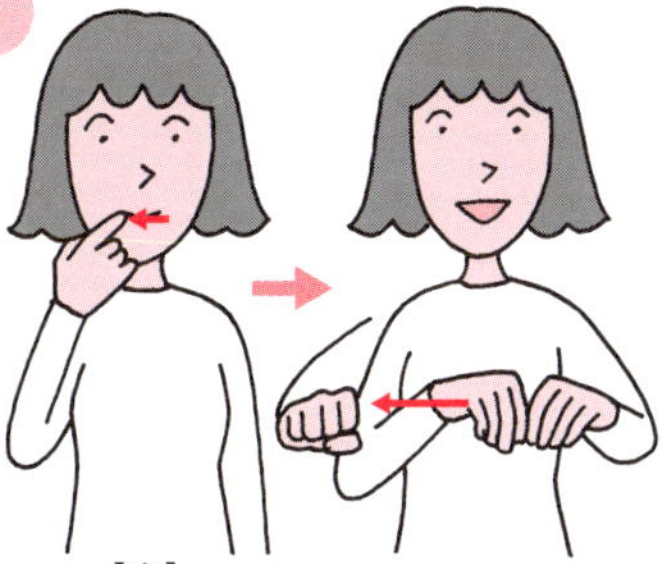

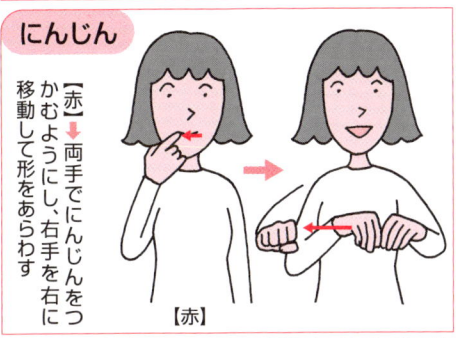

【赤】

ピーマン

握った両手を向かい合わせ手首をつけ、その手を左右から合わせ、形を表現

① ②

さつまいも

焼きいもを両手でつかんで左右に割り、右手で口にもっていくしぐさ

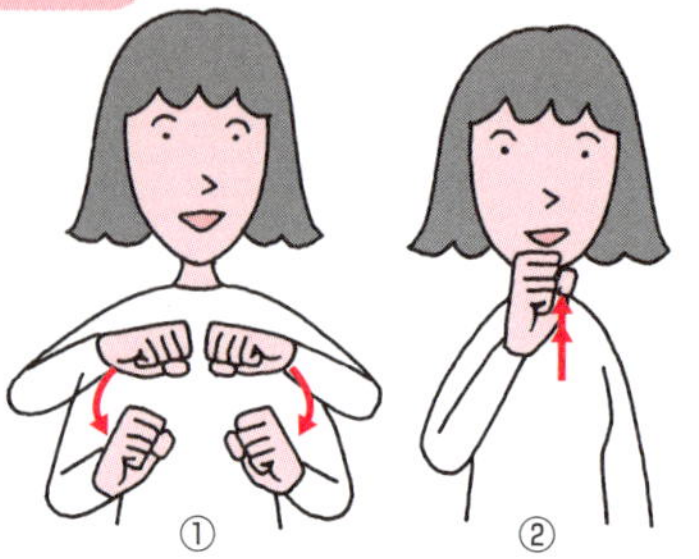

たまねぎ

右手の4本指を右目の前でパラパラと振り、涙が流れる様子をあらわす

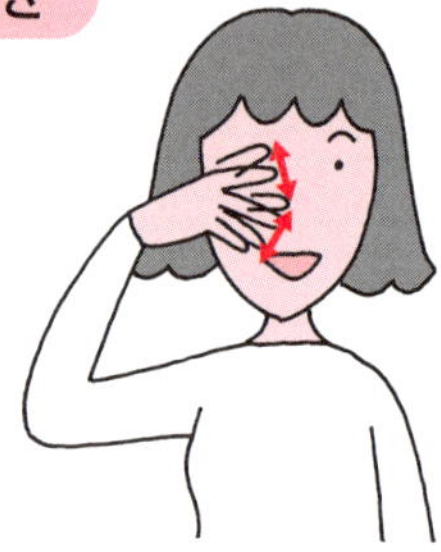

トマト

指文字【と】を顔の前で回す

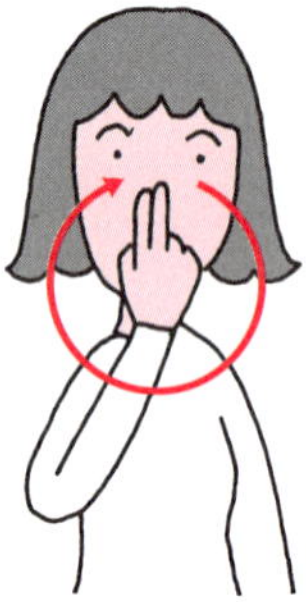

豆

親指と人さし指で輪をつくった両手を交互に上下させる

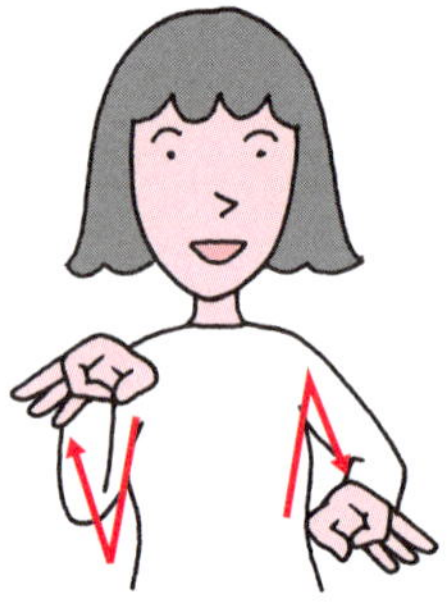

果物

果物が木になっている様子

少しまるめた両手のひらを上に向け、左右交互に上下させながら外へ開く

りんご

【赤】↓左のこぶしを、右手で手前から向こう側へつるりとなでる

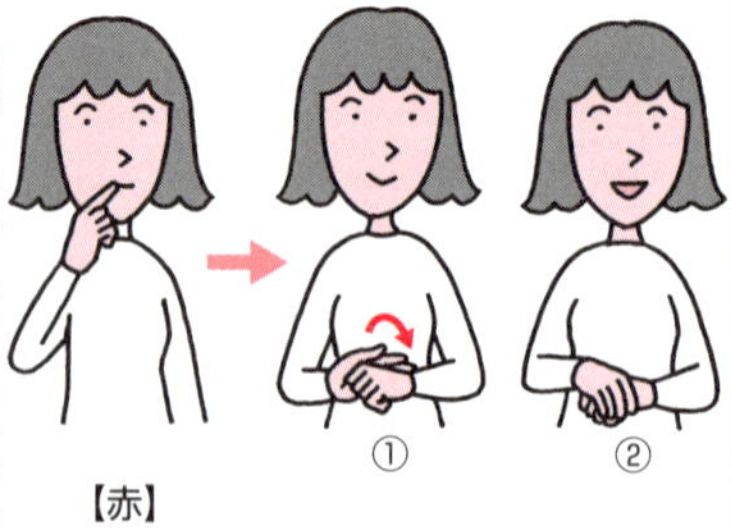

ぶどう

ふせた左手の下から、右手をすぼめつつ下げる

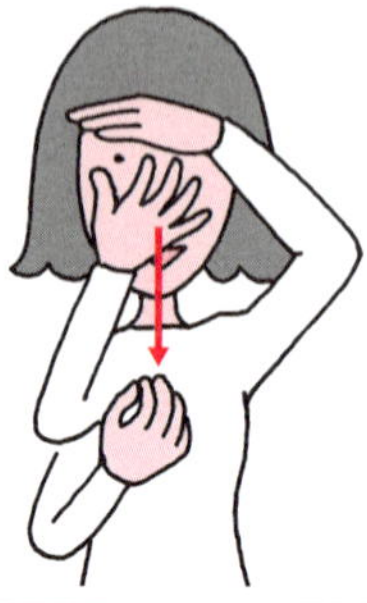

メロン

両手の親指と人さし指を合わせ、指を閉じながら左右に引き上げる

バナナ

左手はバナナを握るようにし、右手で皮を順々にむいていくしぐさ

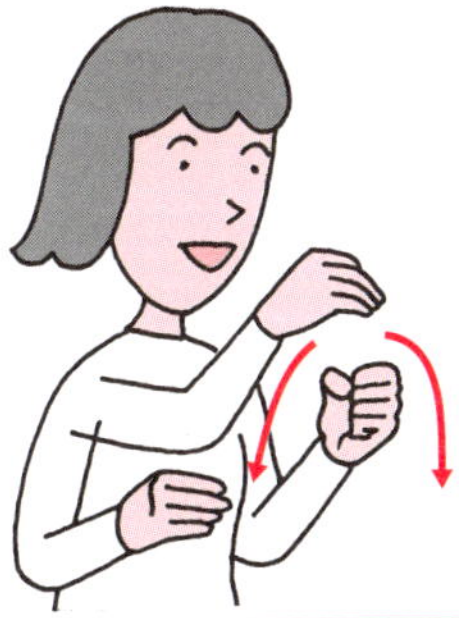

みかん

左手はみかんをのせるようにし、右手で皮を順々にむいていくしぐさ

スイカ

切ったスイカを両手でもつようにし、左から右へ動かして食べるしぐさ

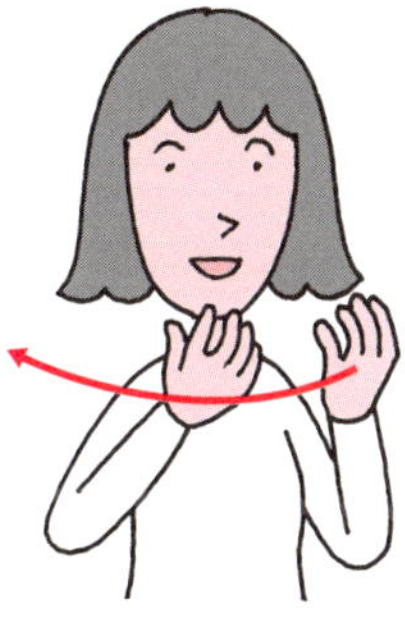

レモン

右手でつかんだレモンをしぼりながら回しかけるように動かす

スナック菓子

左手でもった菓子袋の中から、右手で菓子を口元に数回運ぶしぐさ

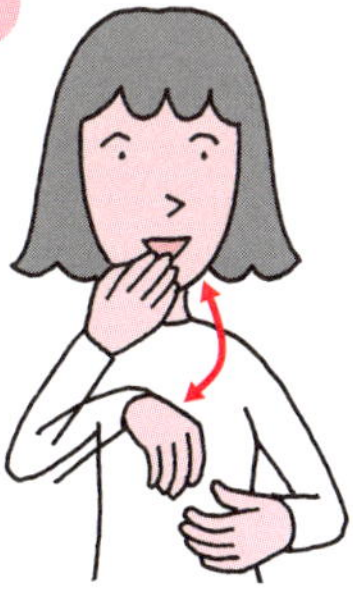

ケーキ

【甘い】↓左手の上のケーキを右手で縦、横と切るようなしぐさ

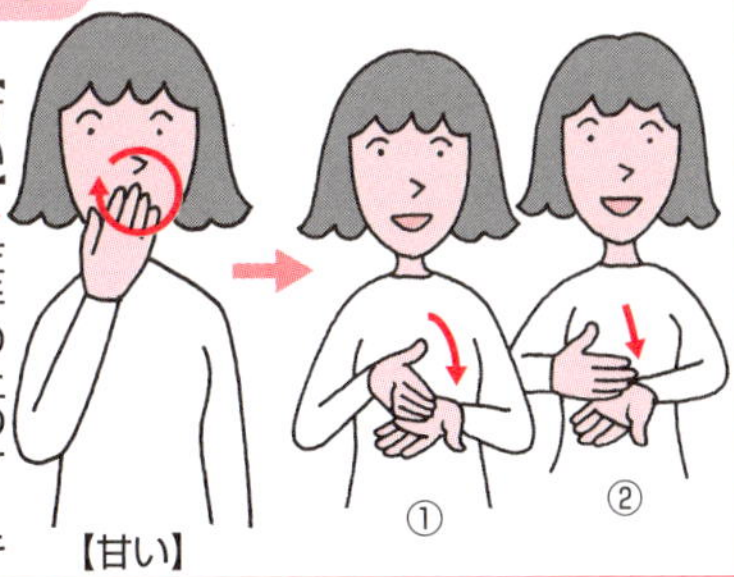

チョコレート

【甘い】↓両手でもった板状のチョコレートを割るしぐさ

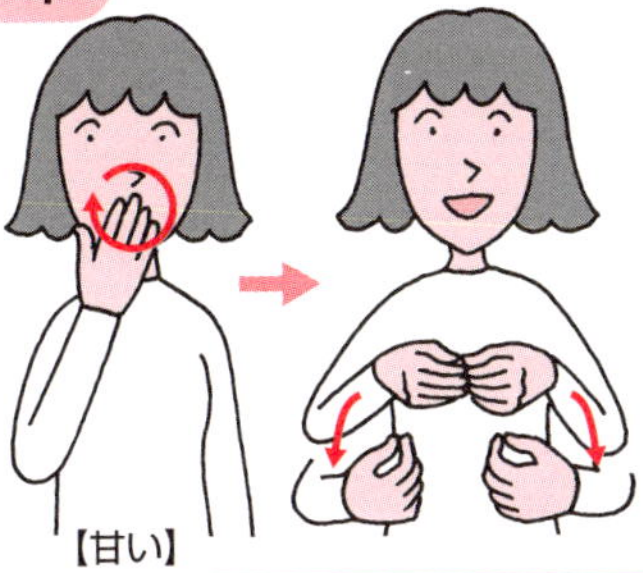

アイスクリーム

右手でもったアイスをペロペロとなめるしぐさ

いただきます

【食べるA】↓【拝む】両手のひらを合わせる

【食べるA】　【拝む】

ごちそうさま

【おいしい】↓【ありがとう】左手の甲を右手の小指側でトンとたたいて上げる

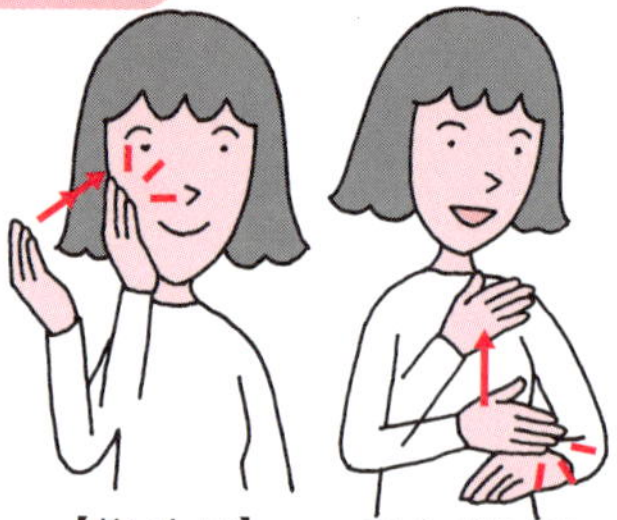

【おいしい】　【ありがとう】

まずい

右手を口にあて、ペッと吐くように下ろす

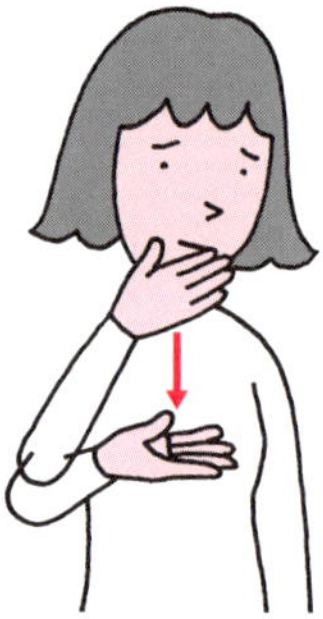

苦い　渋い

指を軽く曲げた右手を口の前で左右に動かす

すっぱい

軽く握った右手を口にあて、口をすぼめる

しょっぱい

右の小指の先に塩をつけて口にもっていくしぐさ

【塩A】

辛い

右手の指を軽く曲げ、口の前で回す

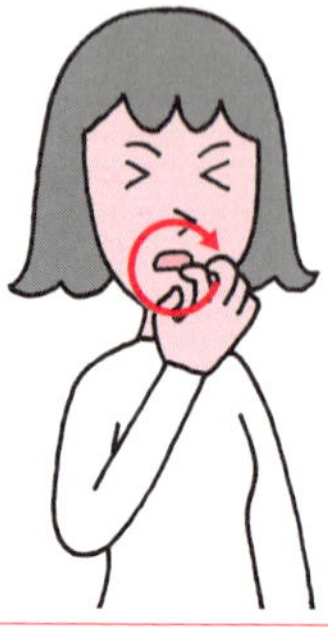

甘い

右手のひらを口の前で回す

油

髪につける油から

頭においた右手を下げてから、指をこすり合わせる

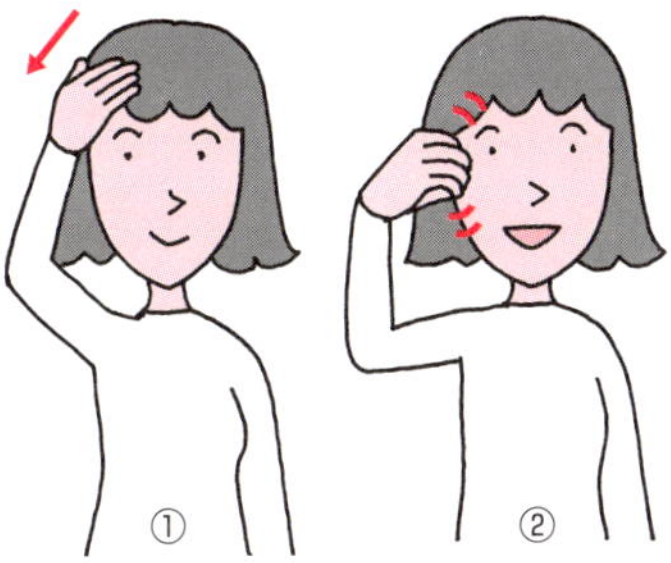

塩

昔は塩で歯を磨いたことから

右の人さし指を前歯の前で左右に動かす

こしょう

右手でこしょう瓶をもち、数回振り下ろすしぐさ

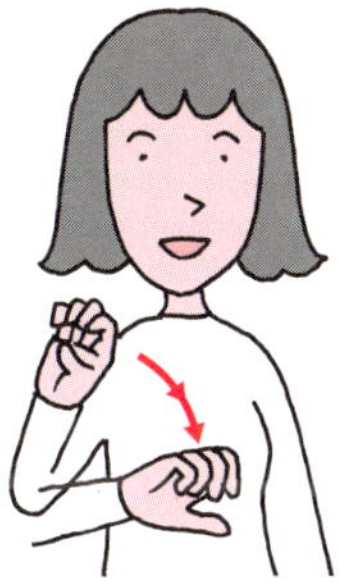

マヨネーズ

右手でマヨネーズの容器をもち、しぼりながら回しかけるしぐさ

ケチャップ

【赤】→【マヨネーズ】と同じ動き

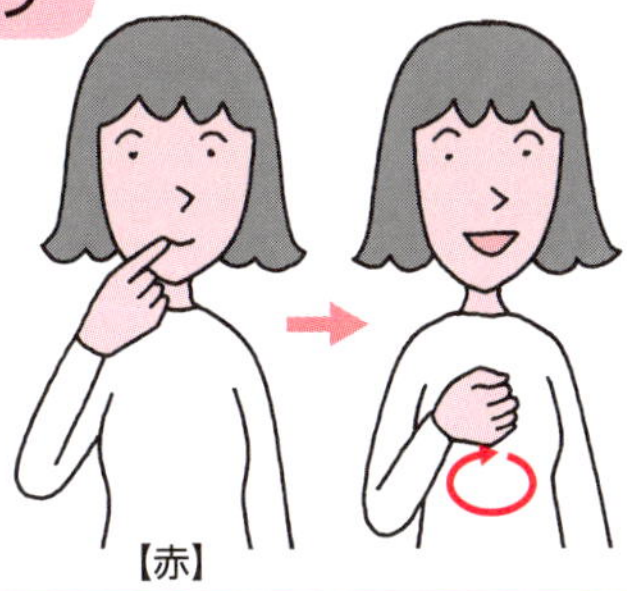

しょうゆ

右の親指と小指を立てて小指側を下にして、しょうゆを回しかけるしぐさ

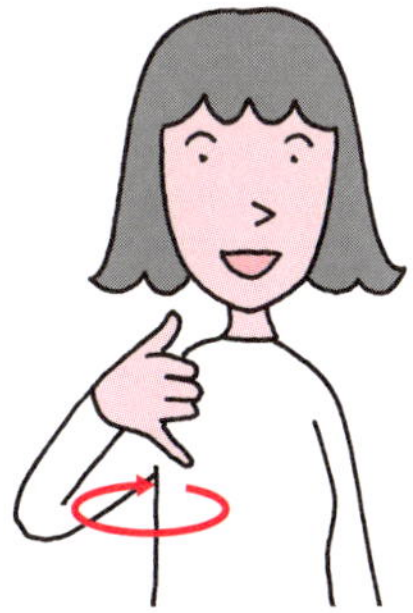

ソース

右の親指と小指を立てて親指側を下にして、ソースを回しかけるしぐさ

味

右の人さし指を舌にあて、味見をするしぐさ

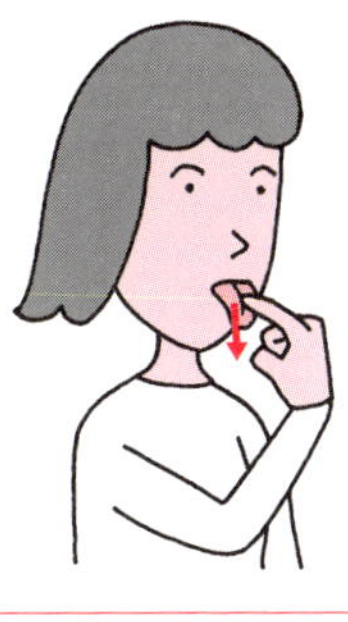

例文

弟の部屋にはパソコンがあります

手話文　弟／部屋／ここ／パソコン／ある

聞こえない人のなかには、ファクシミリの受信音や赤ちゃんの泣き声、ドアホンや警報器のベルなどの音を、光や振動に替える機器を使って生活している人もいます。

情報を伝達できる機器としてファクシミリはとても便利なものですが、電子メールが普及して、時間差を気にせずコミュニケーションができるようになりました。

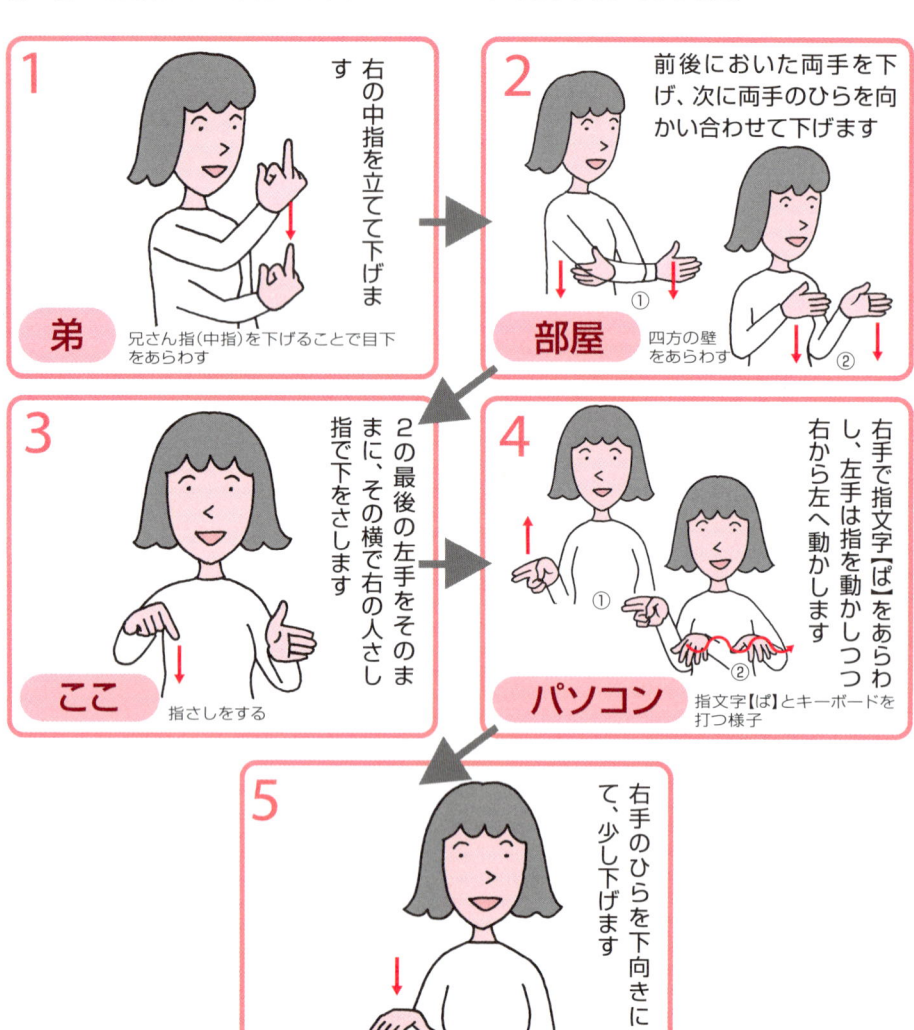

1

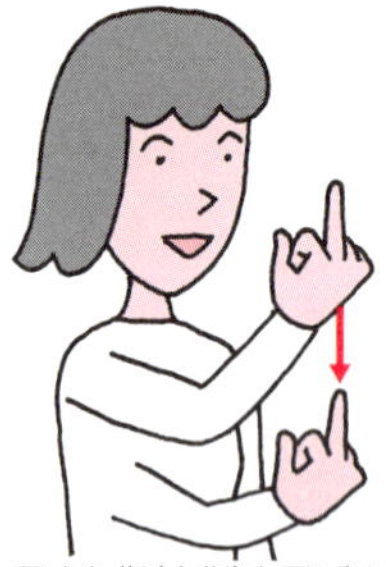

右の中指を立てて下げます

弟　兄さん指(中指)を下げることで目下をあらわす

2

前後においた両手を下げ、次に両手のひらを向かい合わせて下げます

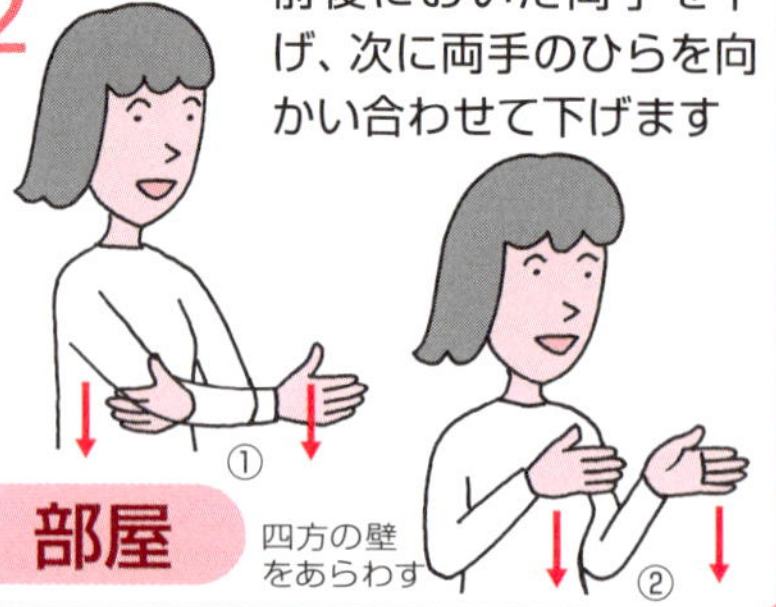

部屋　四方の壁をあらわす

3

2の最後の左手をそのままに、その横で右の人さし指で下をさします

ここ　指さしをする

4

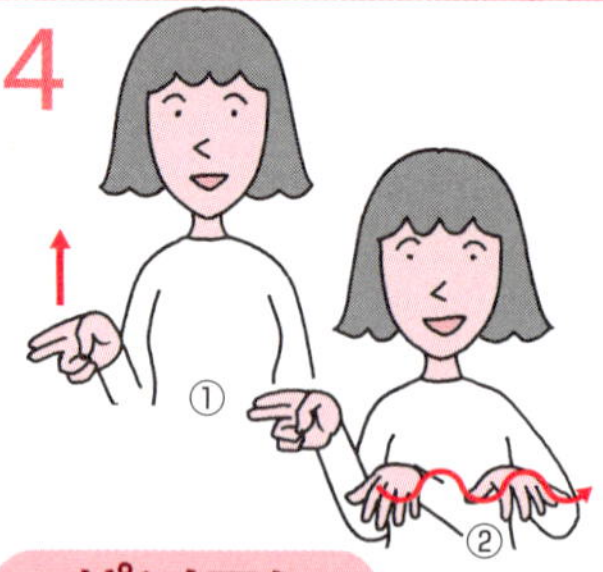

右手で指文字【ぱ】をあらわし、左手は指を動かしつつ右から左へ動かします

パソコン　指文字【ぱ】とキーボードを打つ様子

5

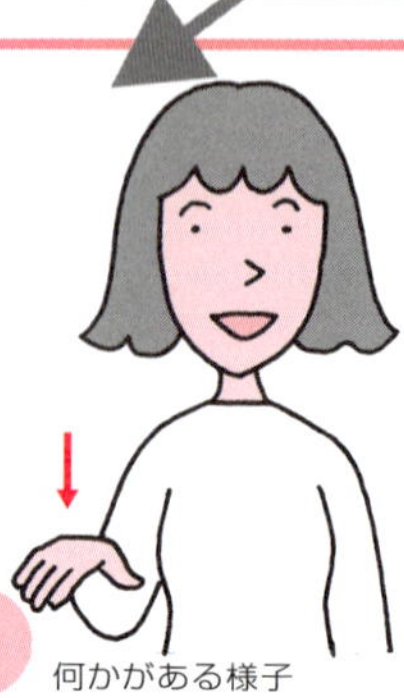

右手のひらを下向きにして、少し下げます

ある　何かがある様子

身近なもののあらわし方

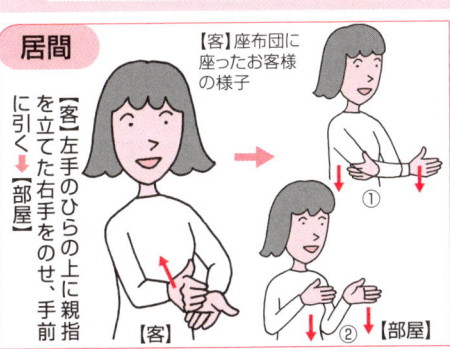

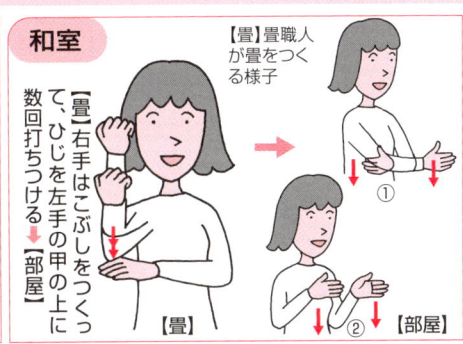

居間

【客】左手のひらの上に親指を立てた右手をのせ、手前に引く↓【部屋】

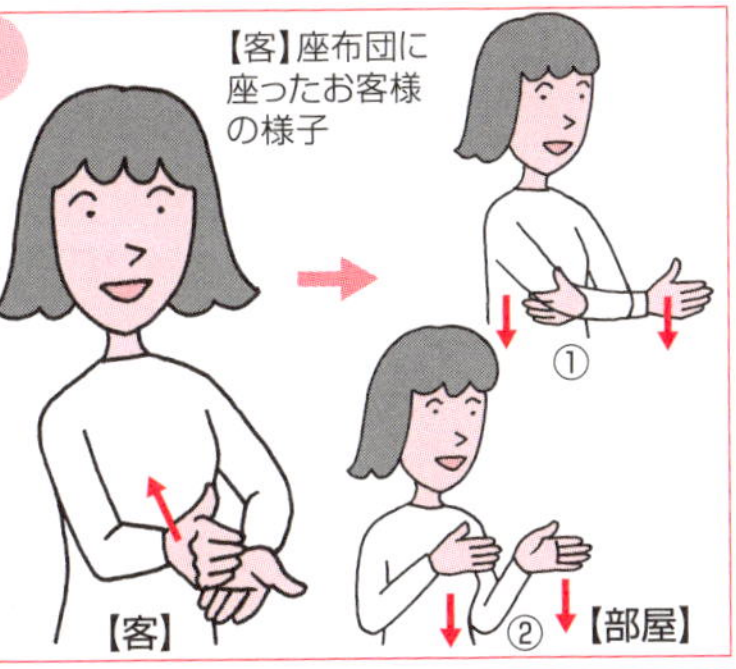

【客】座布団に座ったお客様の様子

和室

【畳】右手はこぶしをつくって、ひじを左手の甲の上に数回打ちつける↓【部屋】

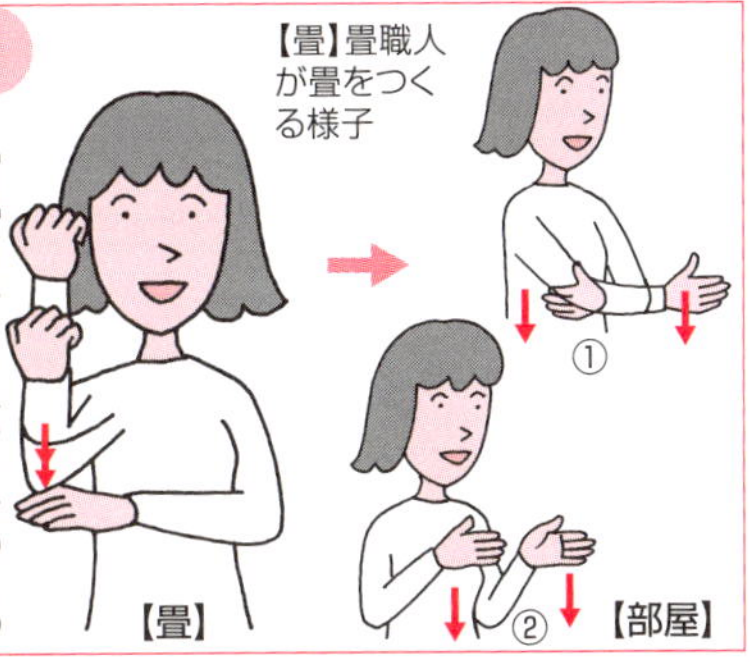

【畳】畳職人が畳をつくる様子

台所

【料理】左手でものをつかみ右手は包丁で切る↓【場所】

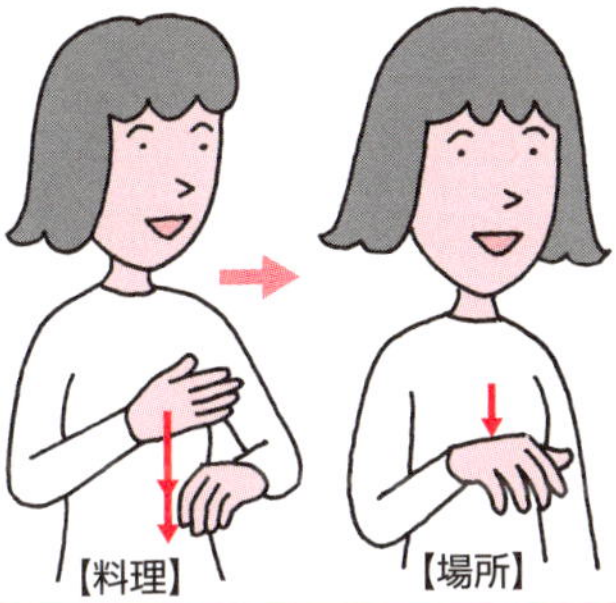

風呂

右のこぶしを左胸にあて、上下に動かして体を洗うしぐさ

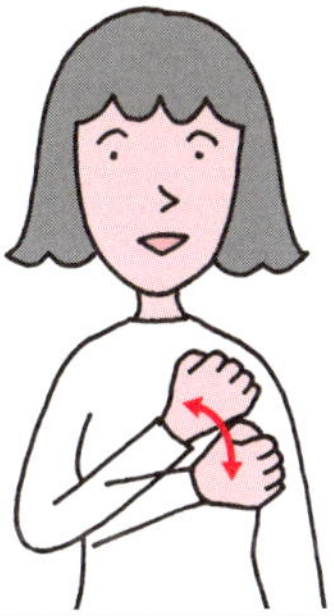

トイレ

右の親指と人さし指をくっつけずに輪をつくり、ほかの指は立てる

5本の指でWCをあらわす

水道

指を曲げた右手で、蛇口をつかみ、ひねるしぐさ

ガス

右の人さし指と中指を立て、鼻に向けて近づける

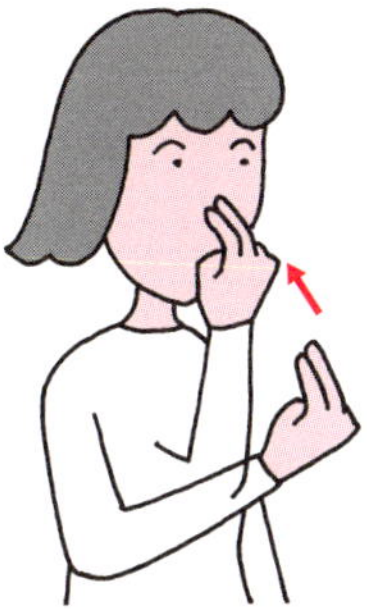

電気

頭の斜め上で、握った右手を、下向きにパッと開く

椅子

右の人さし指と中指を曲げ、伸ばした左の人さし指と中指の上にのせる

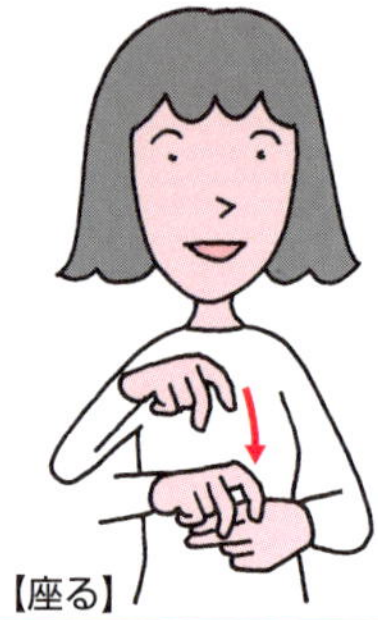

ベッド

【ベッド】ベッドに横になる様子

【寝る】↓【ベッド】右手の2本指を手のひらが上になるよう、左手にのせる

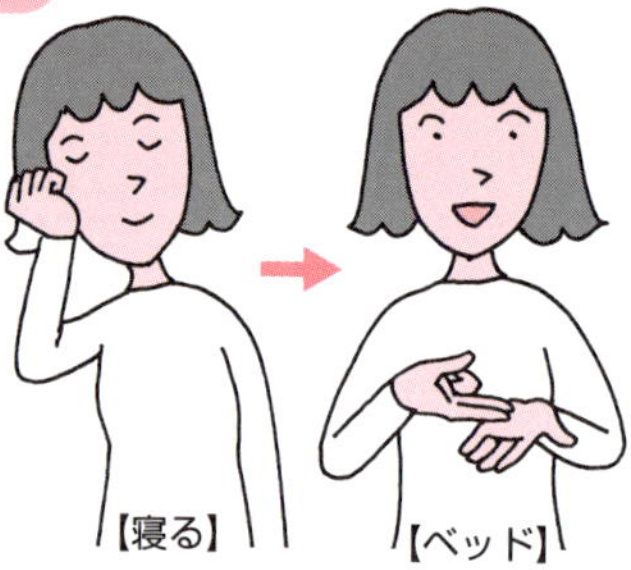

ドア

右手でドアノブをつかみ、手前に引くしぐさ

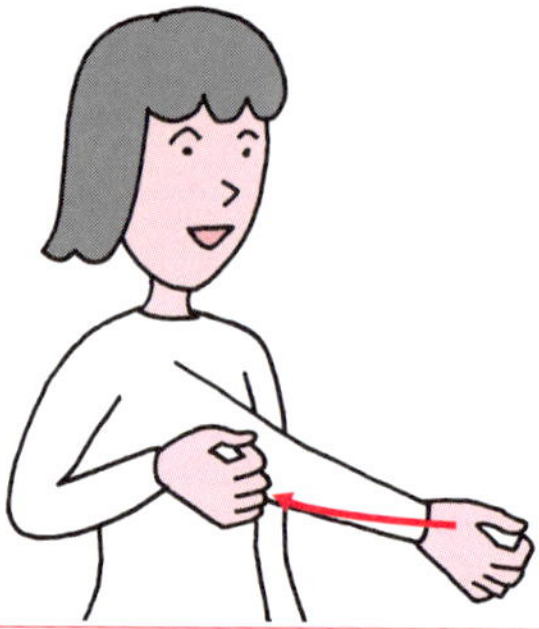

窓

手のひらを前に向けた両手を、重ねて目の前におき、左右に開く

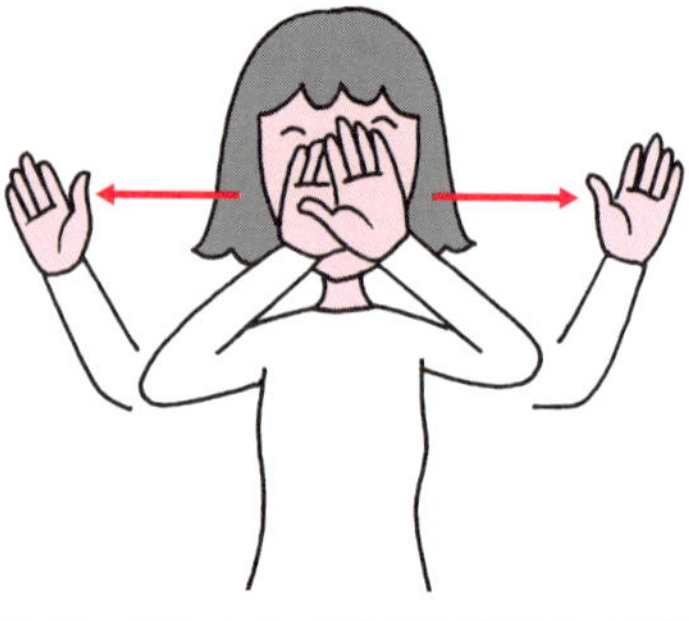

ストーブ

【あたたかい】↓両手のひらを前に向け、ストーブにあたるしぐさ

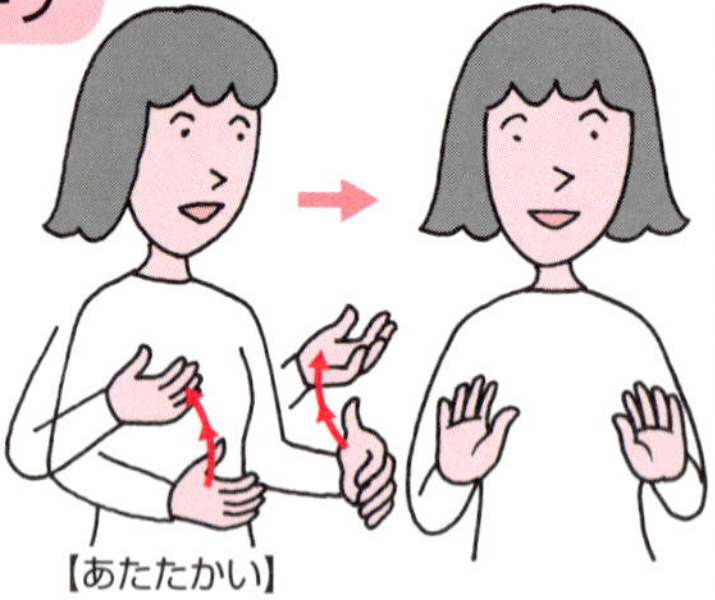

エアコン

前方から自分に向かって、両手で風をあおぐようなしぐさ

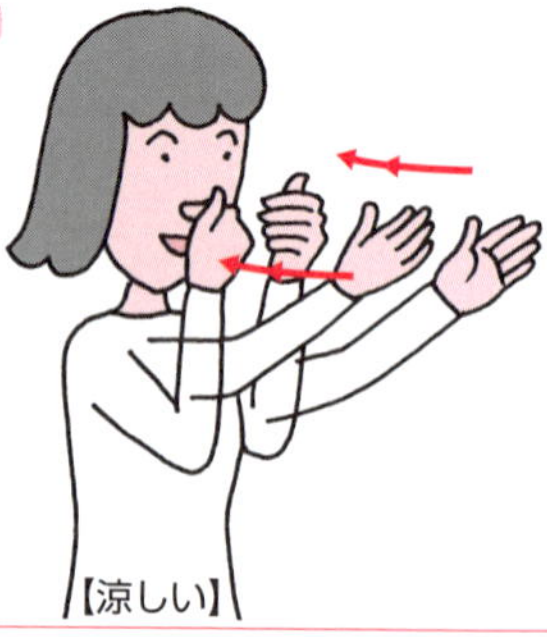

テレビ

手の甲を前に向けた両手を、顔の前で交互に上下に動かす

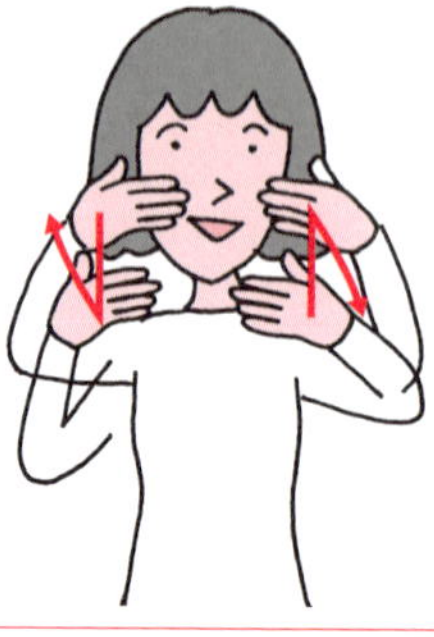

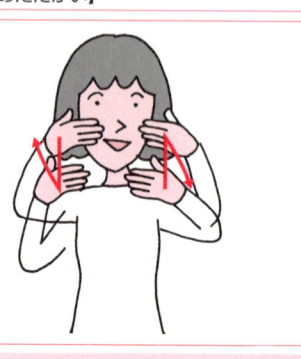

ビデオ

ビデオテープをあらわす

両手の人さし指を下向きで回し、両手の人さし指と親指で四角形をつくる

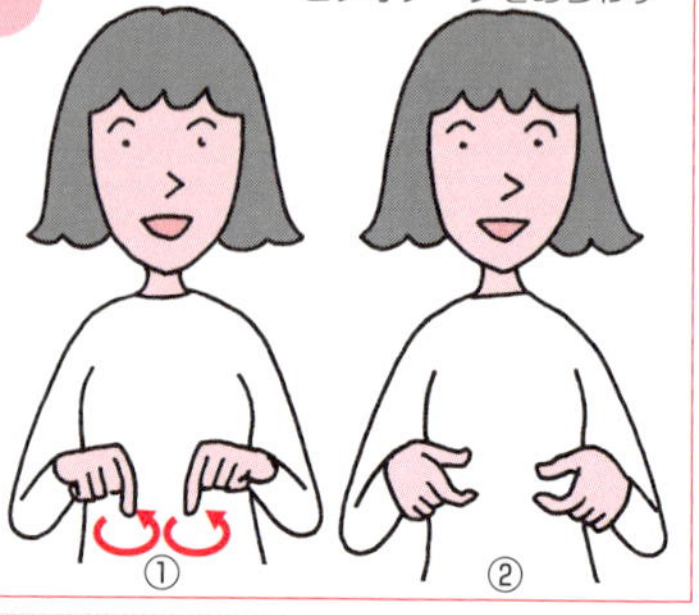

電話

左の親指と小指を立て、受話器をあてるように耳にあてる

ファクシミリ

左手で【電話】の手話、右手は手のひらを下向きにして紙を送る様子

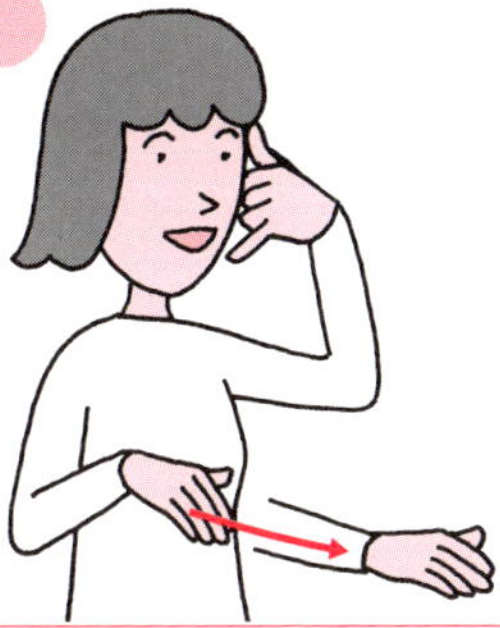

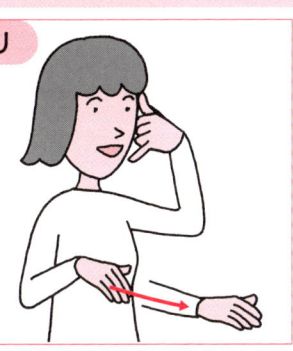

携帯電話

人さし指を立てた左手を携帯電話を使うように、耳に数回あてる

docomo

NTTのロゴマークの形から

両手の人さし指と中指を曲げて合わせ、手首をつけるように左右に開く

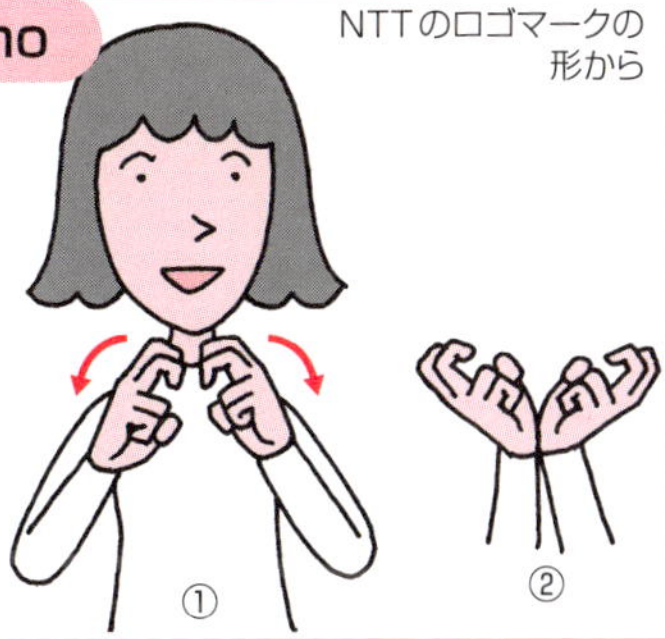

au

アメリカの指文字

指文字【A】→指文字【U】

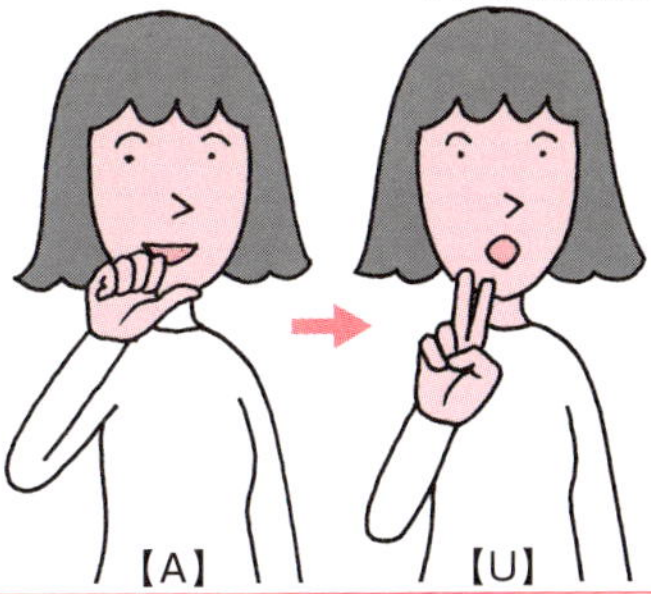

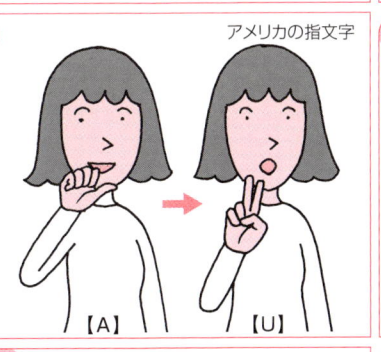

SoftBank

SoftBankのロゴマーク「＝」の形から

右の人さし指と中指を伸ばして、左から右へ動かす

メール

指文字【め】を前に出す

アドレス

名前Aの変形

左手のひらの上に右の親指をあて、前に出す

家具

【タンス】引き出しを開ける様子

【タンス】↓【いろいろ】右の親指と人さし指を伸ばして手首を返しながら右へ

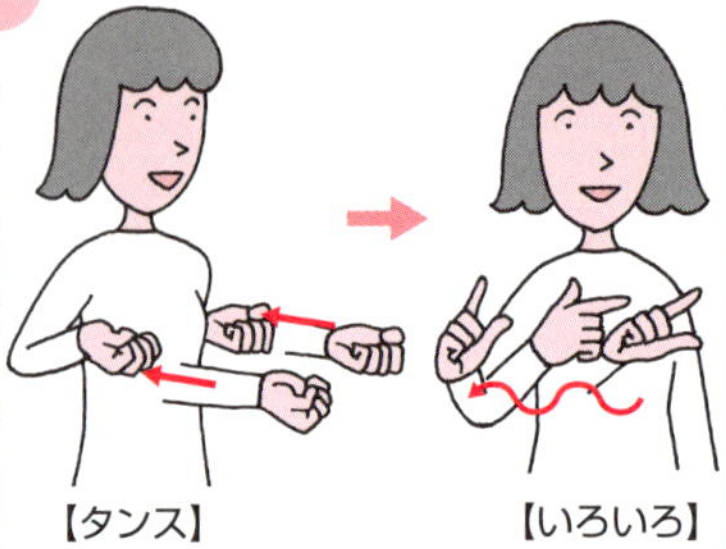

はんこ

すぼめた右手に息をふきかけ、はんこを押すように左手のひらにあてる

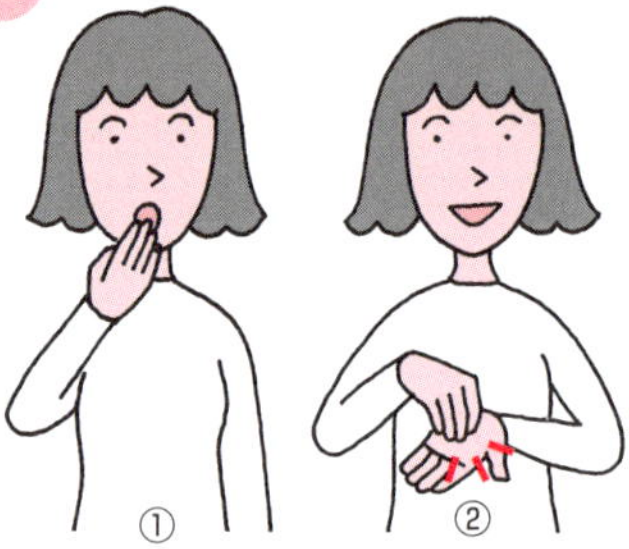

本

両手のひらを合わせ、本を開くように左右に手を開く

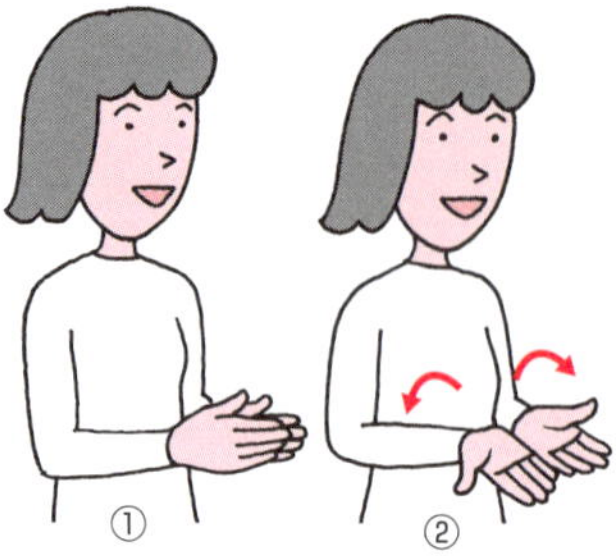

雑誌

左手のひらの上に右手のひらをおき、雑誌をめくるようにひっくり返す

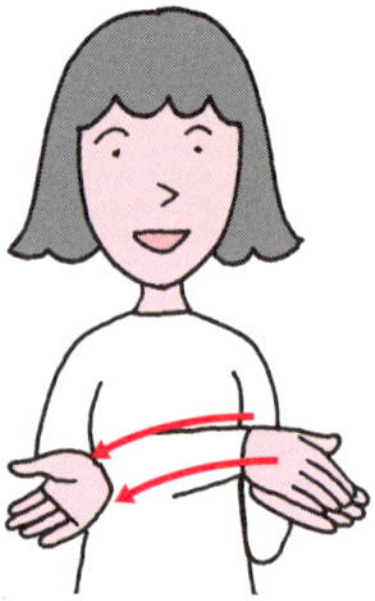

新聞

号外を知らせる鐘を鳴らす様子

横に倒した左手の甲の上に右のひじをつけ、握った右手の手首を軽く返す

靴

左手を足に見立て、靴べらを使うように握った右手を左手の下から上へ動かす

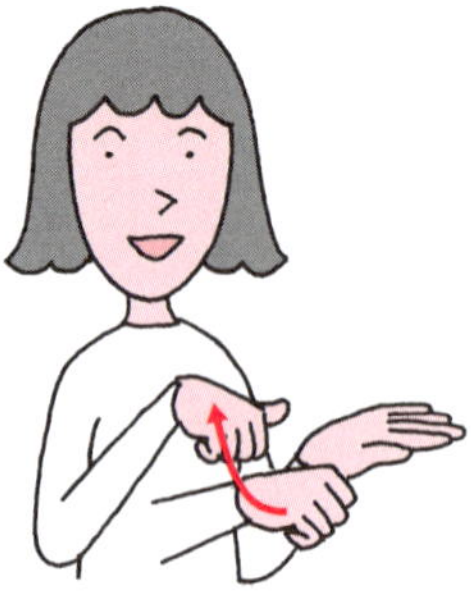

洋服

両手で服をつまみ、そのままひっぱる

スーツ

親指を立てた両手でスーツのえりの形をあらわしながら下げる

ズボン

両手を左足にそって下げたあと、同様に右足にそって下げる

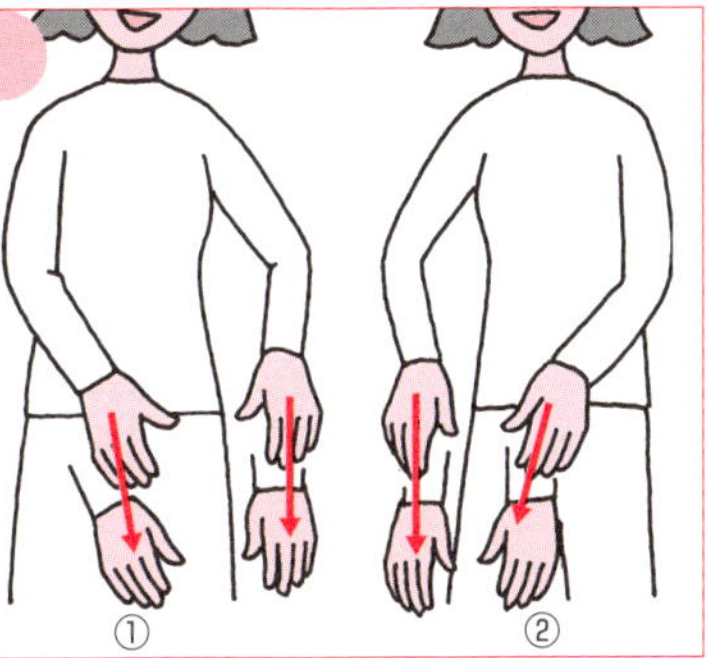

スカート

腰から下にスカートのラインを描くように、両手を下げる

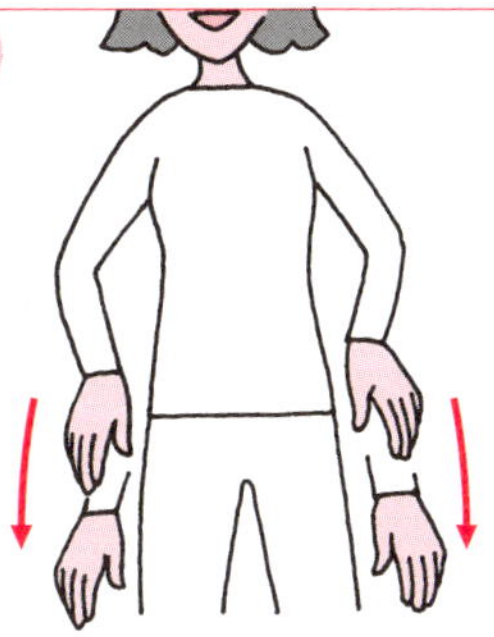

ネクタイ

すぼめた両手を胸の上下におき、ネクタイを締めるように右手を上へ動かす

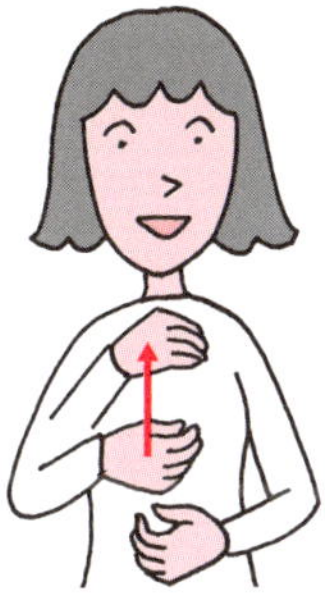

バッグ

右手をバッグの取っ手をもつように握って体側におき、軽く数回上下させる

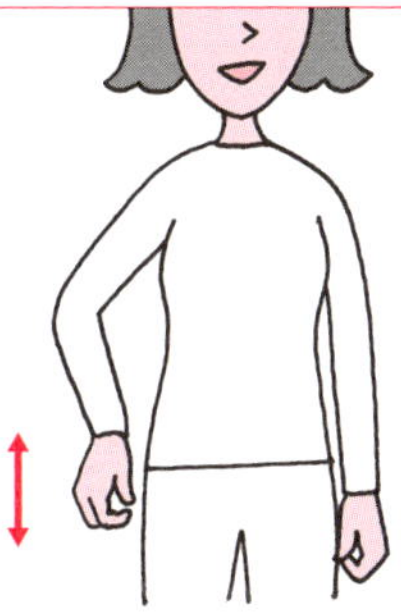

アクセサリー

右手で輪をつくり、ネックレスをあらわすように、首の周りにポンポンと、左から右にあてていく

自動車

軽く握った両手をハンドルを回すように、交互に上下に動かす

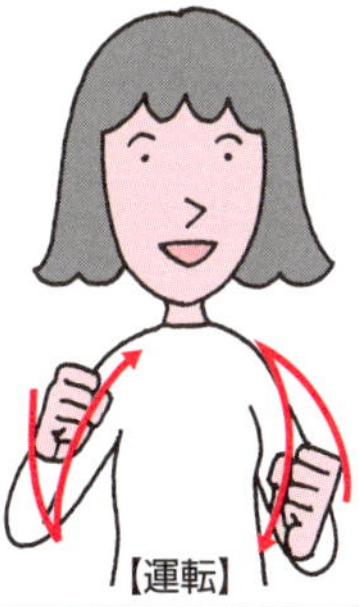

バイク

バイクのハンドルを握るように両手を構え、右手を数回持ち上げてエンジンをかけるしぐさ

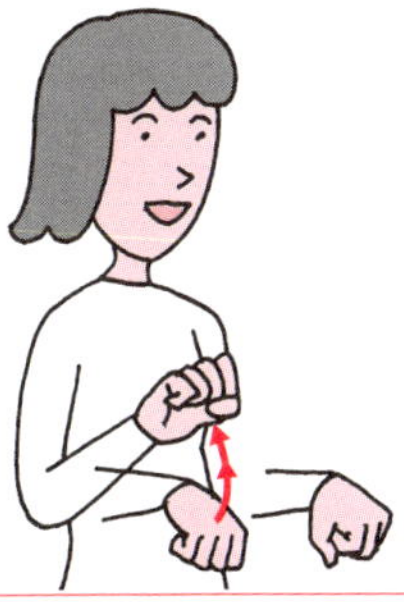

自転車

両手のこぶしで自転車のペダルをこぐように、交互に前後へ回転させる

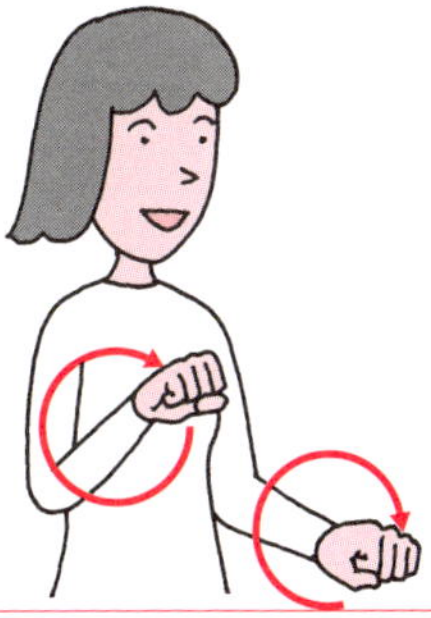

例文

いま4時15分です

手話文　いま／時間／4／15分

時系列をあらわす動きには前後、左右、上下などがあります。時間の前後をあらわす場合、自分のいまいる位置を【現在】、前方は【未来】、後方は【過去】とします。つまり、「(～をする)前」は後方への動き、「(～をした)後《あと》」は前方への動きになります。位置の前後をあらわすときには、「(～の)前」は前方を、「(～の)後《うし》ろ」は後方をさします。

1

両手のひらを下に向けて、少し下げます

いま　自分のいる場所を示す

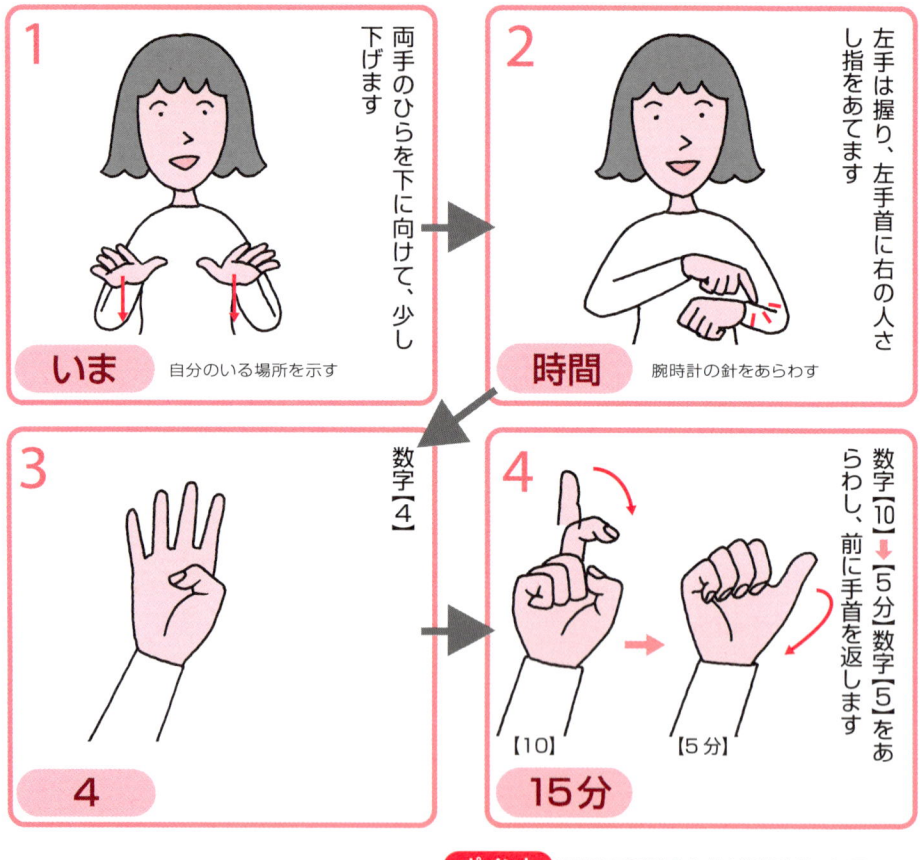

2

左手は握り、左手首に右の人さし指をあてます

時間　腕時計の針をあらわす

3

数字【4】

4

4

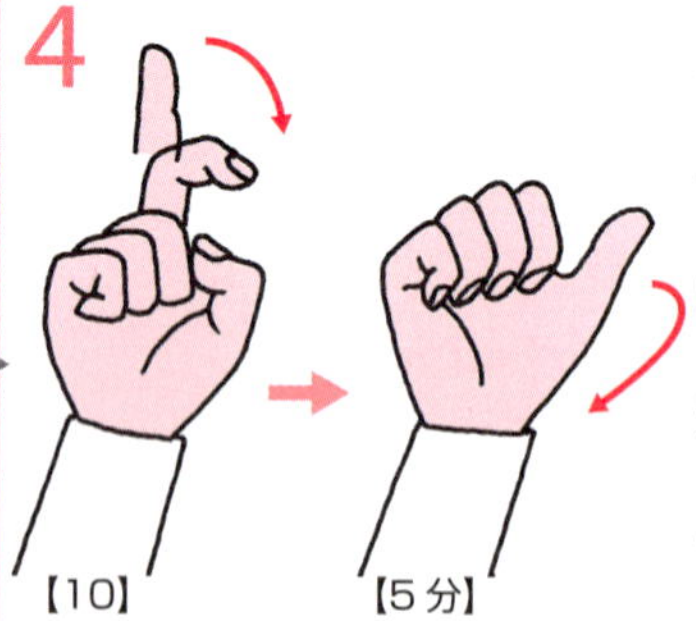

数字【10】➡【5分】数字【5】をあらわし、前に手首を返します

15分

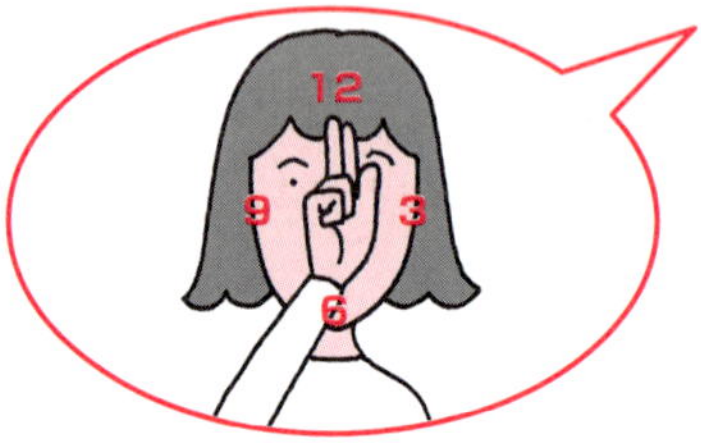

ポイント　時間表示は「自分が時計」になる

時間帯をあらわす場合は、自分が時計になって示すと考えればスムーズです。額が【正午】とすると、右頬が【午前】、左頬が【午後】になります。地域によっては【午前】を【正午】➡【前(過去)】、【午後】を【正午】➡【後《あと》(未来)】とあらわす場合もあります。

時間・空間のあらわし方

朝

こめかみにあてた右のこぶしを下ろす

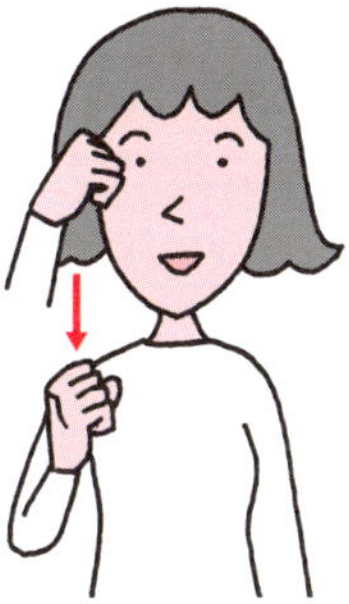

午前

右の人さし指と中指を伸ばして額にあて、右に倒す

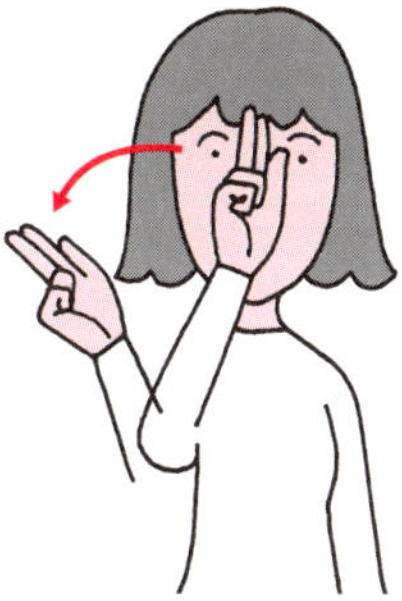

夕方

右手の指の間をつけて顔の横におき、指を開きながら手を前に倒す

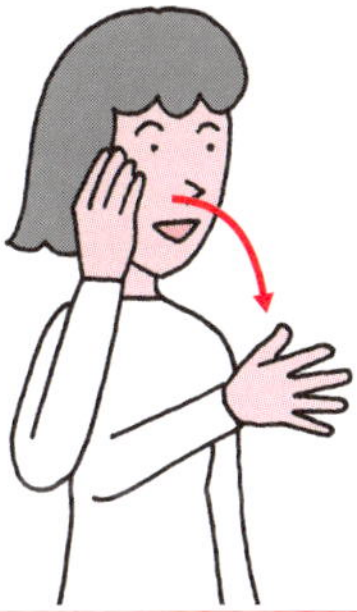

正午

右の人さし指と中指を立て、額にあてる

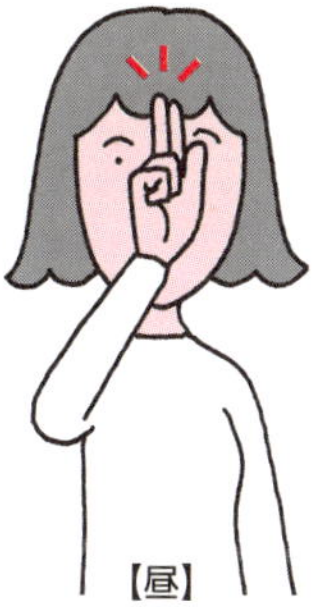

【昼】

夜

両手のひらを前に向け、左右から顔の前で交差させる

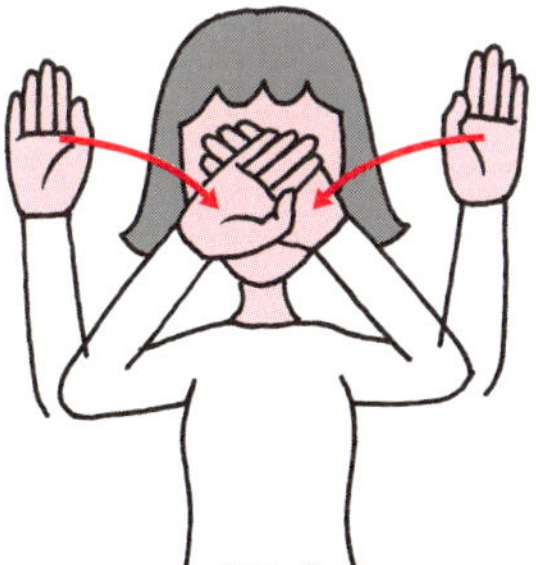

【暗い】

午後

右の人さし指と中指を伸ばして額にあて、左に倒す

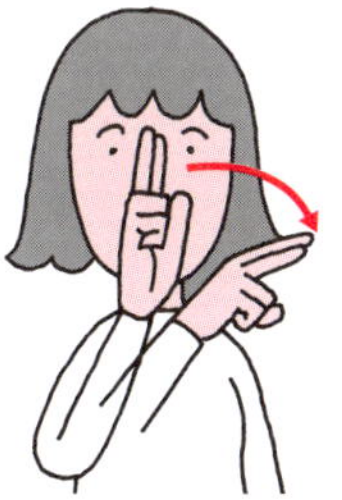

平日

【平】両手の人さし指と親指を合わせ、左右に離す↓【日A】漢字の「日」をつくる

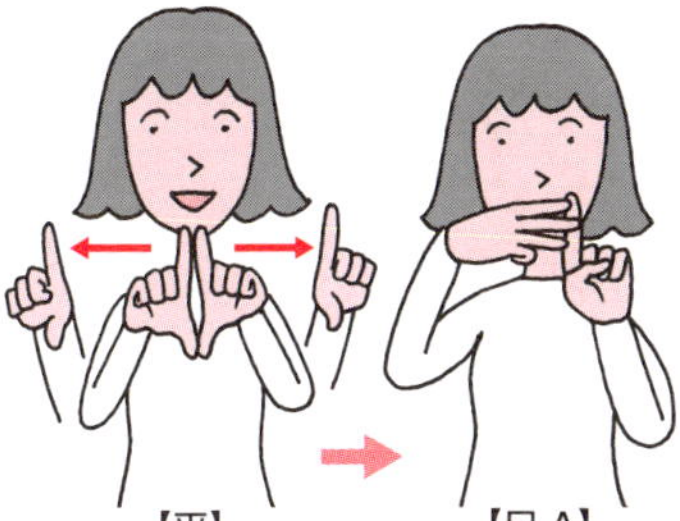

【平】　【日A】

祝日

【旗】両手の親指をからませ4本の指を振る↓【休み】両手を左右からくっつける

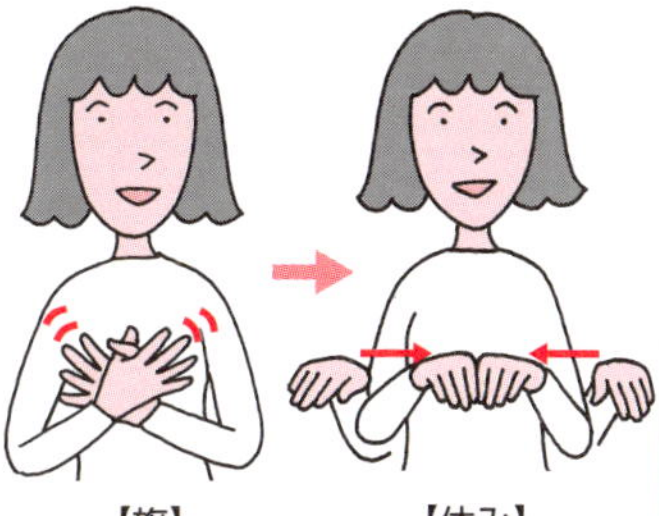

【旗】　【休み】

過去

右手を顔の横から後ろに動かす

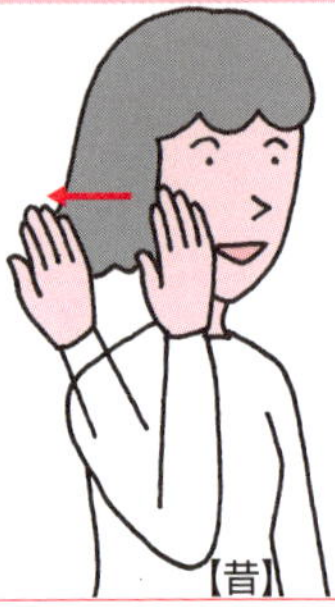

現在

両手のひらを下に向け、少し下げる

昨日

数字【1】を顔の横から後ろに動かす

今日

両手のひらを下に向け、少し下げる

先週

数字【7】を顔の横から後ろへ動かす

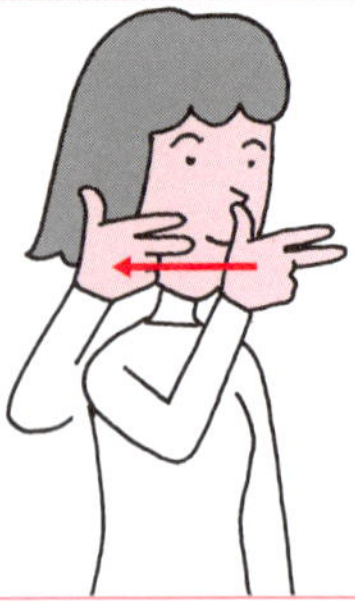

今週

【いま】→【週】数字【7】を左から右へ動かす

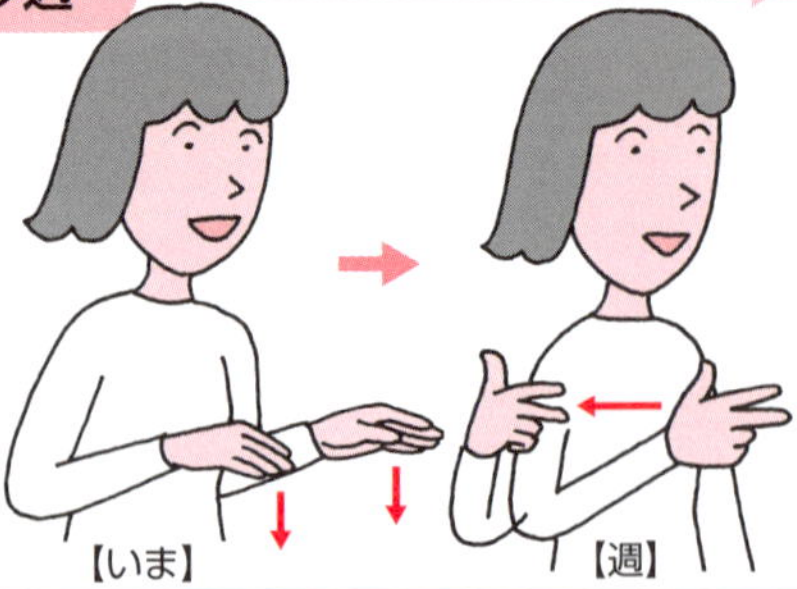

去年

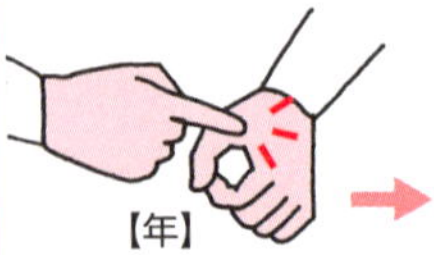

【年】まるめた左手の上に右の人さし指をおく→【昨日】

今年

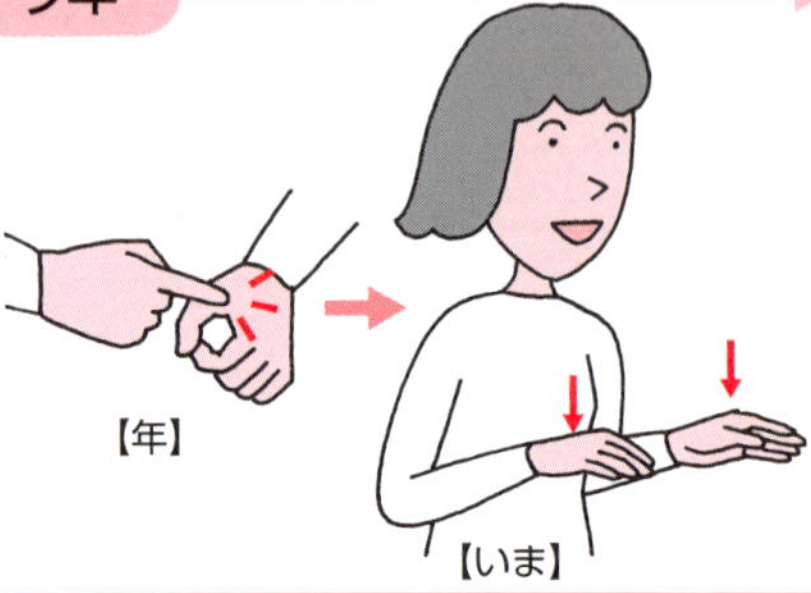

未来

右手を顔の横から前に動かす

【将来】

自分のいるところは「現在」、後ろは「過去」、前は「未来」をあらわします。

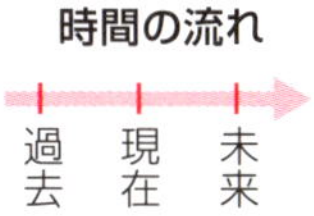

明日

数字【1】を顔の横から前に動かす

毎日

両手の親指と人さし指を伸ばし、前方に円を描くように回す

【いつも】

来週

数字【7】を顔の横から前へ動かす

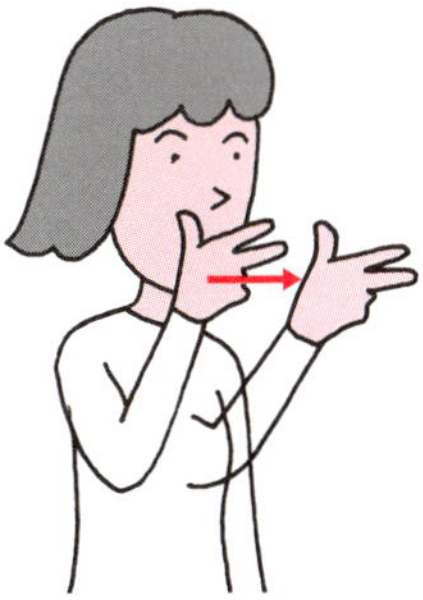

毎週

両手の親指、人さし指、中指を伸ばし、前方に円を描くように回す

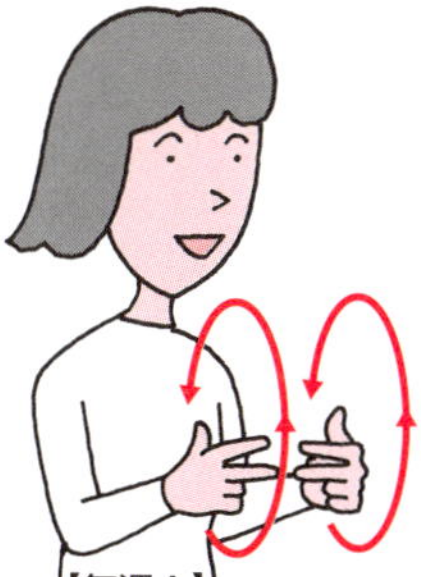

【毎週A】

来年

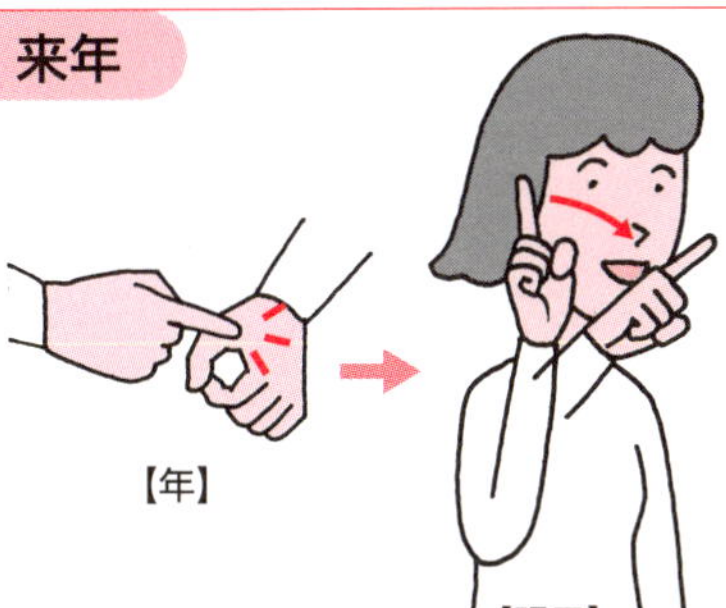

【年】 【明日】

毎年

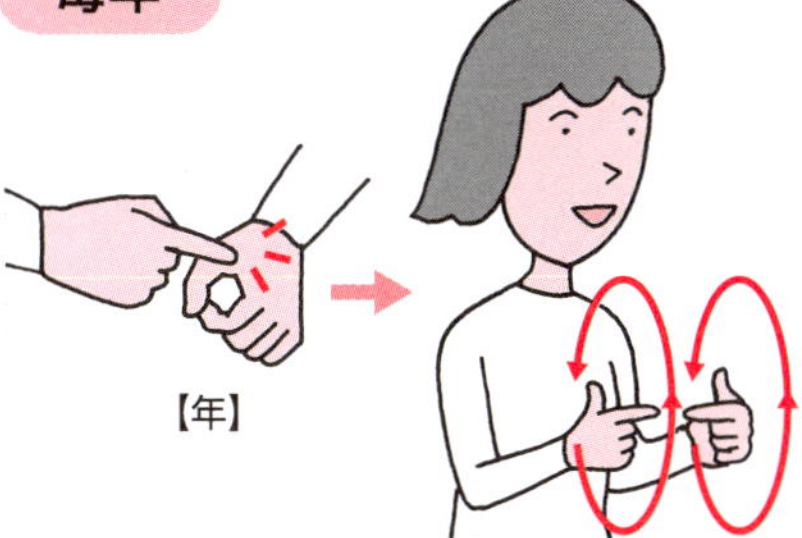

【年】 【いつも】

日曜日

【赤】↓【休み】両手のひらを下向きにし、正面でつける

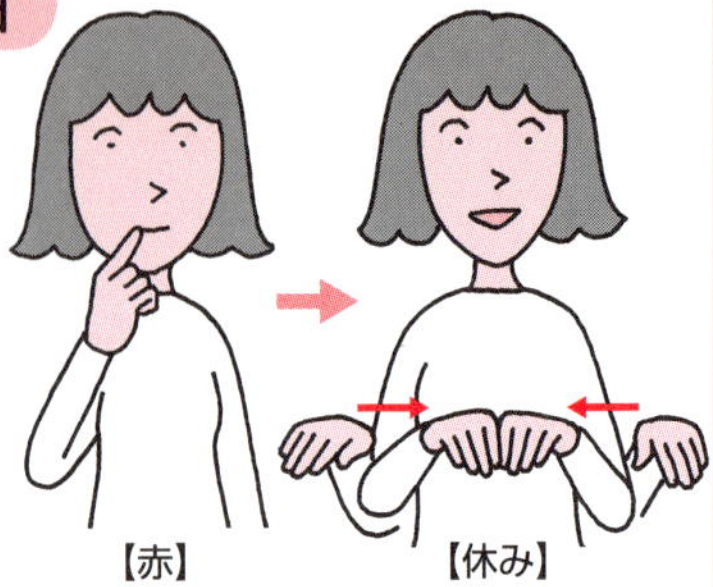

月曜日

右の親指と人さし指をつけ、月の形を描くように、下ろしながら指を離す

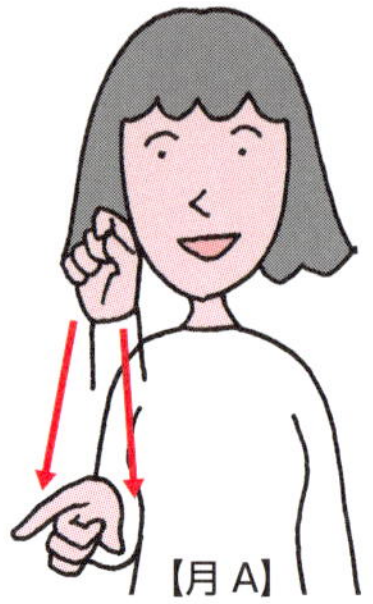

火曜日

唇をさした後、指を上向きに、手首をクルクルと返しながら手を上げる

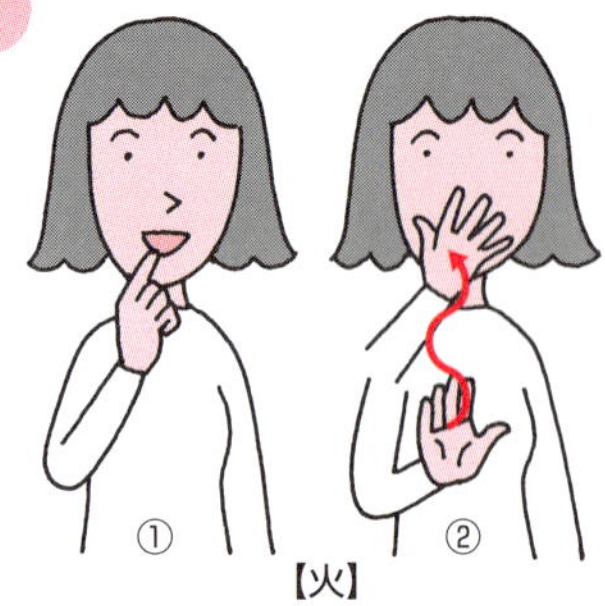

水曜日

右手のひらを上に向け、右へはらう

木曜日

親指と人さし指を伸ばした両手を向かい合わせ、上へ広げる

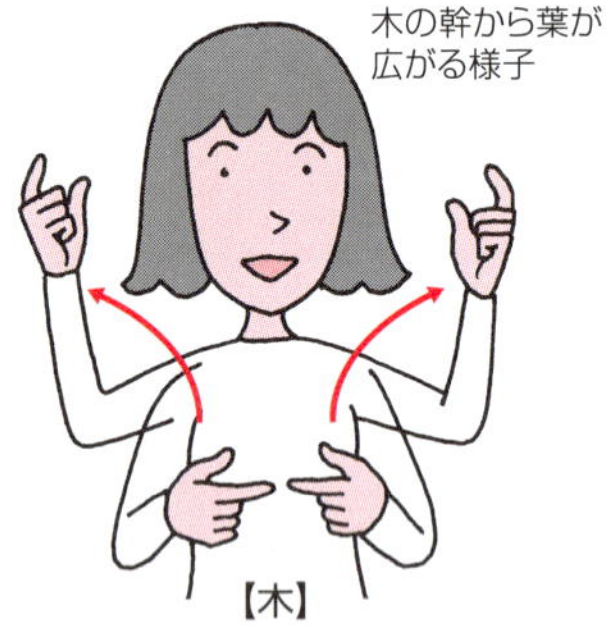

金曜日

右の親指と人さし指で輪をつくり、軽く振る

土曜日

右手の5本指を合わせ、土をパラパラと落とすようにこすり動かす

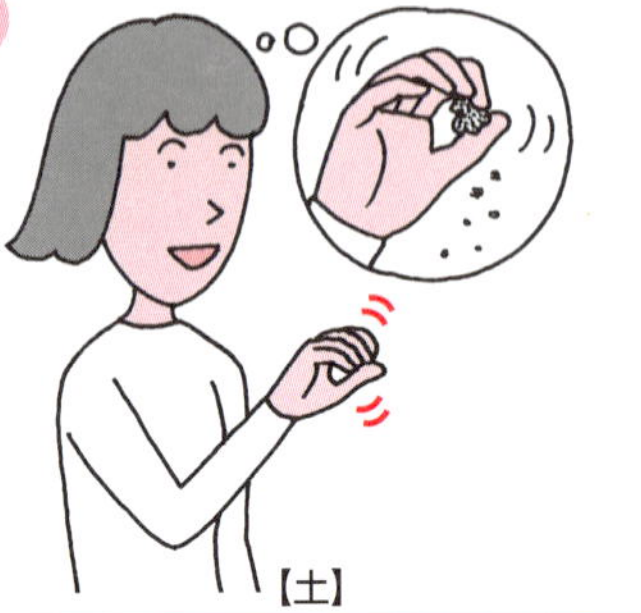

週末

数字【7】を左手のひらにつける

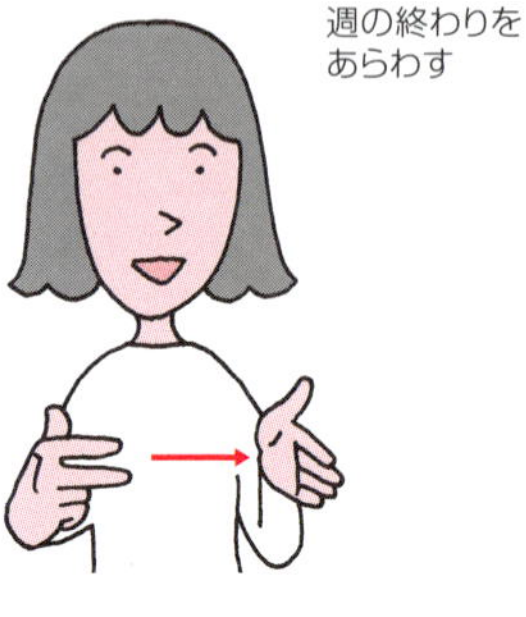

日

両手で漢字の形をあらわす

【日A】

右の親指と人さし指で漢字「日」の形の一部をあらわす

【日B】

週

数字【7】を左から右へ動かす

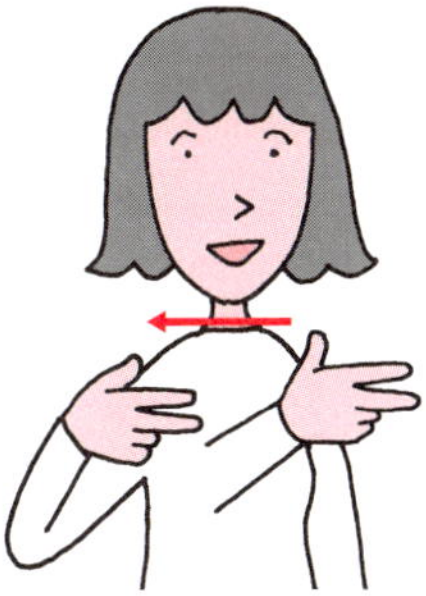

月

右の親指と人さし指をつけ、月の形を描くように、下ろしながら指を離す

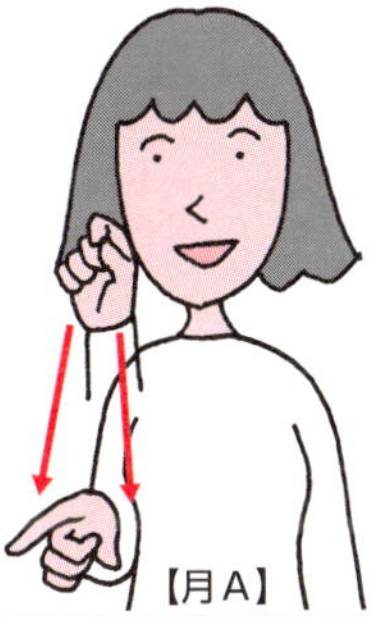

【月A】

年

まるめた左手の上に、右の人さし指をおく

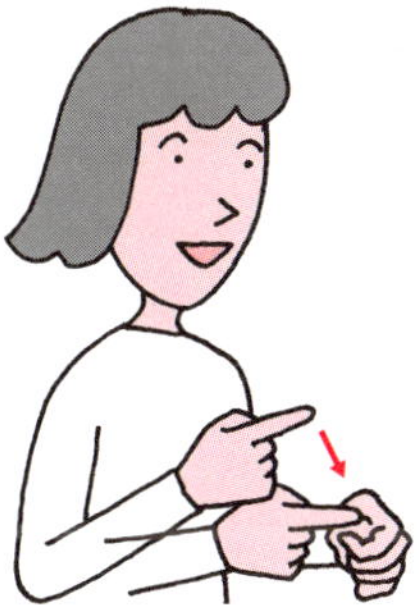

1時間

数字【1】を左手首の上で1回回す

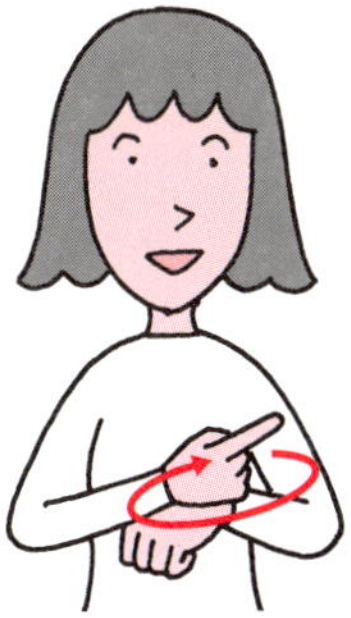

1日

数字【1】を左胸にあててから、右胸にあてる

1か月

顔の横で数字【1】の手首を返す↓【月A】

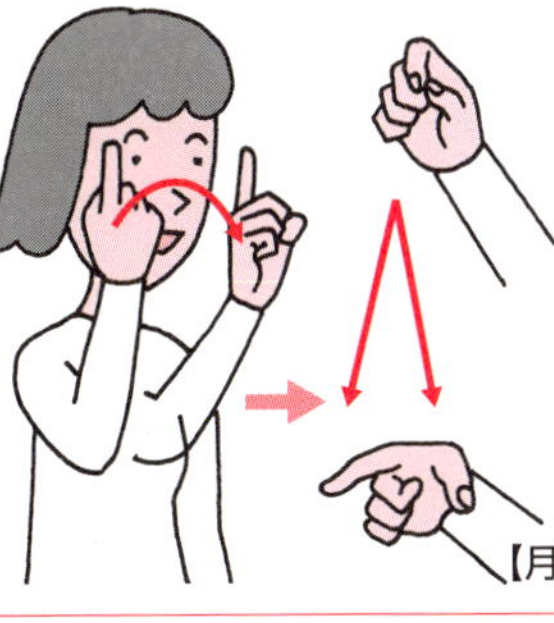

【月A】

1年

【年】↓数字【1】

【年】

【1】

おととい

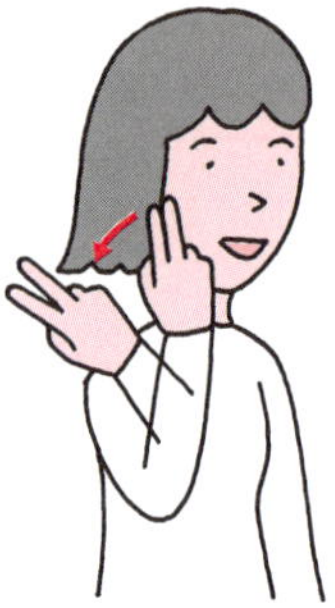

数字【2】を顔の横から後ろに動かす

あさって

数字【2】を顔の横から前に動かす

週間

【週】↓【間】両手のひらを垂直に向かい合うようにし、やや下に下ろす

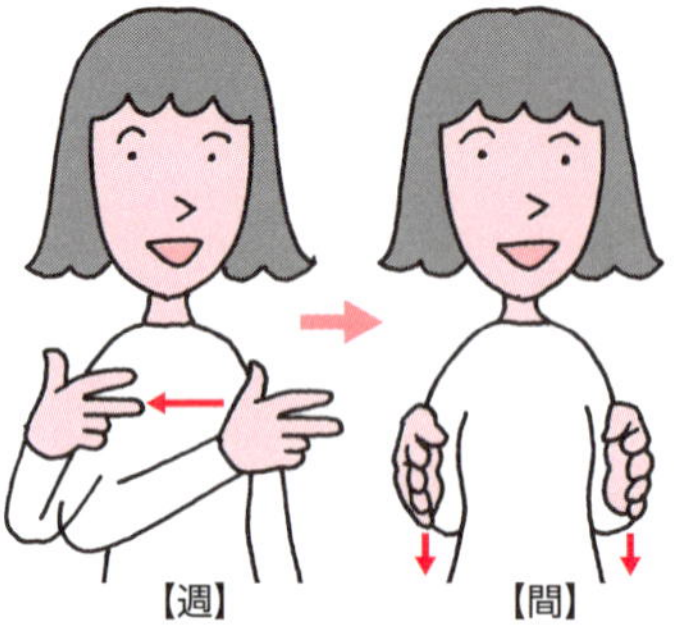

毎月

【いつも】両手の親指と人さし指を伸ばし、前方に円を描くように回す↓【月A】

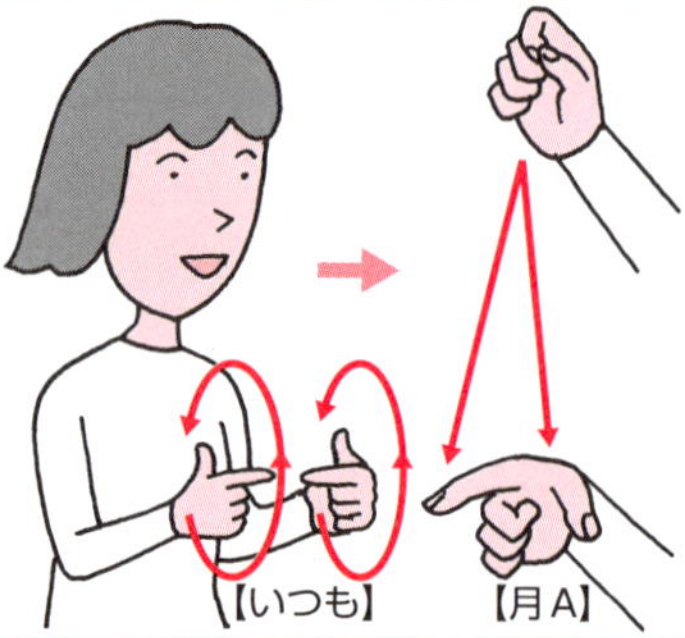

明治

明治天皇のあごひげから

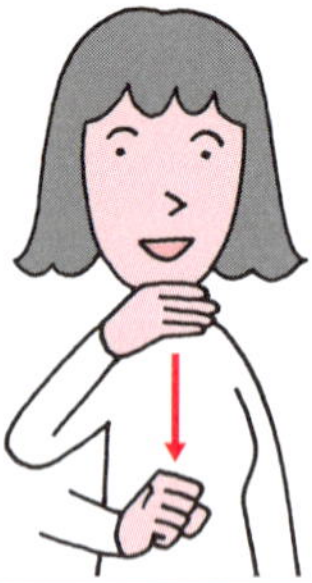

右手の人さし指側をあごにあて、下げながら手を握る

大正

大正天皇の口ひげから

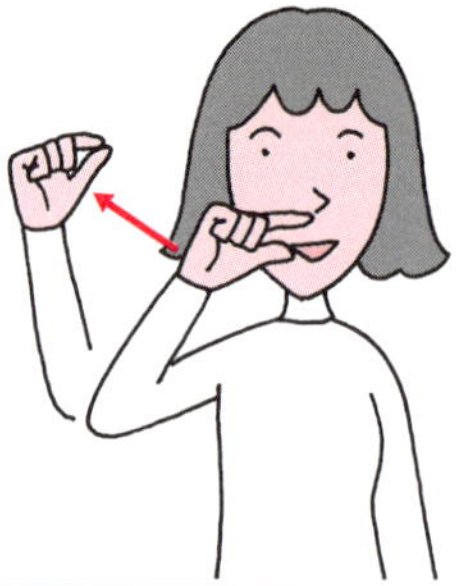

右の人さし指と親指を伸ばして鼻の下にあて、右上へ動かしながら指を合わせる

昭和

昭和に入って流行したハイカラーから

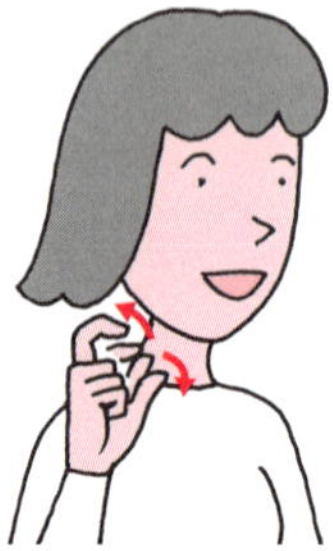

首の横で、合わせた右の親指と人さし指を離す

平成

平らな様子

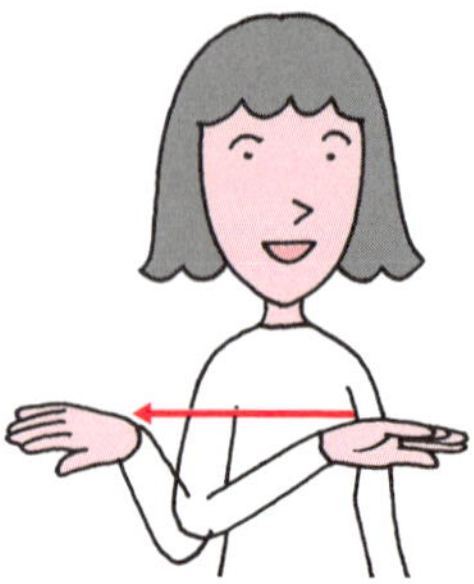

右手のひらを下向きにして、左から右へ水平に動かす

春

両手で下から上へと風が吹くようにかき上げる

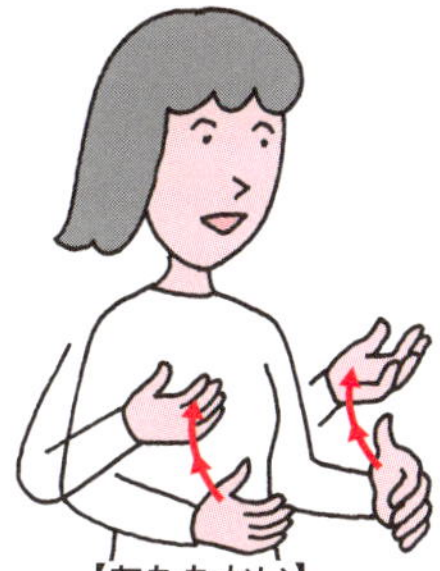

【あたたかい】

夏

右手で扇子をもつようにし、振ってあおぐしぐさ

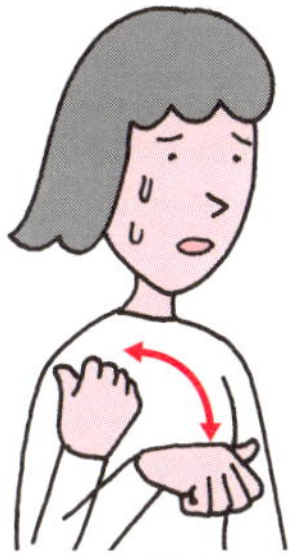

【暑い】【南】

秋

前方から自分に向かって、両手で風をあおぐようなしぐさ

【涼しい】

冬

両手は握り、脇をしめて小刻みにふるえるしぐさ

【寒い】

季節

左手は4本の指を広げ、その横で、右手の2本指を手首を返しながら下ろす

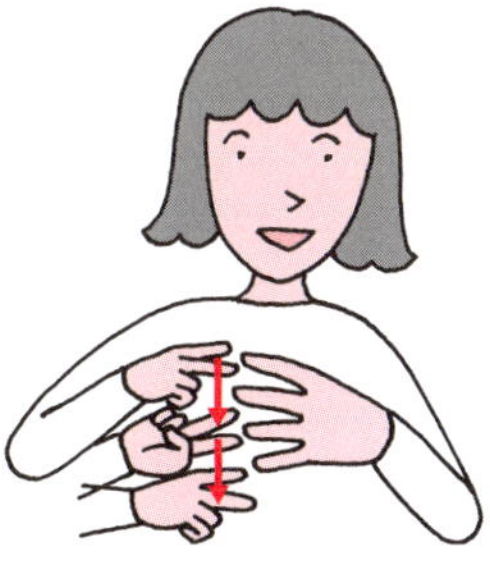

休み

両手のひらを下向きにし、左右から引き寄せて、正面でくっつける

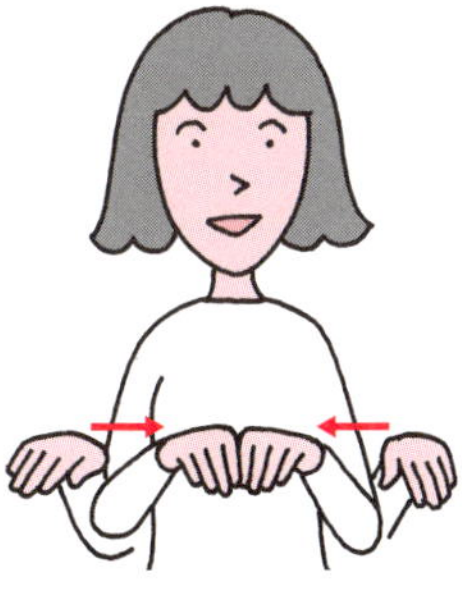

ゴールデンウィーク

【G】【W】↓【休み(長期)】を右から左へ移動させながら数回行う

【G】

【W】

【休み(長期)】

夏休み

【夏】↓【休み(長期)】

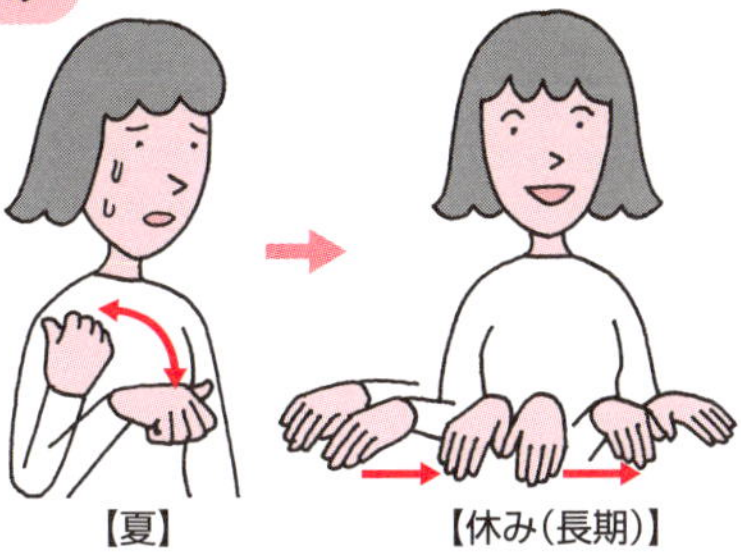

【夏】　【休み(長期)】

～から

右手の指先を前に向け、手首を折り曲げて左にはらう

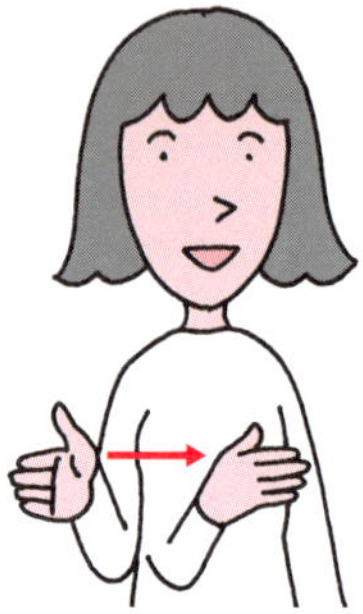

～まで

左手は指先を前に向け、右手を左に動かし左手のひらにあてる

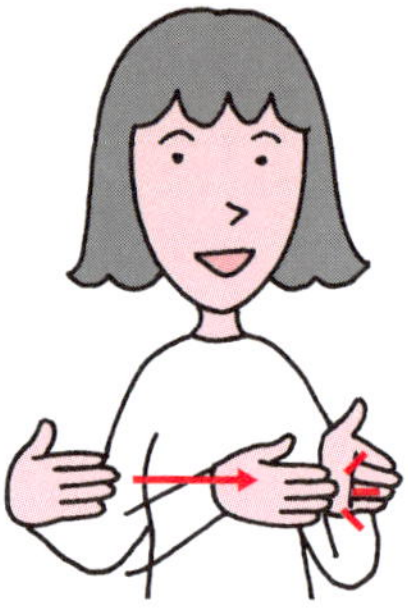

間

両手のひらを垂直に向かい合うようにし、やや下に下ろす

まだ

左手は指先を前に向け、右手は指先を左に向けて上下に振る

ときどき

右の人さし指を伸ばし下に向け、左から右に細かく数回山を描く

たまに

右の人さし指を伸ばし下に向け、左から右に大きめに数回山を描く

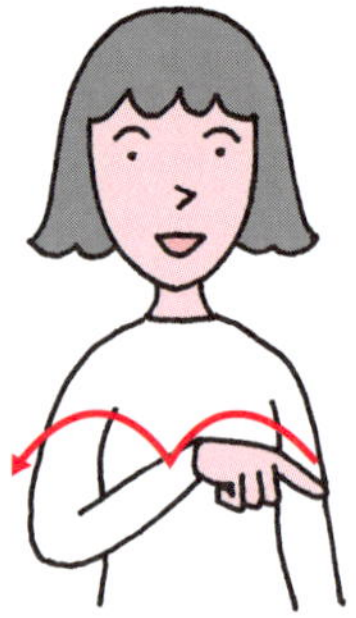

さっき

手の甲を相手に向けた右手を顔の横から後ろに動かす（【過去】より小さい動き）

あとで

手のひらを相手に向けた右手を顔の横から前に動かす（【未来】より小さい動き）

右

右のひじを右へ動かす

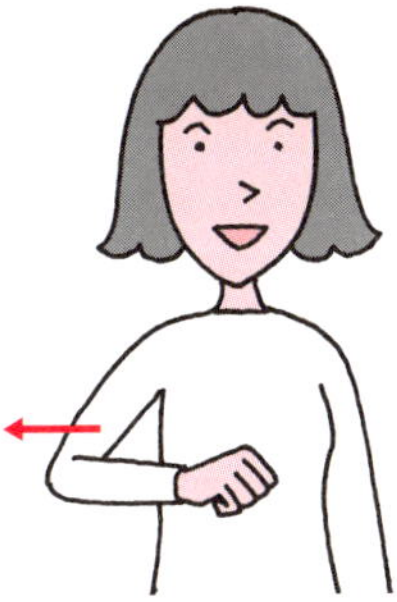

左

左のひじを左へ動かす

上

右の親指と人さし指を伸ばし、上に動かす

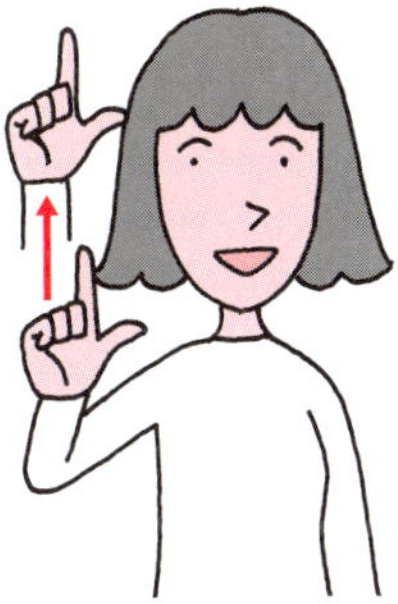

下

右の親指と人さし指を伸ばし、下に動かす

東

両手の親指と人さし指を伸ばし、上に動かす

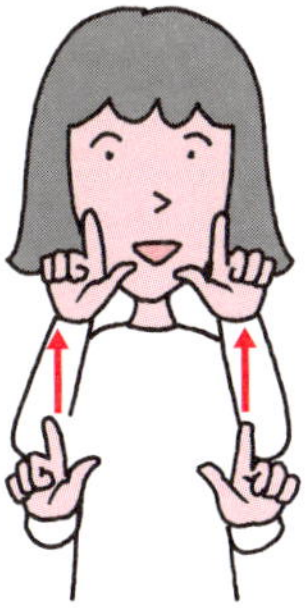

西

両手の親指と人さし指を伸ばし、下に動かす

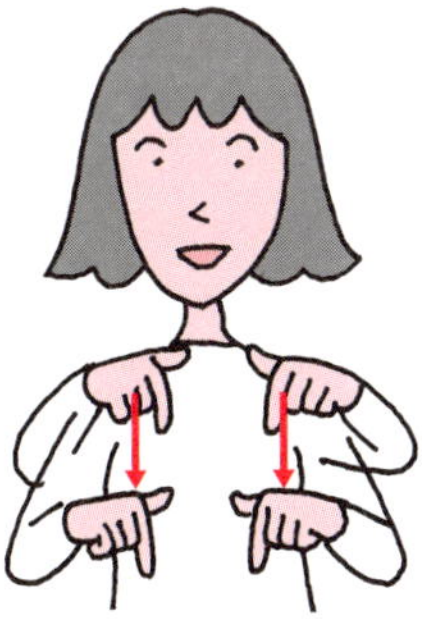

南

右手で扇子をもつようにし、振ってあおぐしぐさ

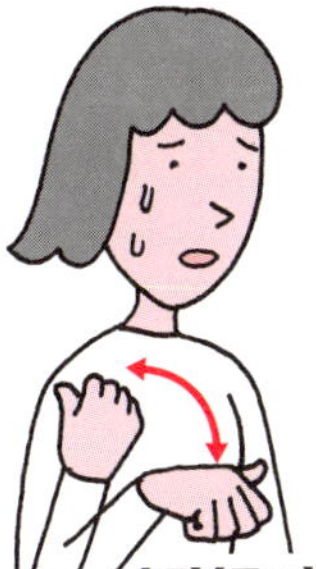

【夏】【暑い】

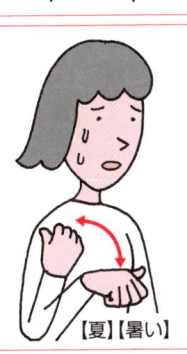

北

２本指を伸ばした両手を向かい合わせ、指を下げてから左右に開く

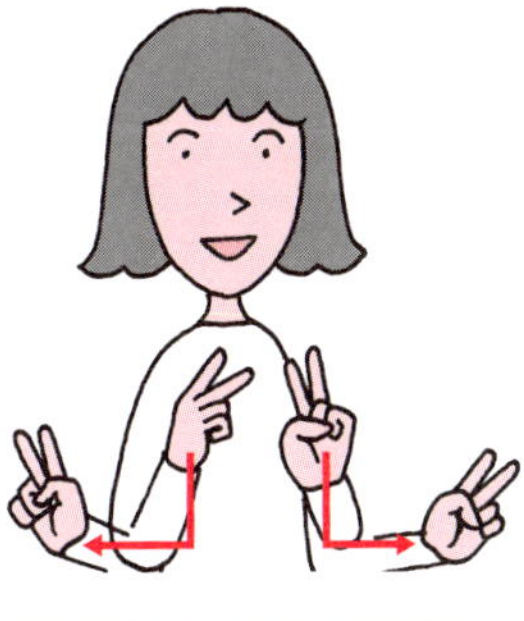

例文 マンションには駐車場があります

手話文 マンション ここ / 駐車場 ある

「NTT」(→P75)や「スターバックス」(→P81)、また「SoftBank」(→P61)のようにロゴマークが広く認知されている場合は、その形を手話で示して、社名やブランド名をあらわすことがあります。

ロゴマークはときがたつと変わることがありますが、ロゴマークの印象が強いものは、手話がそのまま残って使われています。

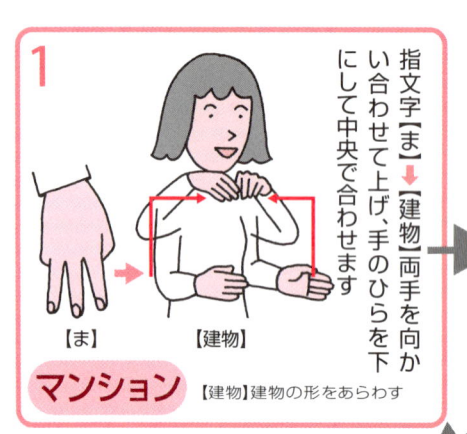

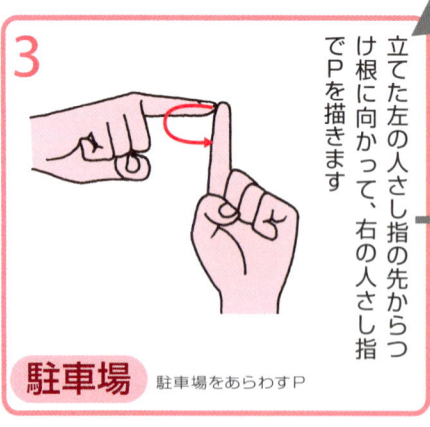

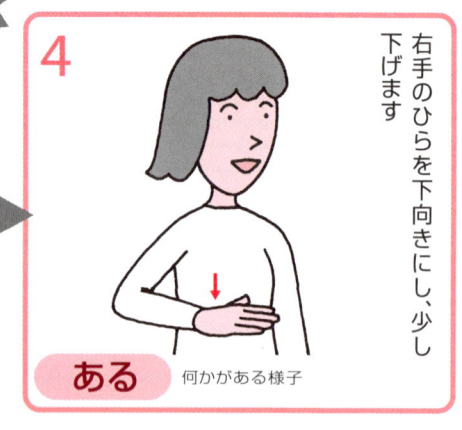

1

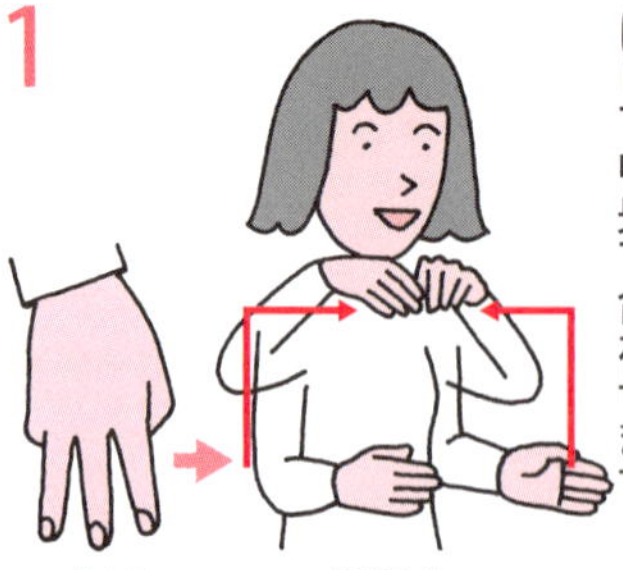

指文字【ま】↓【建物】両手を向かい合わせて上げ、手のひらを下にして中央で合わせます

マンション 【建物】建物の形をあらわす

2

右の人さし指で下をさします

ここ 指さしをする

3

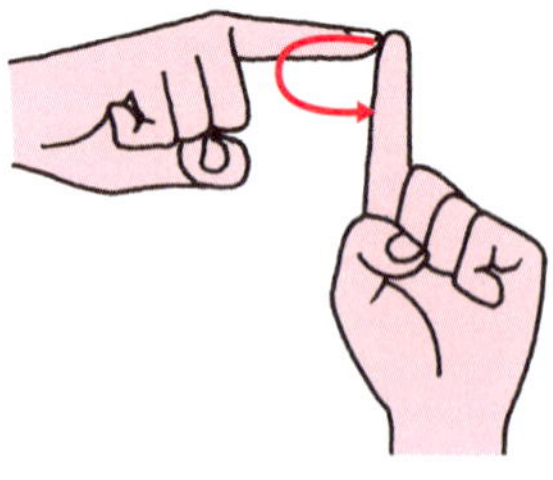

立てた左の人さし指の先からつけ根に向かって、右の人さし指でPを描きます

駐車場 駐車場をあらわすP

4

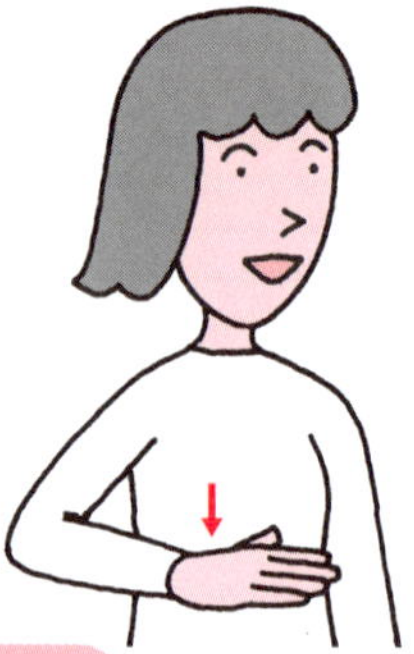

右手のひらを下向きにし、少し下げます

ある 何かがある様子

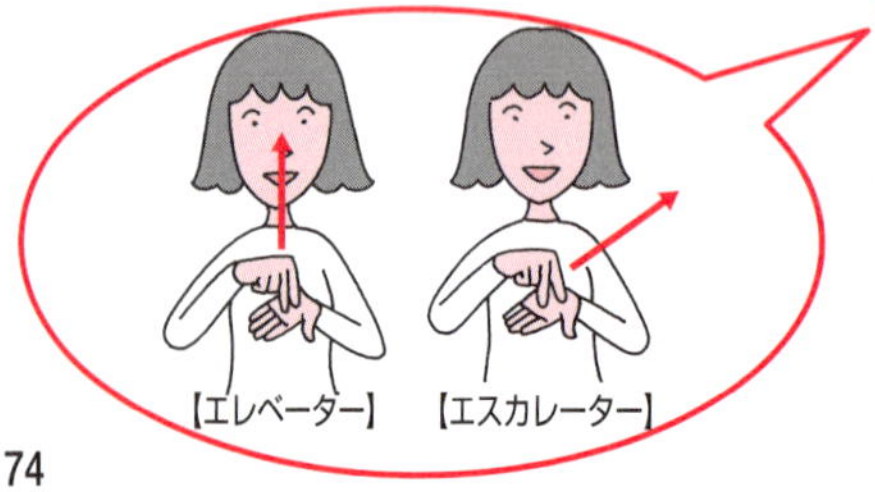

ポイント 状態に合わせて表現しましょう

右手の2本指を左手のひらの上に立てると【立つ】という手話になります(→P15)。この手話をまっすぐ上げたり下げたりすると【エレベーター】、斜めに上げたり下げたりすると【エスカレーター】という手話になります。実際に乗っている姿を想像しながらあらわしてみましょう。

公共機関・交通・場所のあらわし方

役所

左手の甲の上に右ひじをおき、右手を前に2回倒す↓【場所】

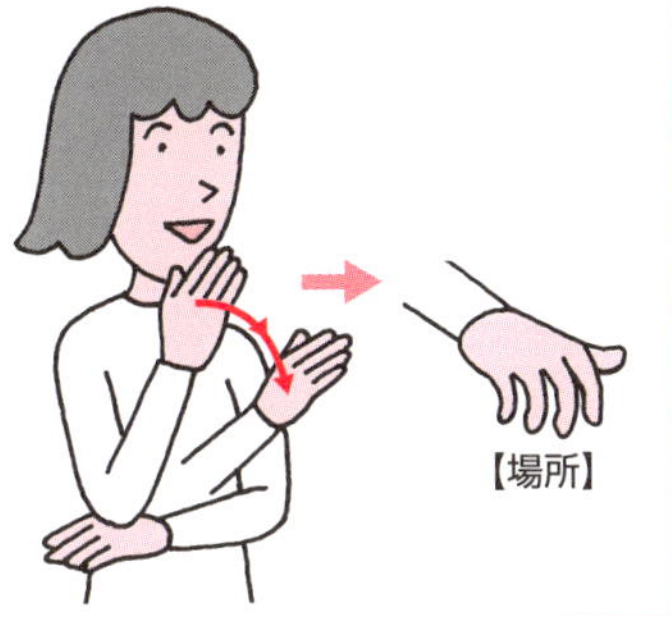

病院

【脈】左手首に右手の指をあてる↓【建物】

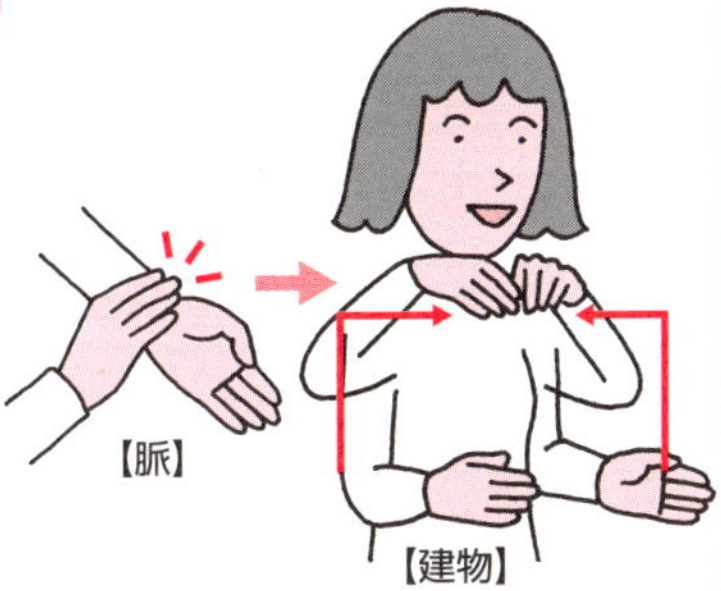

銀行

両手で【お金】をあらわし、2回下げる

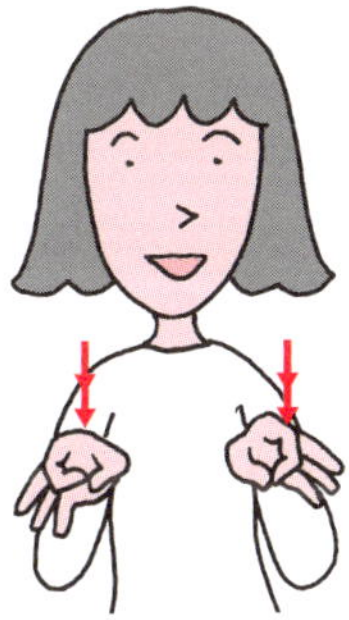

郵便局

【郵便】〒マーク↓【局】左手をまるめ、右手で空書し、漢字の形をあらわす

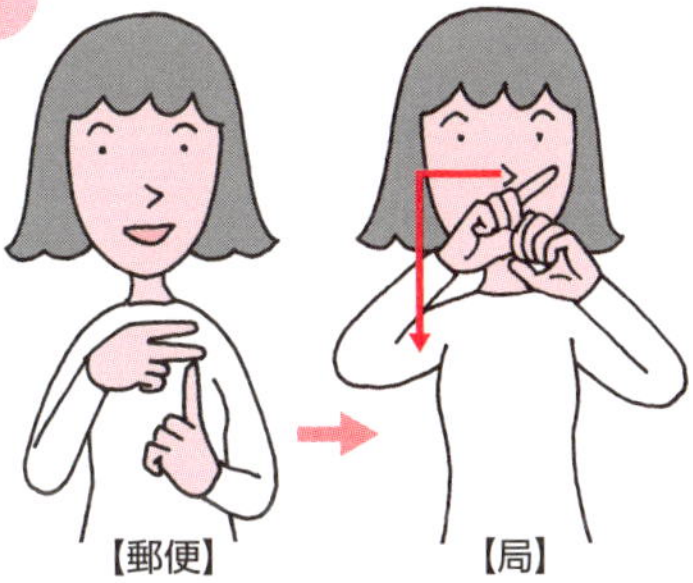

NTT

ロゴマークの形から

両手の人さし指と中指を曲げて合わせ、手首をつけるように左右に開く

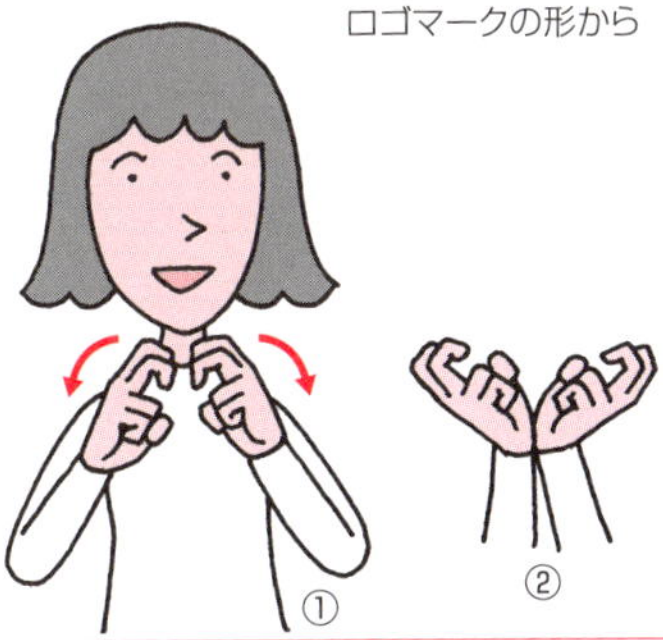

NHK

左の人さし指に右の親指をつけ、人さし指も伸ばしてNの字をつくり、右手を斜め上に動かす

警察署

【警察】右の親指と人さし指で輪をつくり、額にあてる↓【建物】

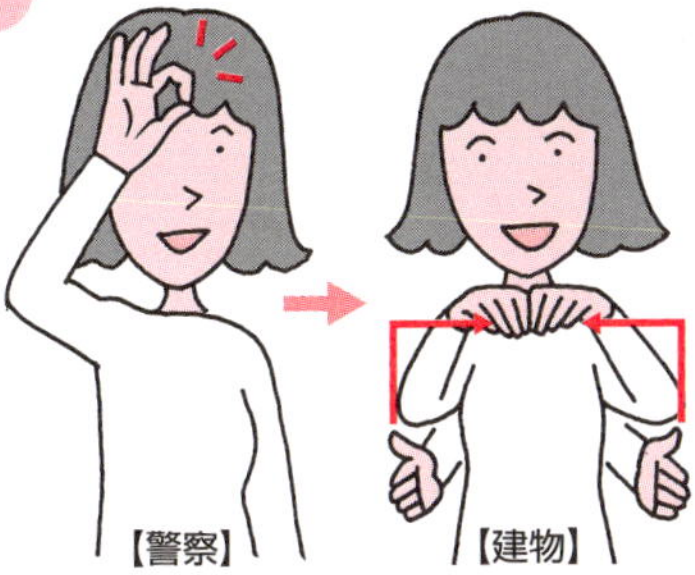

消防署

【消火】【火】をあらわし、両手でホースをもち、振って火を消すしぐさ→【建物】

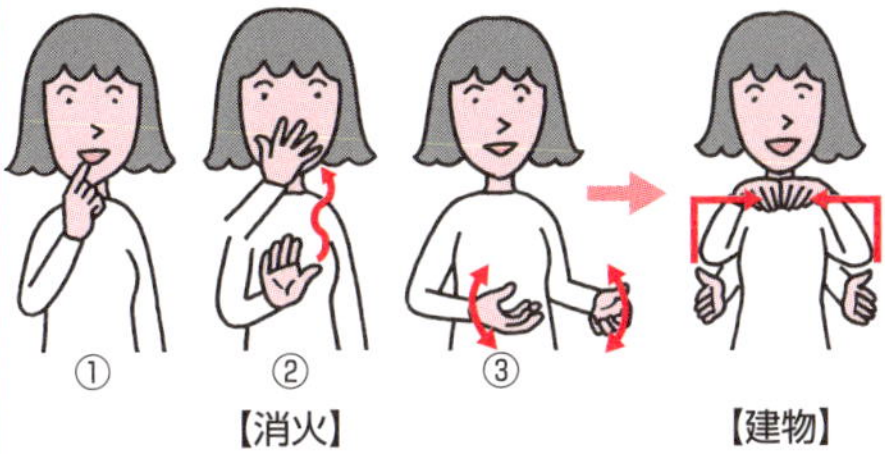

駅

【止まる】左手のひらに右手のひらをポンと垂直におく
↓【場所】

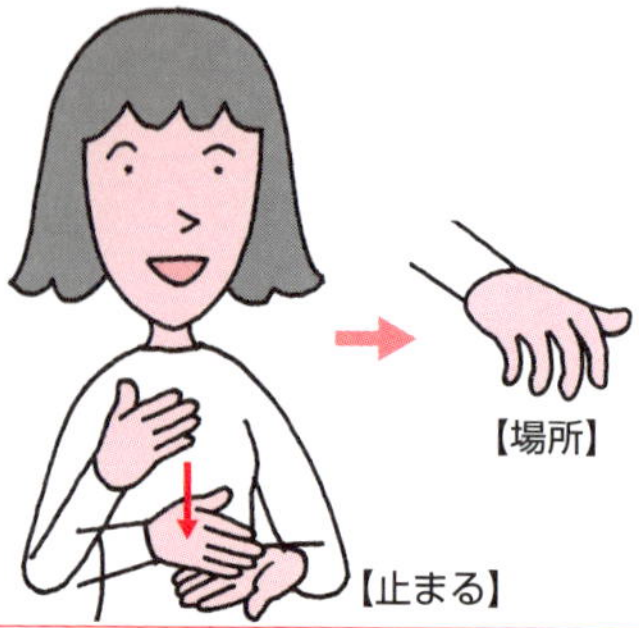

JR

親指と人さし指でJの形＋アメリカの指文字【R】から

右の親指を伸ばし、人さし指と中指を重ね、前に出す

電車

左手が架線、右手がパンタグラフをあらわす

右の人さし指と中指を曲げ、伸ばした左の人さし指と中指の下で数回前に出す

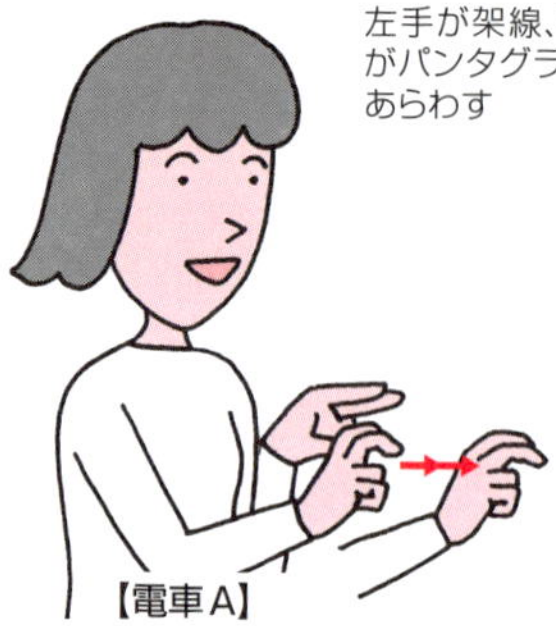

地下鉄

道路の下を電車が走る様子

左手のひらを下向きにして、右手はその下を垂直方向に前へ動かす

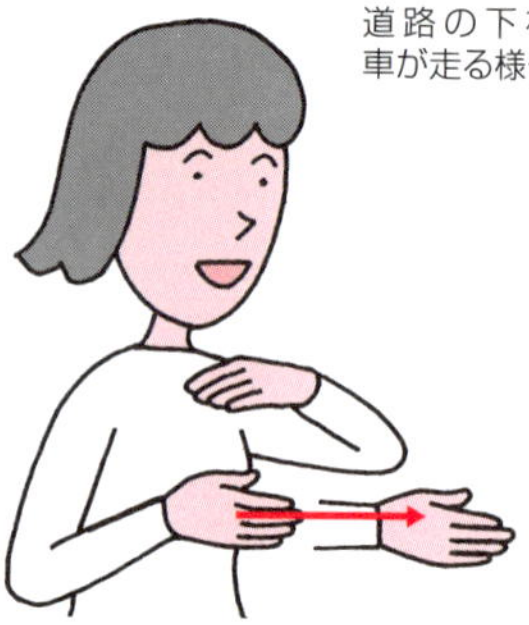

新幹線

新幹線の先頭車両の形から

右手の指を曲げ、鼻のあたりにかぶせるようにし、そのまま前へ出す

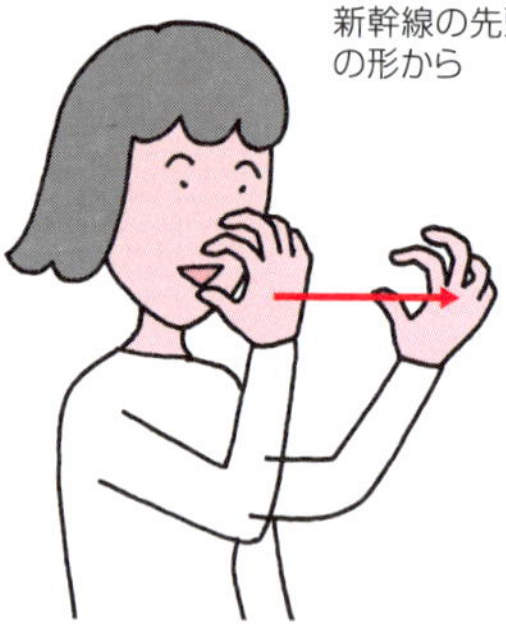

バス

バスのバンパーの形から

両手の親指を立て、人さし指の先を向かい合わせ、そのまま前に出す

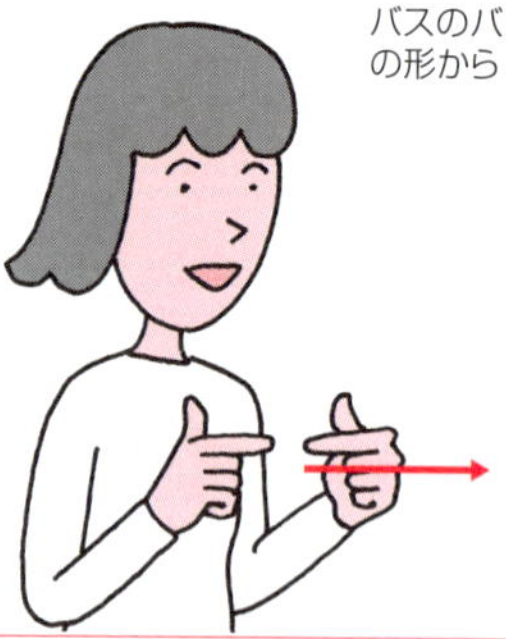

タクシー

右の小指を立て、それ以外の指は軽く閉じ、前に出す

高速道路

高速道路の高架をあらわす

右の親指と人さし指を曲げ、手のひら側を上にして構え、前へ動かす

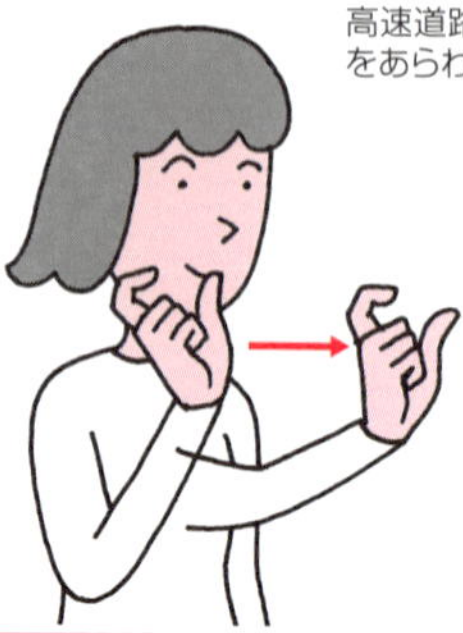

飛行機

親指と小指を伸ばし、斜め上へ動かす

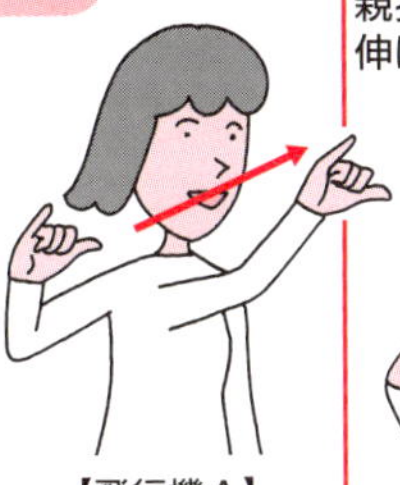

【飛行機A】

親指と人さし指と小指を伸ばし、斜め上へ動かす

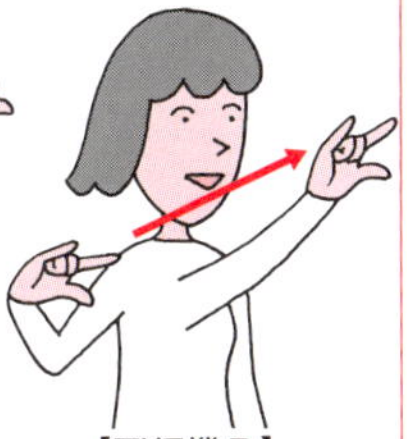

【飛行機B】

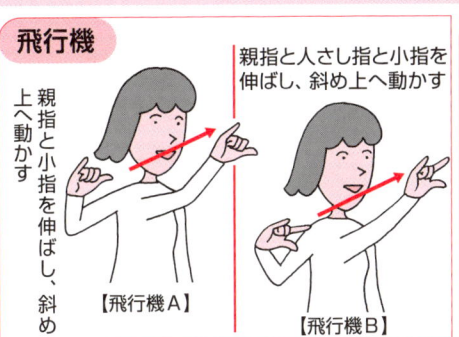

船

船底をあらわす

両手の指をそろえて軽く曲げ、小指側を合わせ前へ出す

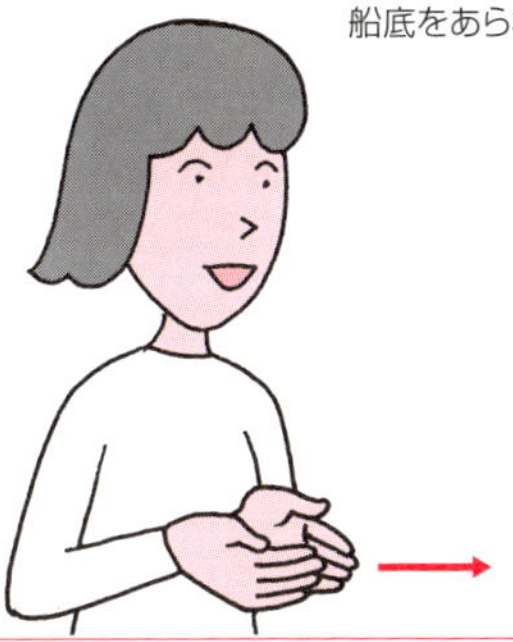

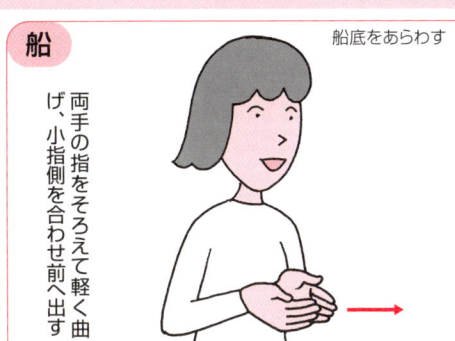

工場

【機械】2本指を伸ばした両手を向かい合わせ、交互に回転↓両手で屋根をつくり前へ

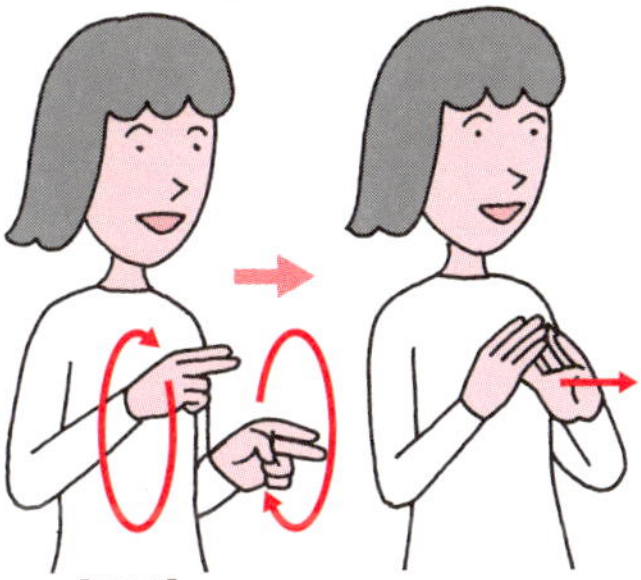

【機械】

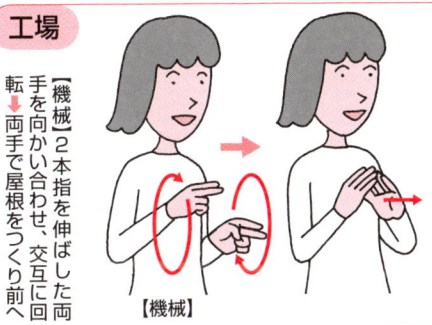

教会

【十】両手の人さし指をクロス↓【会】両手の指先を合わせ、斜めに下げる

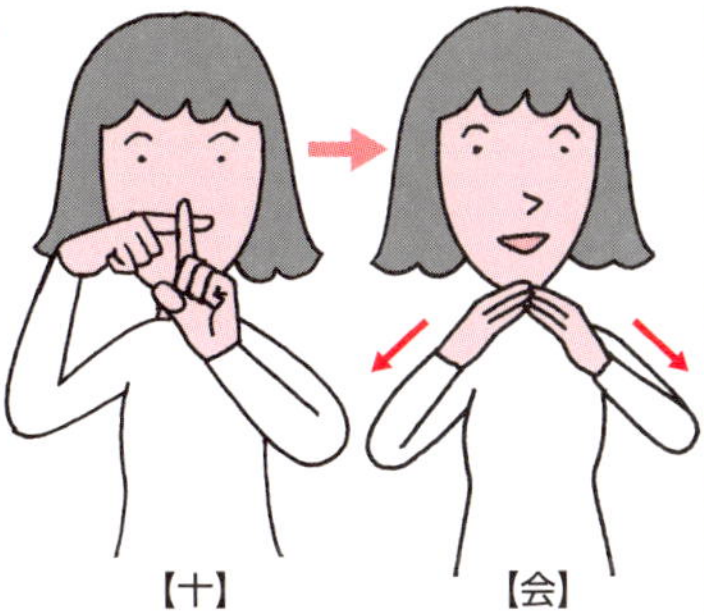

【十】　【会】

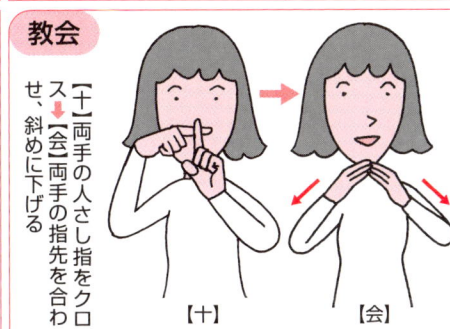

神社

【神】柏手を打つ↓【宮】両手の指を屋根の形に組み合わせる

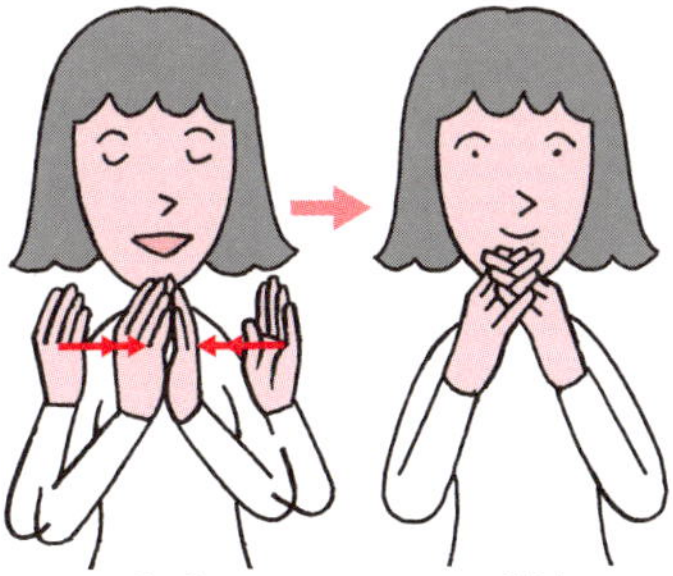

【神】　【宮】

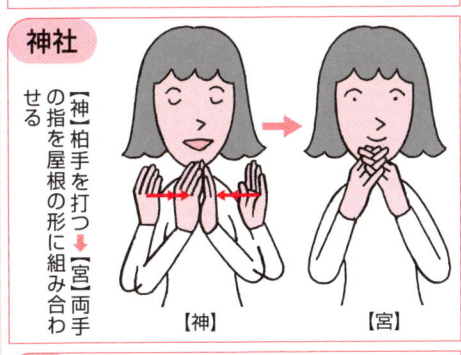

寺

左手を拝むように立て、右の人さし指で木魚をたたくしぐさ

店

お金を出し入れする様子

両手で【お金】をあらわし、交互に前後させる

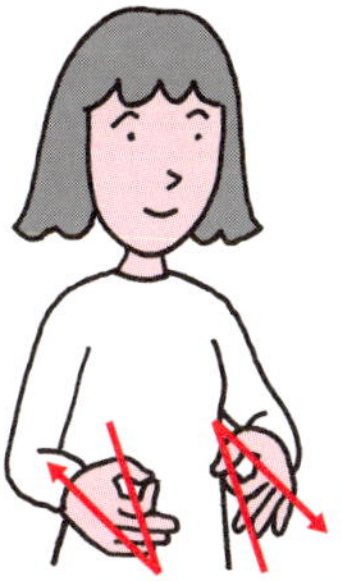

【店A】
【商売】

店

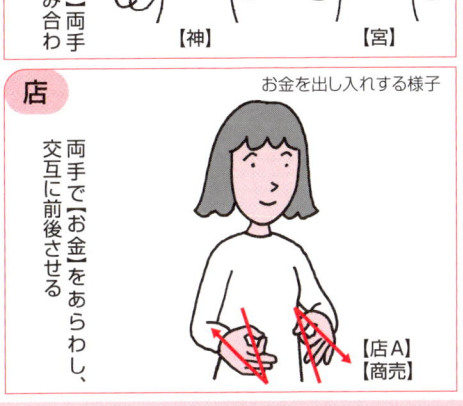

品物が並んでいる様子

手のひらを上に向けた両手を正面から左右に開く

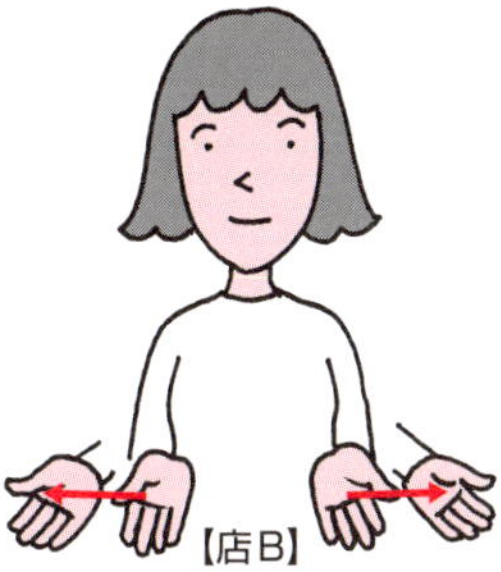

【店B】

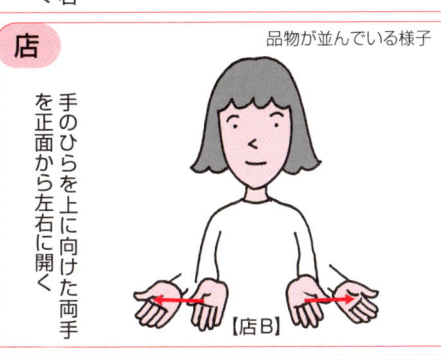

幼稚園

【お遊戯】左手のひらを右手でたたき、逆もおこなう➡【場所】

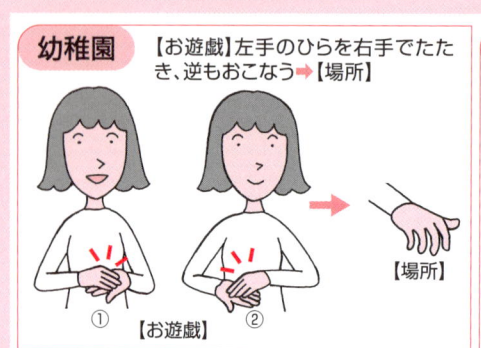

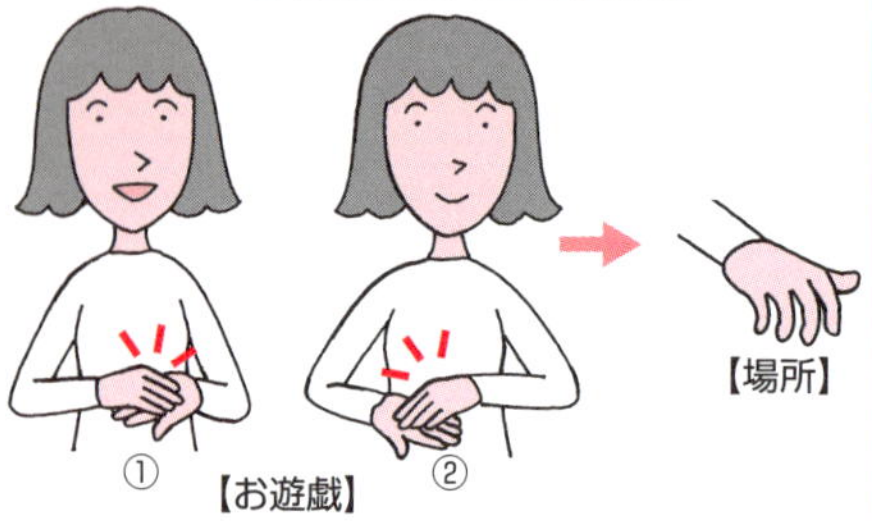

保育園

【こどもA】頭をなでるしぐさ➡【世話】両手を交互に上下➡【場所】

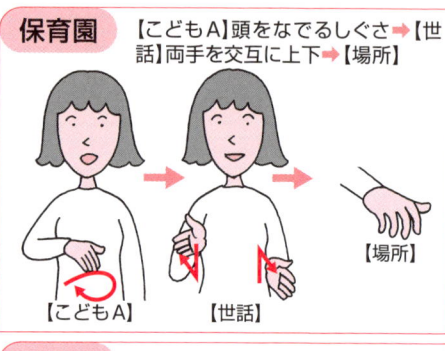

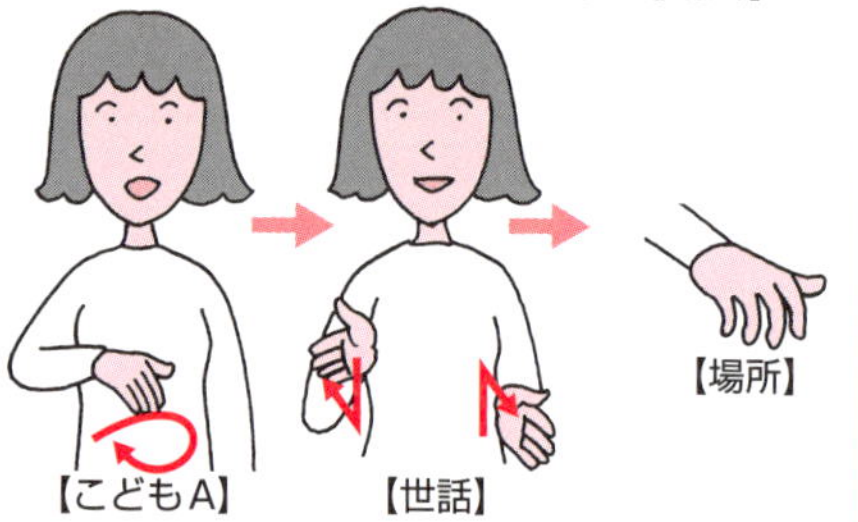

小学校

【小】➡【学校】本をもつように両手のひらを並べて、上下に動かす

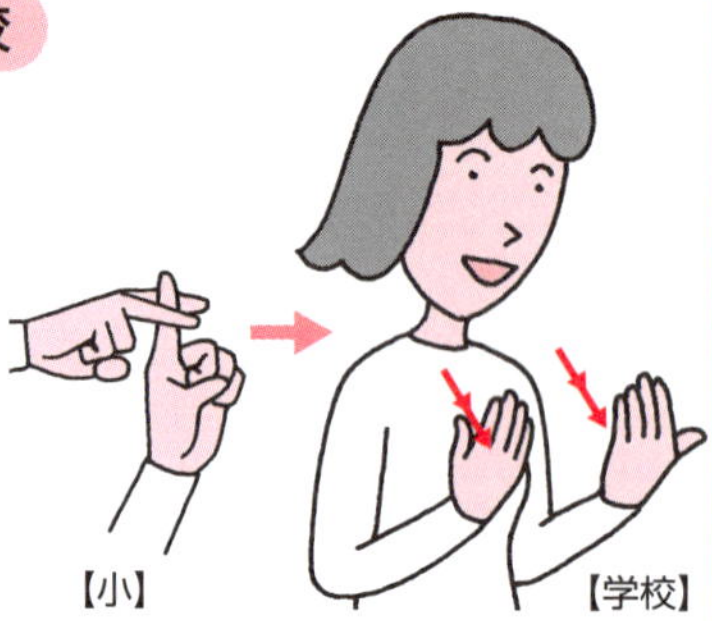

中学校

【中】➡【学校】本をもつように両手のひらを並べて、上下に動かす

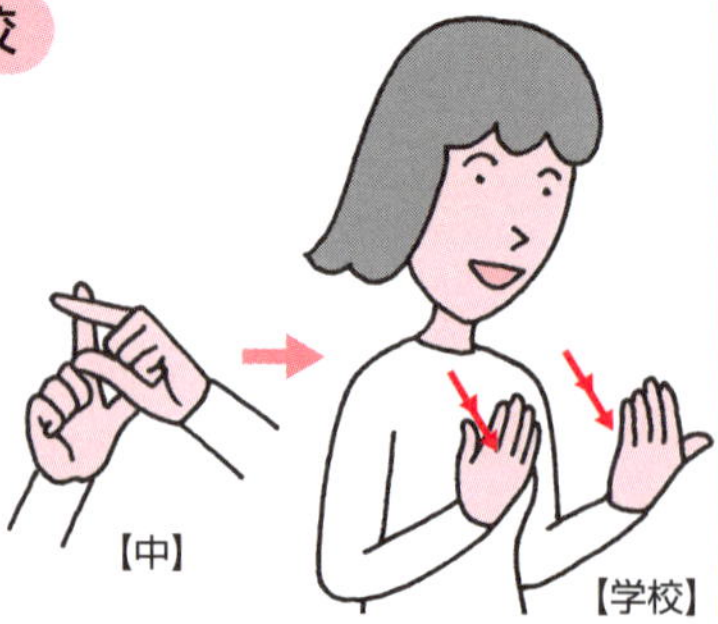

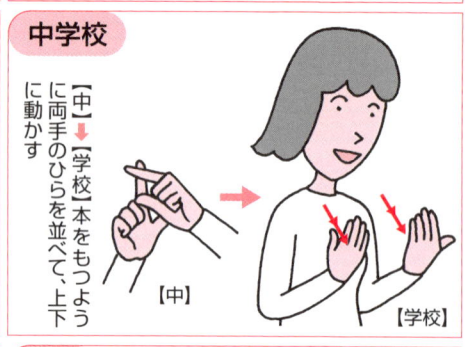

高校

額にあてた右手の2本指を右へ

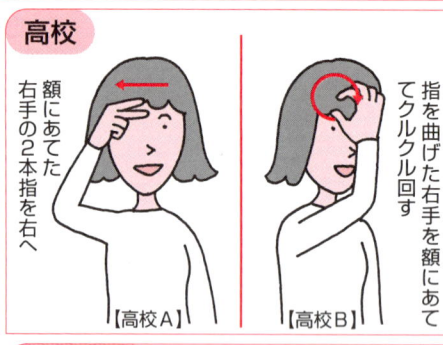

指を曲げた右手を額にあててクルクル回す

大学

頭の右前と左後ろで親指と人さし指を引き合わせ、逆も同様

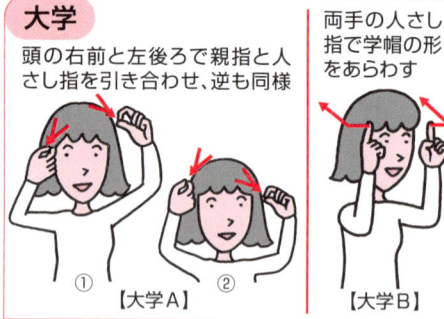

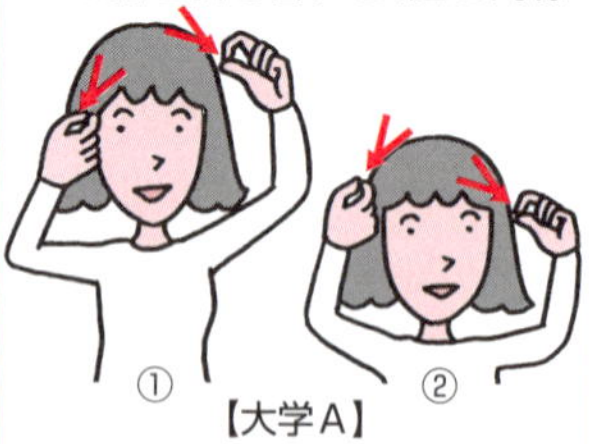

両手の人さし指で学帽の形をあらわす

専門学校

【専門】人さし指と中指を伸ばした両手を内側からひっくり返す➡【学校】

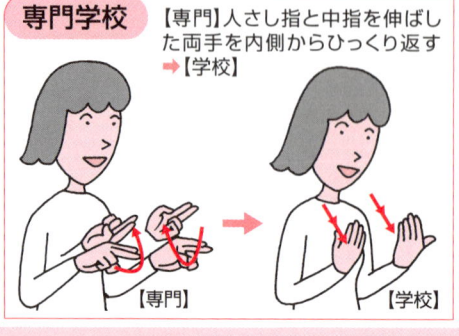

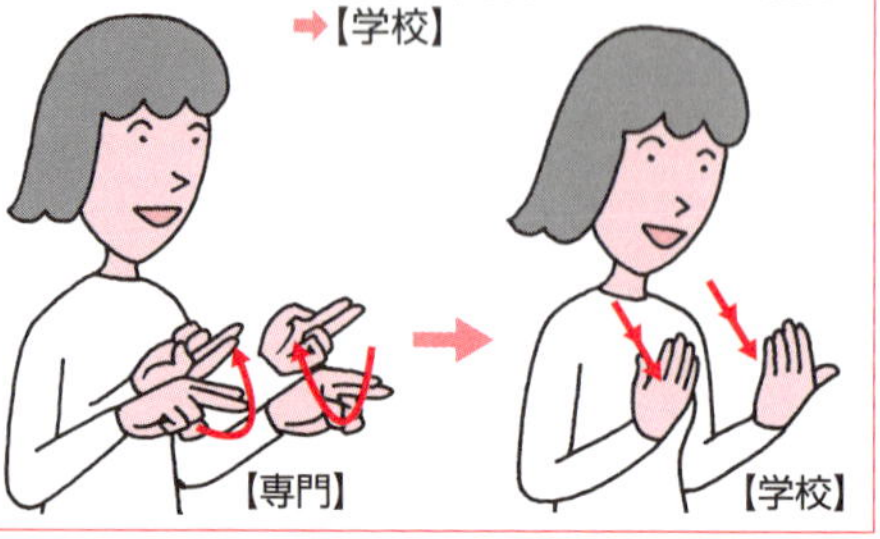

職業安定所

【職業】➡【紹介】立てた右の親指を口の前で左右に振る➡【場所】

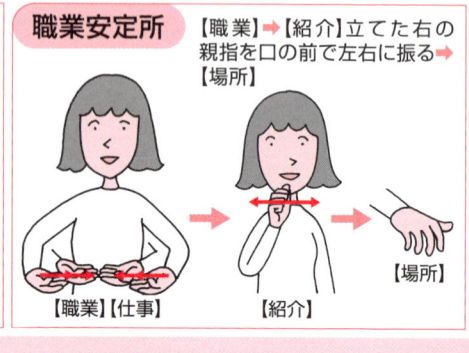

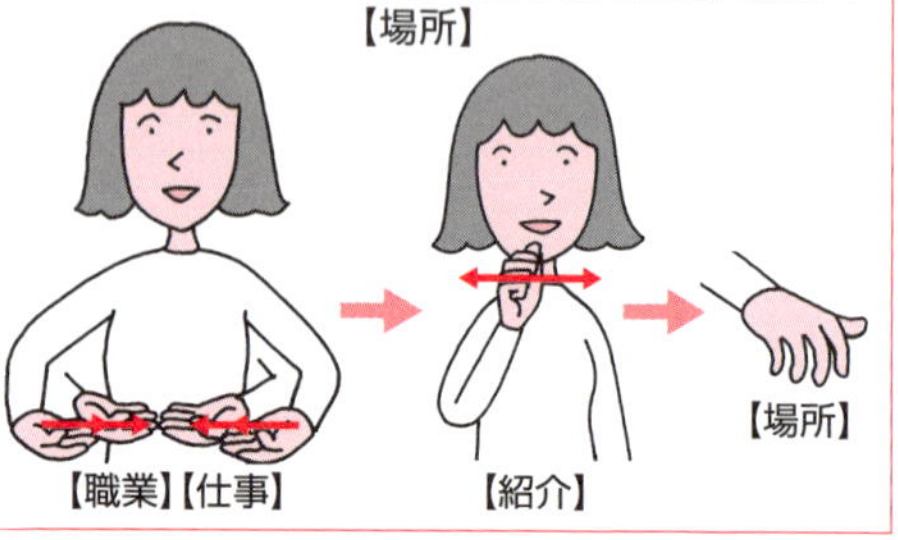

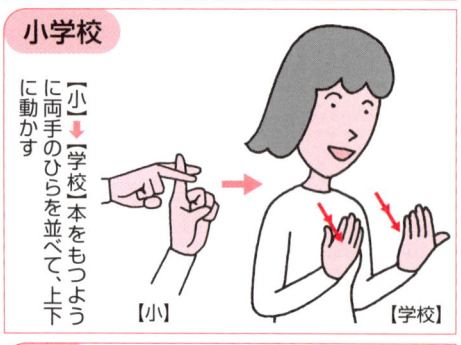

会社

証券取引所の場立ちの様子

両手の人さし指と中指を立てて、交互に前後に動かす

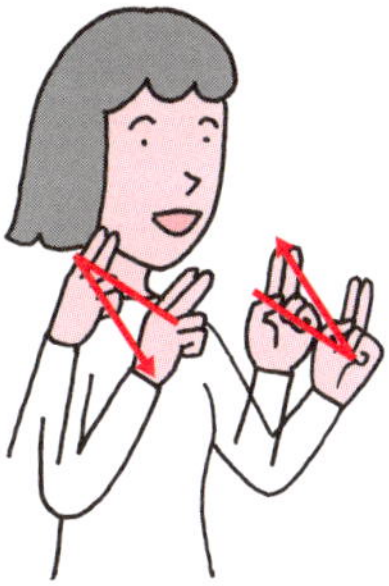

公園

【公】両手の人さし指で八を書いてから右手でムを空書➡【場所】

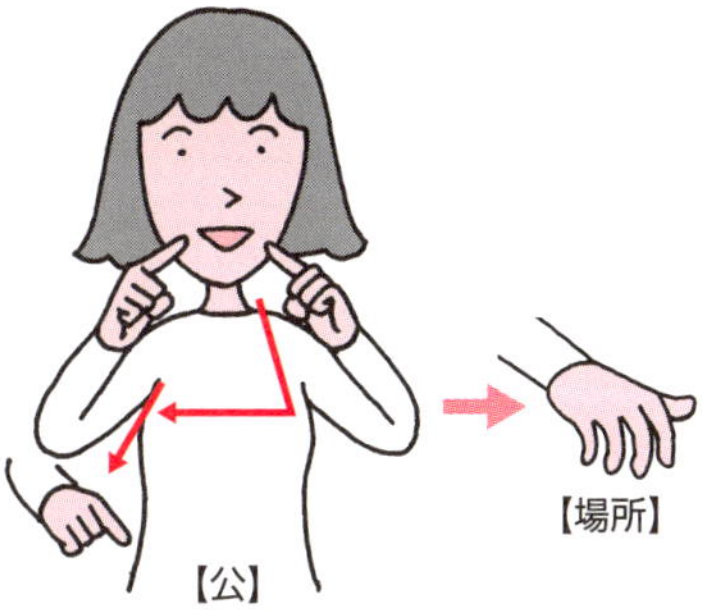

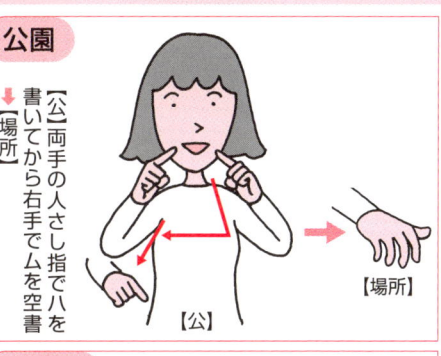

図書館

【本】➡【並ぶ】両手を向い合わせ、右手で本を並べるしぐさ➡【建物】

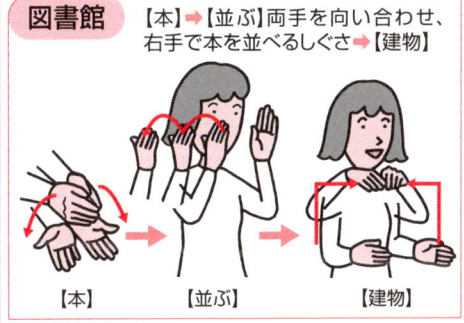

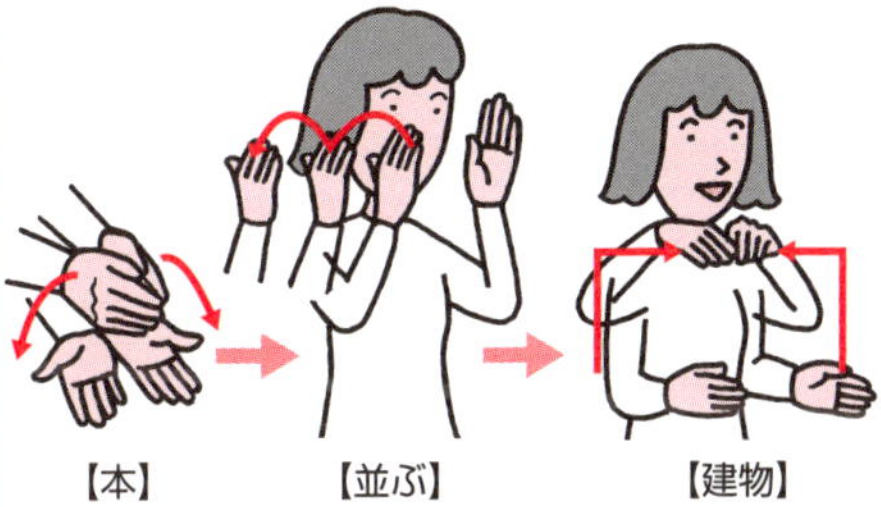

体育館

【体育】両手の指を内側に向け、胸に２回つける➡【建物】

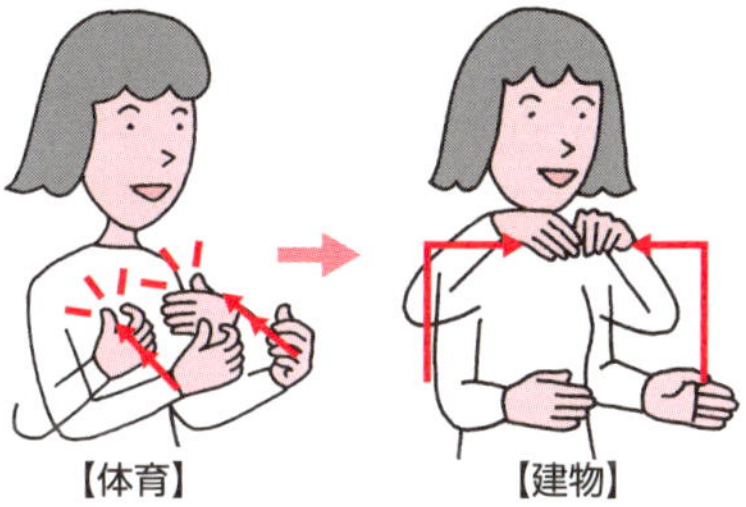

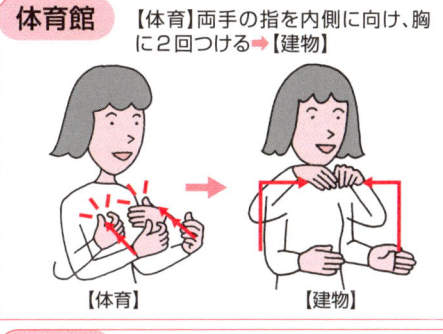

美術館

【美しい】➡【芸術】右の人さし指と中指を額にあてて下ろす➡【建物】

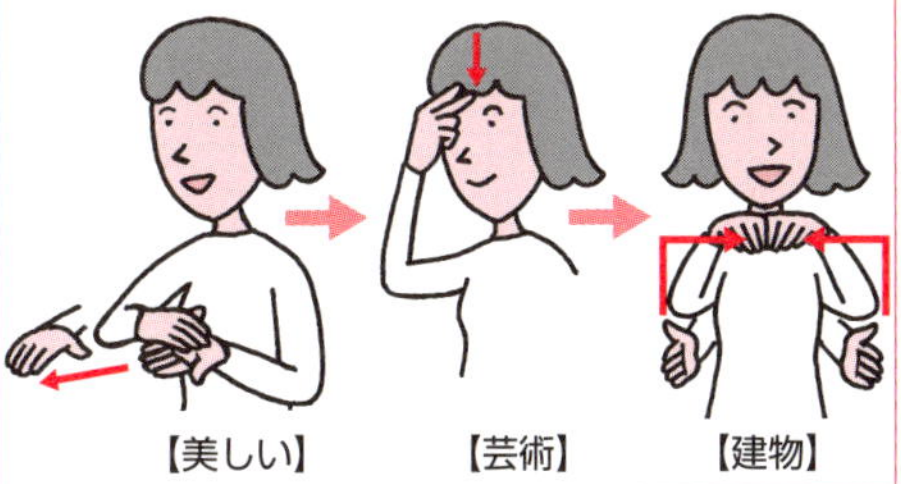

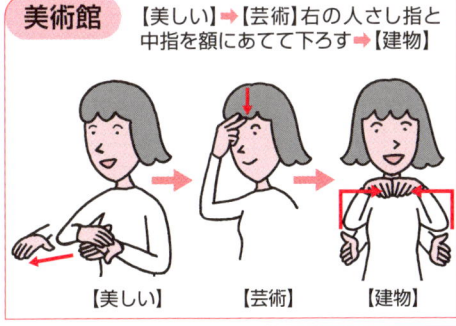

博物館

【視野が広い】両手を頭の横で向かい合わせ、左右へ開く➡【建物】

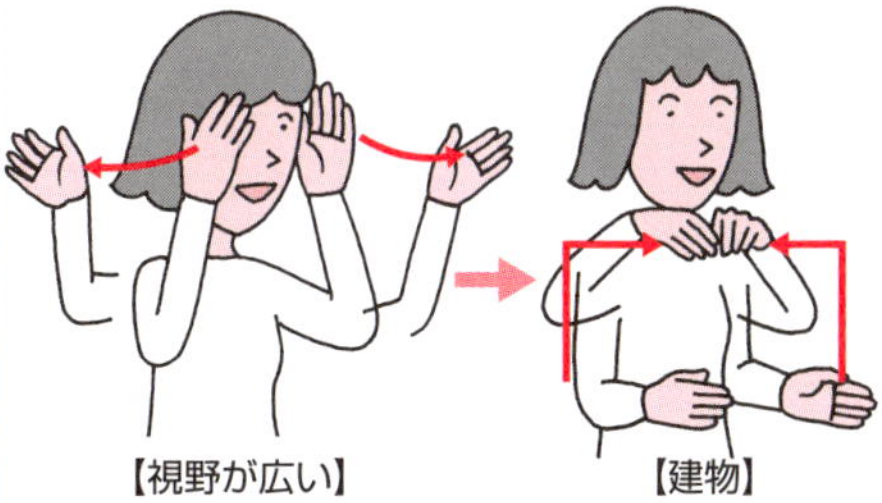

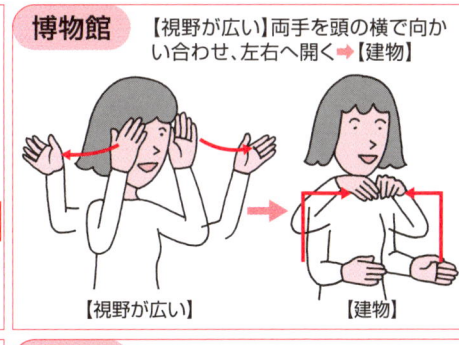

動物園

【動物】親指、人さし指、中指を曲げた両手を前後ずらしておき、手首を返す➡【場所】

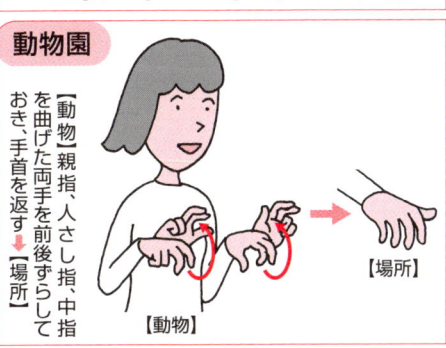

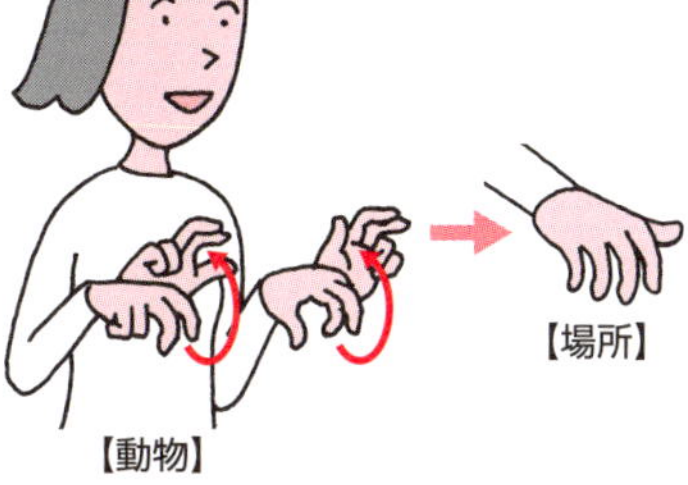

水族館

【魚が泳ぐ】右手をヒラヒラと左へ。同様に左手も右へ➡【建物】

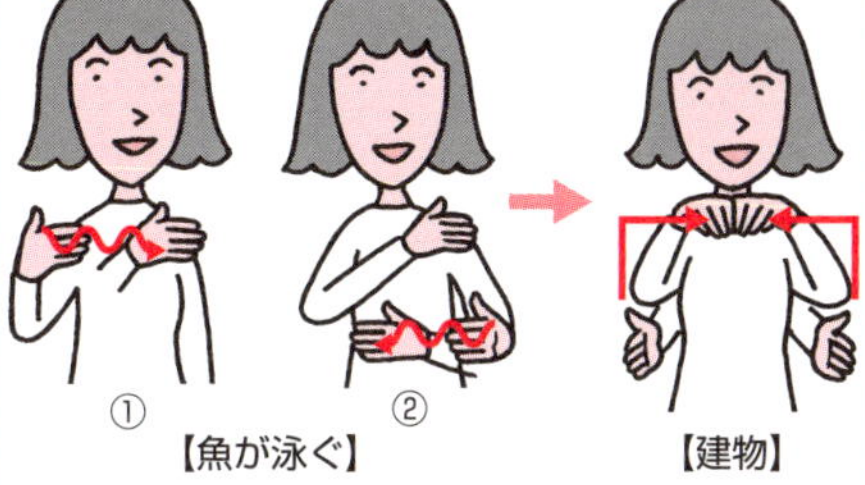

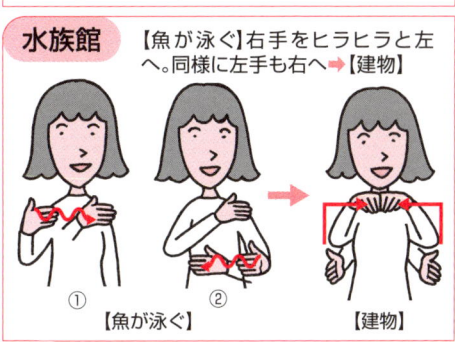

遊園地

【楽しい】両手のひらを胸の前で交互に上下➡【遊ぶ】➡【場所】

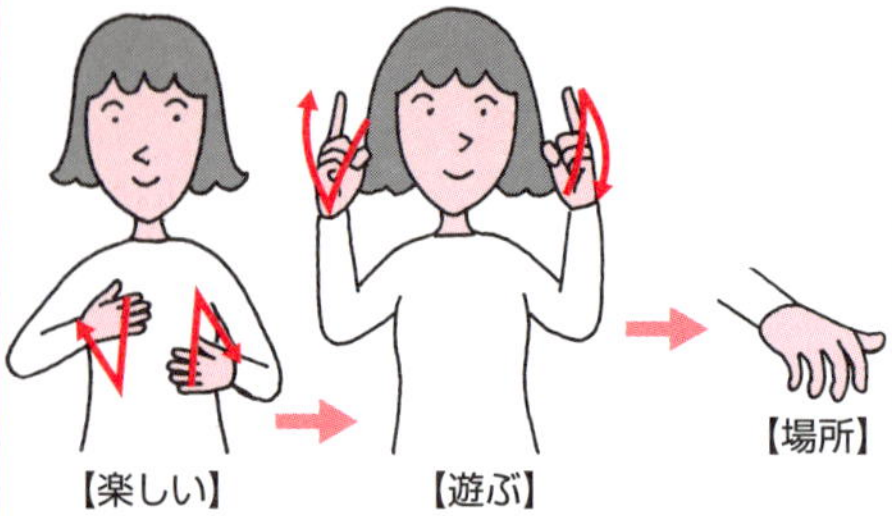

スタジアム

軽く曲げた両手の人さし指と中指をつけ、前方に水平に円を描く

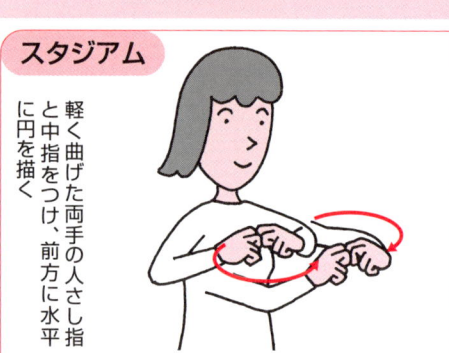

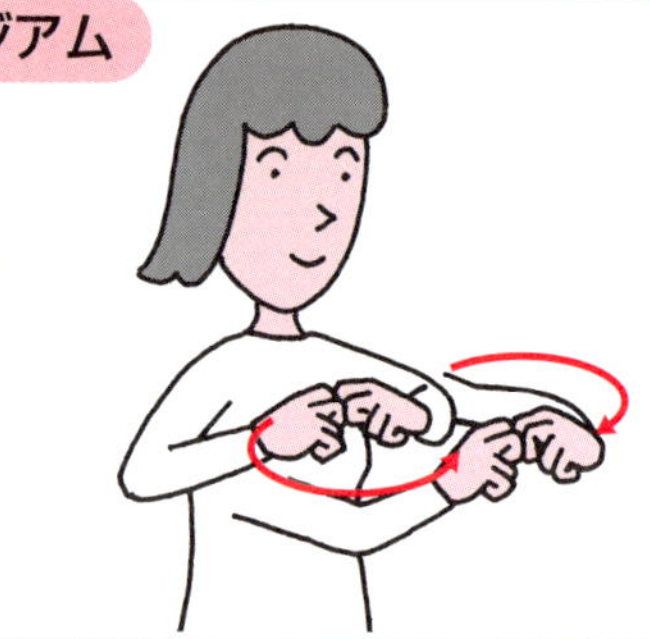

劇場

【演劇】左手は前に右手は顔の横におき、手首を返しながら入れ替える➡【建物】

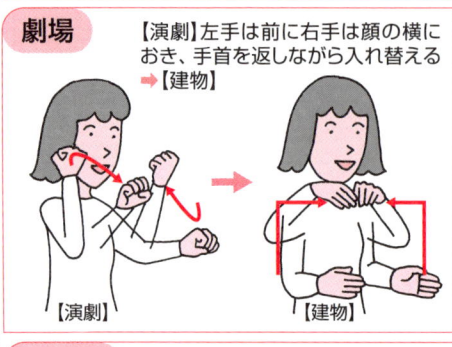

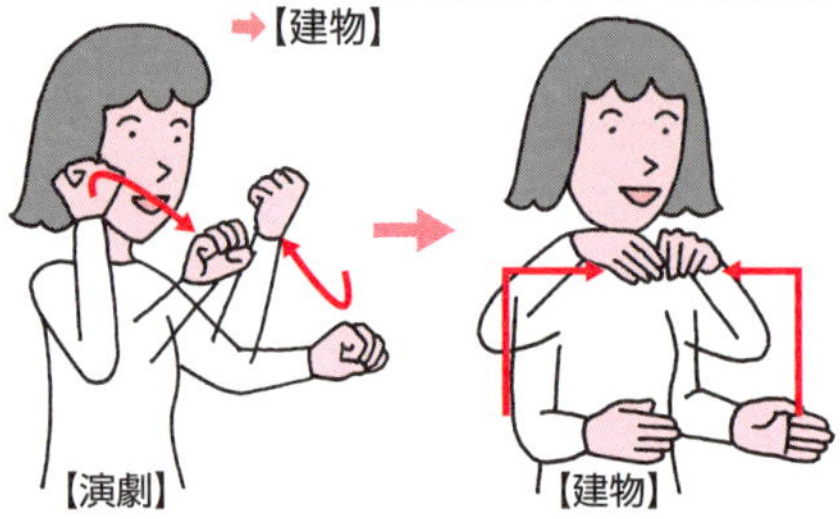

映画館

【映画】開いた両手を交互に上下。左手の下から握った右手を前に出し開く➡【建物】

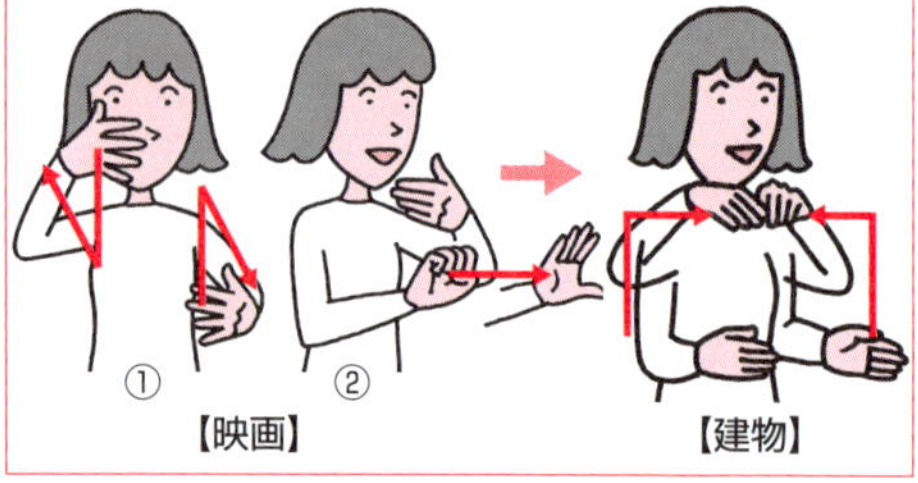

ホテル

右の人さし指と中指を伸ばして寝かせ、立てた左手の横で上へ動かす

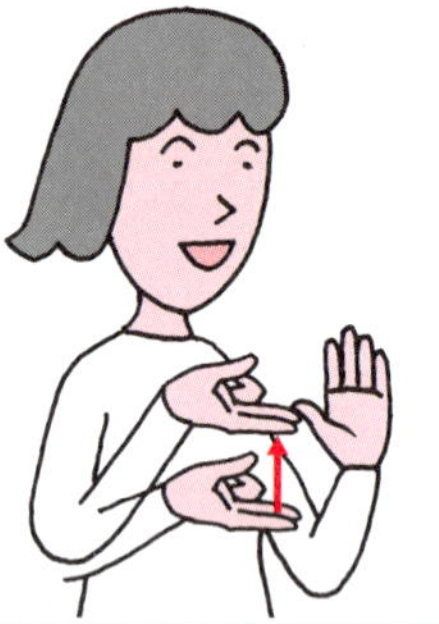

旅館

【寝る】➡両手で屋根をつくり前へ

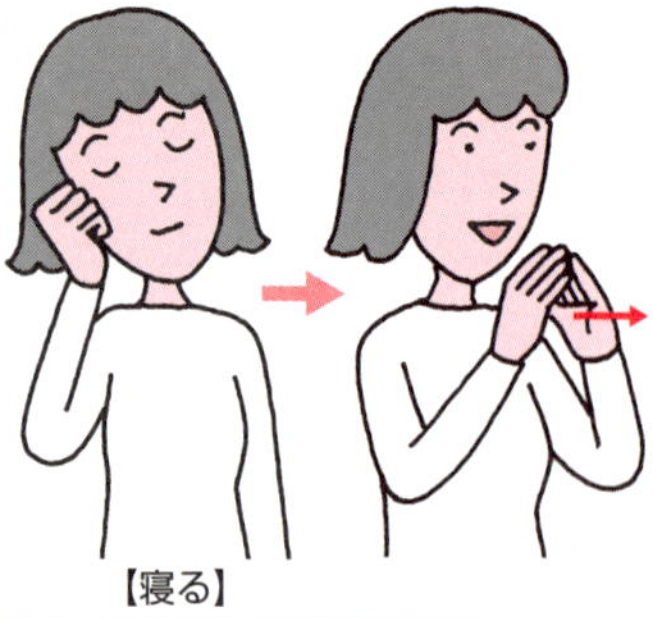

デパート

【店A】➡【建物】

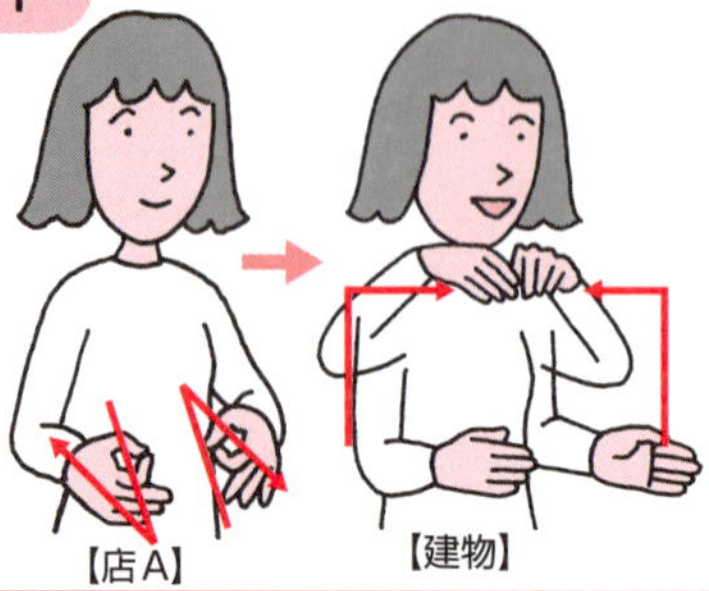

スーパーマーケット

左手はカゴをもち、右手はものをつかんでカゴに入れるしぐさ

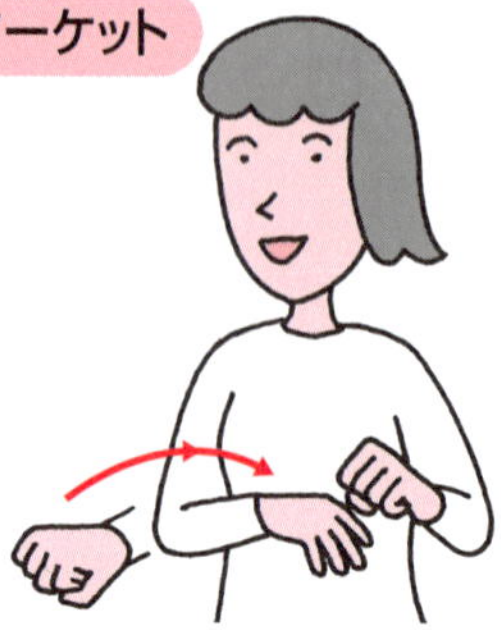

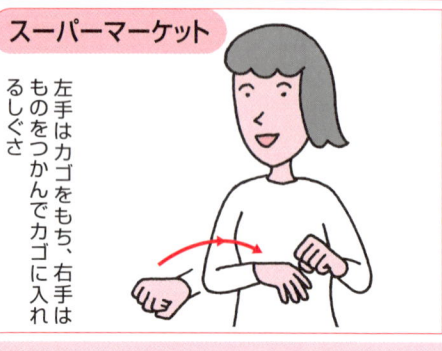

コンビニエンスストア

24時間やっていることをあらわす

左手で数字【4】、右手で数字【2】を示し、両手を一緒に回す

ファミリーレストラン

【家族】➡【食べるB】ナイフとフォークで食べるしぐさ

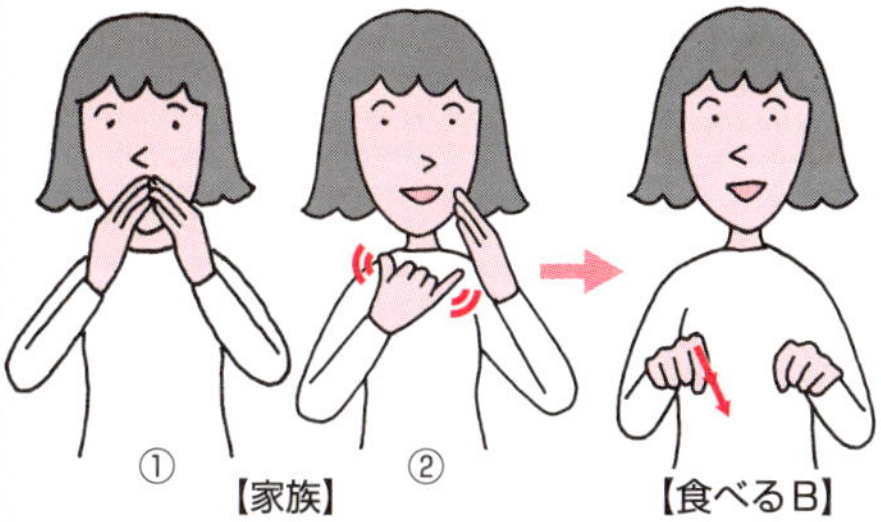

喫茶店

【コーヒー】左手でカップをもって、右手はスプーンでかき回す➡【場所】

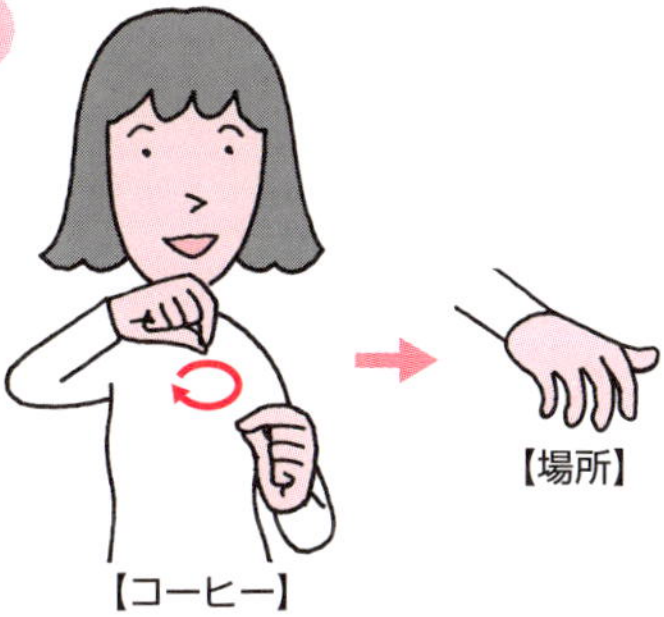

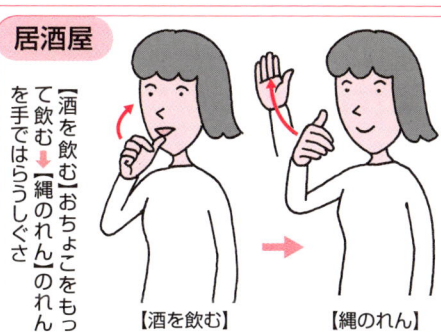

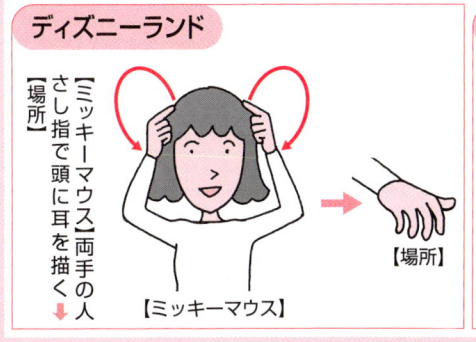

居酒屋

【酒を飲む】おちょこをもって飲む➡【縄のれん】のれんを手ではらうしぐさ

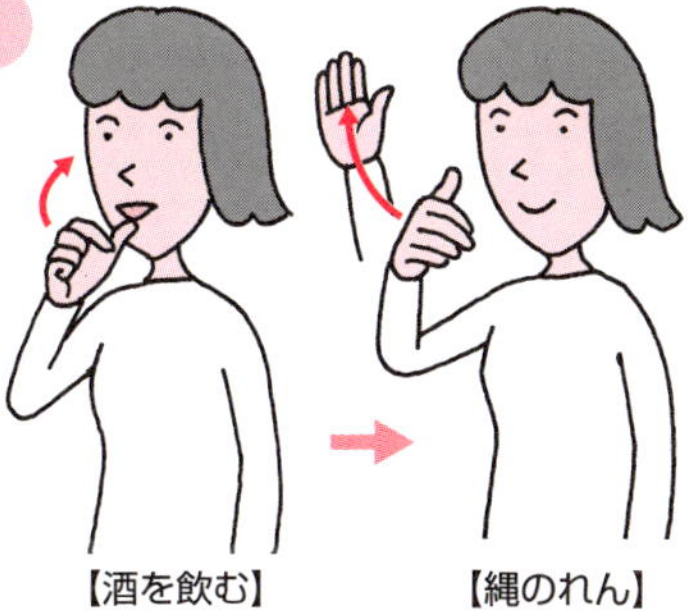

スターバックス

スターバックスのロゴマークから

頭の横においた両手を、ウェーブヘアを描くように下げる

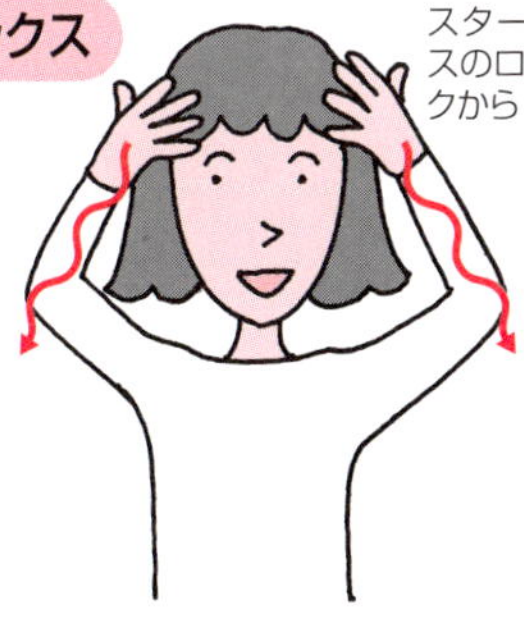

ドトール

指文字【ど】➡【コーヒー】

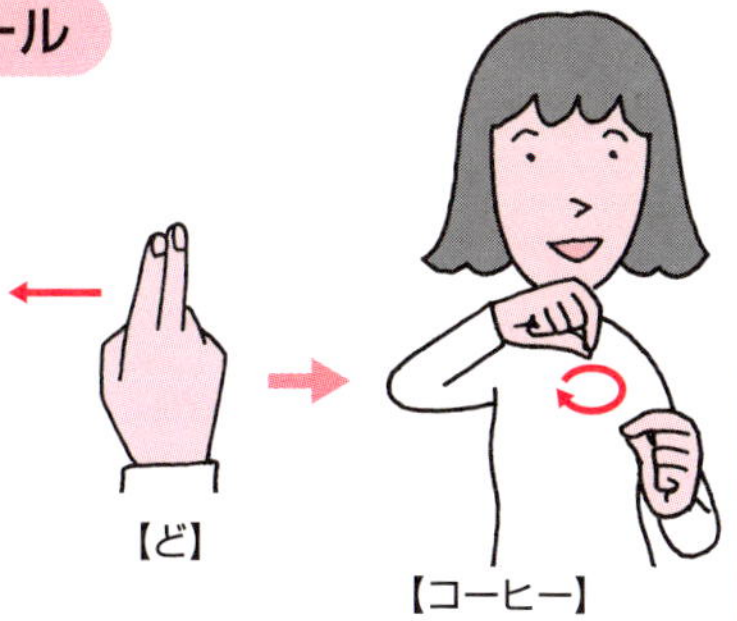

ディズニーランド

【ミッキーマウス】両手の人さし指で頭に耳を描く➡【場所】

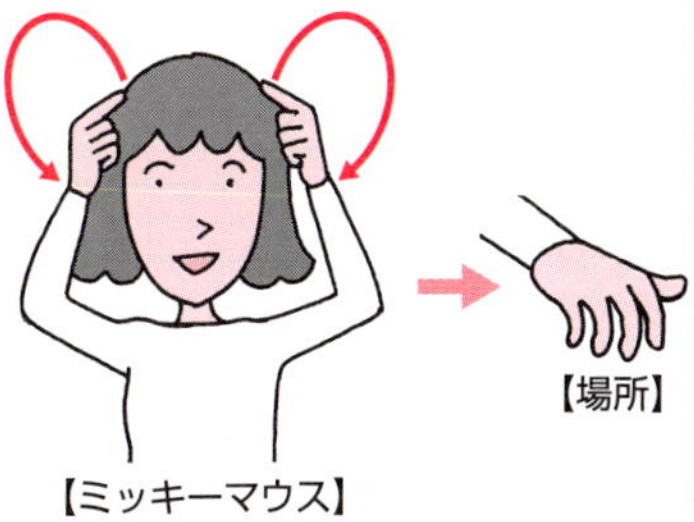

ディズニーシー

指文字【し】でミッキーマウスの耳を描く➡【場所】

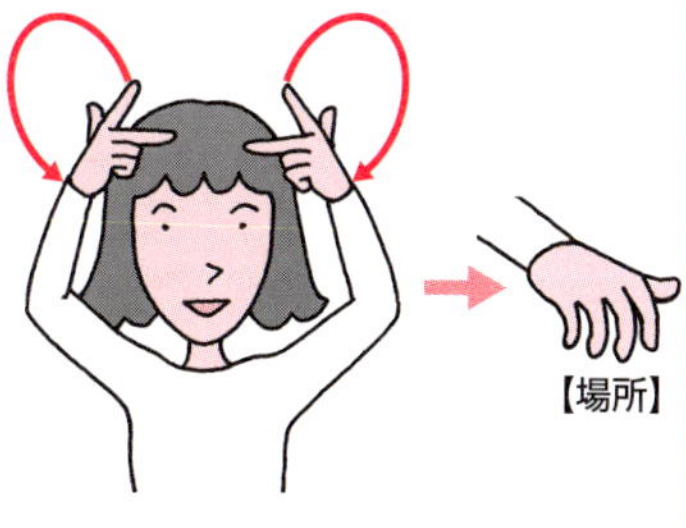

例文

今夜は星がきれいです

手話文　今日 / 夜 / 星 / きれい

植物や動物は種類が多いので、個々の品種ごとに手話があるわけではありません。個々の品種を表現したいときには、木や花、犬や猫などを手話であらわし、指文字(→P16～19)や口型(→P46)ではっきりと示すようにしましょう。「ツルのある植物」「胴の長い犬」など、形状に特徴のあるものは、その様子を加えるのもよいでしょう。

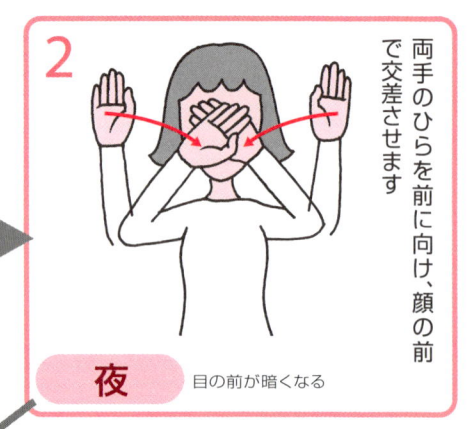

1

両手のひらを下に向けて、少し下げます

今日　自分のいる場所を示す

2

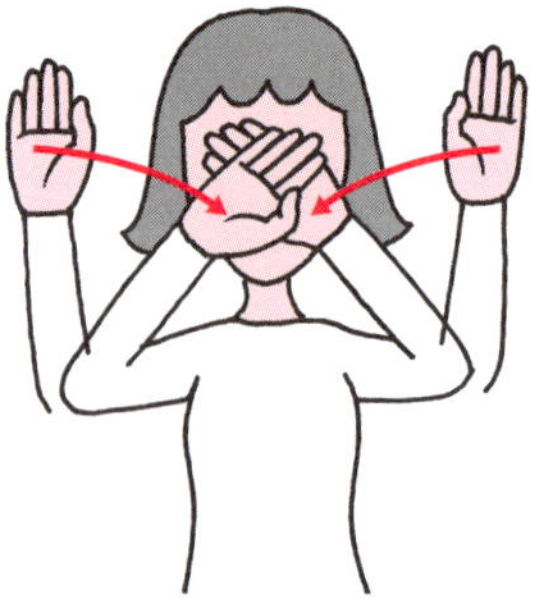

両手のひらを前に向け、顔の前で交差させます

夜　目の前が暗くなる

3

右手を頭の上にかかげ、軽く閉じてパッパッと開きます

星　星がきらきらと光る様子

4

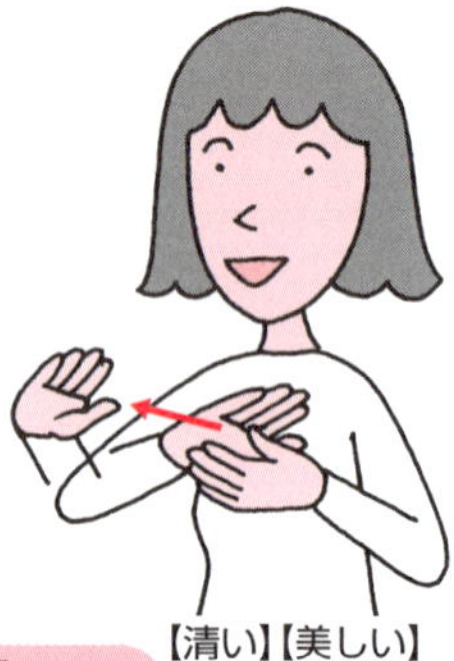

右手を左手のひらの上ですべらせて斜め前へ出します

きれい　【清い】【美しい】汚れがなく、きれいな様子

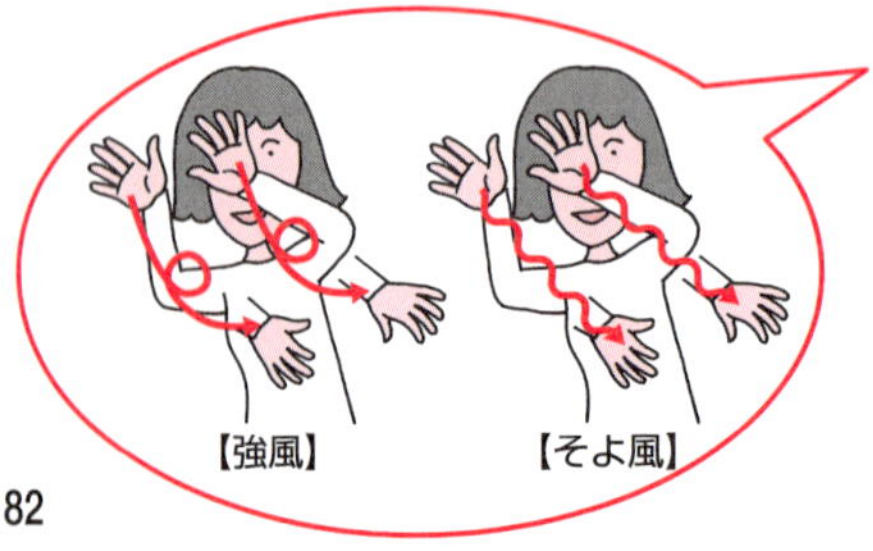

ポイント　自然現象の手話はその様子をつけ加えて

自然をあらわす手話は、その様子をあらわします。弱い雨、強い雨、強風、そよ風、大雪、ちらちら降る雪などは、手の力を強めたり弱めたり、回転させたり揺らめかせたり、動かすスピードを速くしたり、ゆっくりしたり……動かし方でよりリアルに表現してみましょう。

自然・生物のあらわし方

木

両手の親指と人さし指を伸ばし、上に向かって開く

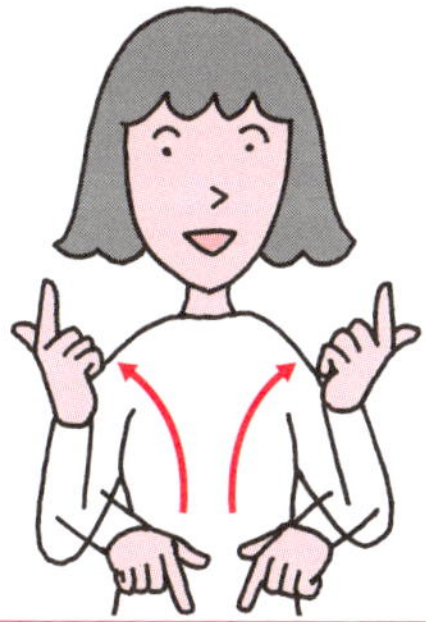

林

両手のひらを向かい合わせ、交互に上下させる

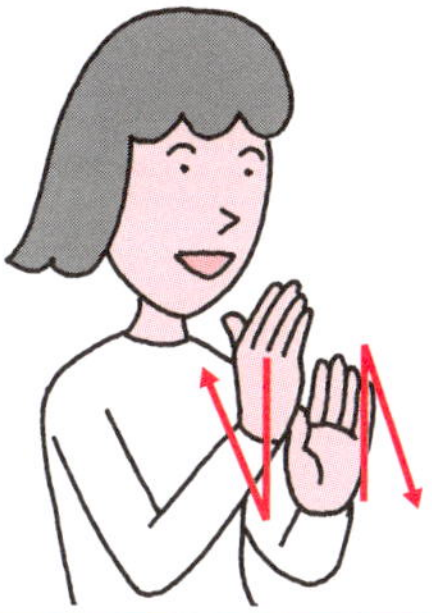

森

両手の甲を相手に向け、交互に上下させながら左右に開く

山

右手のひらを下に向け、左から右へとなだらかに弧を描く

水

右手のひらを上に向け、右へはらう

川

右の人さし指、中指、薬指を立て、前に倒して漢字の形をあらわす

土

右手の5本指を合わせ、土をパラパラと落とすようにこすり動かす

火

右の人さし指で唇をさしてから、胸の前で右手をひねり上げる

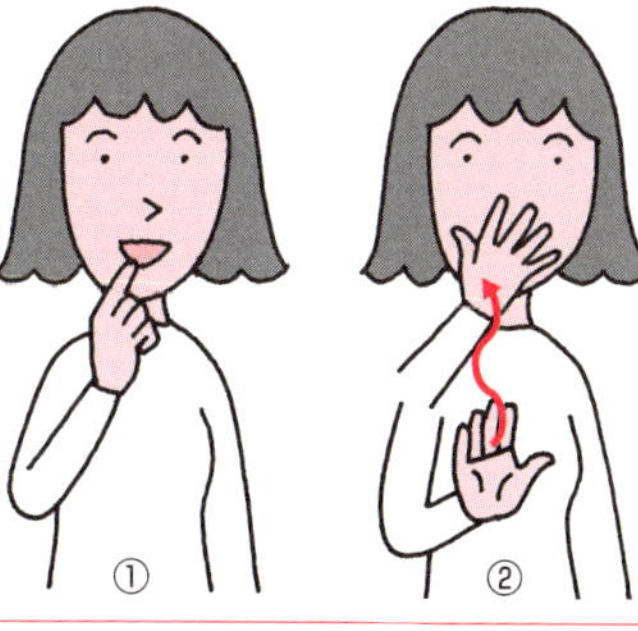

空

右手のひらを前に向けて、顔の前で弧を描くように右上に動かす

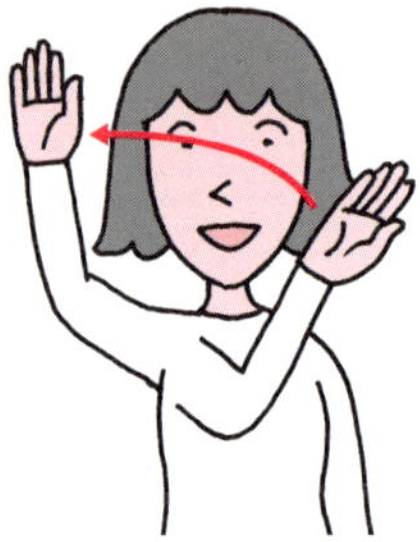

雲

両手を向かい合わせ、雲の形をあらわすように指を折り曲げながら左右に開く

晴れ

手のひらを前に向けた両手を顔の前で交差させ、左右に開く

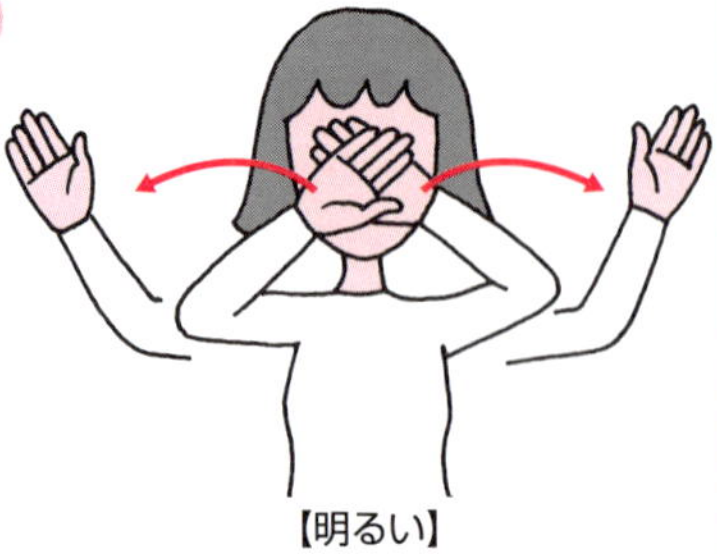

【明るい】

曇り

手のひらを合わせて左前方におき、円を描くようにすり合わせつつ右へ動かす

風

両手のひらを右上から左下に振り下ろし風の吹く様子をあらわす

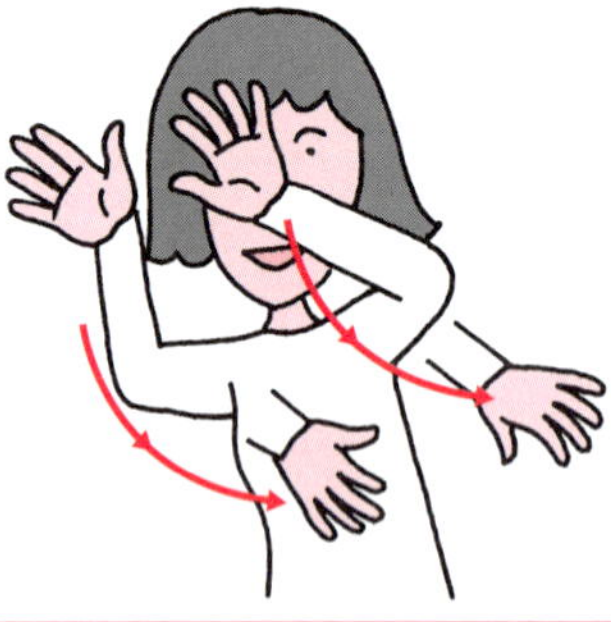

雨

指を下向きにした両手を数回下ろし、雨の降る様子をあらわす

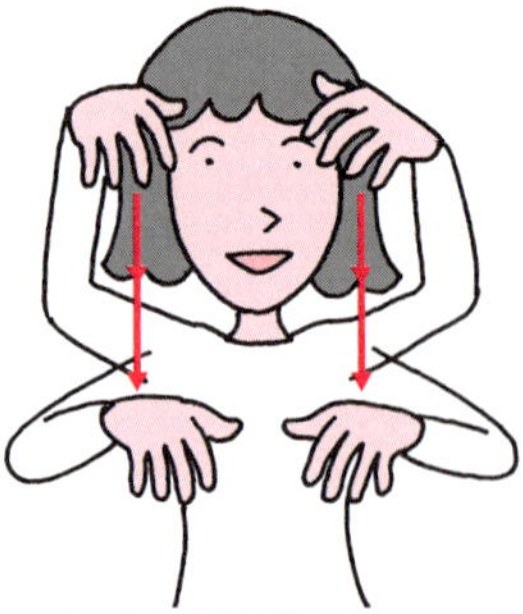

虹

数字【7】を左から右へ弧を描くように動かす

7色の虹がかかる様子

雪

【白】歯を指さす↓両手の人さし指と親指でつくった輪を、振りながら交互に上下へ

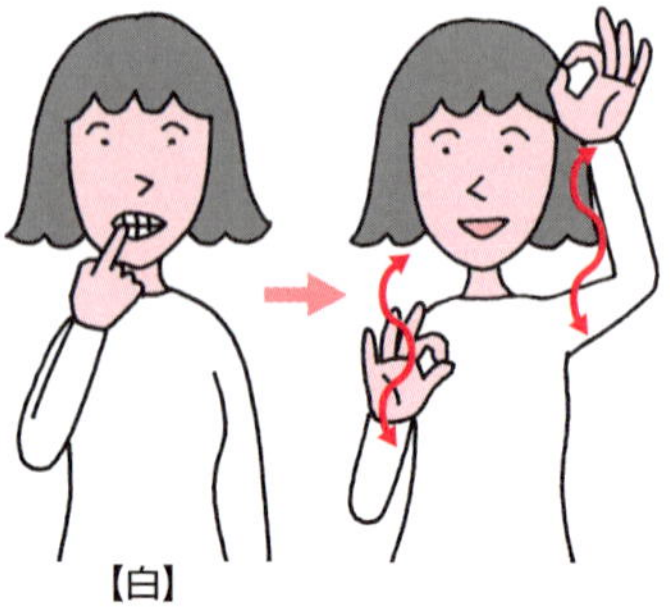

【白】

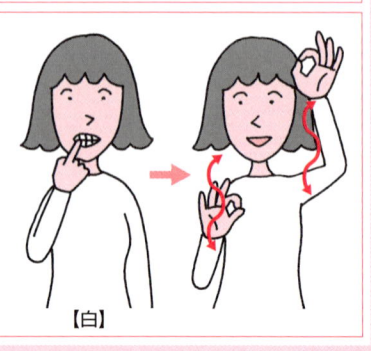

雷

稲妻の形をあらわす

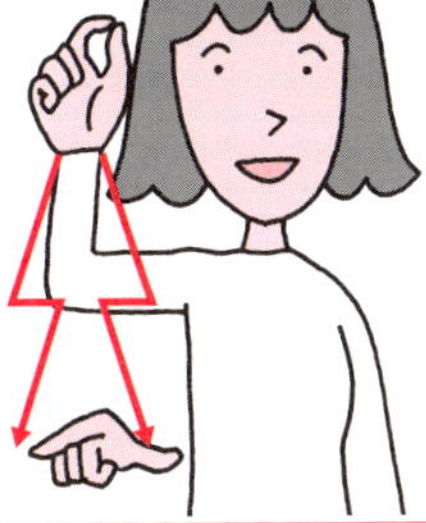

右の親指と人さし指をつけ、開いたり閉じたりしながら下へ動かす

霧

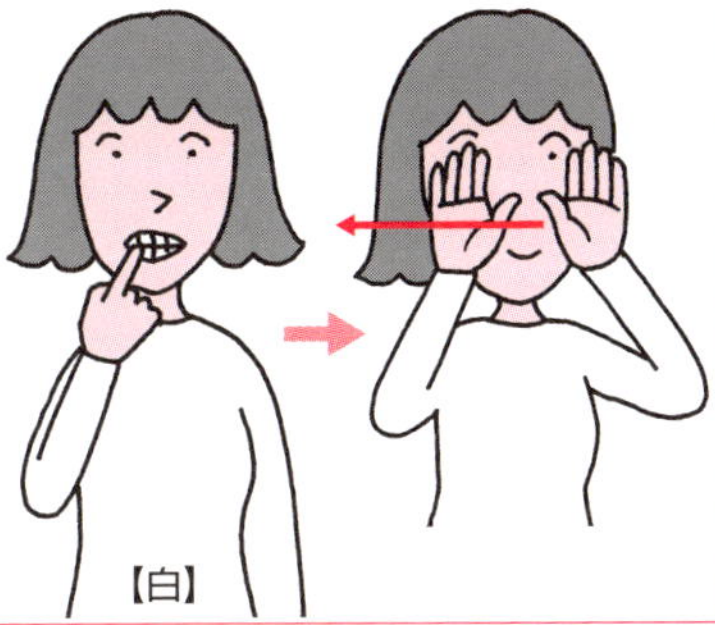

【白】↓両手のひらを相手に向け、右へゆっくり動かす

台風

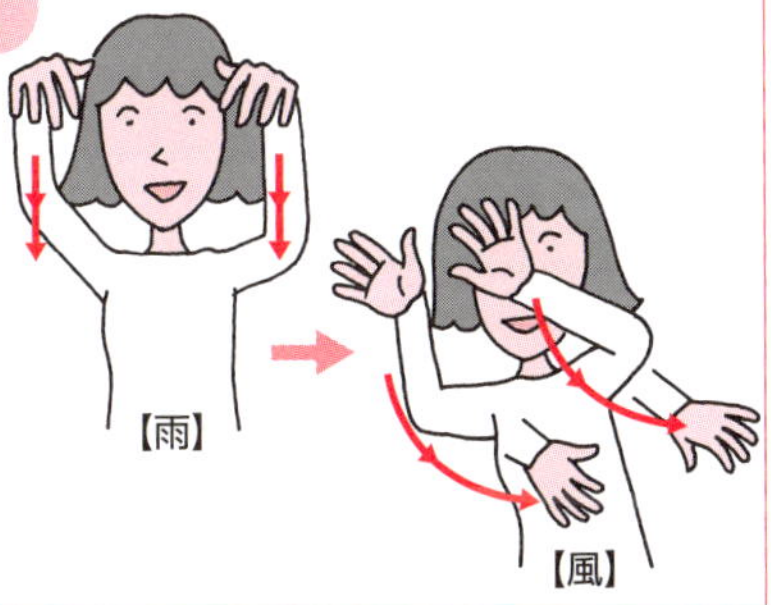

【雨】↓【風】

地震

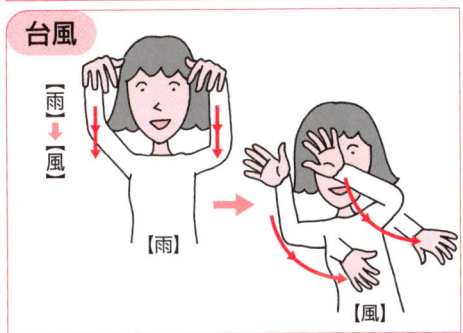

地面が揺れる様子

両手のひらを上に向け、そろえて前後に動かす

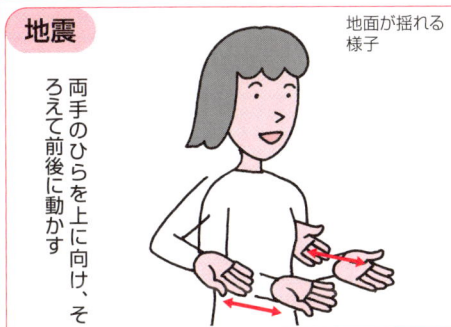

太陽

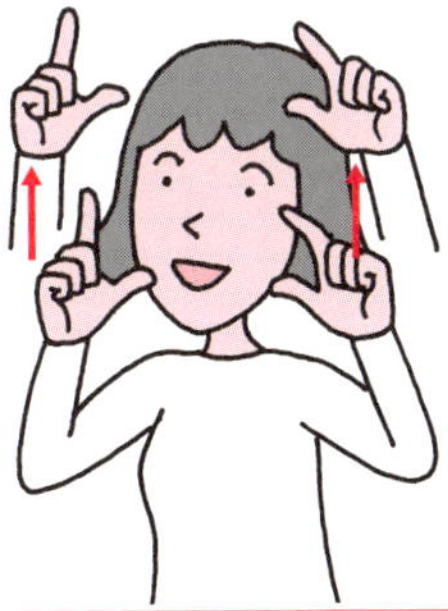

両手の親指と人さし指を伸ばし、顔の前でまっすぐ上げる

月

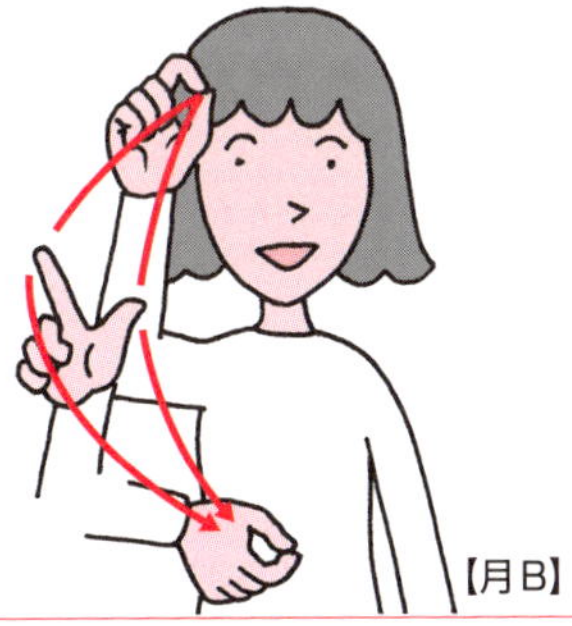

右の親指と人さし指の指先をつけ、三日月を描くように指を離してつける

地球

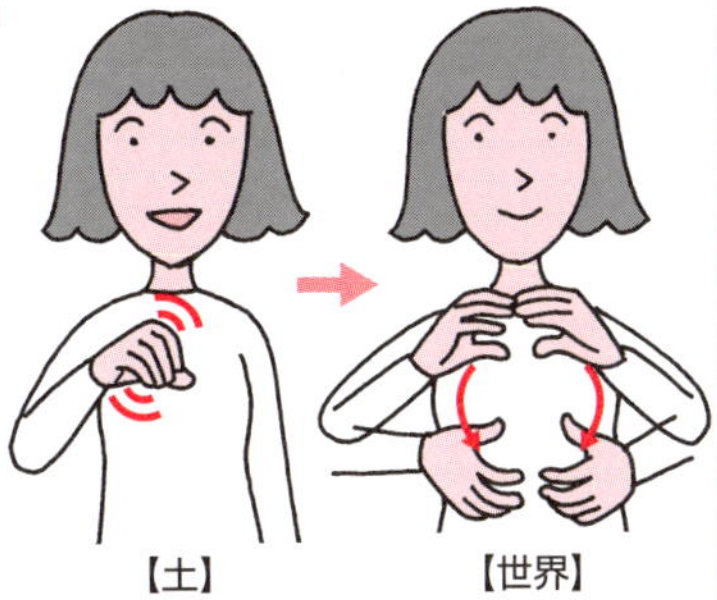

【土】↓【世界】両手でまるい形をつくり、前に回転させる

宇宙

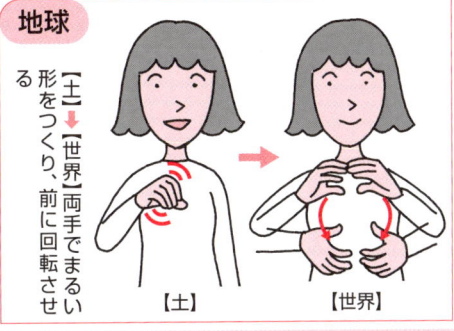

地球の周りの空間をあらわす

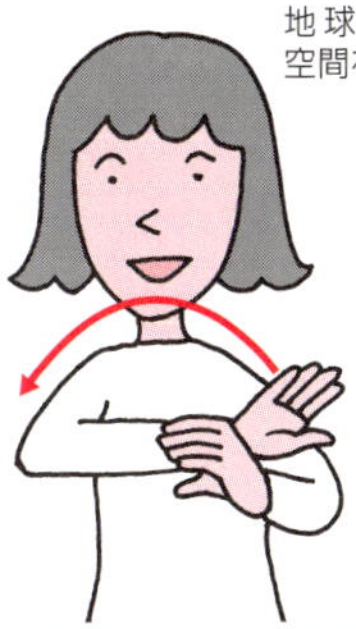

まるいものをつかむようにした左手の手前から右へ、右手で弧を描く

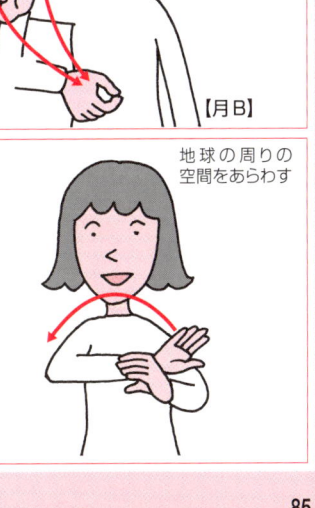

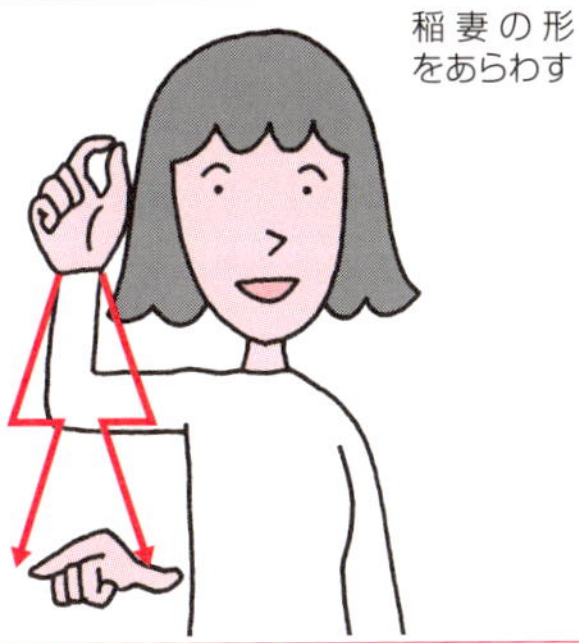

花

つぼみのように両手のひらを向かい合わせ、回転させながら両手を開く

草

両手の甲を相手に向け、交互に小さく上下させながら左右に開く

海

右の小指で唇をさわってから、右手のひらを上に向け、波打つように右へ動かす

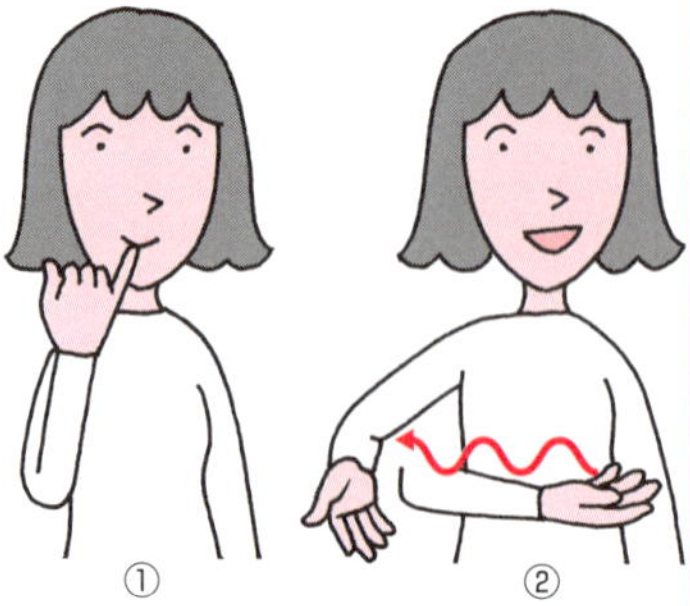

動物

親指、人さし指、中指を曲げた両手を前後ずらしておき、手首を返す

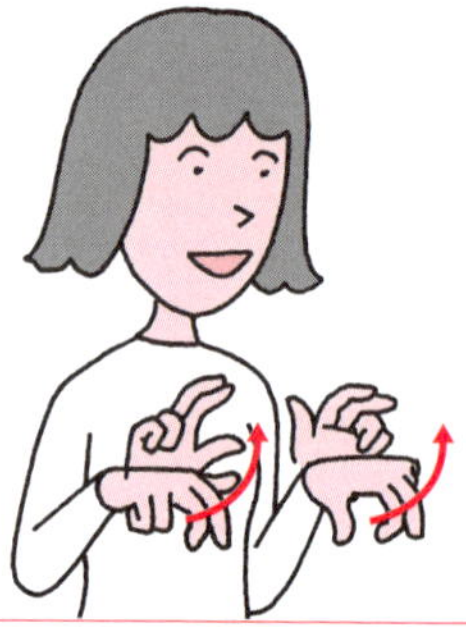

犬

犬の耳をあらわす

手のひらを前に向けた両手を頭の横につけ、手首から倒す

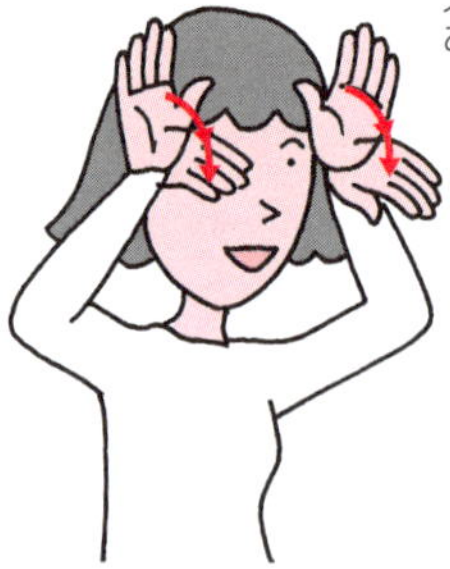

猫

右のこぶしを頬におき、手首を曲げて猫が顔を洗うようなしぐさ

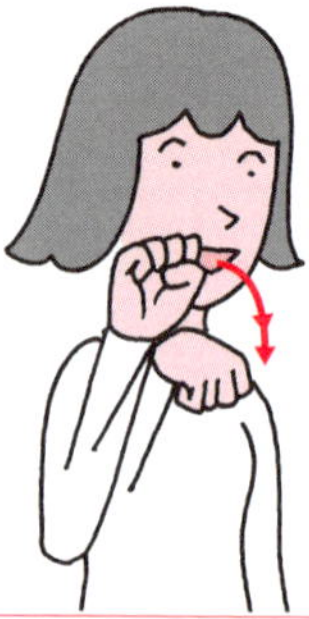

魚

魚が泳ぐ様子

右手をヒラヒラさせながら左へ

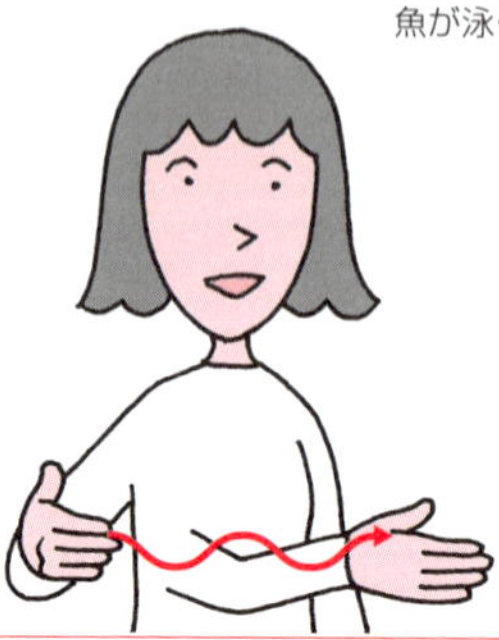

貝

2枚貝をあらわす

両手を軽く膨らませて重ね、パカパカとあわせる

鳥

くちばしをあらわす

口の前で、右の親指と人さし指をつけたり離したりする

ニワトリ

ニワトリの鶏冠《とさか》をあらわす

右手を縦にして親指側を額にあて、４本の指を曲げ伸ばしする

牛

両手の親指と人さし指を少し曲げ、親指をこめかみにつけて角をあらわす

豚

右の人さし指で鼻の頭を少しもち上げ、豚の鼻をあらわす

クジラ

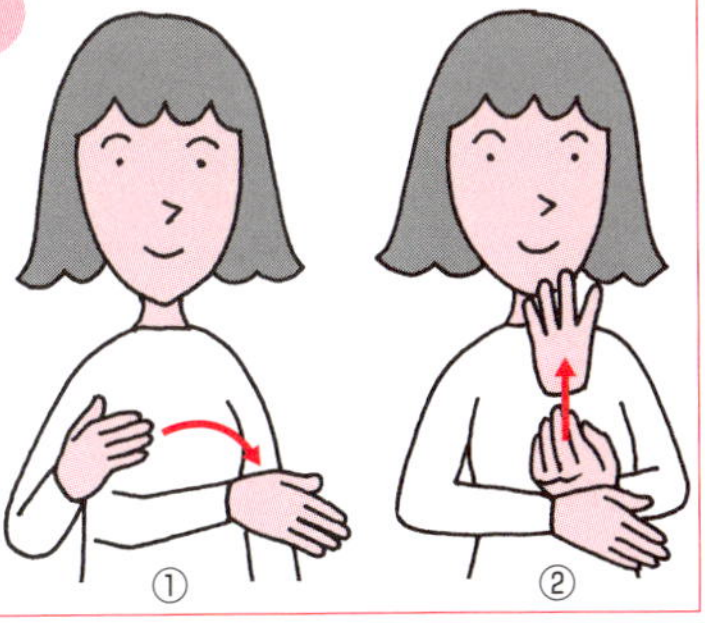

右手のひらは自分に向け、左へ弧を描く。その内側から閉じた左手を開き上げる

イルカ

イルカが並んで泳ぐ様子

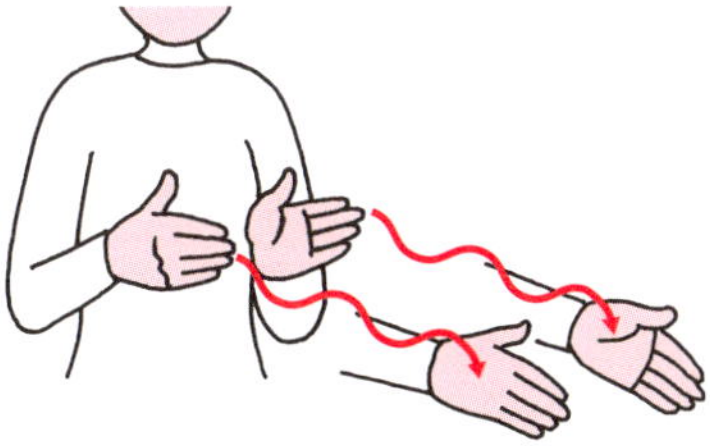

両手のひらを向かい合わせ脇におき、波を描きながら前へ出す

ヘビ

ヘビが前に進む様子

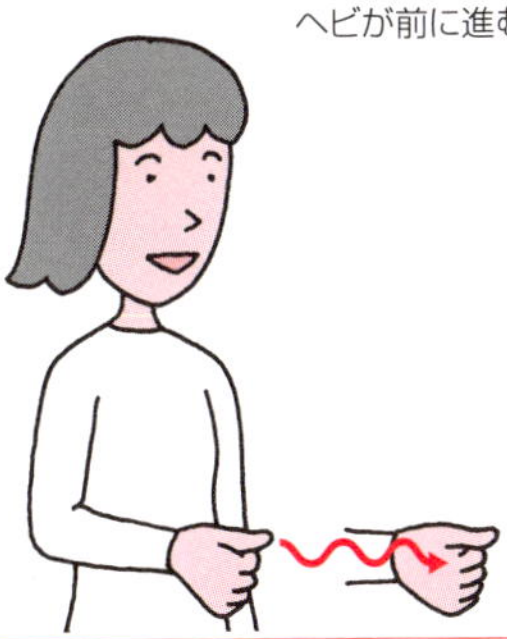

親指を前に向けた右のこぶしを、クネクネと揺らしながら前へ進める

虫

尺取り虫が動く様子

右の人さし指を、曲げ伸ばししつつ前に出す

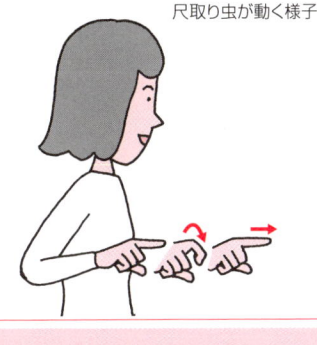

例文

家族で初詣でに行きます

手話文　家族　一緒／初詣で　行く

三月三日は「耳の日」です。耳の健康を意識する日として知られています。耳の聞こえない人たちは、この日の前後に全国各地で集まりを催します。この集まりでは、講演会、写真・絵画等の作品展示や、趣味の発表などがおこなわれます。手話教室が開かれる会場もあるので、一度足を運ばれてみてはいかがでしょうか。

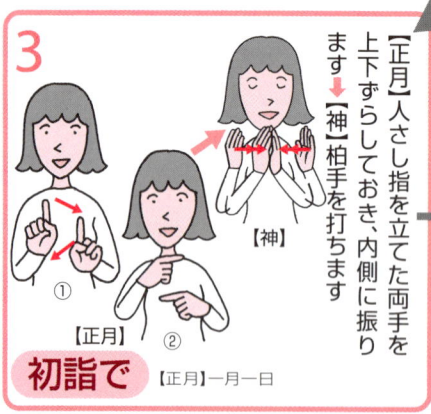

1

【家】両手の指先を合わせ屋根を表現します⬇【人々】親指と小指を立て、左手の下で振ります

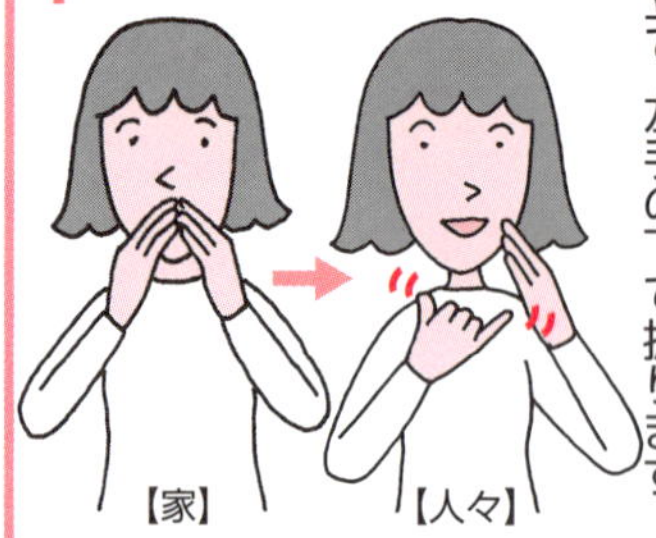

家族　家（屋根で表現）の中にいる人々

2

両手の人さし指を前方に伸ばし、左右から正面へ寄せて合わせます

一緒　2つのものがくっつく

3

【正月】人さし指を立てた両手を上下ずらしておき、内側に振ります⬇【神】柏手を打ちます

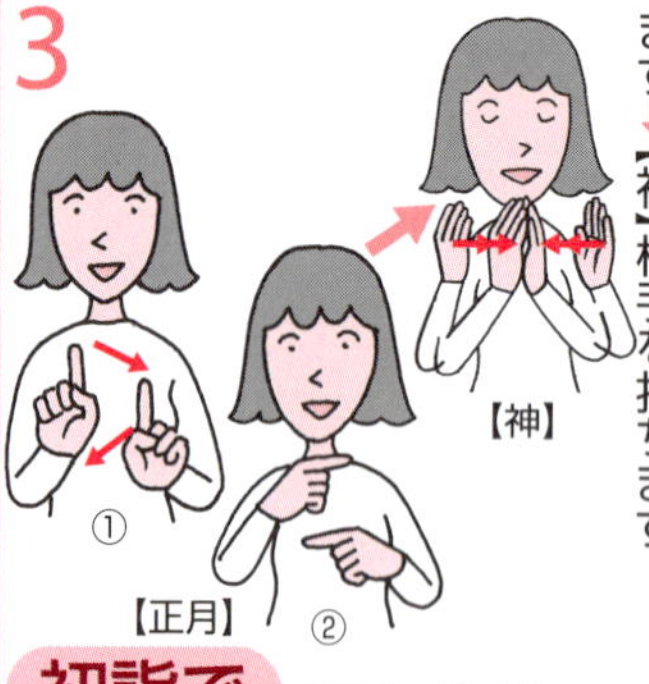

初詣で　【正月】一月一日

4

右の人さし指を伸ばし、手のひら側を下向きにし、人さし指を下から前方へ上げます

行く　こちらから向こうへ行く様子

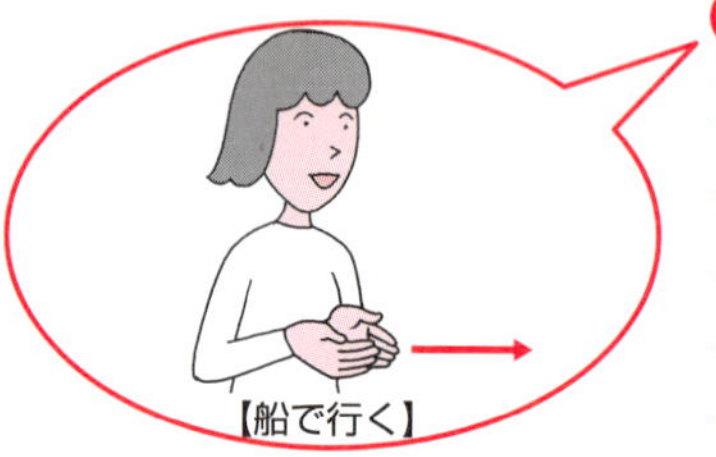

ポイント　**【行く】には移動手段を加えましょう**

「どこかに行く」という表現のとき、徒歩、自転車、電車、自動車、飛行機、船など移動手段がわかるようにあらわすことがあります。たとえば「北海道まで船で行きます」という文章のとき、【船】を前方に動かすことで、【船で行く】という意味になります。

行事・交遊のあらわし方

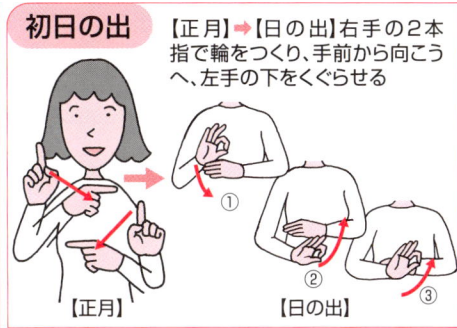

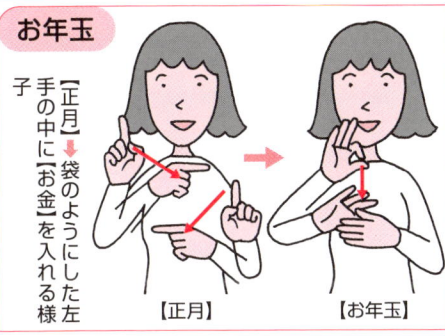

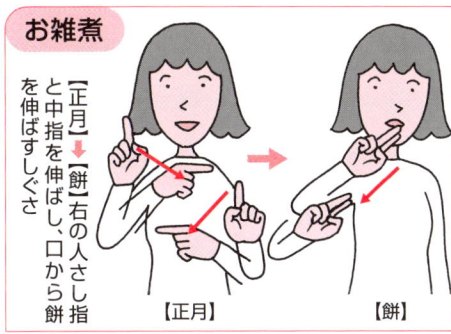

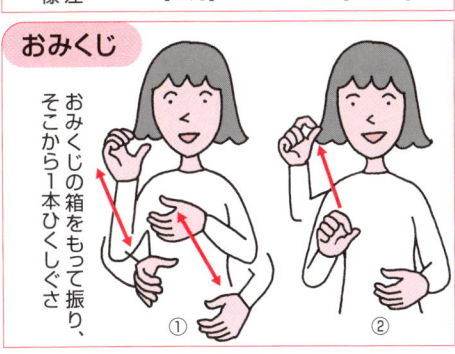

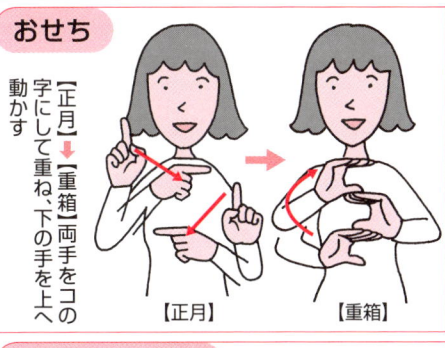

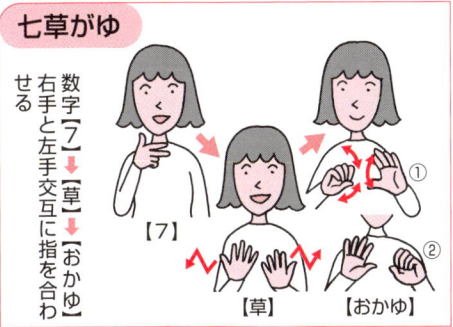

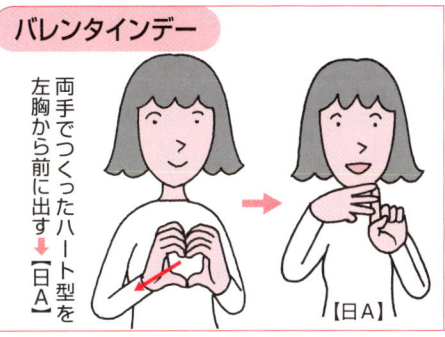

正月

人さし指を立てた両手を上下ずらしておき、内側に振る

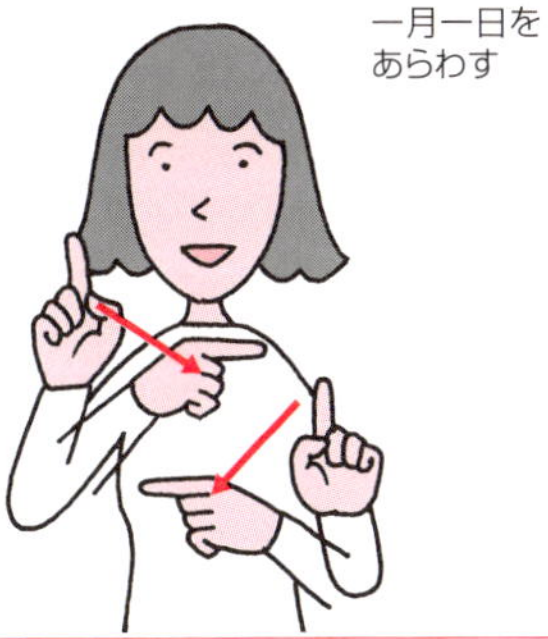

初日の出

【正月】→【日の出】右手の2本指で輪をつくり、手前から向こうへ、左手の下をくぐらせる

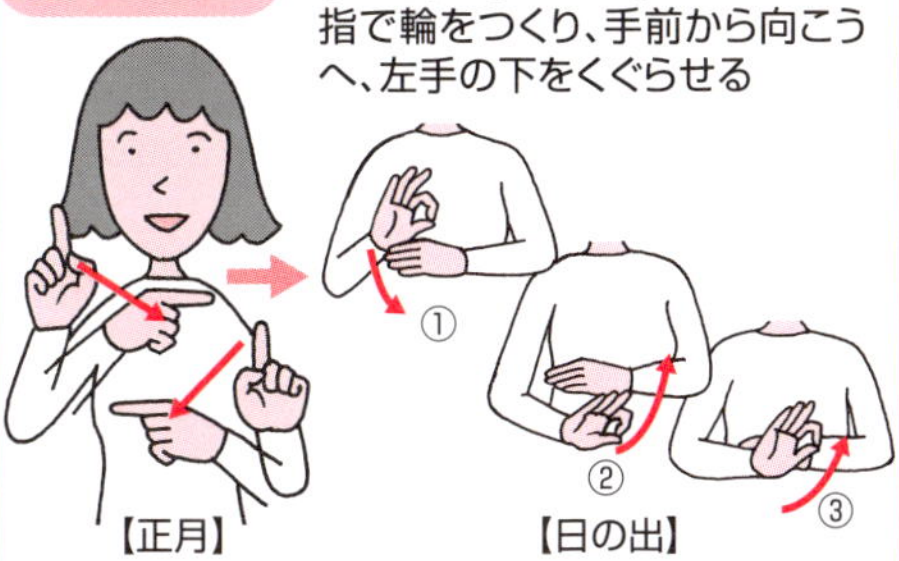

お年玉

【正月】↓袋のようにした左手の中に【お金】を入れる様子

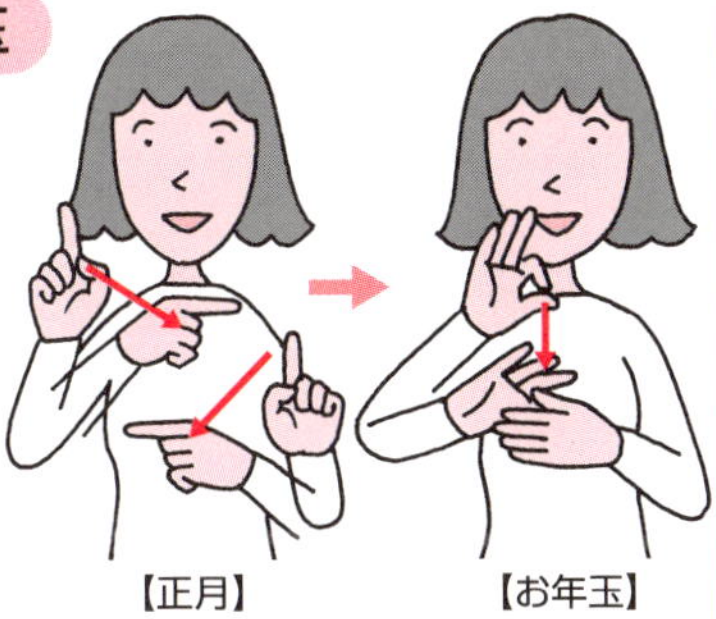

お雑煮

【正月】↓【餅】右の人さし指と中指を伸ばし、口から餅を伸ばすしぐさ

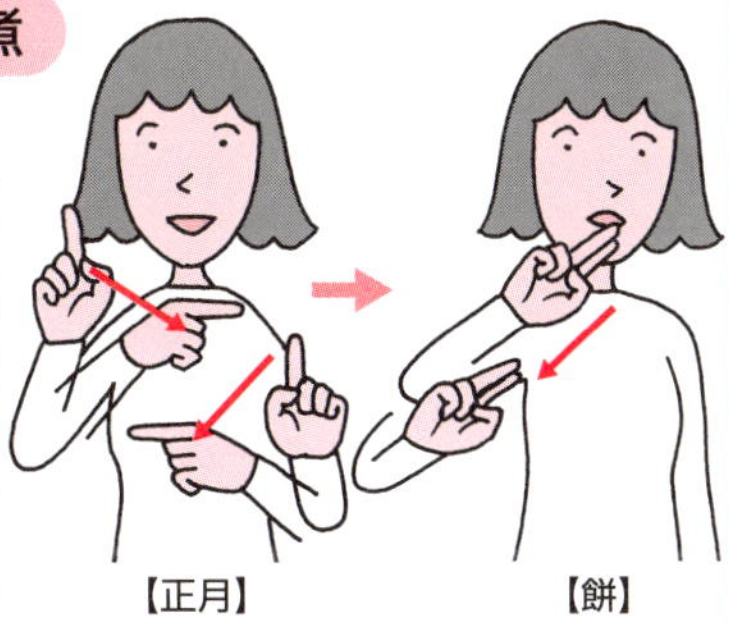

おみくじ

おみくじの箱をもって振り、そこから1本ひくしぐさ

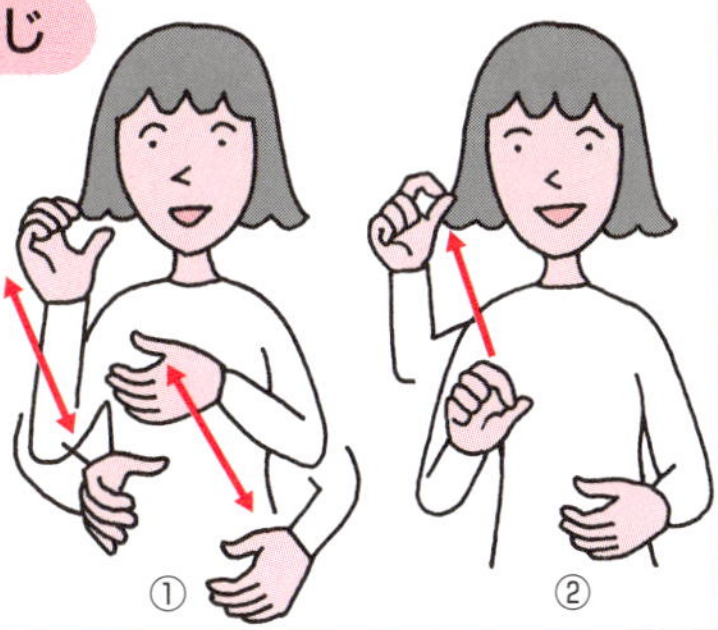

おせち

【正月】↓【重箱】両手をコの字にして重ね、下の手を上へ動かす

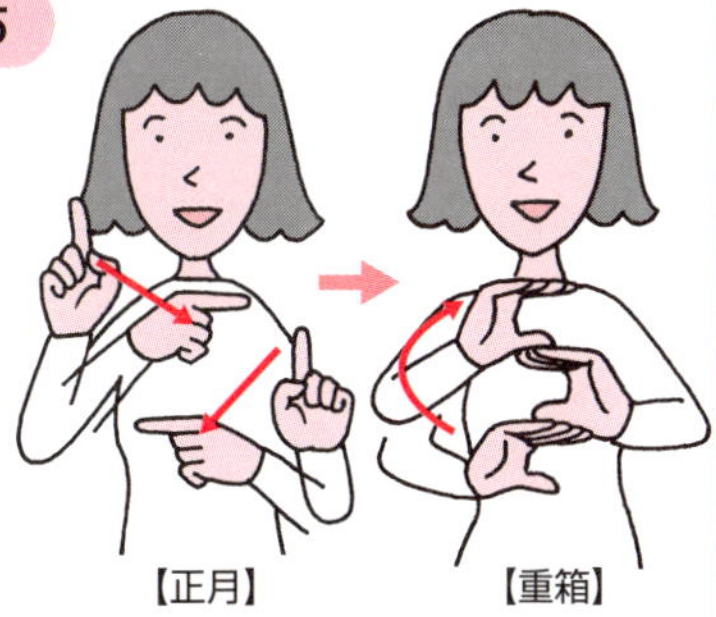

七草がゆ

数字【7】↓【草】↓【おかゆ】右手と左手交互に指を合わせる

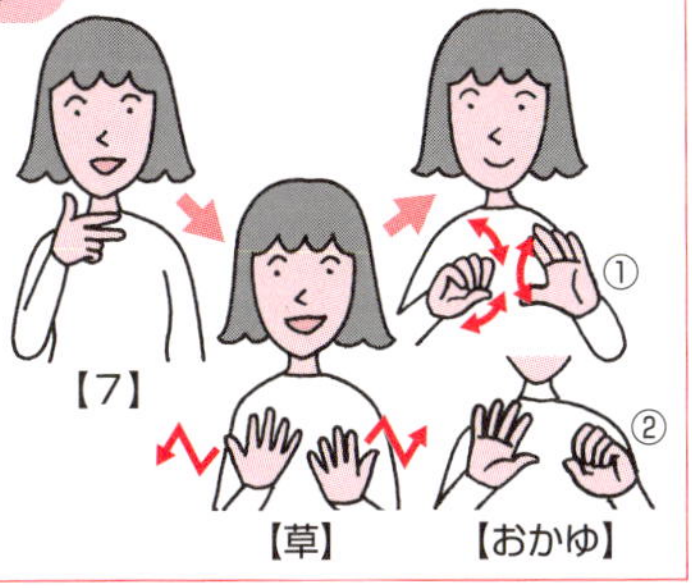

バレンタインデー

両手でつくったハート型を左胸から前に出す↓【日A】

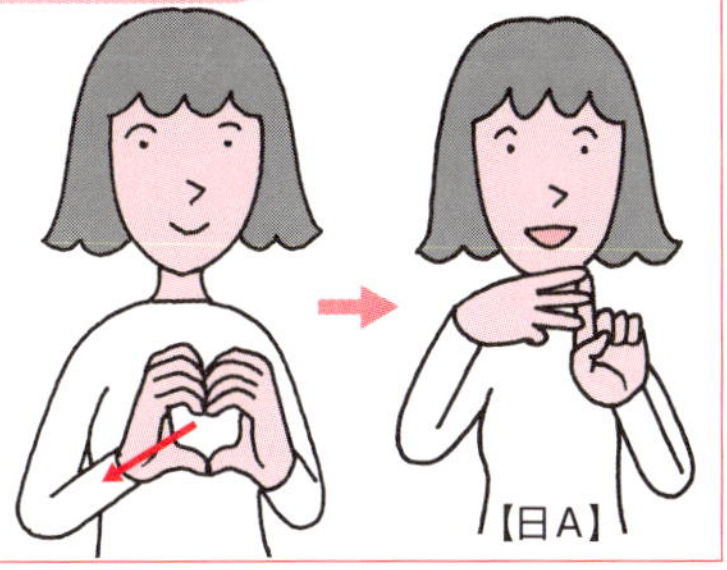

ひな祭り

三月三日のお祭りという意味

両手の数字【3】を内向きに振る↓【祝う】こぶしを開きながら上へ

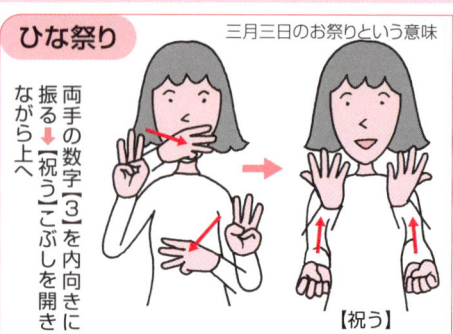

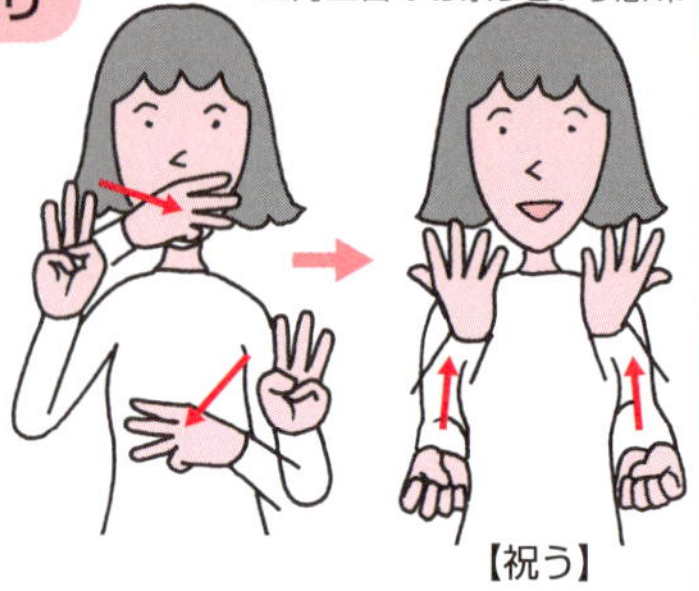

入学式

【学校】↓【入る】漢字「入」の形を前へ↓【式】手を左右に開き、4本の指を折る

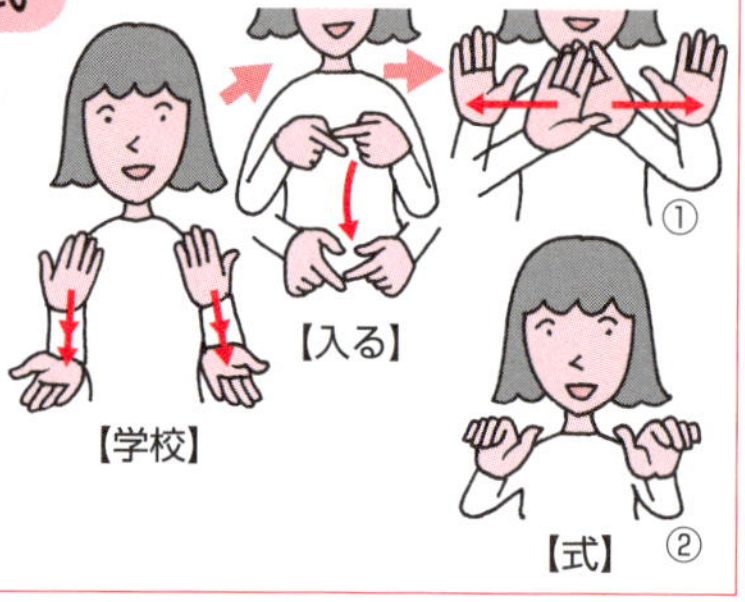

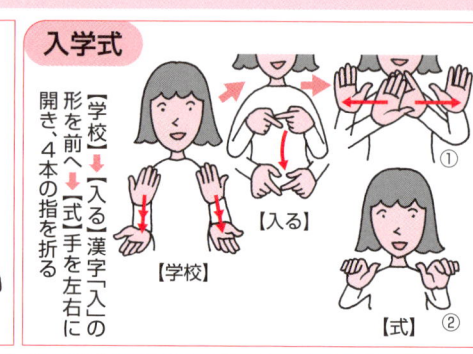

花見

【桜】両手を入れ替えつつ右へ↓【見るC】指文字【め】を円を描きながら右へ動かす

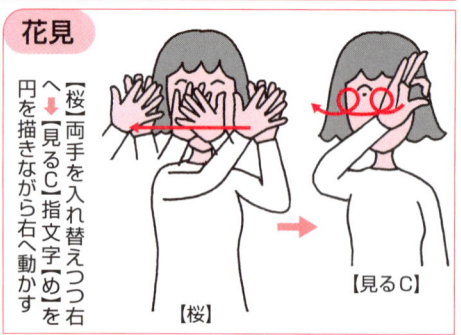

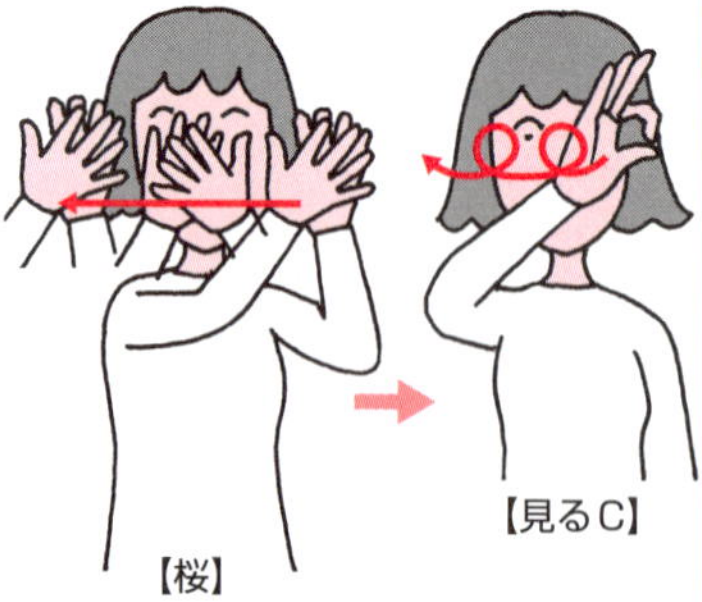

こどもの日

【こどもA】頭をなでるしぐさ↓【日A】

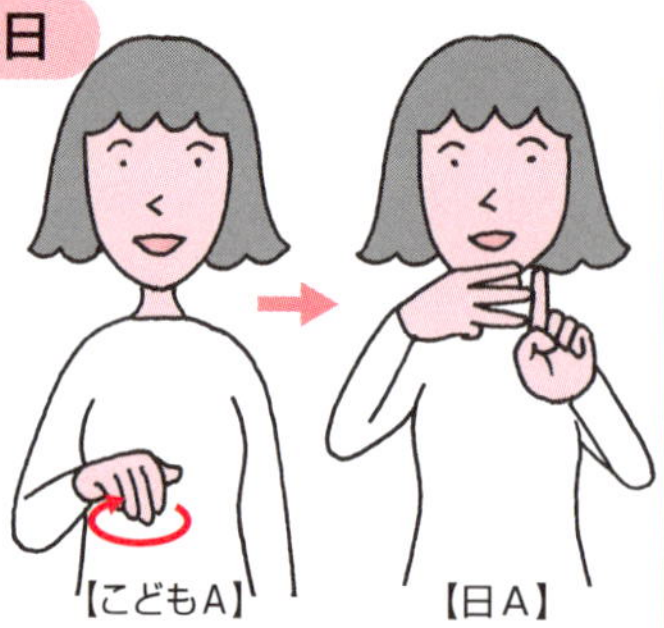

こいのぼり

左の人さし指を立て、右手の指先をつけ、なびかせながら右へ

遠足

両手のひらを前後に並べ、いくつか山を描きつつ前へ出す

七夕

七月七日をあらわす

数字【7】を上下にずらしておき、内向きに振る

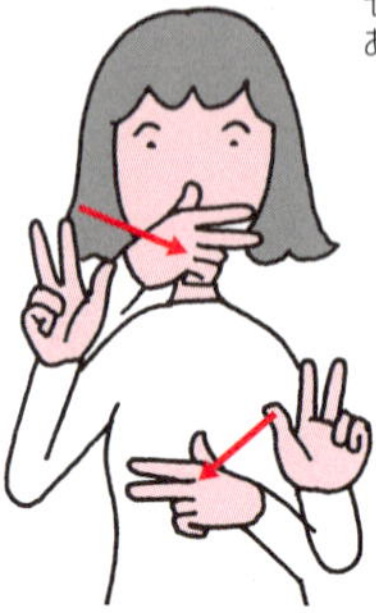

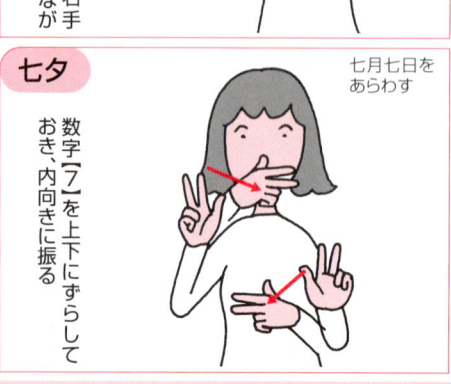

お盆

えんま様が舌を抜く様子+拝む

舌をつまんで前に出し、手のひらを合わせて上下にすり合わせる

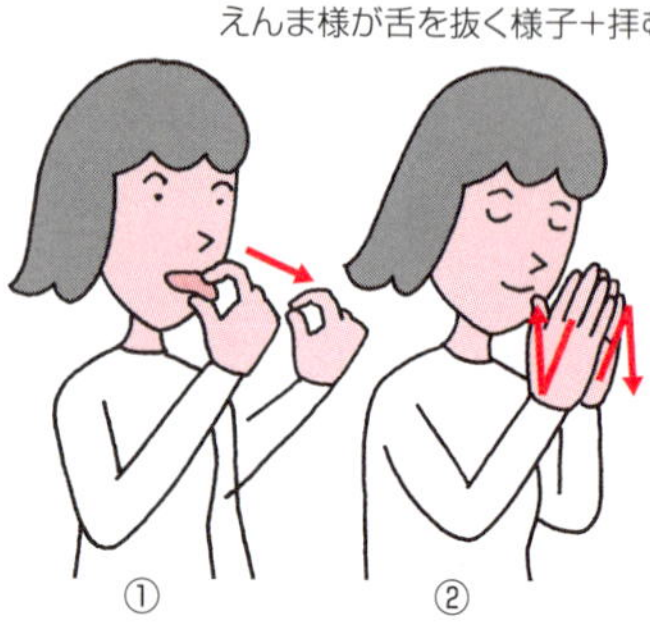

花火

【花火】右の人さし指を伸ばして上げ、閉じた両手を左右に開く

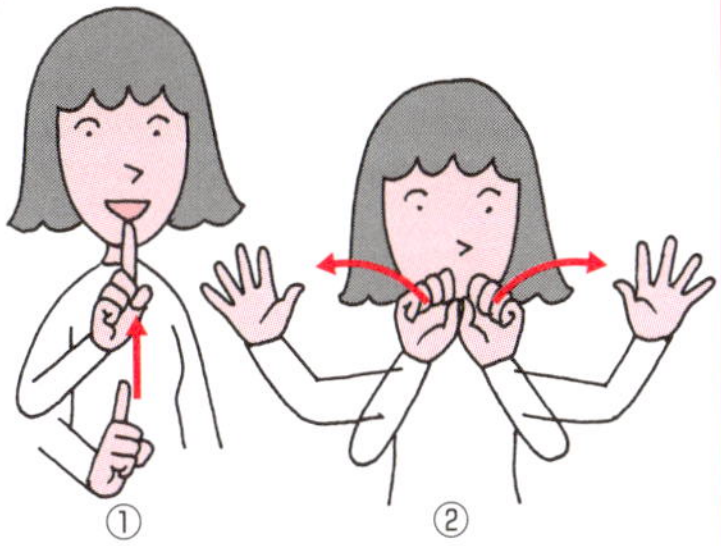

運動会

【運動】親指を立てたこぶしを交互に前後させる↓【会】

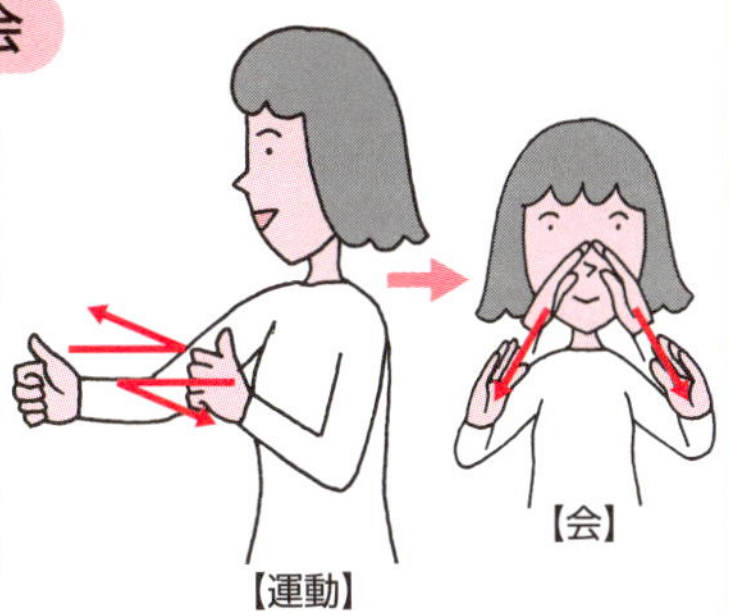

クリスマス

両手の人さし指をクロスさせて斜め下に下ろす↓【祝う】

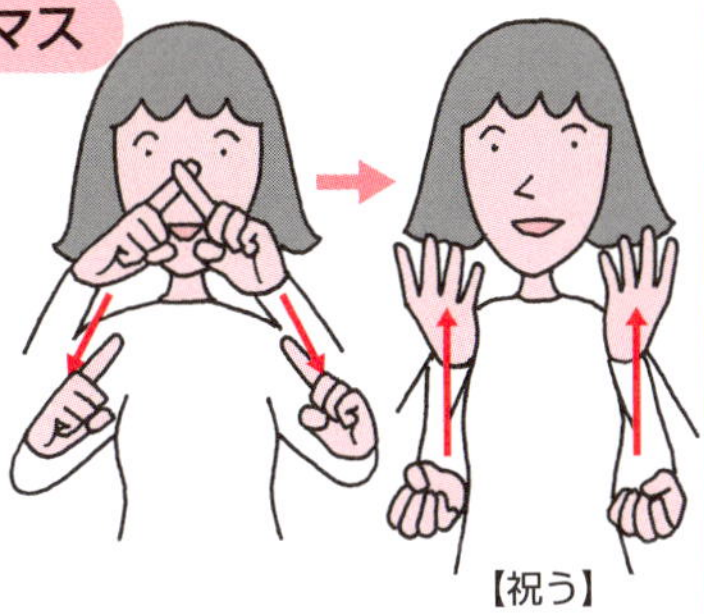

プレゼント

つまむ手にした両手でリボン型を描き、右手でリボンをもち左手をそえてさし出す

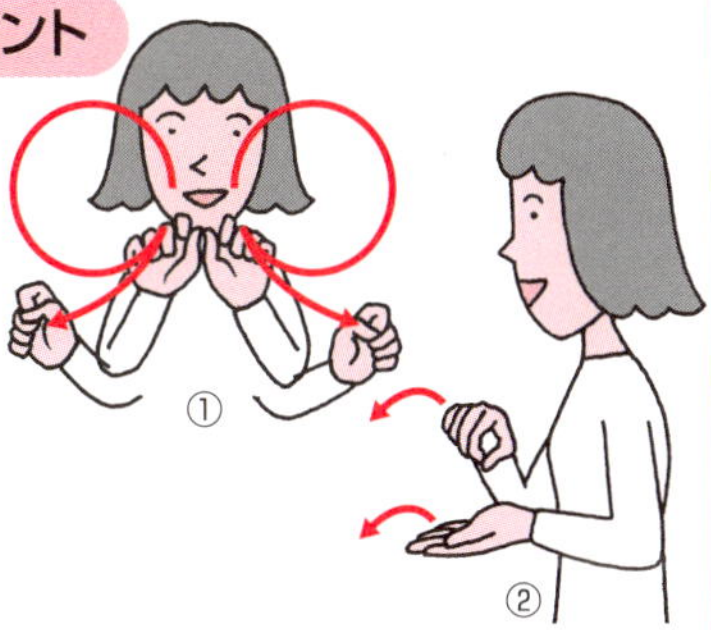

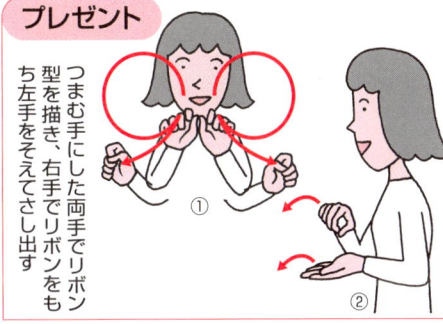

日帰り

右の人さし指を立て、前に出して、手前に戻す

行って帰ってくる様子

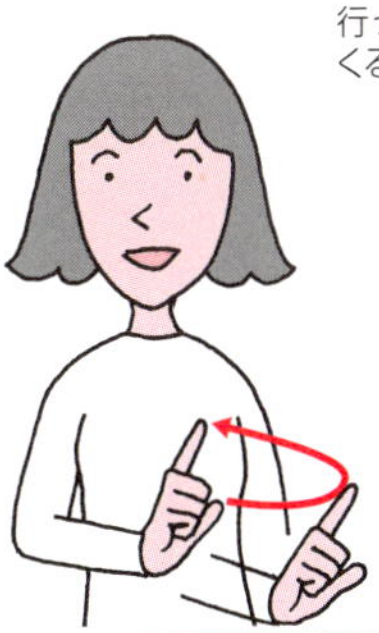

1泊2日

数字【1】↓【泊】寝るしぐさ↓数字【2】

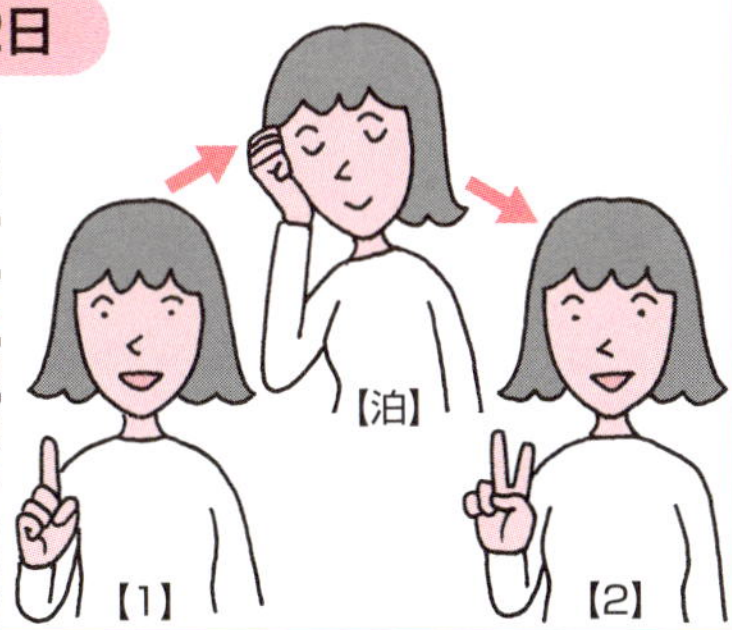

弁当

左手は弁当箱をあらわすようにし、右手はご飯をつめるように手前に数回引く

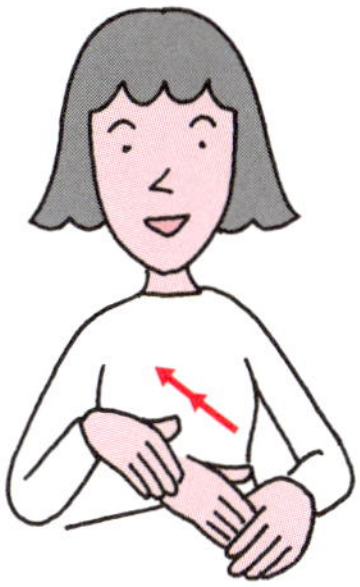

注文

右の人さし指を立てて口の前においてから、開いた右手を前へ出し、頼むしぐさ

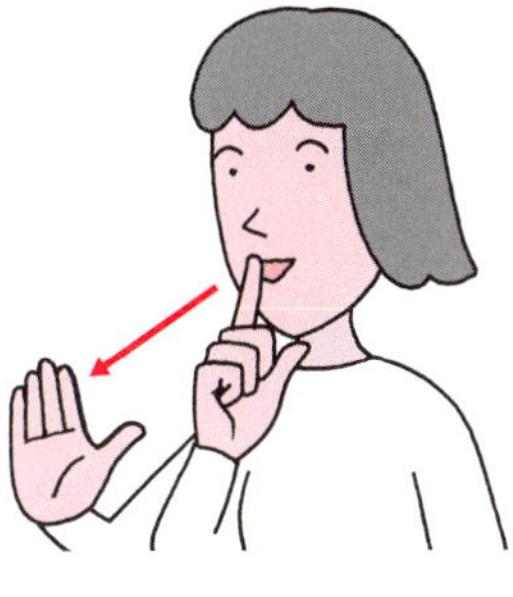

割り勘

【頭割り】右手を額の左に縦におき、ポンポンとあてながら右へ↓【払う】

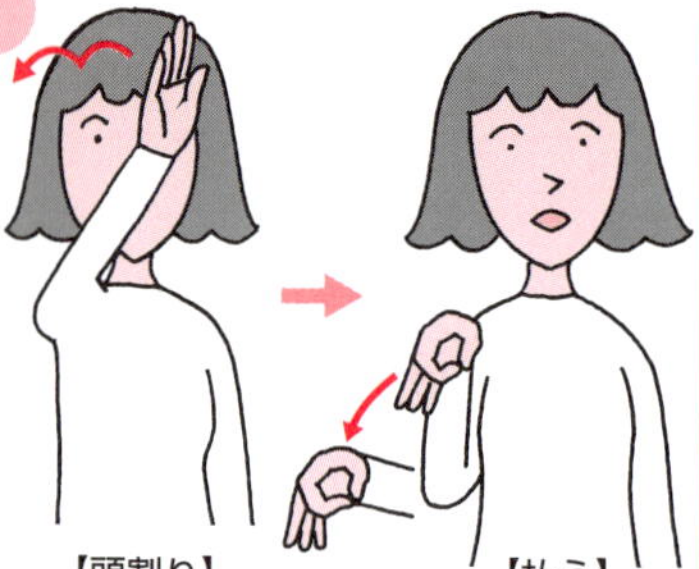

【頭割り】　【払う】

勘定

【お金】を前に出す

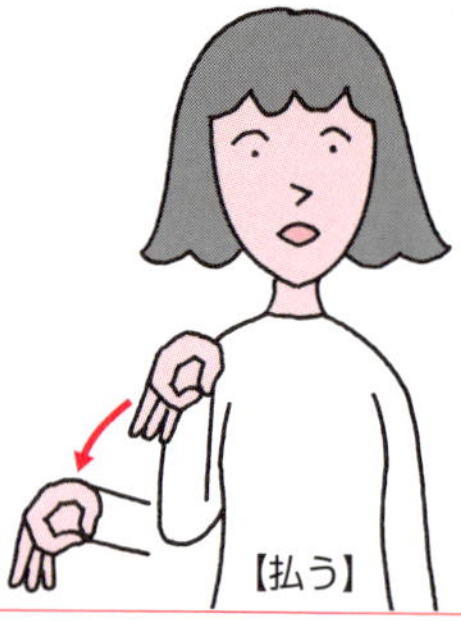

【払う】

彼氏(彼女)

【恋】両手の人さし指を左胸の前でハートに交差↓【男性】(【彼女】は【女性】)

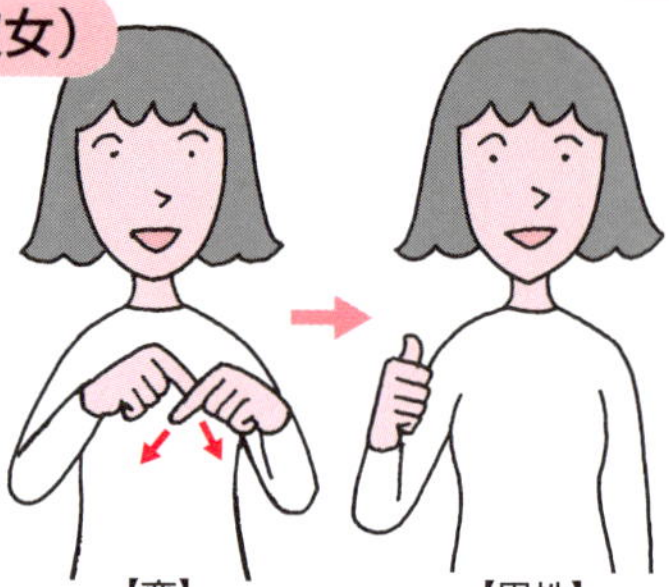

【恋】　【男性】

ボーイフレンド(ガールフレンド)

【友達】両手を組み合わせる↓【男性】(【ガールフレンド】は【女性】)

【友達】　【男性】

デート

【男性】と【女性】の指を立て、手のひら側を前に向けて出す

交際

手のひらを上向きにした両手を、高さをずらして、逆回りに水平に回す

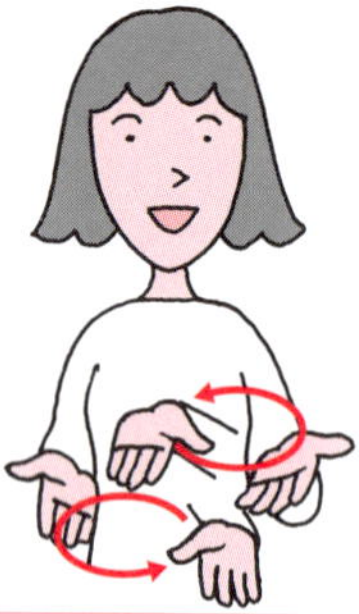

合コン

【女性】と【男性】↓【会うB】向かい合わせた手のひらを寄せ合い大勢で会う様子

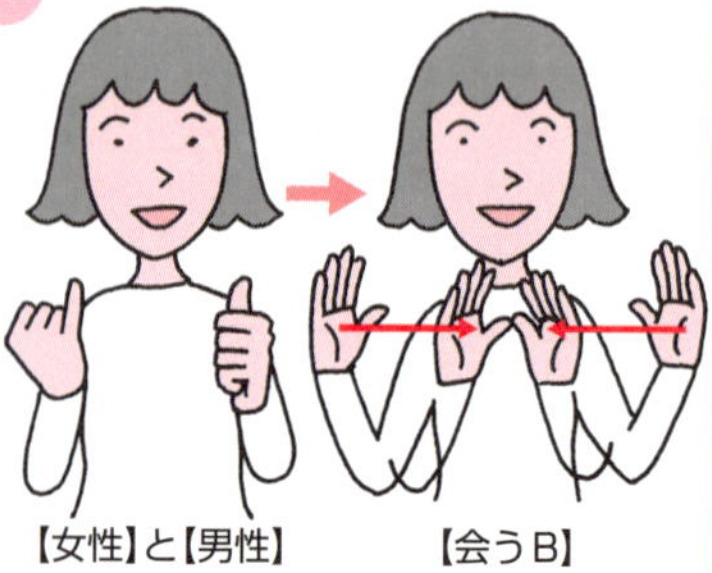

【女性】と【男性】　【会うB】

失恋

ハート型に交差させた人さし指を左右に開く

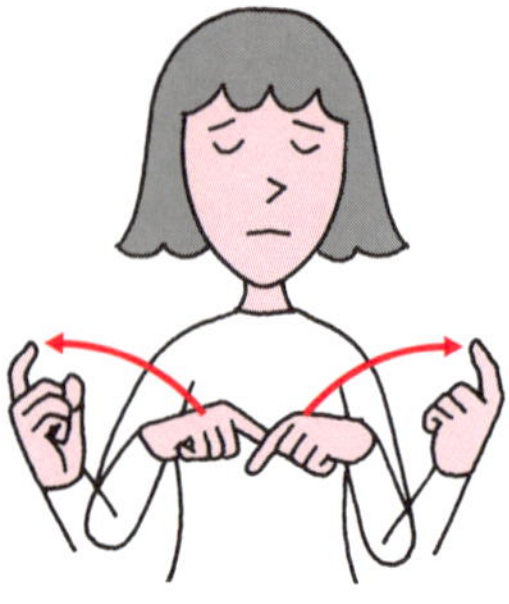

第3章

これだけは覚えておきたい手話

いつ？どこ？誰が？どうやって？
……人に何かをたずねる手話、
感情表現や基本的な動詞や形容詞の手話が
自然にできるようになると、
コミュニケーションが広がります。

疑問詞

【何？】【どこ？】【誰？】【いくつ？】【いつ？】【どちら？】などの疑問詞は、基本的に語尾につけます。手の動きと一緒に、たずねているということがわかるような表情を加えると、よいでしょう。

手の動きに強弱をつけたり、眉を上げたり、目を大きく見開いたりしてたずねてみましょう。表情をあまりにもオーバーにつける必要はありませんが、たずねている、ということがはっきりわかる表情は、とてもたいせつですし、文章の意味をくみとる重要な要素です。

何?

右の人さし指を立て、左右に軽く振る

どこ?

【場所】↓【何？】

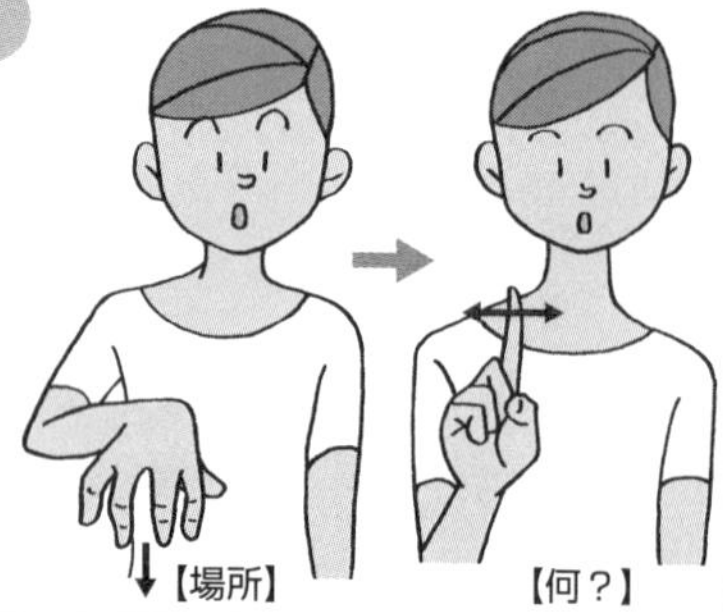

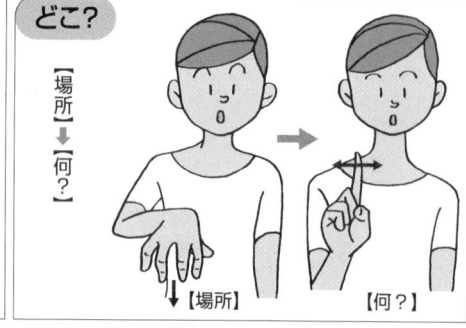

誰?

右手の指を曲げて頬にあて、前に数回出す

どちら?

両手の人さし指を立て、交互に上下に動かす

いくつ?(数)

右手の指を、親指から順に折り曲げ、数を数えるしぐさ

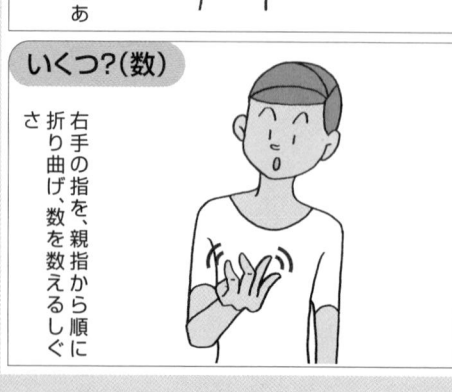

いくつ?(歳)

あごの下に右手をあて、親指から順に折り曲げる

いくら?

【お金】↓【いくつ?(数)】

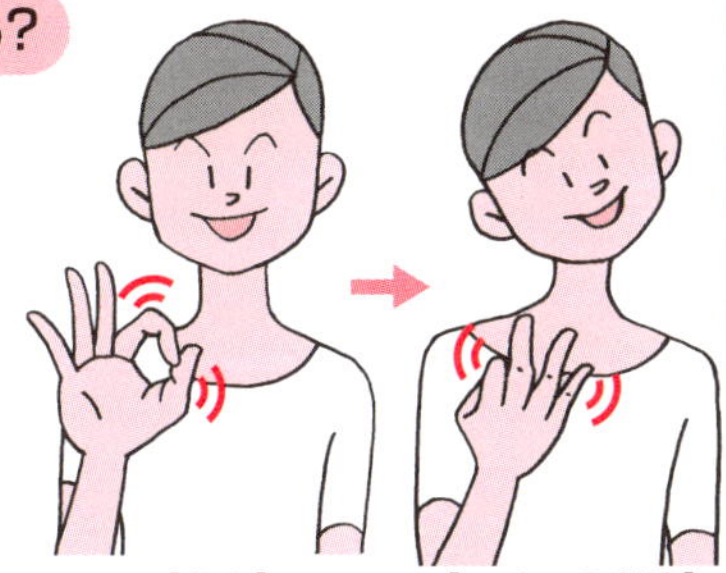

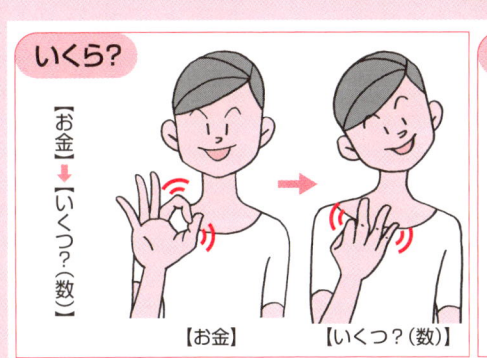

【お金】　【いくつ?(数)】

いつ?

両手を手首で交差させるように縦に重ね、同時に親指から順に折り曲げる

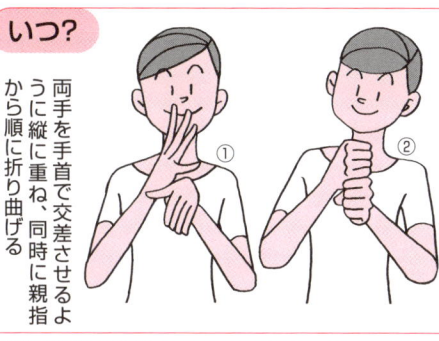

何時?

【時間】↓【何?】

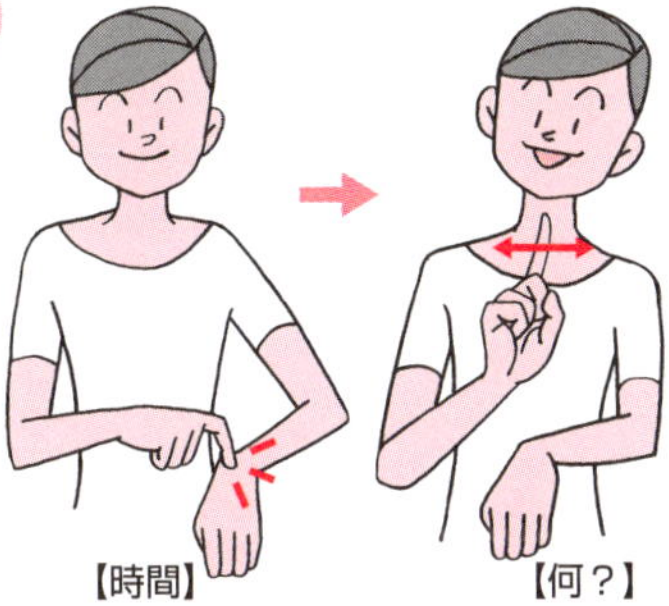

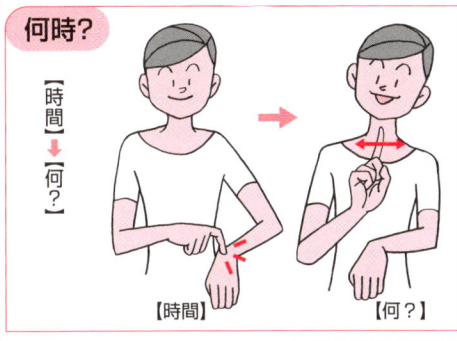

【時間】　【何?】

どうやって?

【方法】右手で左手の甲を数回たたく↓【何?】

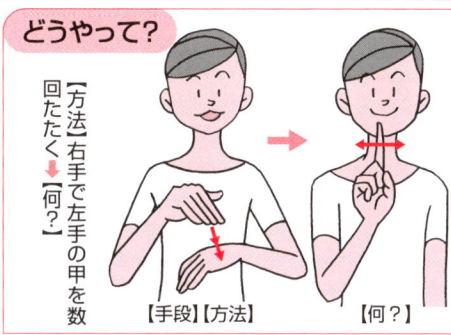

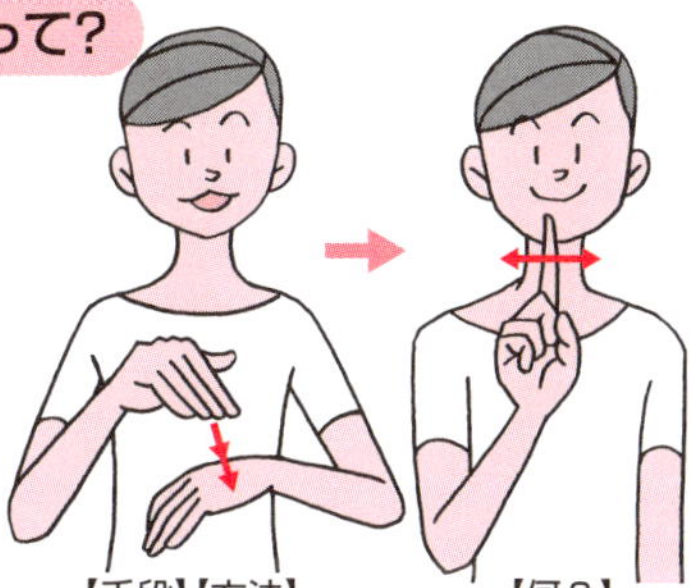

【手段】【方法】　【何?】

例文　どうして笑っているのですか?

手話文　笑う／理由／何?

1　2　3

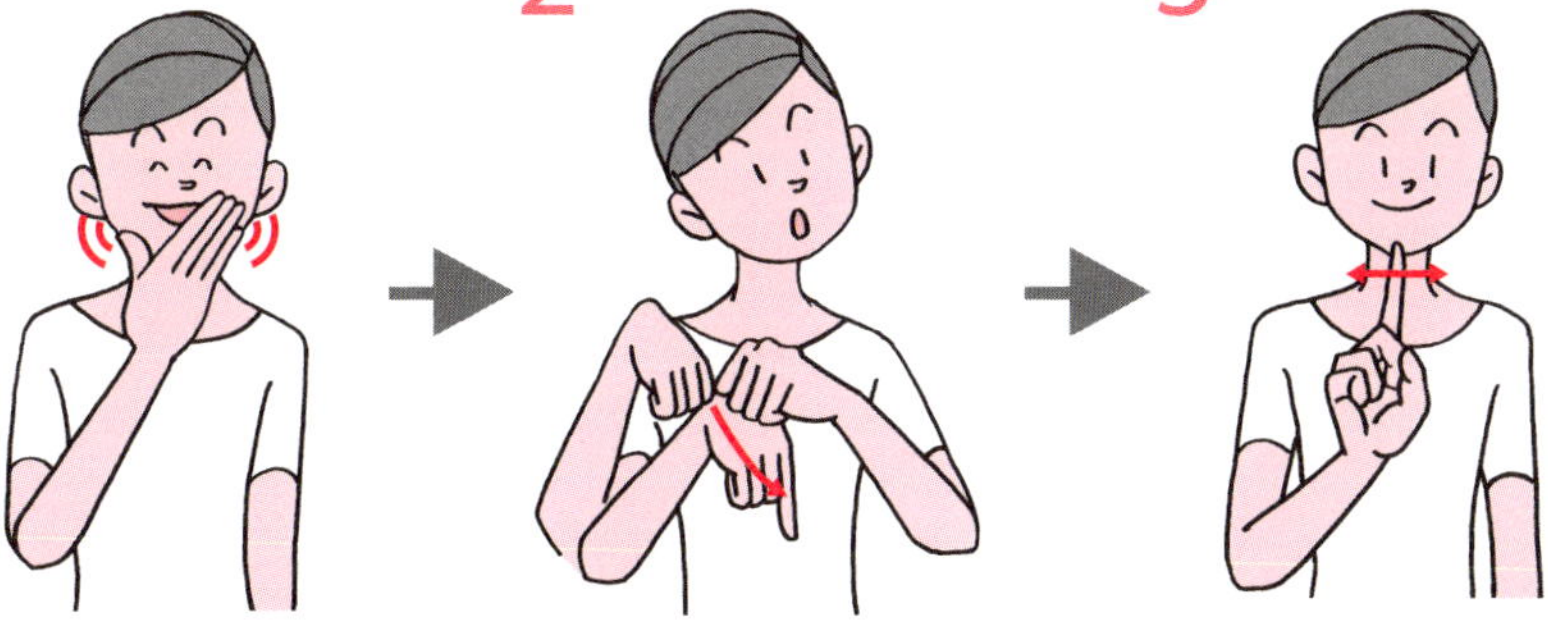

笑う

口に手をあてて笑うしぐさ

口の前に右手をあて、笑っているしぐさをします

理由

物事の中身をたずねる様子

右の人さし指を伸ばし、握った左手の下を手前から向こうへ動かします

何?

指を立ててたずねるしぐさ

右の人さし指を立て、左右に軽く振ります

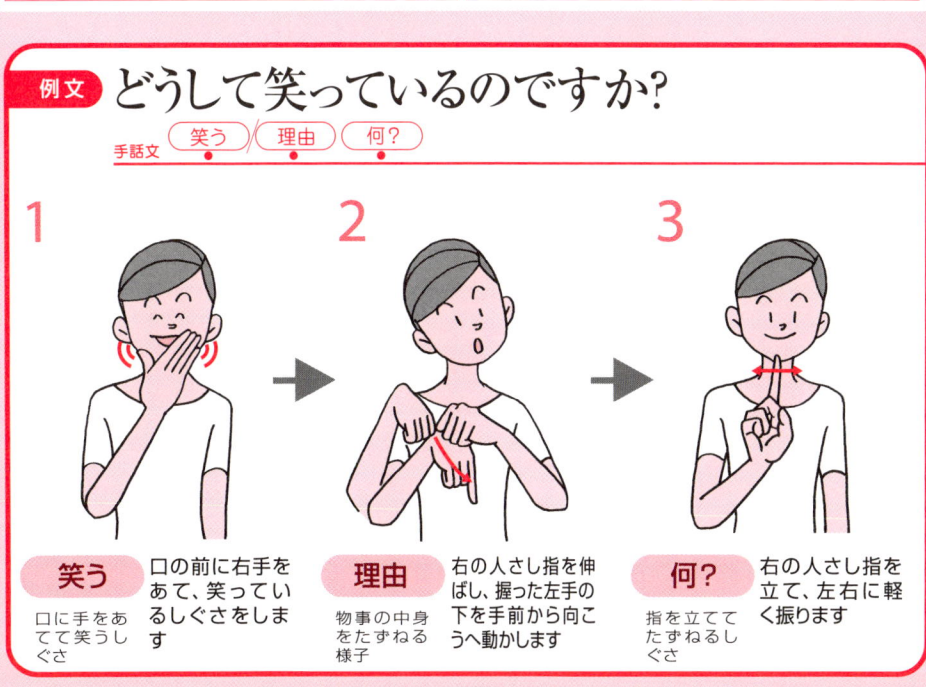

いろいろなあいづち

そう

両手の親指と人さし指をつけたり離したりする

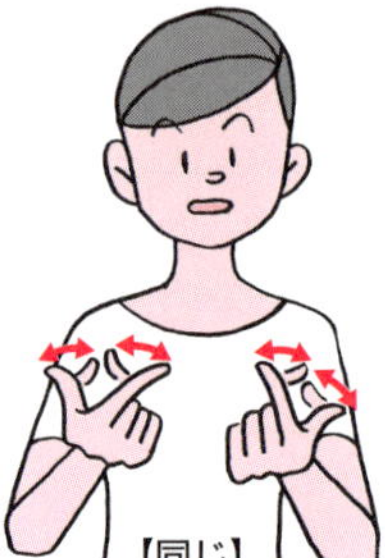

【同じ】

違う

右の親指と人さし指を伸ばし、手首を内側に返す

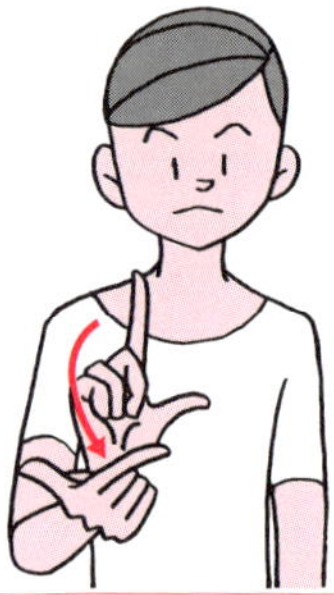

へぇ

ひじを軸に、右手を顔の前から下げる

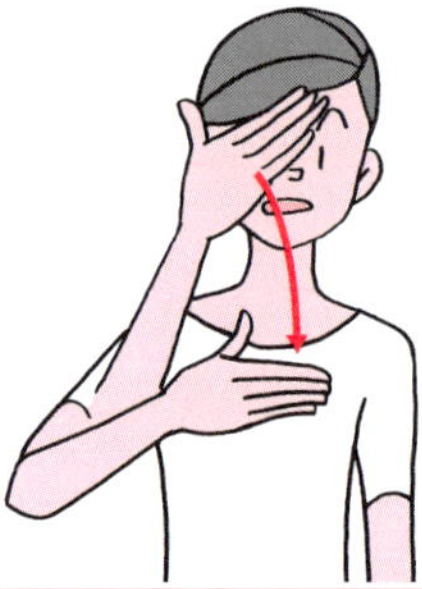

なるほど

右の親指をあごにあて、伸ばした人さし指を上下に振る

本当?

右手を立て、人さし指側で数回あごをたたく

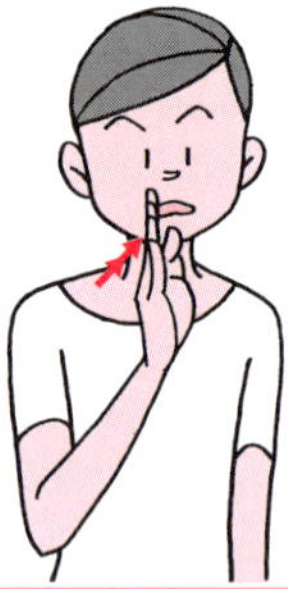

うそ

右の人さし指を軽く曲げ、右頬にあてる

いいよ

右の小指を立て、あごに数回あてる

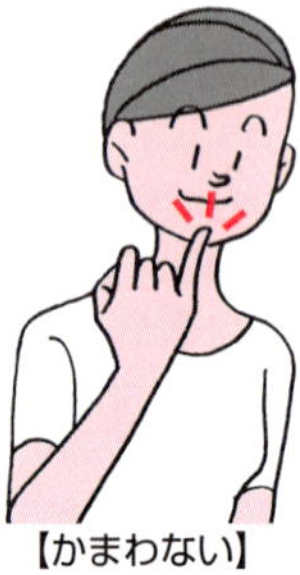

【かまわない】

だめ

右の人さし指を立てて鼻にあて、左に下ろす

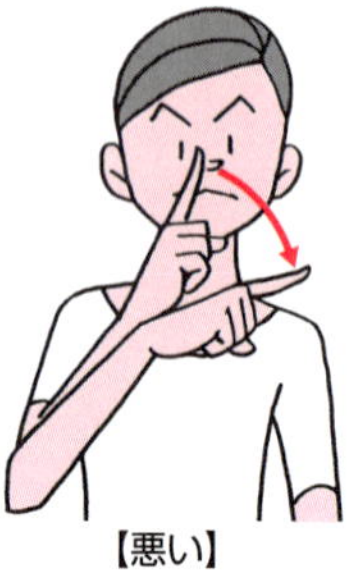

【悪い】

大丈夫

右手の４本指を左胸にあてから、右胸にあてる

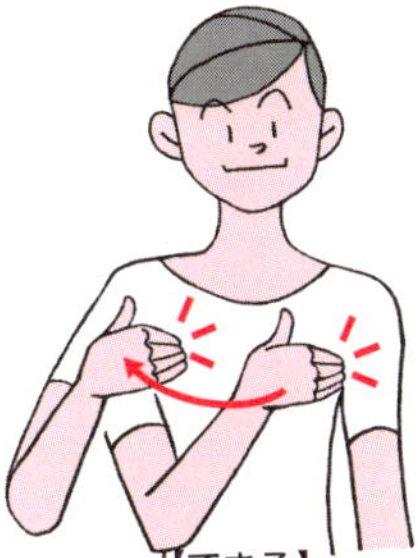

【できる】

無理

右の親指と人さし指で、頬をつねるようなしぐさ

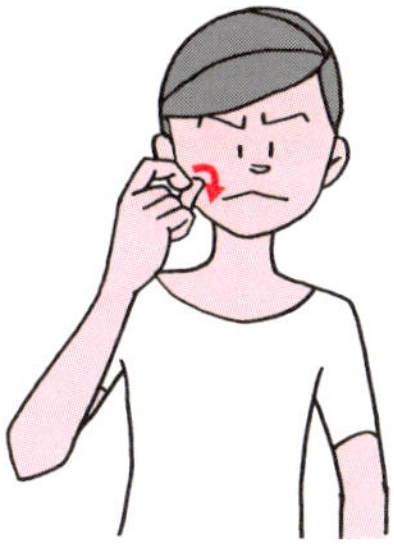

【できない】

わかる

右手のひらを胸にあて、なで下ろす

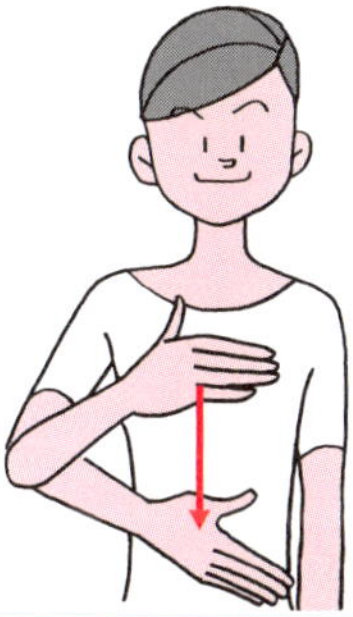

【知る】

わからない

右肩のあたりで右手を２回上にはらう

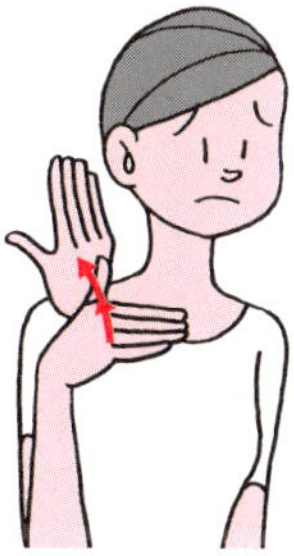

【知らない】

思う

右の人さし指を少し曲げて、こめかみにあてる

考える

右の人さし指をこめかみにあて、ねじる

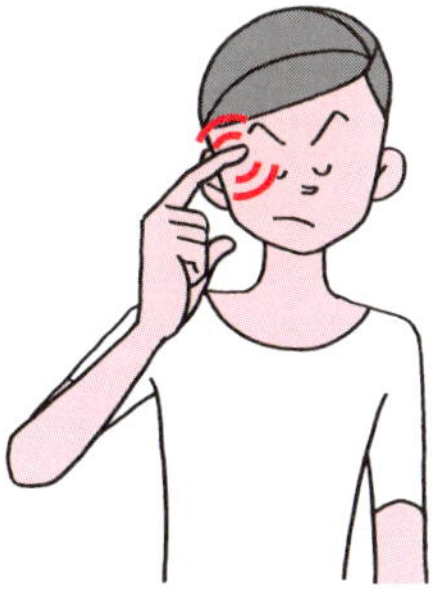

ショック

両手の指先を、左右から左胸にあてる

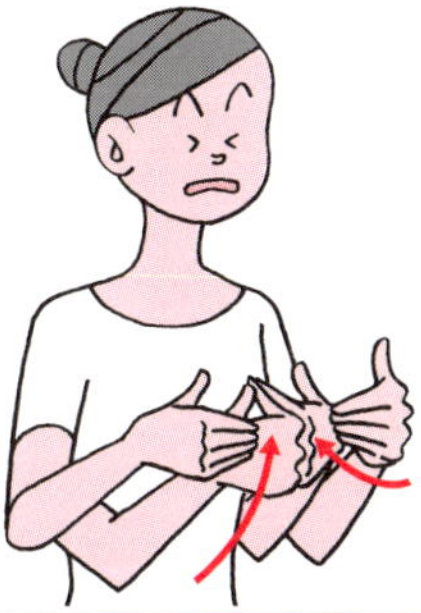

キレる

右の人さし指と中指を伸ばしてこめかみにつけ、指を開きながら斜め下へ

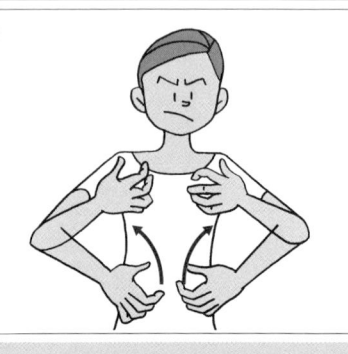

感情をあらわす手話

感情をあらわす手話表現の際、表情は重要な要素です。ここでいう表情とは、顔の動きだけではなく、頭の動きや体の動きを含んでいます。感情をあらわす単語部分の手話だけでなく、表現全体に感情をこめるようにしましょう。

たとえば「お母さん、元気？」というとき、【元気？】のところにだけ心配そうな表情をつけると不自然な印象を与えます。全体の文章の流れと意味をイメージしてあらわすことが、わかりやすい手話表現のためにもたいせつです。

幸せ

右の親指と人さし指を広げてあごにあて、閉じながら下ろす

楽しい

指先を胸に向けた両手を、交互に上下に動かす

悲しい

右の親指と人さし指を合わせて、目の下から涙がこぼれるように下ろす

さびしい

左胸の前で、開いた右の親指とその他の指を、下ろしつつ閉じる

怖い

両手は握り、脇をしめて小刻みにふるえるしぐさ

怒る

指を軽く曲げた両手のひらを自分に向け、おなかから上げる

驚く

右の人さし指と中指を左手のひらにおき、速く上げる

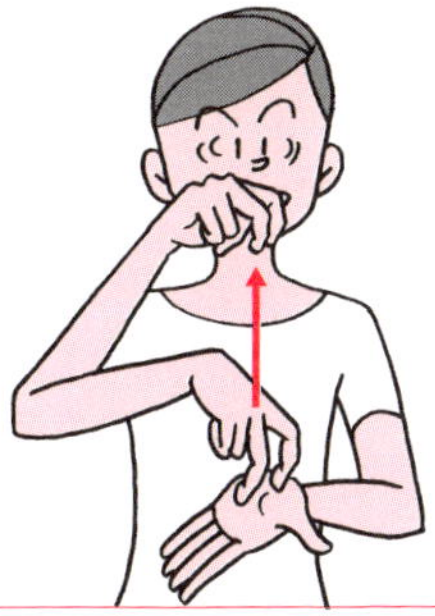

おもしろい

右のこぶしの小指側で、脇腹を数回たたく

困る

右手の指を少し曲げてこめかみにあて、前後に数回小さく動かす

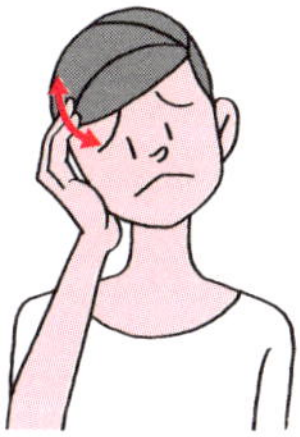

苦しい

右手の指を軽く曲げ、胸につけて回す

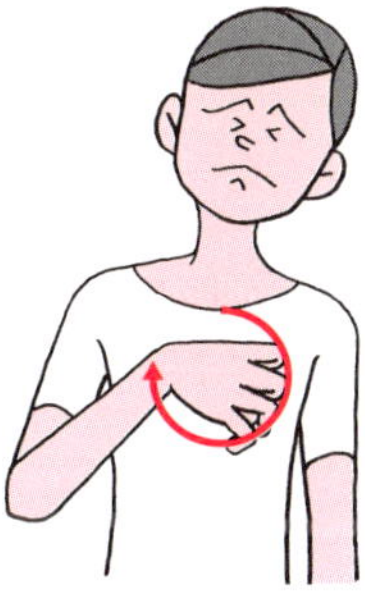

はずかしい

鼻をおおうように右手をおき、指を閉じつつ斜め下に下ろす

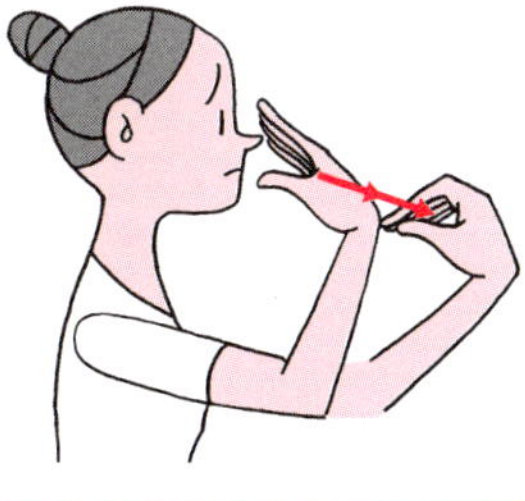

くやしい

両手の指を軽く曲げ、体をかくように、交互に上下させる

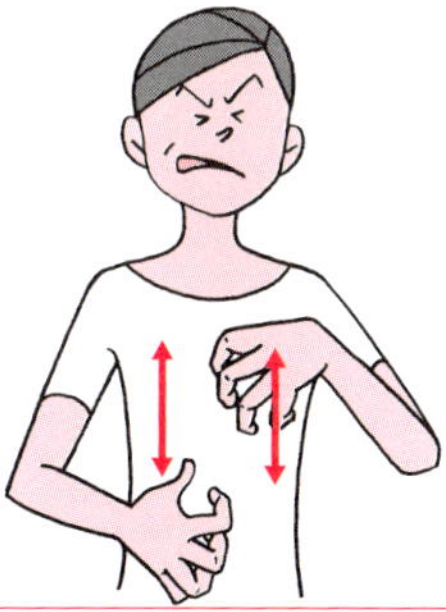

満足

右手のひらを胸にあて、数回なでおろす

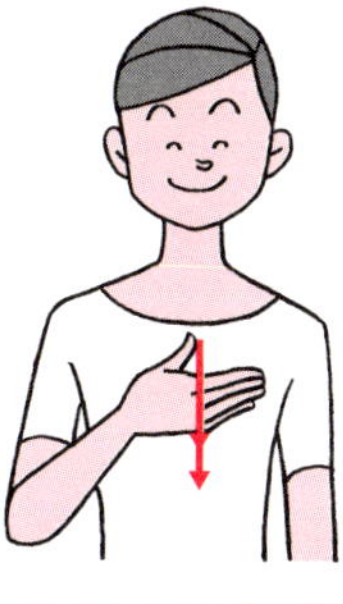

不満

右手のひらで左胸を軽くたたき、前に離す

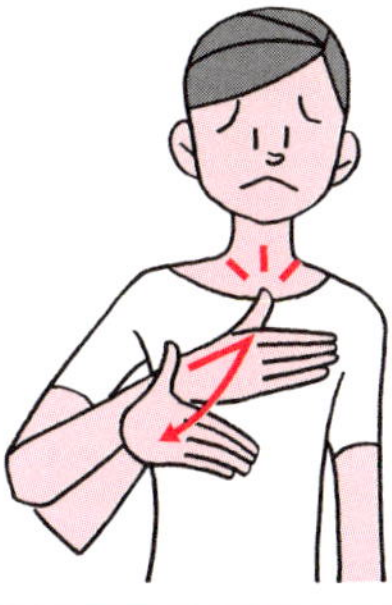

対で覚える手話

手話には、動きを逆にすると、能動・受動（れる・られる）の関係になるものと、反対語になるものがあります。

【言う】【見る】【教える】【だます】などは、自分からアクションを起こす行動（能動）なので、動きを逆にすると受動態【言われる】【見られる】【教わる】【だまされる】になります。

【明るい】は手を開く動きですが、手を閉じることで反対語の【暗い】に、【覚える】は手を下に閉じる動きですが、手を上に開く動きで【忘れる】という反対語をあらわす手話になります。

言う

右のこぶしを口の前におき、前に出しつつ開く

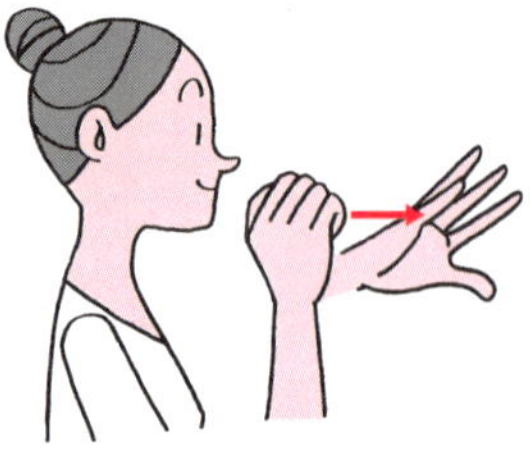

言われる

右のこぶしを顔の前におき、指を自分に向けて開く

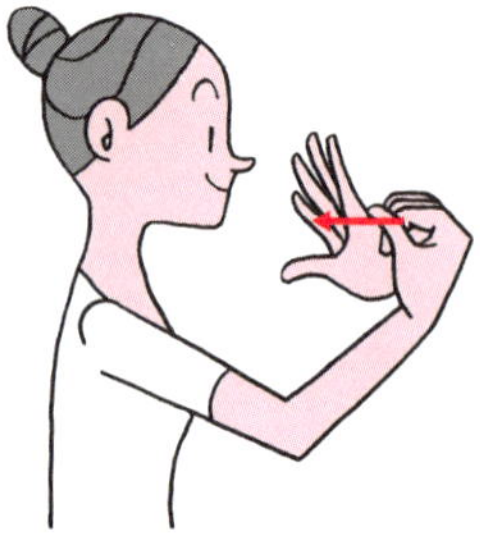

見る

右の人さし指と中指を伸ばし、目の前で前方に向けて出す

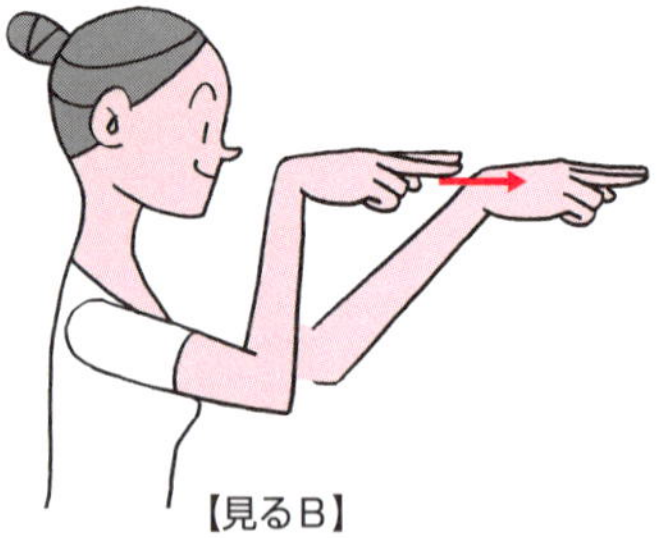

【見るB】

見られる

右の人さし指と中指を伸ばし、自分に向けて近づける

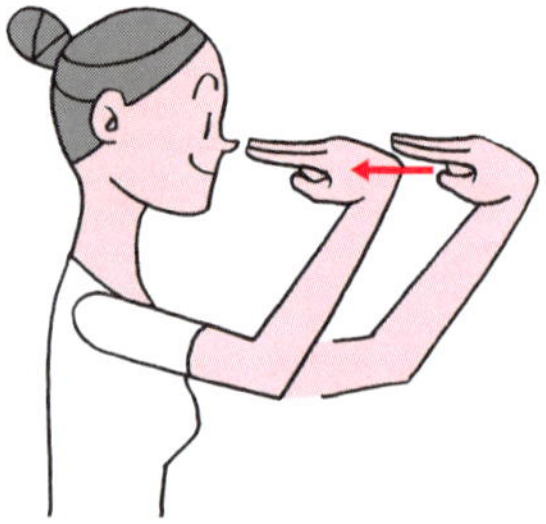

教える

右の人さし指を伸ばし、下向きに数回振る

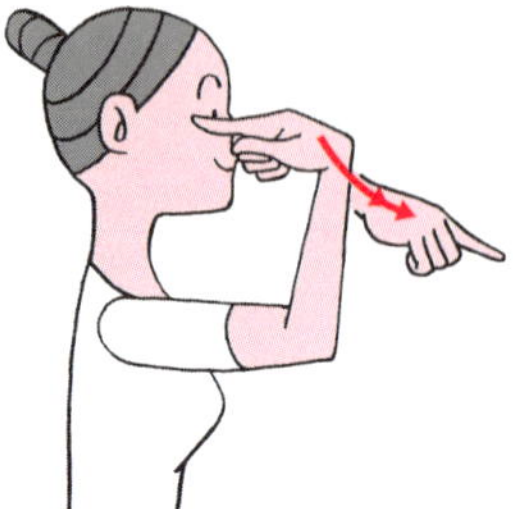

教わる

右の人さし指を伸ばし、自分に向けて数回下ろす

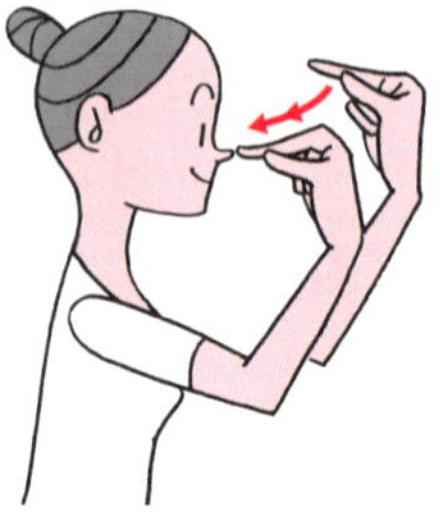

行く

右の人さし指を伸ばして下向きにし、前方へ上げる

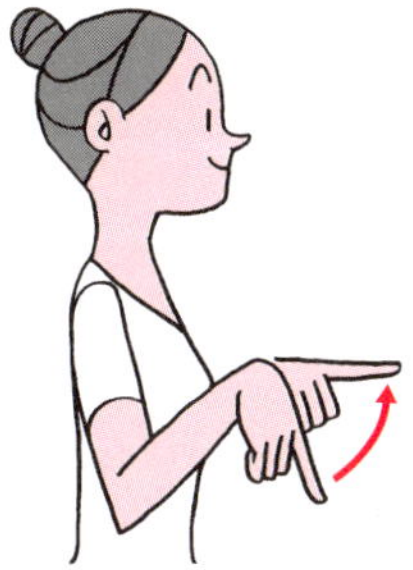

来る

右の人さし指を伸ばして前方に向け、下向きに下げる

売る

右手で【お金】をあらわし、左手は手のひらを上にして前に出す

右手は「お金」、左手は「品物」をあらわす

買う

左手は手のひらを上にし、右手であらわした【お金】を前に出す

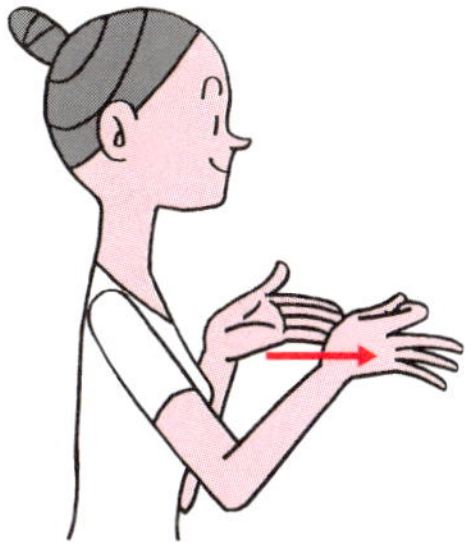

貸す

右手のひらを上向きに、指を自分に向け、相手側に引きながら指を閉じる

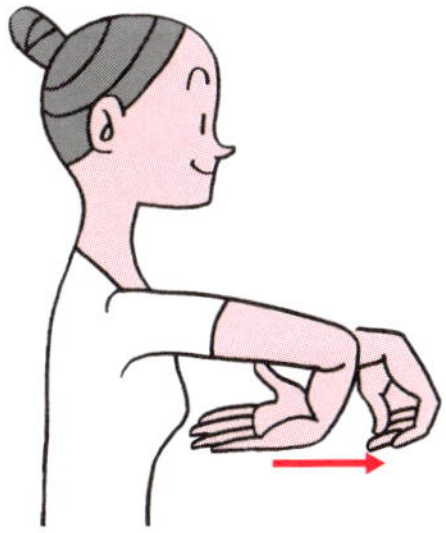

借りる

右手のひらを上向きに前に出し、指を閉じながら手前に引く

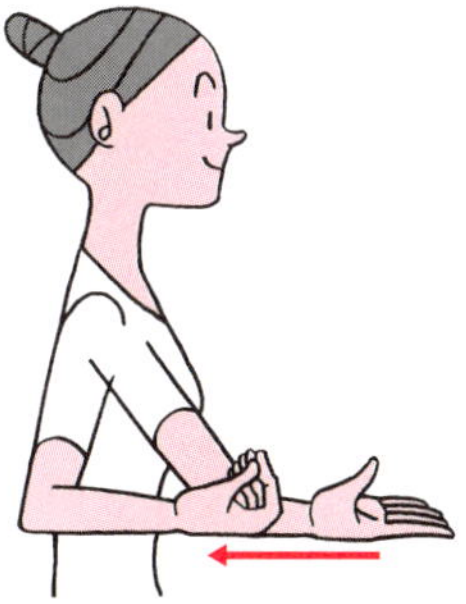

好き

右の親指と人さし指を伸ばして広げ、のどの前から指を閉じつつ前に出す

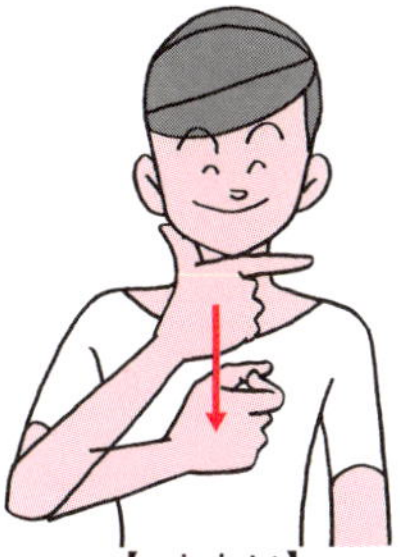

【～したい】

嫌い

右の親指と人さし指を合わせ、のどの前から、指を開きつつ前に出す

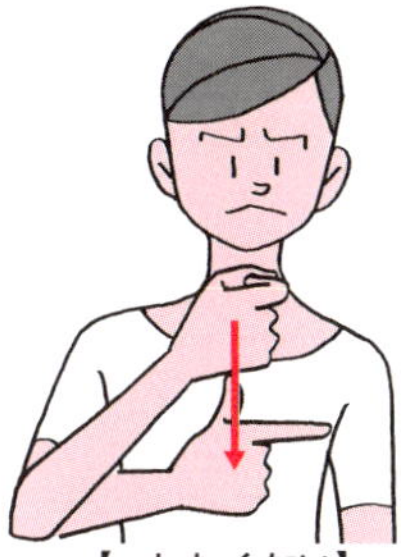

【～したくない】

明るい

手のひらを前に向けた両手を顔の前で交差させ、左右に開く

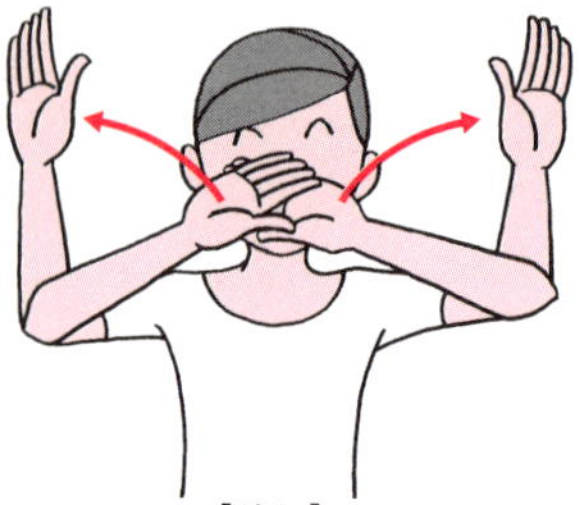

【晴れ】

暗い

手のひらを前に向けた両手を左右から交差させ、顔の前にもってくる

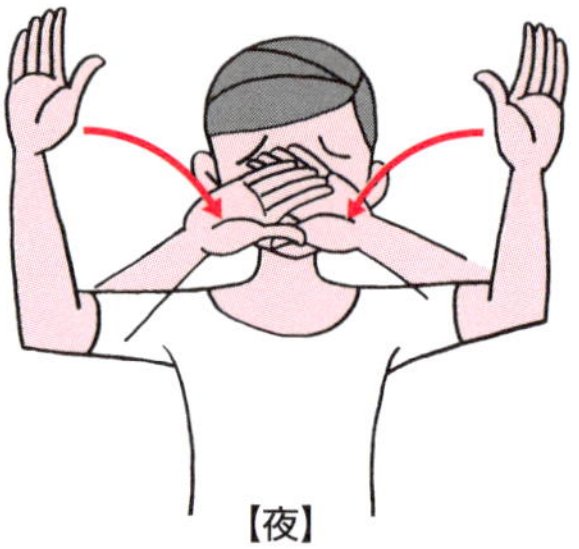

【夜】

必要

両手の甲を向かい合わせ、指先を自分に向け、胸につける

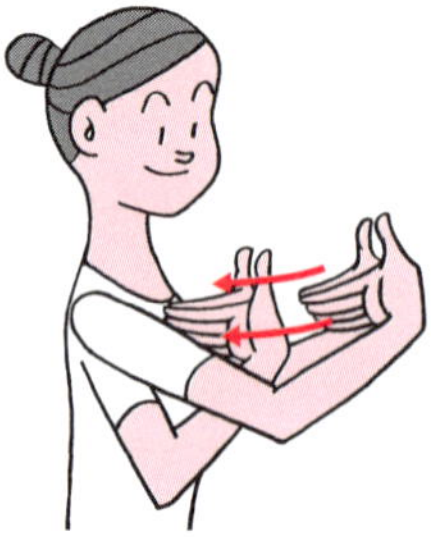

不要

両手の４本指を胸につけ、パッと前に離す

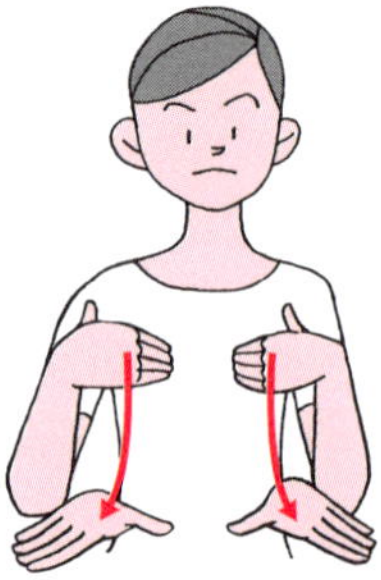

だます

右の親指、中指、薬指をつけて手のひら側を相手に向け、回す

狐が人をだますといわれることから

だまされる

右の親指、中指、薬指をつけ、手のひら側を自分に向け、回す

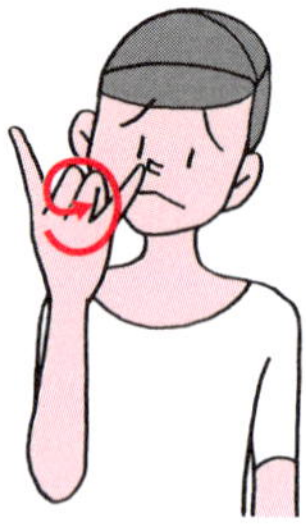

認める

右手に左手をそえ、右のこぶしを手首から前に倒す

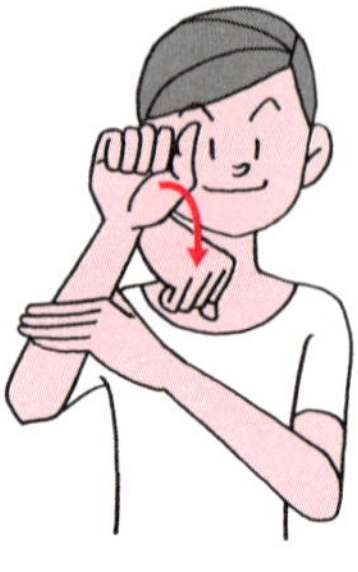

認めない

右手に左手をそえ、手首から倒した右のこぶしを上に戻す

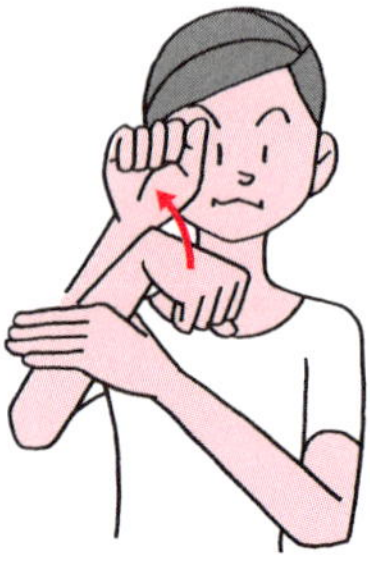

長い

両手の親指と人さし指の指先をつけ、正面で合わせ、左右に開く

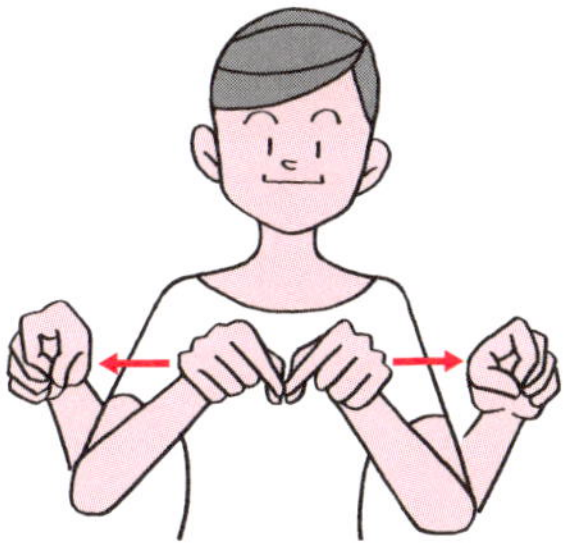

短い

親指と人さし指の指先をつけた両手を正面に寄せる

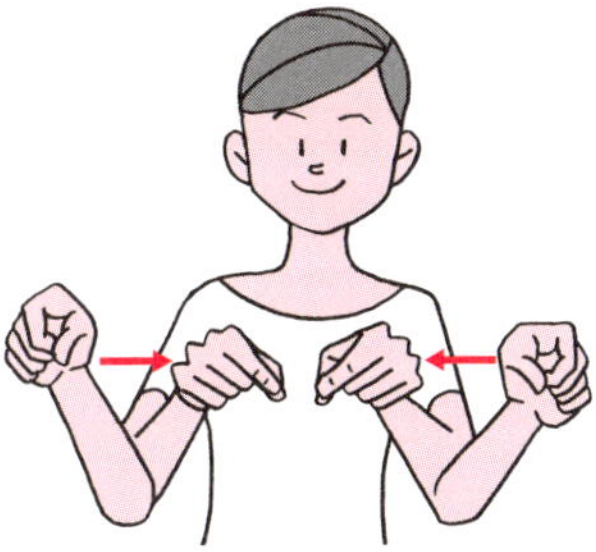

高い

右手の４本の指を曲げて頭の横におき、少し上げる

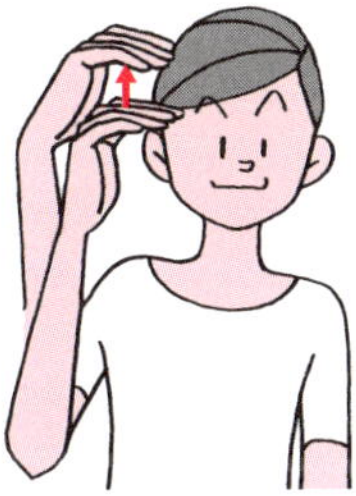

低い

右手の４本の指を曲げて頭の横におき、少し下げる

高い（金額が）

右手であらわした【お金】を上げる

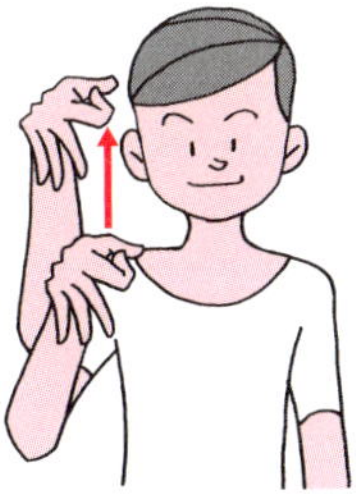

安い

右手であらわした【お金】を下げる

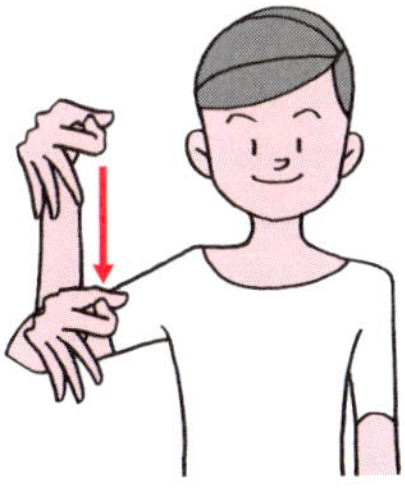

あげる

両手のひらを上向きにして並べ、前に出す

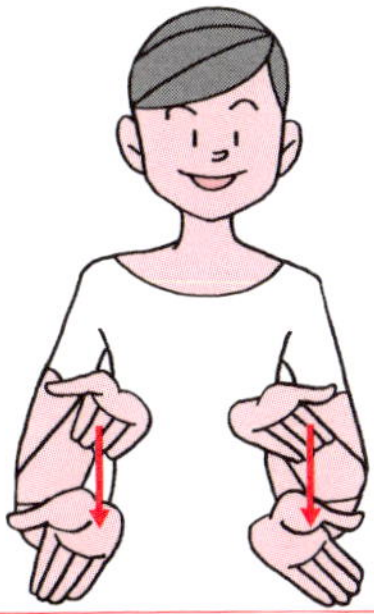

もらう

両手のひらを上向きにして並べ、手前に引く

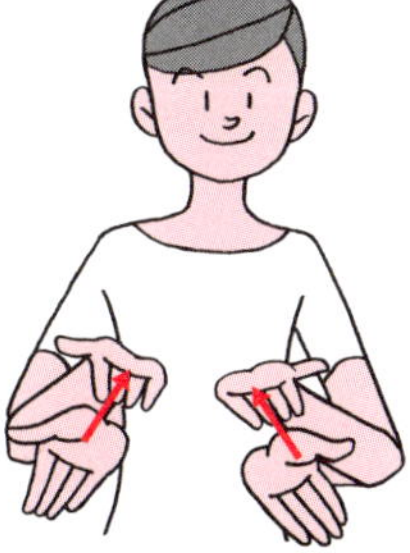

始まる

相手に向けた両手のひらを正面で、左右に開く

終わる

両手の指を上に向け、指をすぼめながら下げる

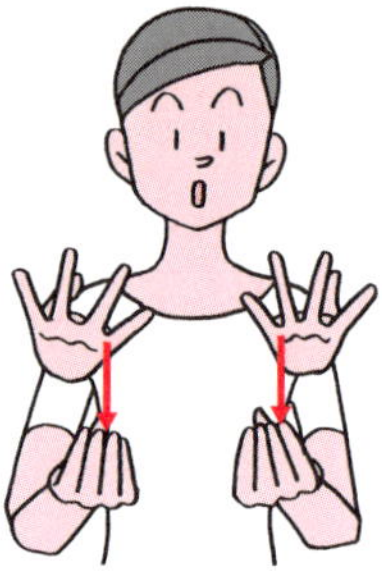

覚える

頭の横で右手の指を上向きに開き、閉じながら下げる

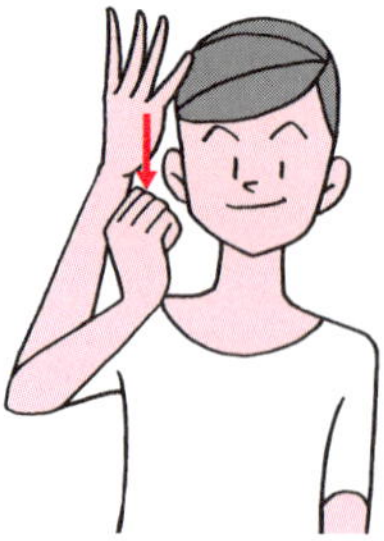

忘れる

頭の横に右のこぶしをおき、指を上向きに開きながら上げる

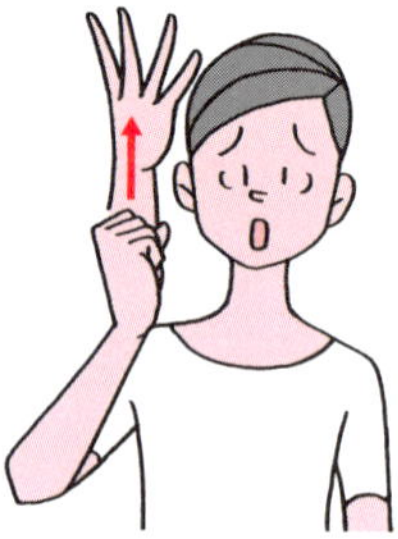

できる

右手の4本指を左胸にあててから、右胸にあてる

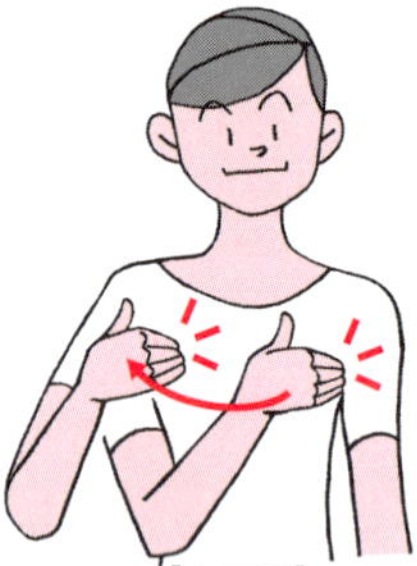

【大丈夫】

できない

右の親指と人さし指で、頬をつねるようなしぐさ

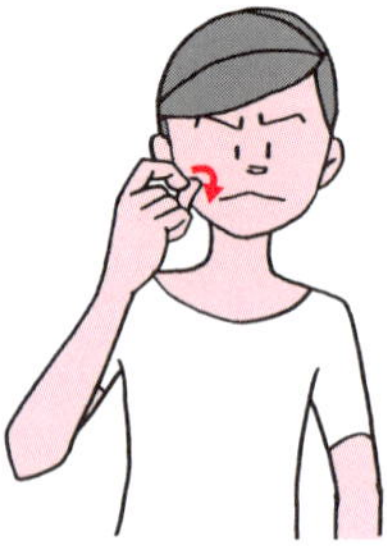

【無理】

よい

右のこぶしを、鼻から前方へ出す

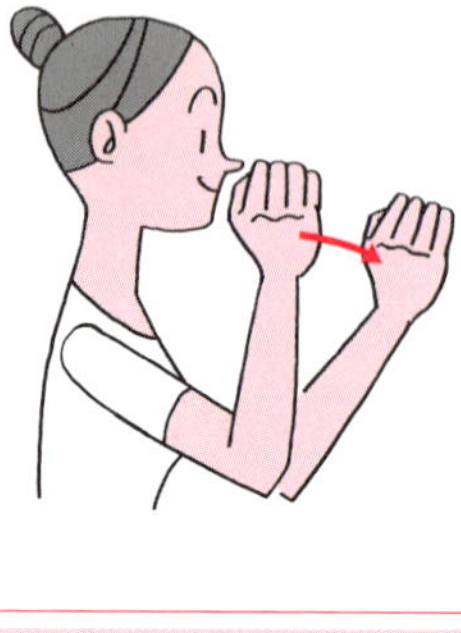

悪い

右の人さし指を伸ばして鼻の先にあて、はらうように左へ

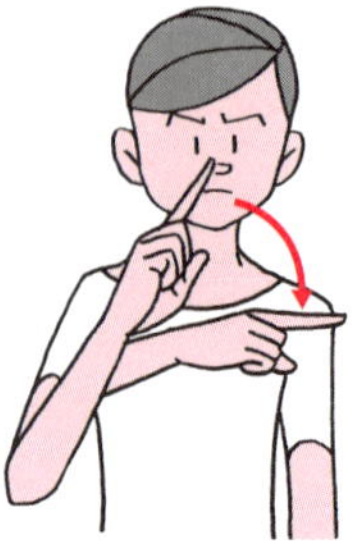

勝つ

右のこぶしを鼻から右斜め前方へ上げる

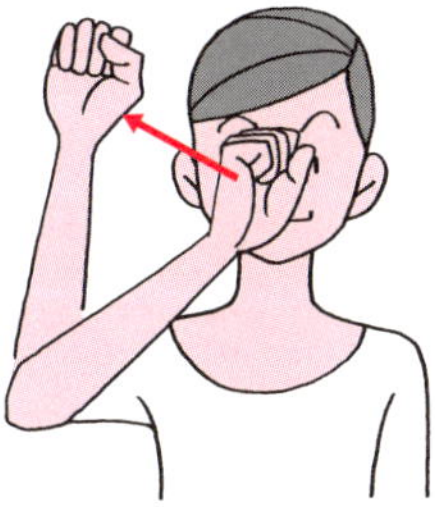

負ける

手のひらを自分に向けた両手を顔の前におき、指を閉じながら下ろす

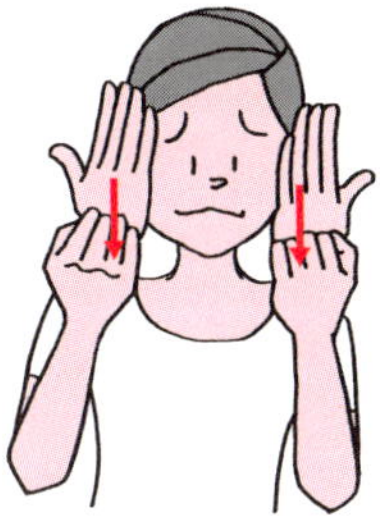

深い

手のひらを下に向けた左手の手前で、右の人さし指を下に向け、下げる

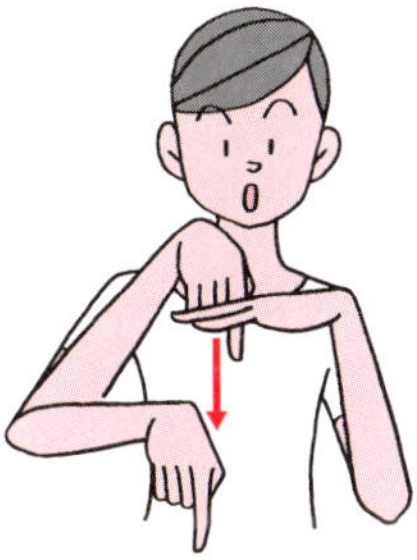

浅い

手のひらを下に向けた左手の下に、右手のひらを上向きにおき、上げる

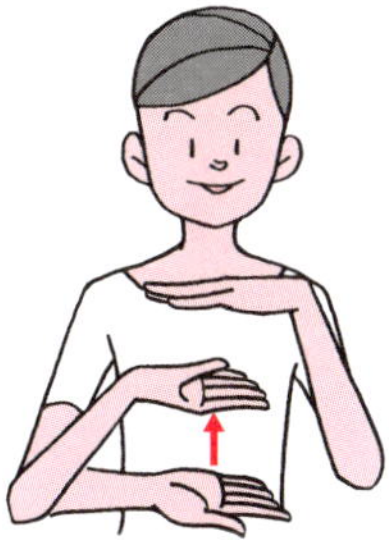

広い

両手を握ってひじを張り、左右にひじを開く

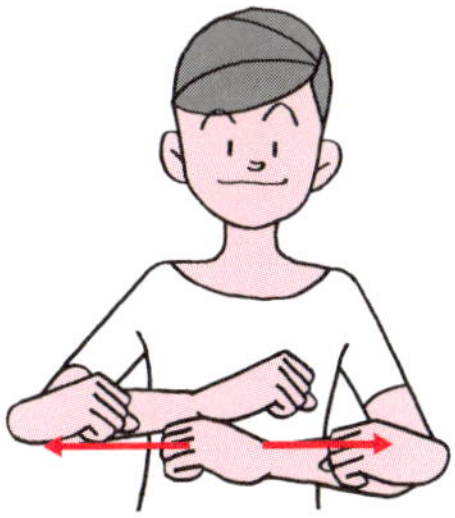

狭い

両手のひらを向かい合わせ、左右から寄せる

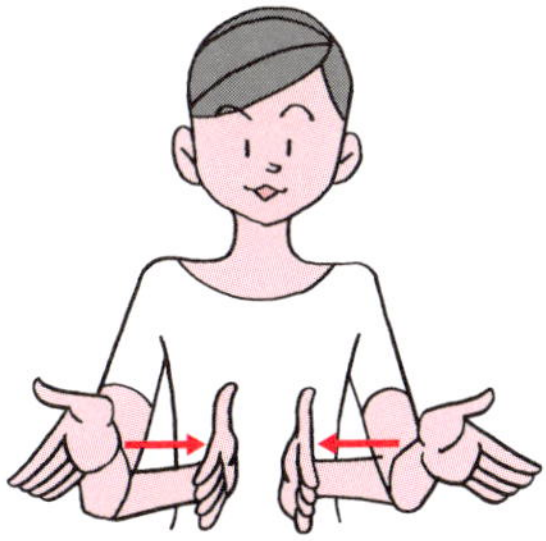

厚い

右の親指とその他の指を、合わせた状態から離す

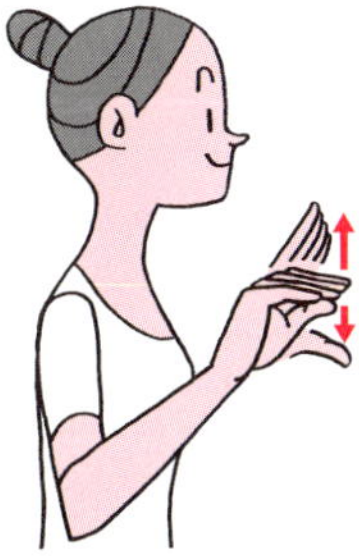

薄い

右の人さし指と親指を開いた状態から、やや引き合わせる

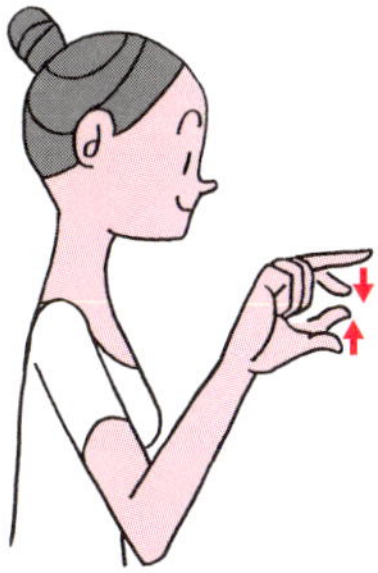

重い

指同士を向かい合わせ、ものをのせるようにした両手を、重そうに下げる

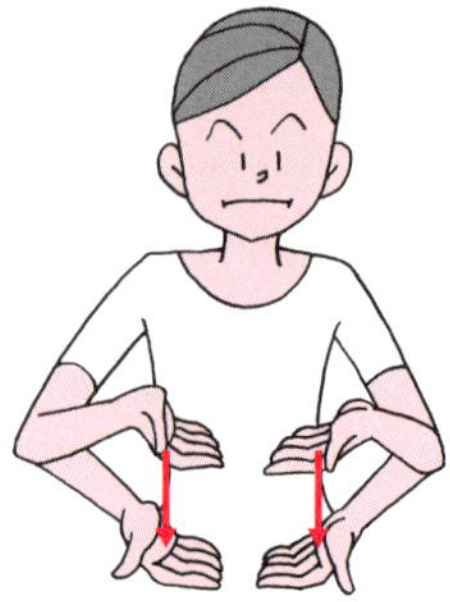

軽い

両手のひらを上向きにして並べ、ヒョイと上げる

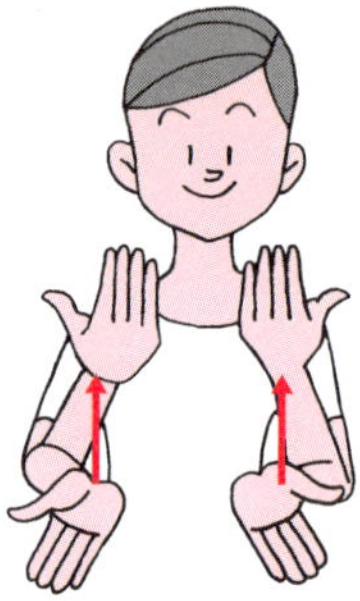

かたい

右の親指、人さし指、中指を軽く曲げ、右上から左下へ振り下ろす

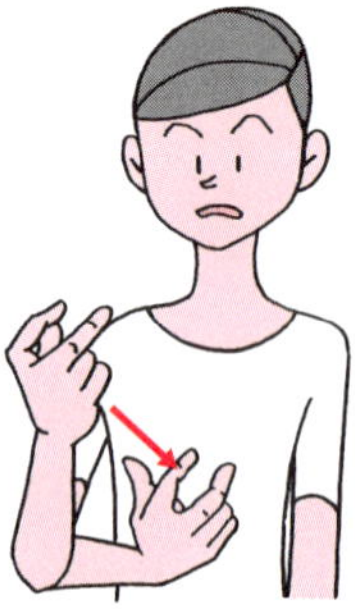

やわらかい

両手のひらを軽く開閉しながら、左右へ開く

熱い

右手をサッと上げてから、耳たぶをつまむ

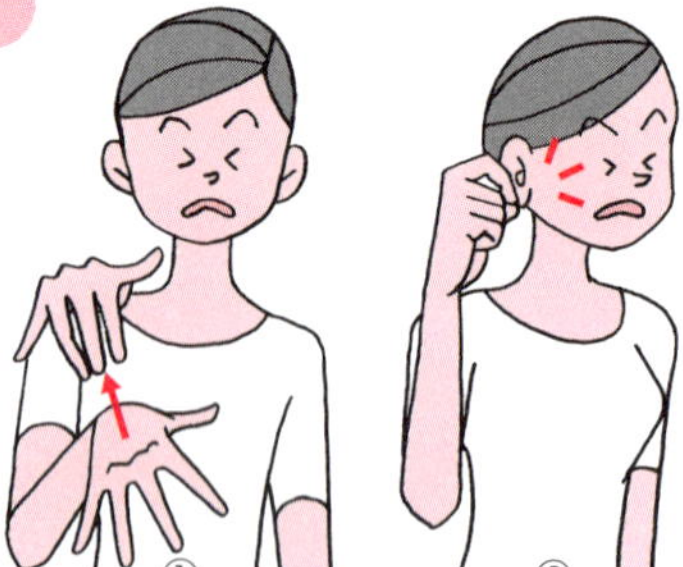

①　②

冷たい

右手をサッと上げる→【寒い】

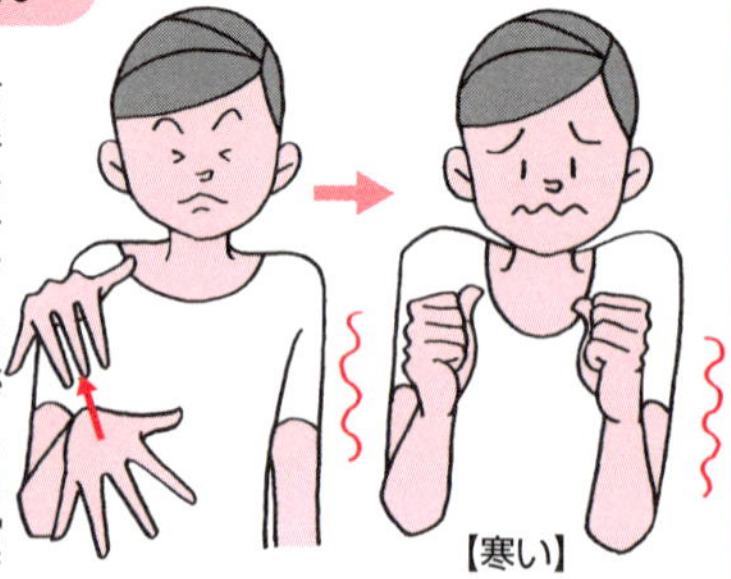

【寒い】

美しい

右手を左手のひらの上ですべらせて斜め前へ出す

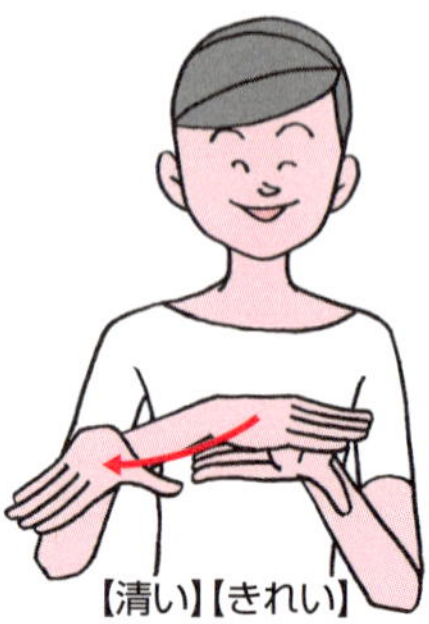

【清い】【きれい】

汚い

鼻をつまみ、左手のひらの上にすぼめた右手の指先を数回あてる

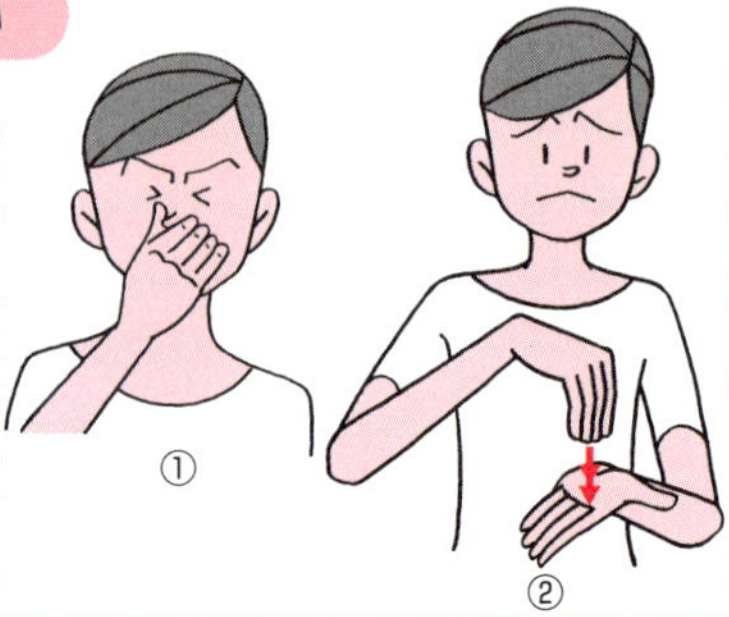

①　②

遠い

両手の親指と人さし指を合わせ、両手並んだ位置から右手のみ斜め前へ出す

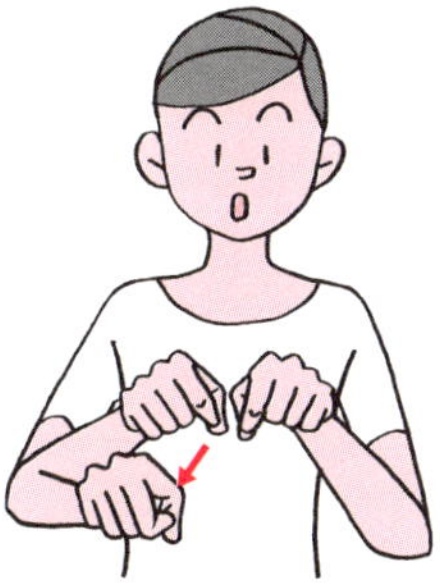

近い

両手の親指と人さし指を合わせ、やや斜め前においた右手を左手に近づける

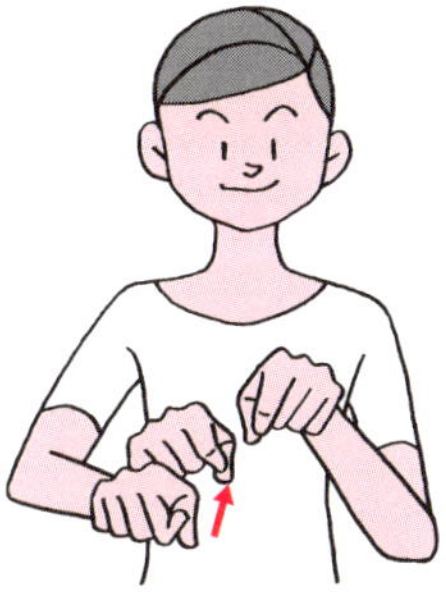

速い

親指と人さし指を合わせた右手を、指を伸ばしつつ左へすばやく動かす

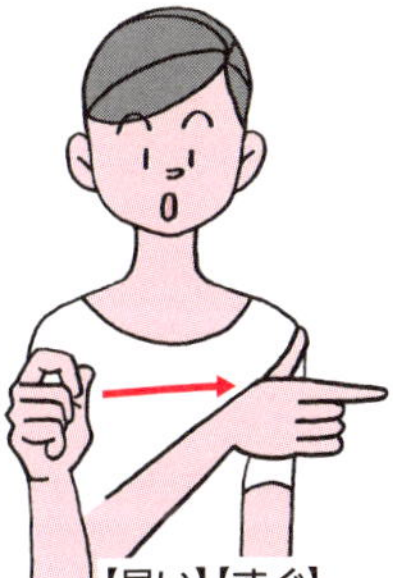

【早い】【すぐ】

遅い

親指と人さし指を伸ばし、指を向かい合わせた両手を、左から右へ弧を描くように動かす

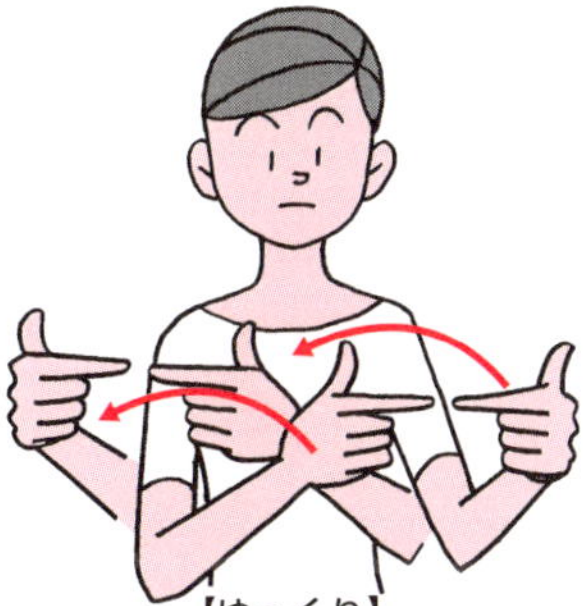

【ゆっくり】

強い

右手を握り、力こぶをつくるようにして引き寄せる

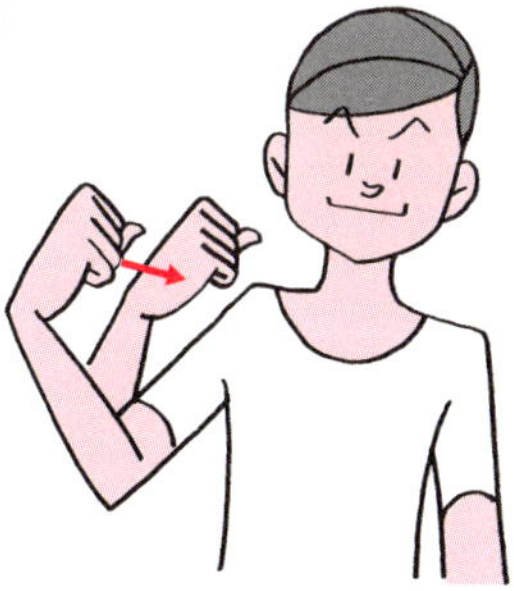

弱い

両手のひらを胸に向け、指を下ろすようにして、弱々しく下げる

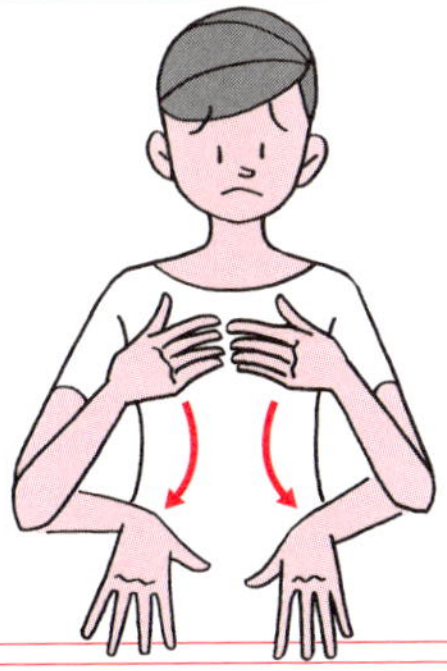

新しい

手のひら側を自分に向けた両手のこぶしを、パッと手を開きながら前に出す

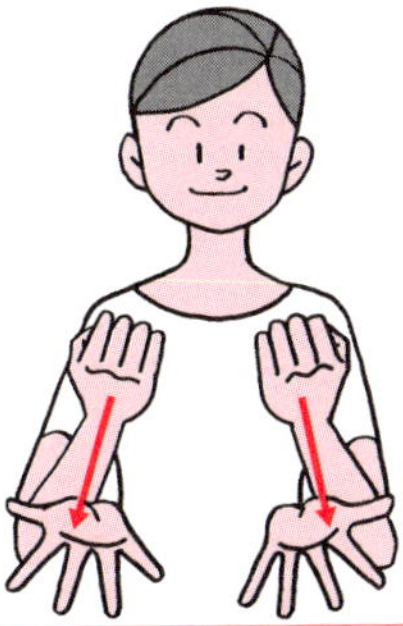

古い

右の人さし指を鼻の横におき、鼻を囲うように指を曲げる

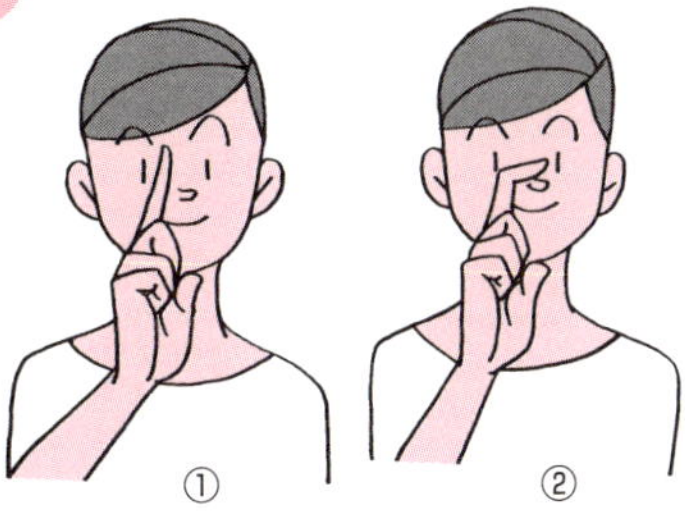

簡単

右の人さし指をあごにあててから、左手のひらに指先をトンとおく

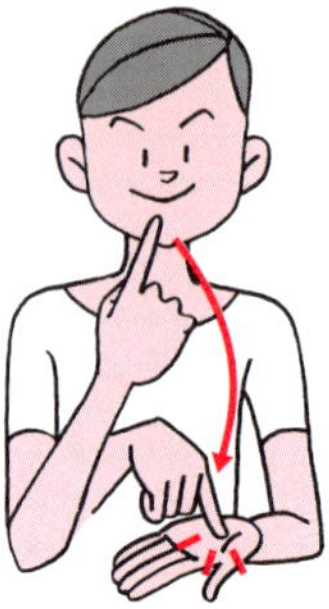

難しい

右の親指と人さし指で、頬をつねるようなしぐさ

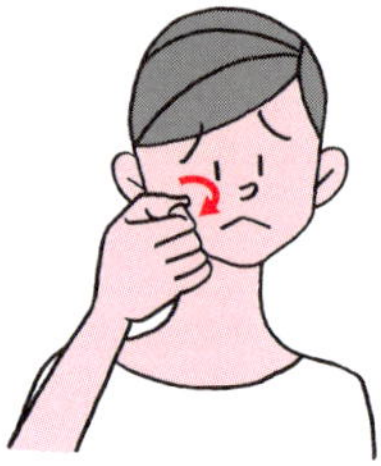

【できない】

ひま

開いた両手のひらをダランと下げる

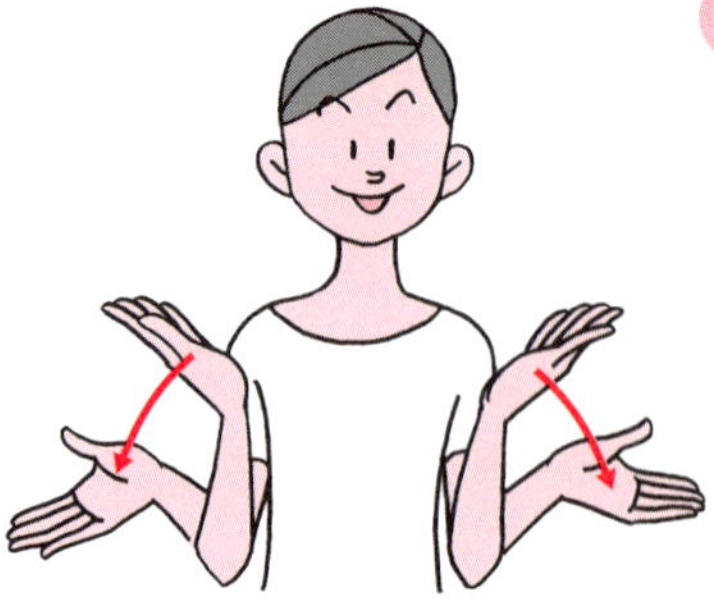

忙しい

両手の指を軽く折り曲げて下に向け、かき混ぜるように互い違いに回す

上手

右手で、左腕から手の甲に向かってなで下ろす

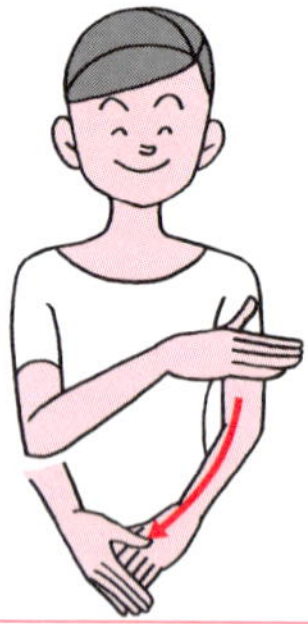

下手

右手で左手の甲を打ち、そのまま左斜め上に上げる

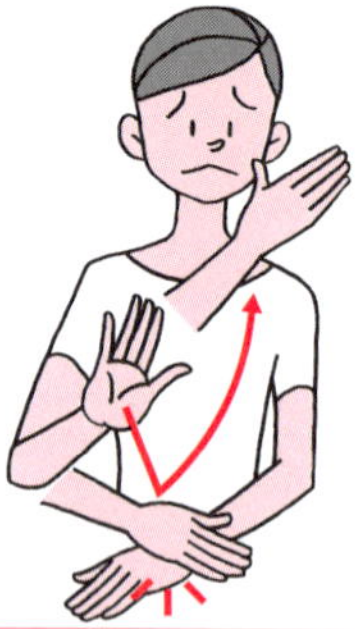

静か

右手でシーッというしぐさをしてから、両手を重ね、左右に開く

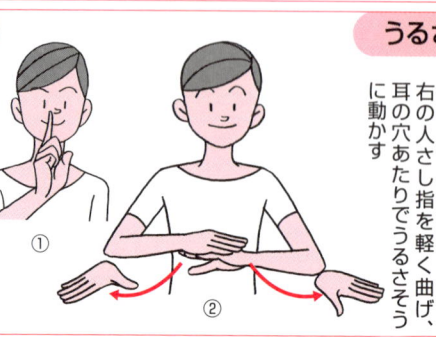

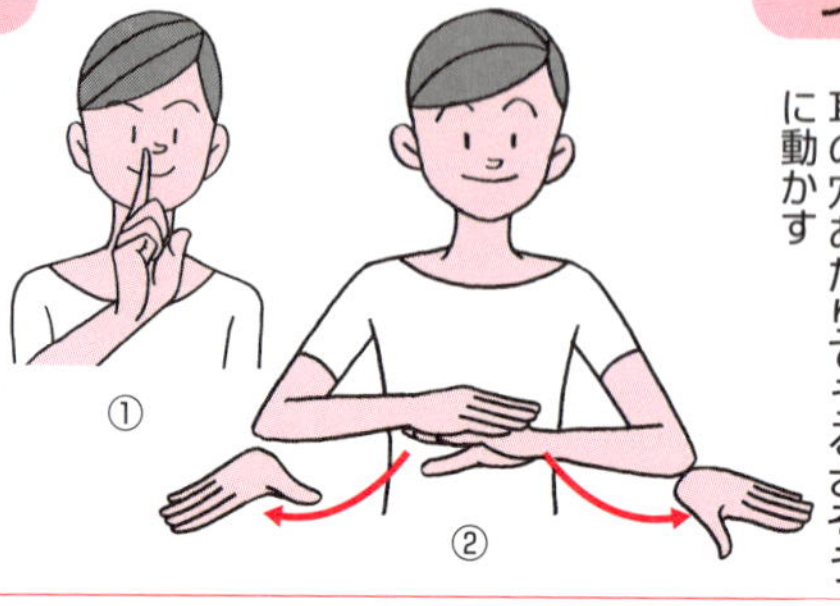

うるさい

右の人さし指を軽く曲げ、耳の穴あたりでうるさそうに動かす

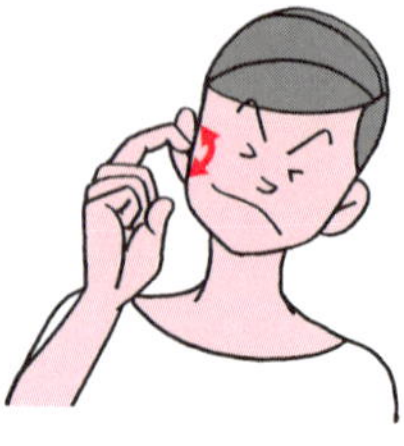

最高

左手のひらを下向きにし、手のひらを左向きにした右手を下から垂直にあてる

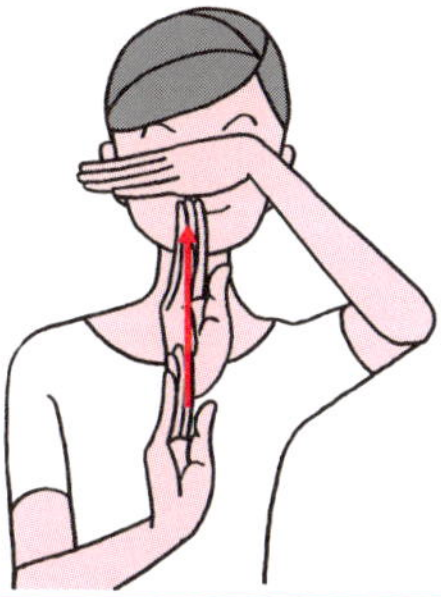

最低

右手のひらを自分に向け、指先を下ろして、左手のひらにあてる

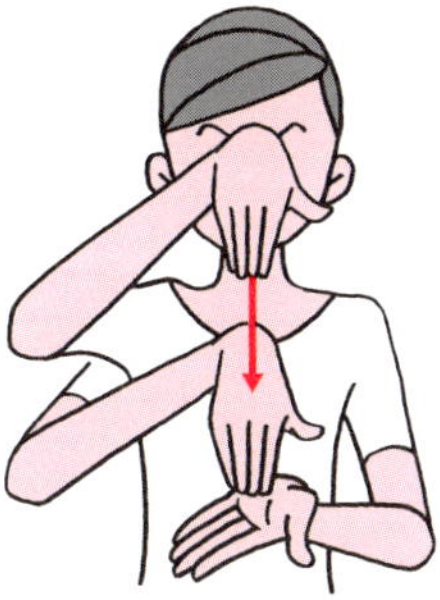

損

両手であらわした【お金】を、指を離しながらパッと下ろす

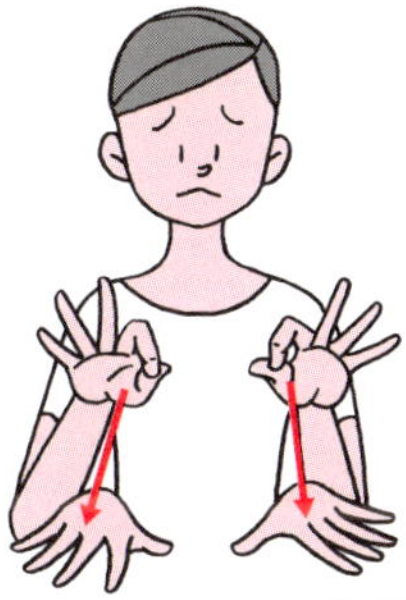

得

前にあるものをもつようにした右手を手前に引く

合格

左手のひらを下向きにし、その内側で、手のひらを左に向けた右手をスッと上げる

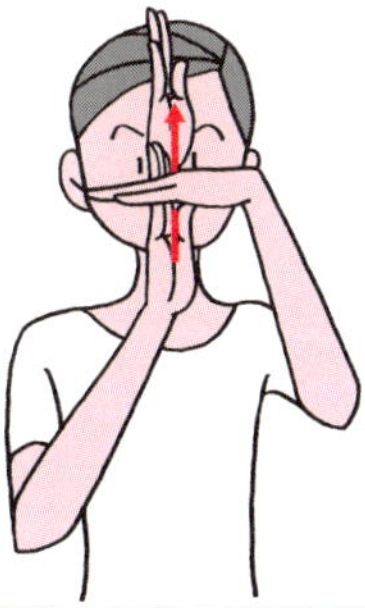

不合格

左手のひらを下向きにし、手のひらを左向きにした右手をあててスッと下ろす

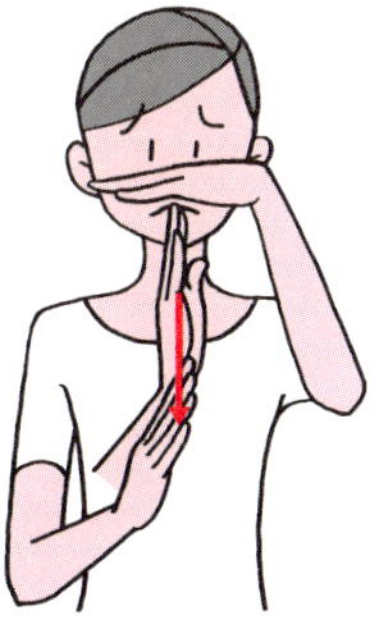

裕福

両手で【お金】をあらわし、弧を描くように下ろす

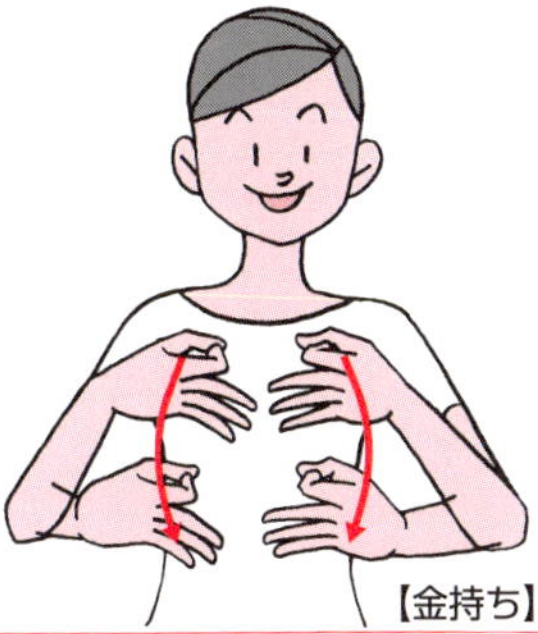

【金持ち】【富】

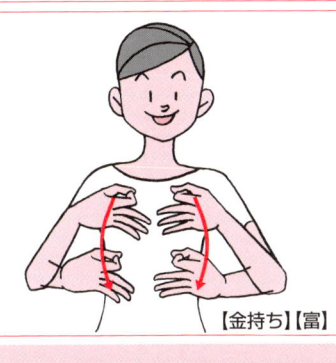

貧しい

伸ばした右の親指で、あごを上げる

からだ・医療に関する手話

健康状態をあらわすときは、どこがどんな様子なのか伝えられるとよいですね。たとえば「おなかが痛い」のか「歯が痛い」のか、痛みの部位はいろいろです。おなかが痛いならおなかのあたりを押さえながら、奥歯が痛いなら、頬のあたりを押さえながら【痛い】と表現してみましょう。

また、痛みの強さは、表情や手の動きなどであらわす場合もありますが、こまかな症状まで伝えるのは困難です。具体的な痛みの部位や症状を伝える際には、筆談も重要な手段となります。

健康

【体】右手を胸の前で回す⬇

【元気】両手を握り、ひじを張って上下する

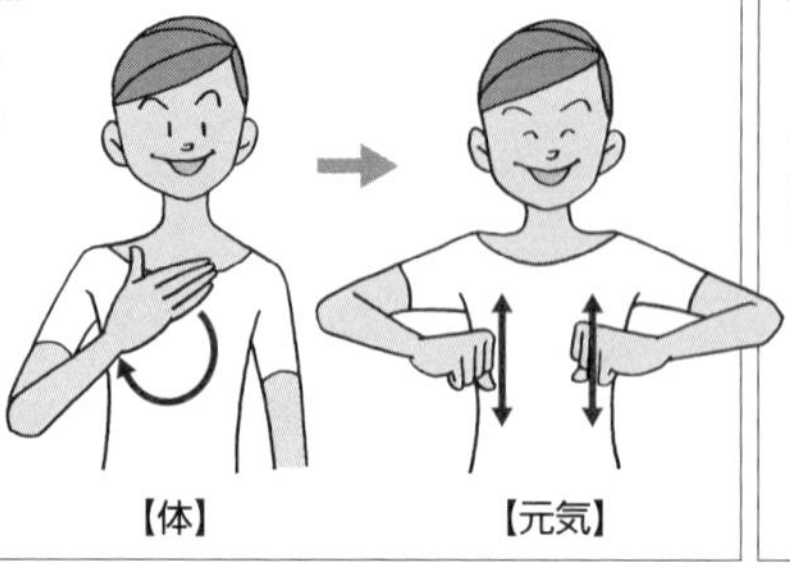

疲れる

両手のひらを胸に向け、指を下ろすようにして、弱々しく下げる

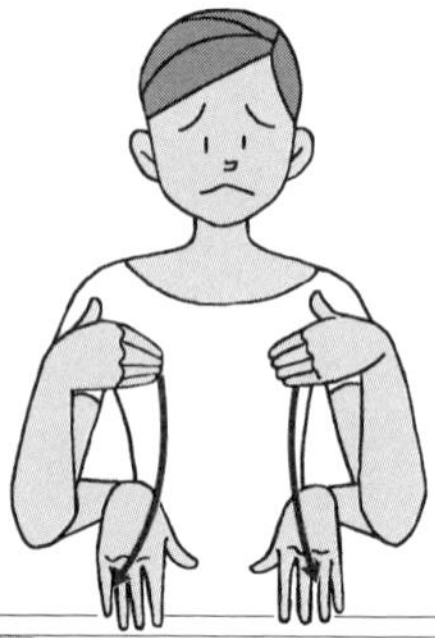

病気

右のこぶしを数回、額にあてる

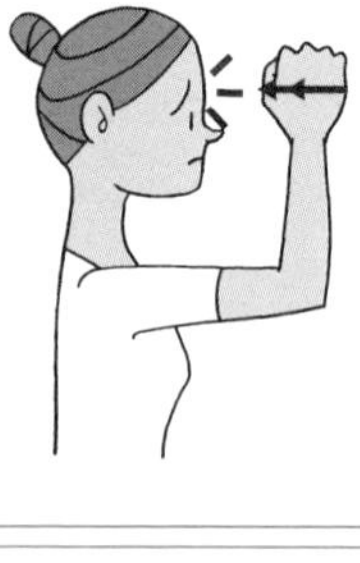

具合が悪い

【体】⬇親指と４本指を合わせた両手の甲をつける

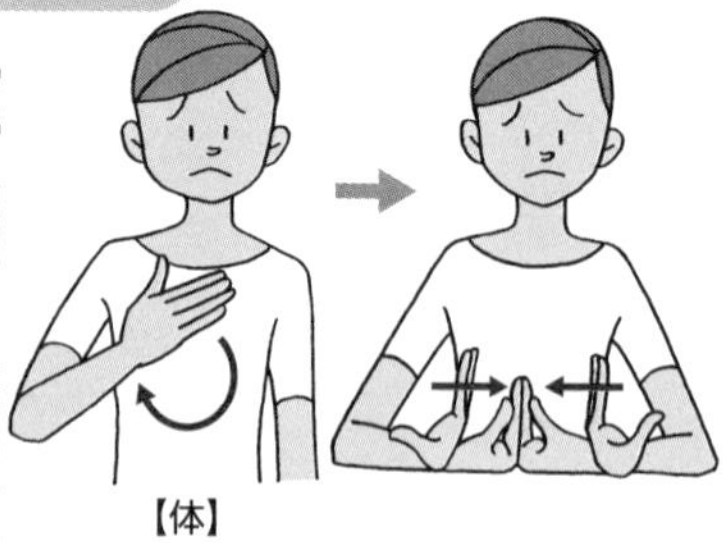

痛い

右手の指を軽く曲げ、小さく振る

けが

両手の人さし指を頬にあてて順に下ろす

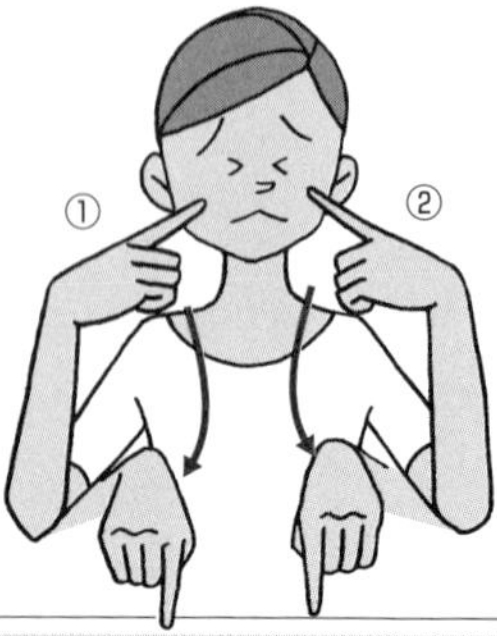

せき

右のこぶしを口に近づけ、コホコホとせきをするしぐさ

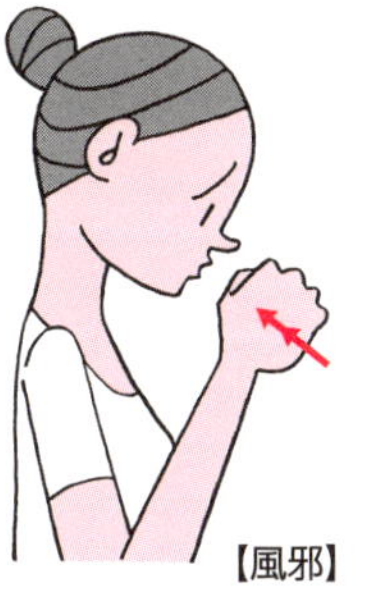

【風邪】

鼻水

右の人さし指と中指を伸ばし、鼻の下につけ、鼻水がたれるように下ろす

頭痛

【頭】右の人さし指を曲げてこめかみにつける↓頭のそばで【痛い】

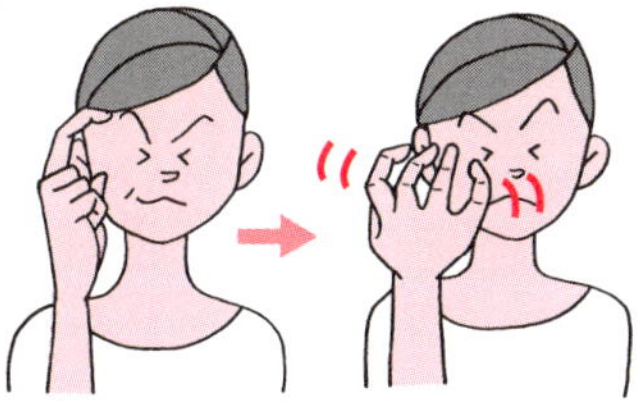

【頭】　【痛い】

発熱

右手のひらを額にあて、左手のひらの前で、右の人さし指を上げ、熱が上がる様子をあらわす

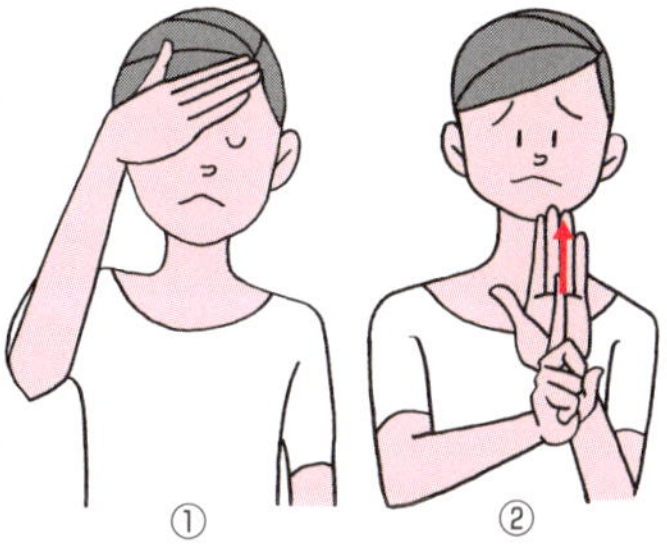

①　②

吐き気

胸にあてた右手を前に返して、吐くようなしぐさ

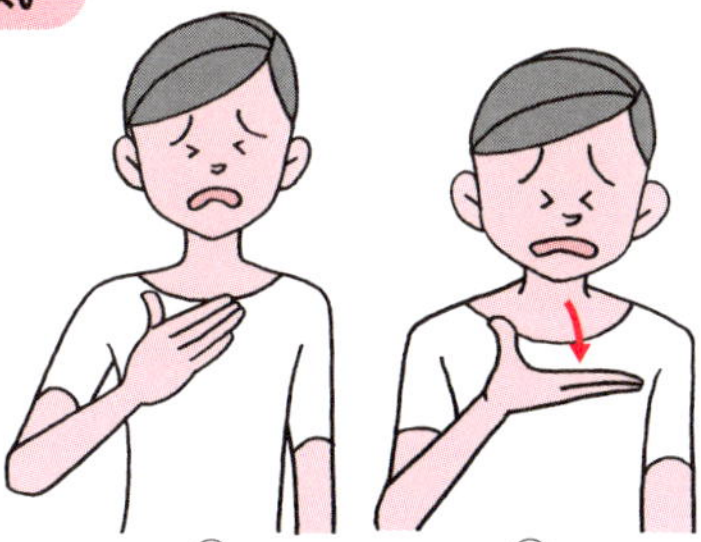

①　②

めまい

両手の人さし指で、目が回るように交互に円を描く

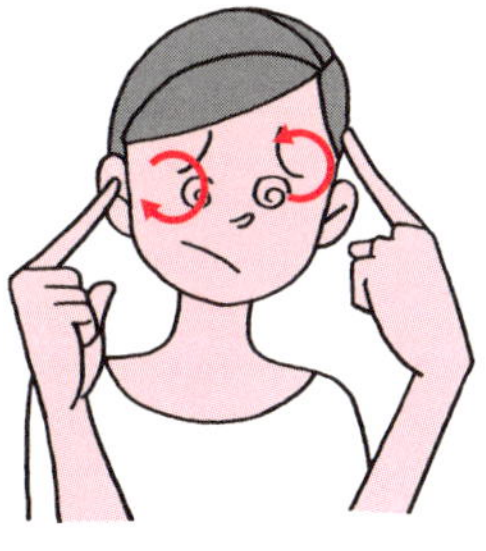

風邪

右のこぶしを口に近づけ、コホコホとせきをするしぐさ

【せき】

インフルエンザ

指文字【い】を口に近づけ、コホコホとせきをするしぐさ

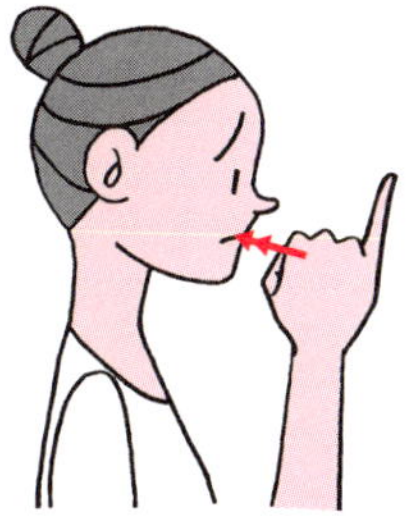

血圧

左の二の腕を右手でつかみ、握ったり離したりする

血圧が高い

【血圧】↓左の二の腕の上で【高い】

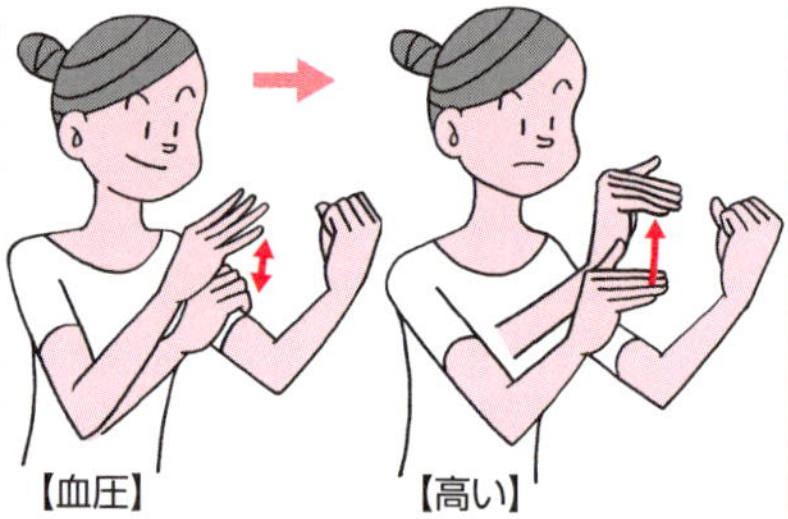

【血圧】　【高い】

便秘

軽く曲げた左手に右手の指を入れ、便が詰まっている様子をあらわす

下痢

左手の中に入れた右手の指をパッと広げて、便が勢いよく出る様子をあらわす

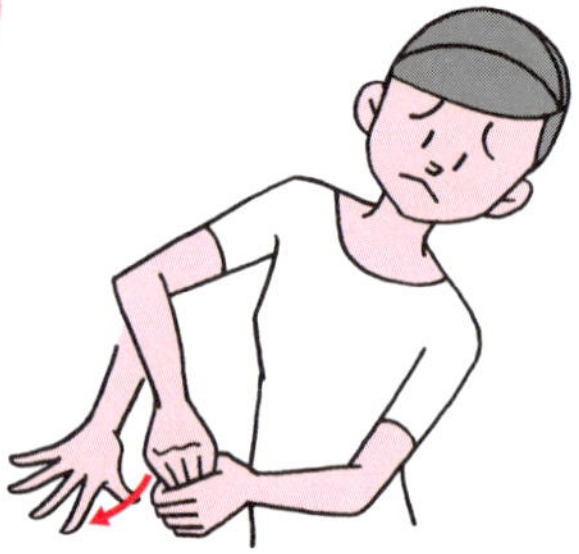

胃もたれ

【胃】胃の前で、右の親指と人さし指を開閉しながら胃の形を描く↓【重い】

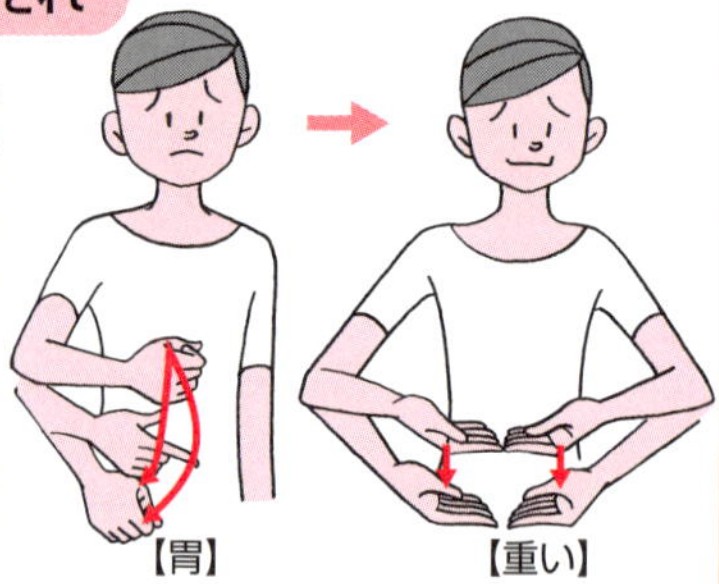

【胃】　【重い】

肩こり

【肩】肩に右手をあてる↓肩のそばで【痛い】

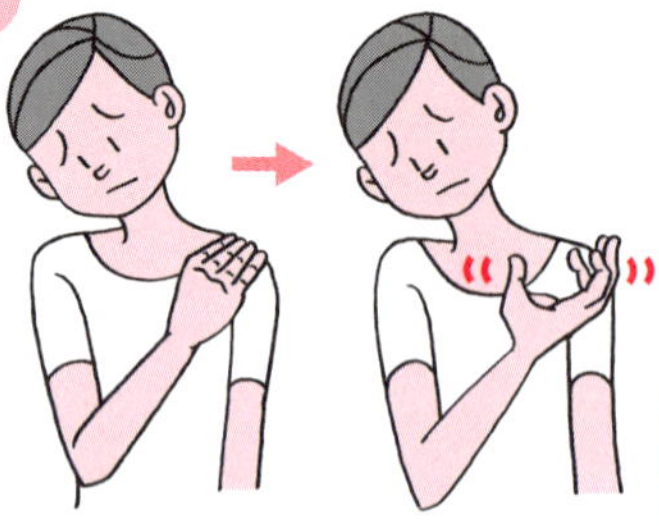

【肩】　【痛い】

切り傷

右の人さし指を伸ばし、左手の甲にスッと線を書くようにする

やけど

右手で左手の甲をえぐるようにたたき上げる

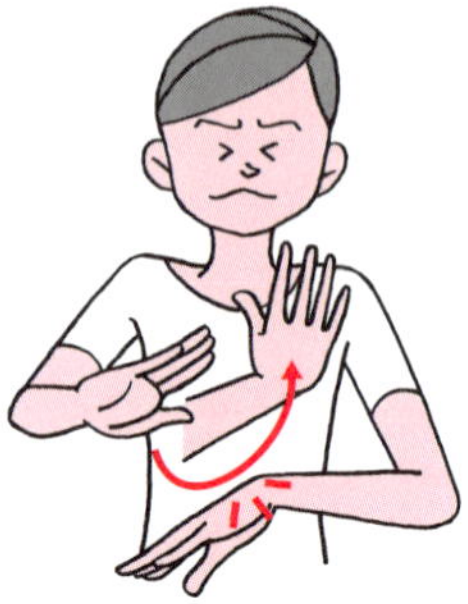

ねんざ

右のこぶしを左手のひらにおき、そのまま右手首をひねる

動悸

左手と胸の間で、心臓がドキドキするように右手を数回往復させる

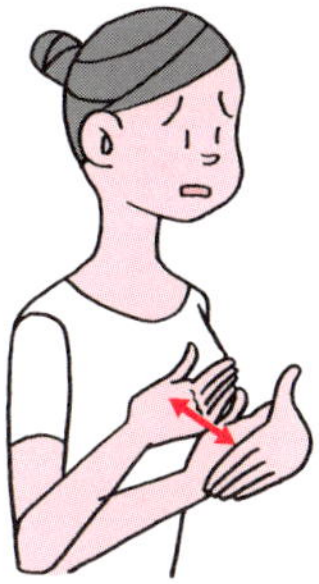

アトピー

指文字【あ】で、こめかみから数か所あてながら下ろす

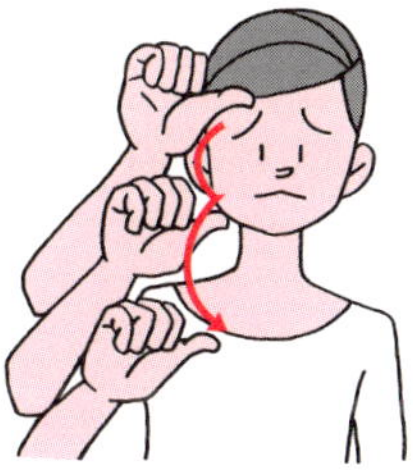

湿疹

軽く曲げた両手の指を、ポンポンと体のあちこちにあてる

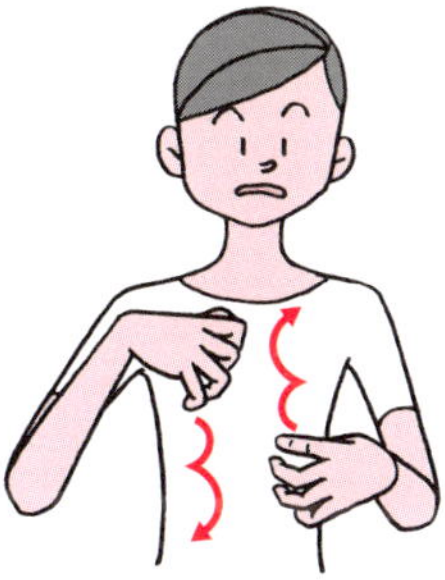

虫歯

頬のあたりを指さす↓【虫】右の人さし指を曲げ伸ばししつつ前に出す

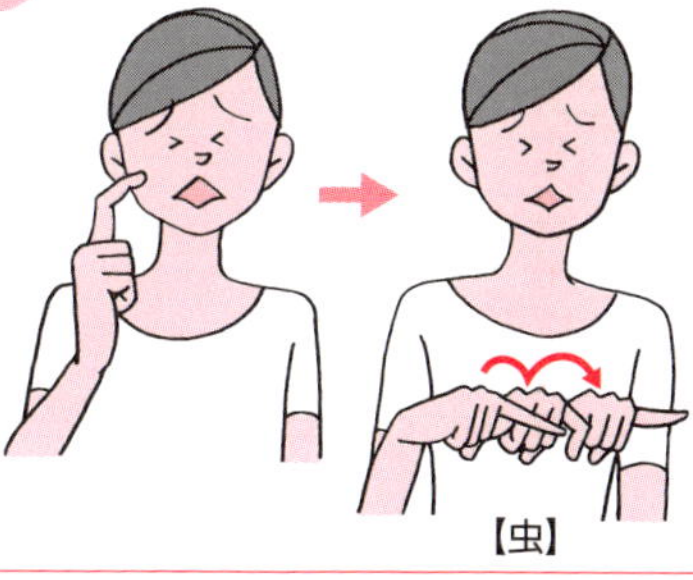

花粉症

【花】↓手のひらを鼻の前まで動かし、花粉がただよう様子↓【くしゃみ】

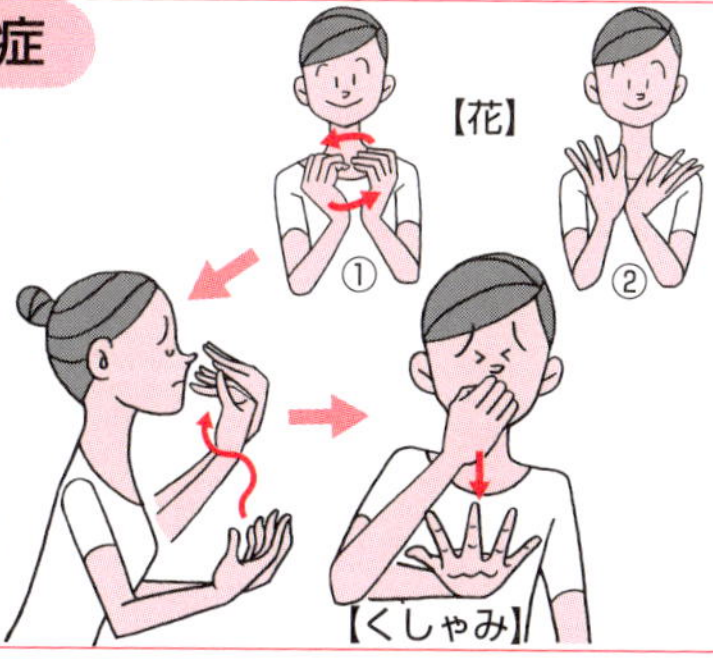

更年期

内に向けた左手のひらに、親指と小指を立てた右手をあて、ひっくり返す

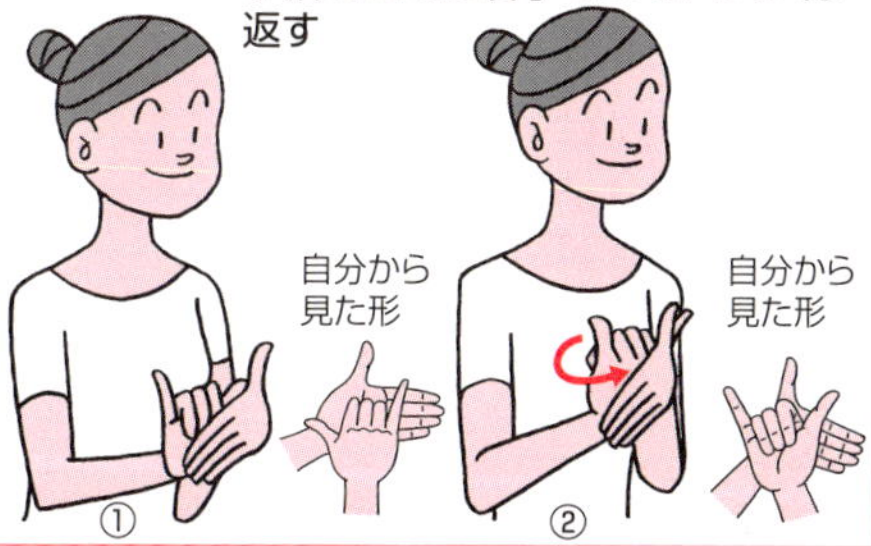

生理

【赤】↓左手の小指を立て、右手の親指と人さし指で三日月を描く

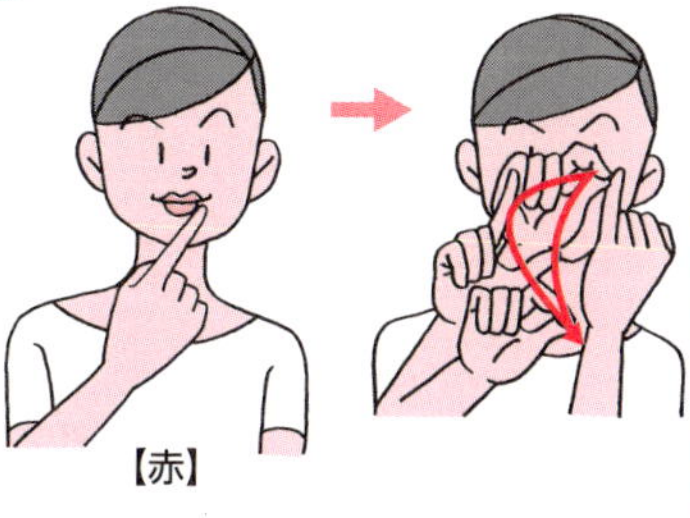

ダイエット

両手のひらを向かい合わせ、体の細さをあらわすように幅をすぼめつつ下ろす

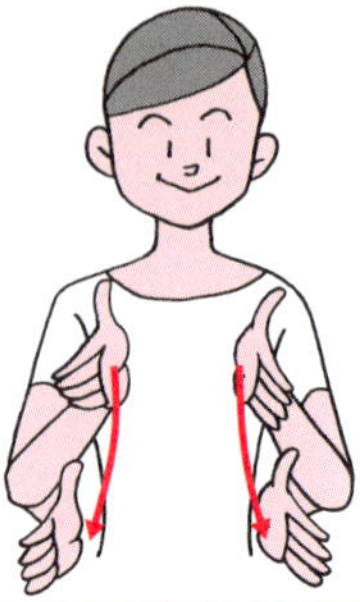

貧血

【赤】→顔の横で両手の親指とその他の指を合わせて下げ、血の気が失せる様子

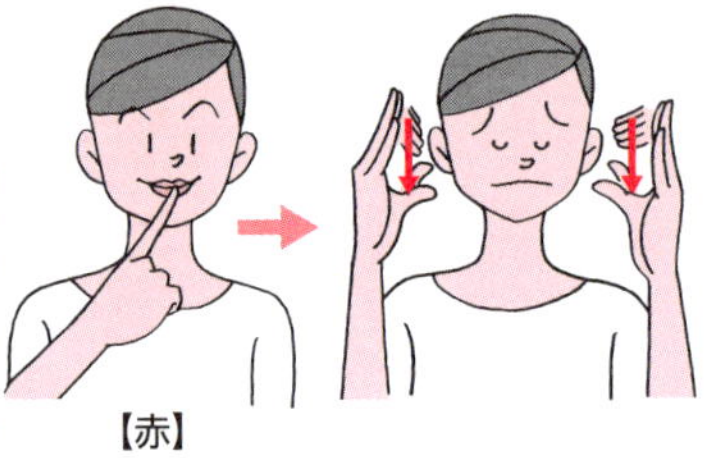

ストレス

指文字【す】を、手のひらを下に向けた左手まで上げる

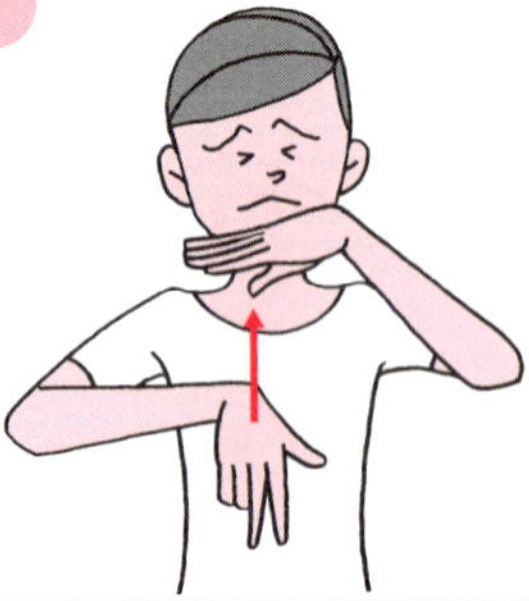

イライラ

顔の横で、両手の人さし指を交互に曲げ伸ばしする

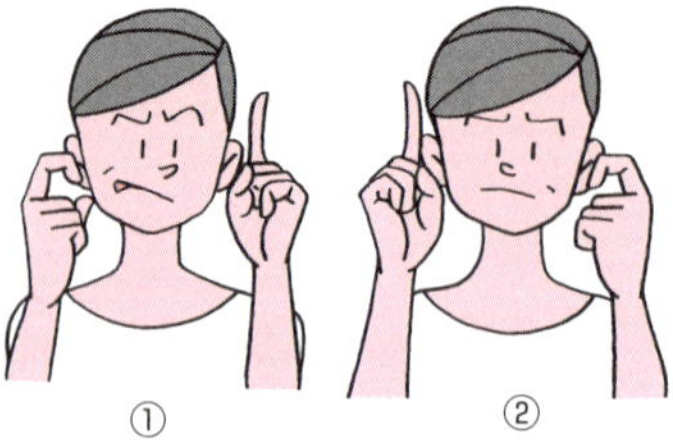

注射

右の親指、人さし指、中指で注射器をもち、左腕に注射するしぐさ

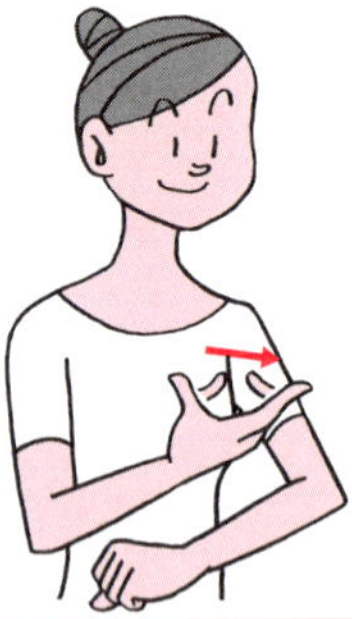

点滴

左腕の上に、伸ばした右の人さし指を数回あてて、針を刺すしぐさ

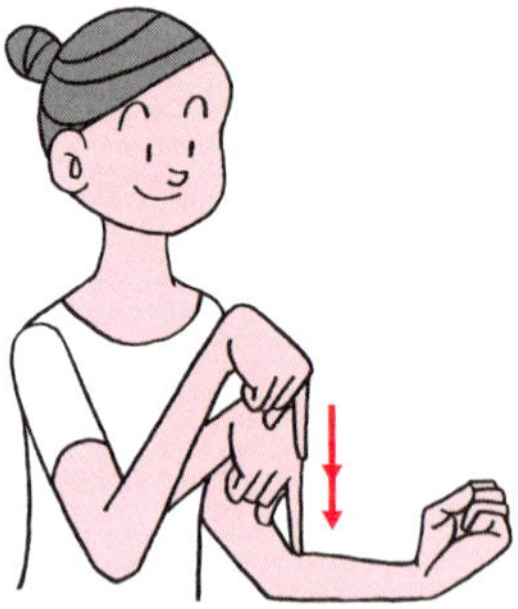

血液検査

【血液】→【検査】親指、人さし指、中指を軽く曲げ、目の前で左右に動かす

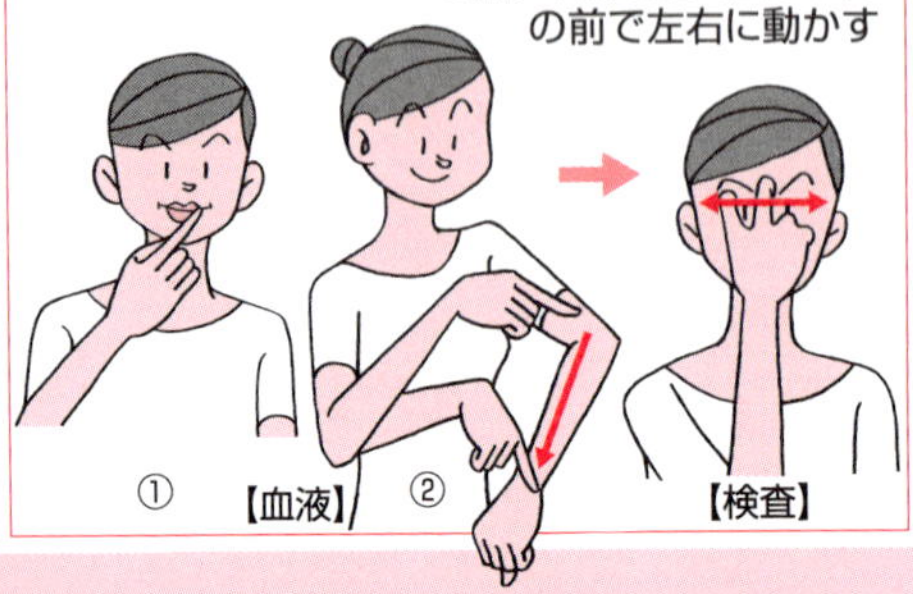

レントゲン

自分の前で四角を描き、右手の指を胸に向け、指を閉じながら前に出す

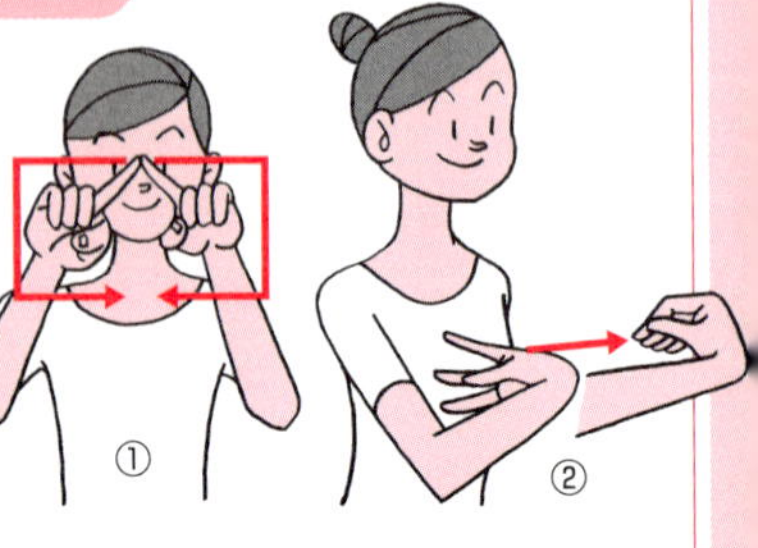

車椅子

両こぶしを脇におき、車輪を動かすように手を開きながら前方に回す

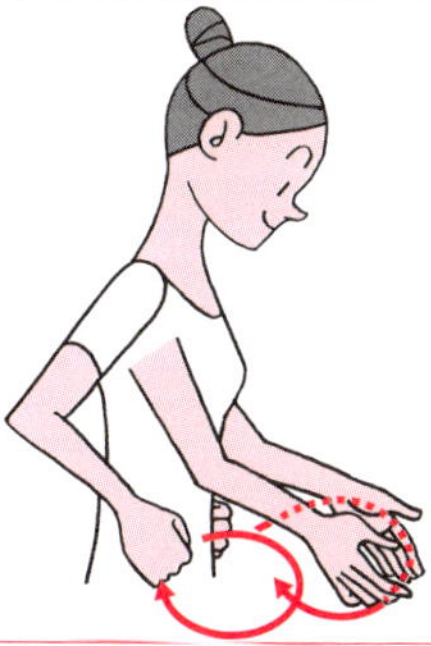

体温計

右の人さし指を体温計に見立て、左の脇の下にはさむ

近視

【目】⬇【近い】

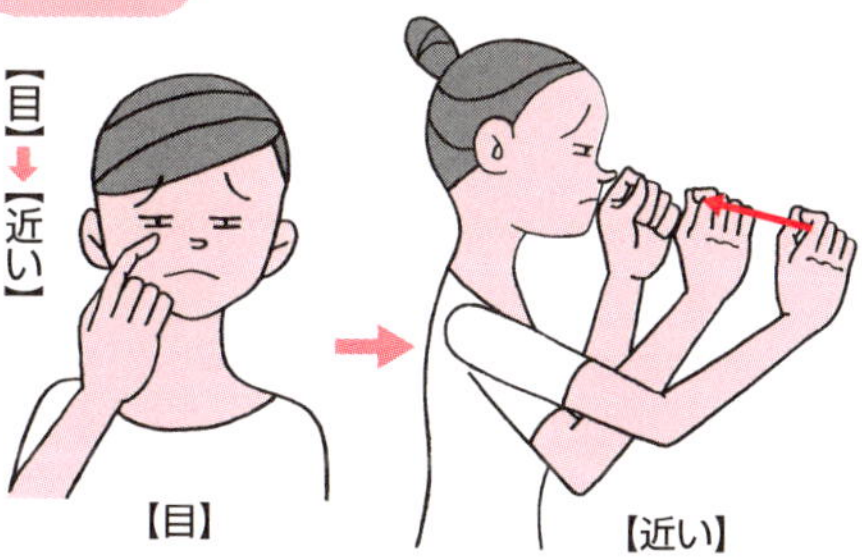

遠視

【目】⬇【遠い】

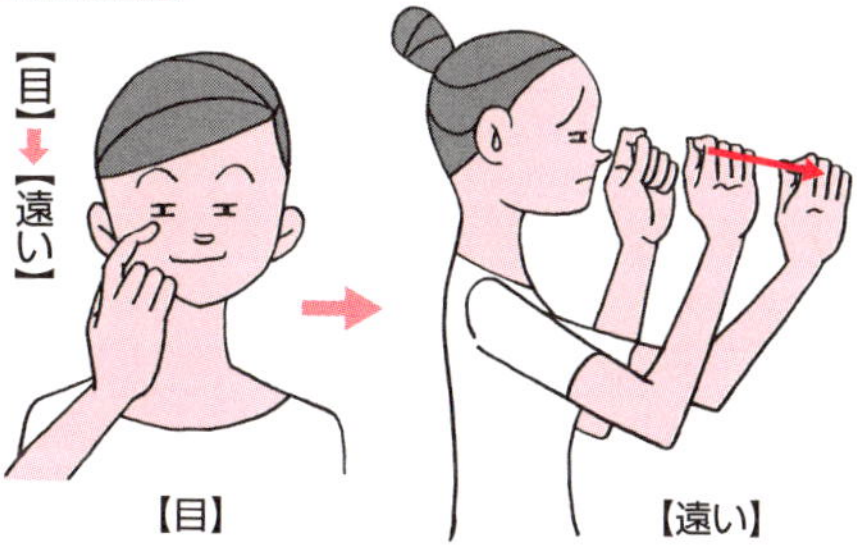

老眼

【目】➡親指を２回折り、本を見るようにした両手を下げる

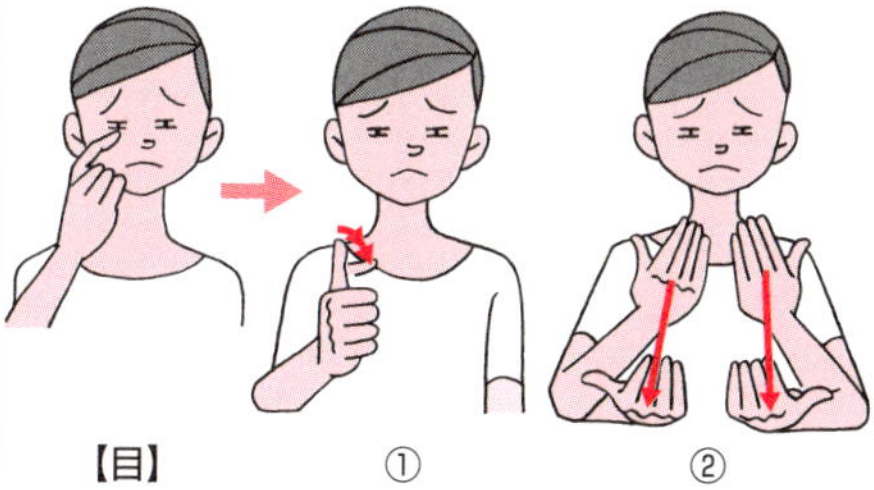

難聴

右手のひらを左に向けて、顔の前で立て、下げる

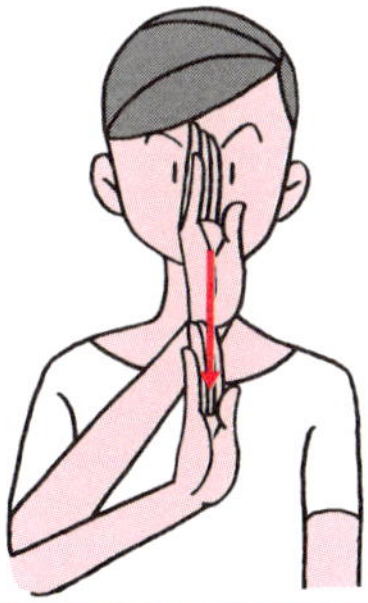

ろう

「聞こえない」という意味

右手のひらを耳に近づける

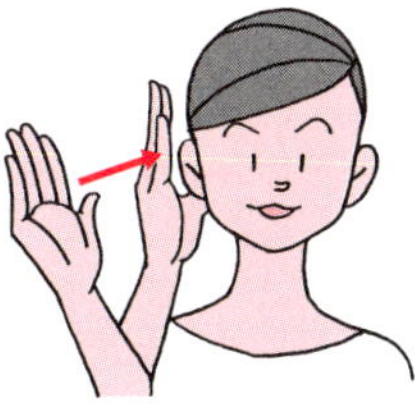

健聴

「話せる」「聞こえる」という意味

右の人さし指を耳に、左の人さし指を口にあて、同時に数回前に出す

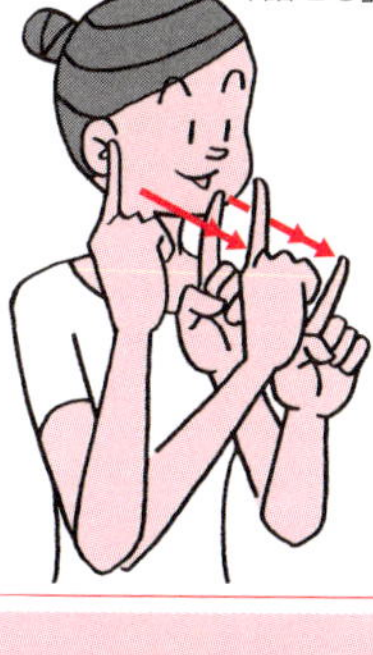

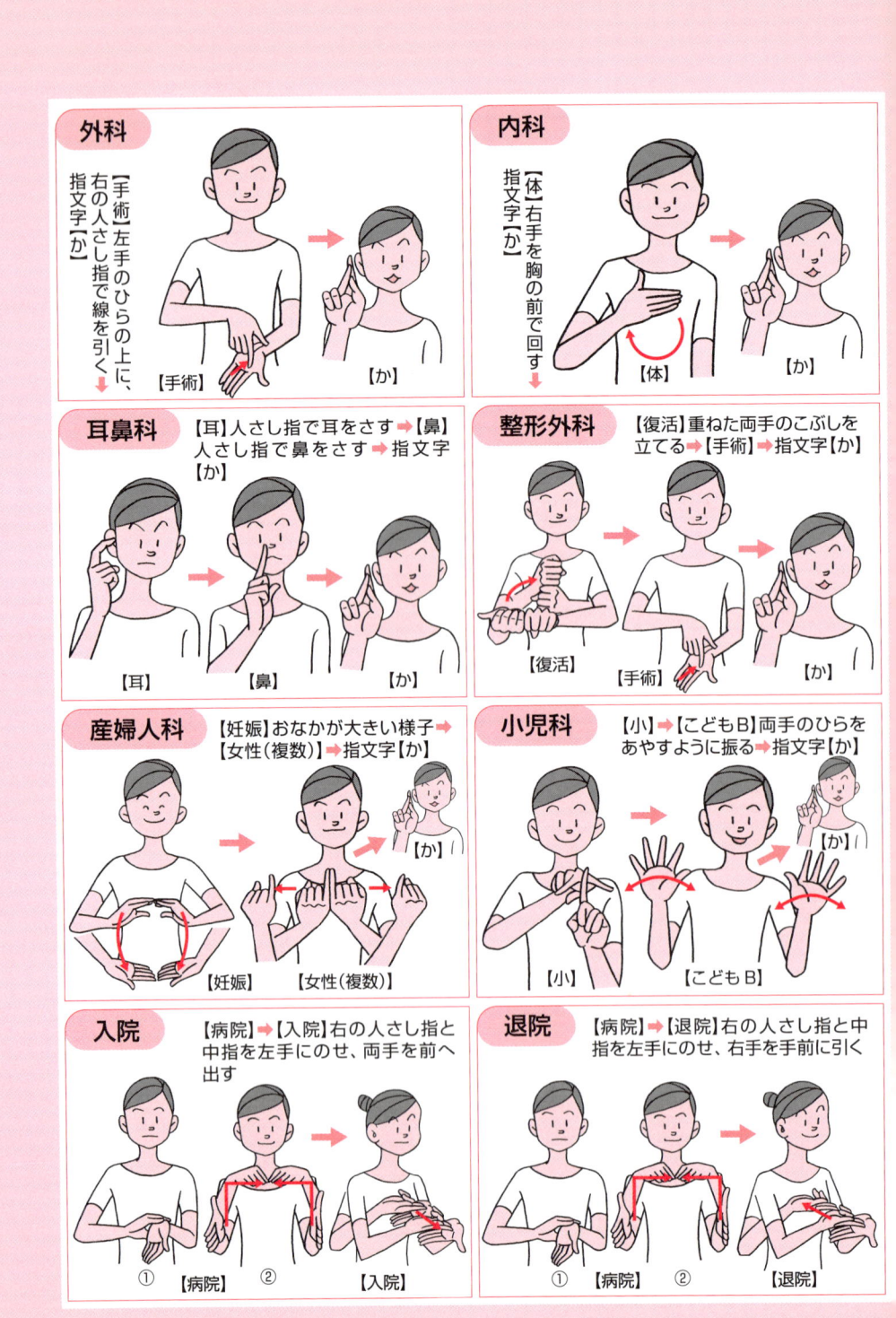

外科

【手術】左手のひらの上に、右の人さし指で線を引く↓指文字【か】

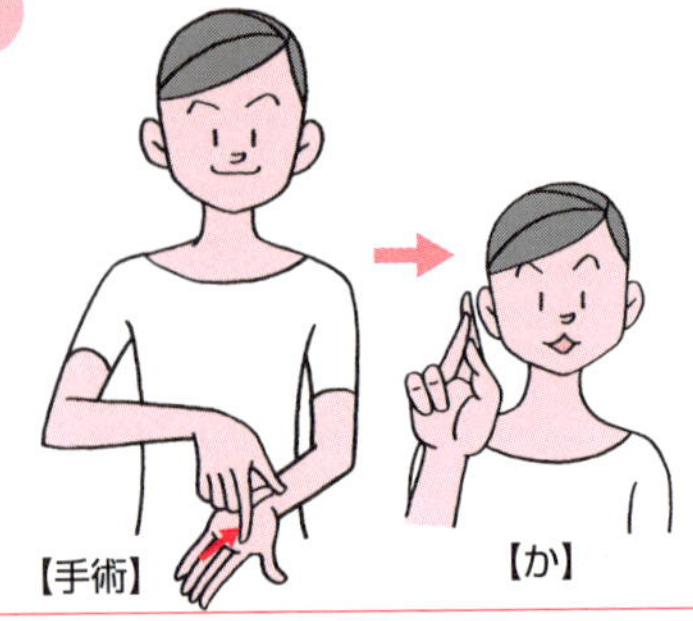

内科

【体】右手を胸の前で回す↓指文字【か】

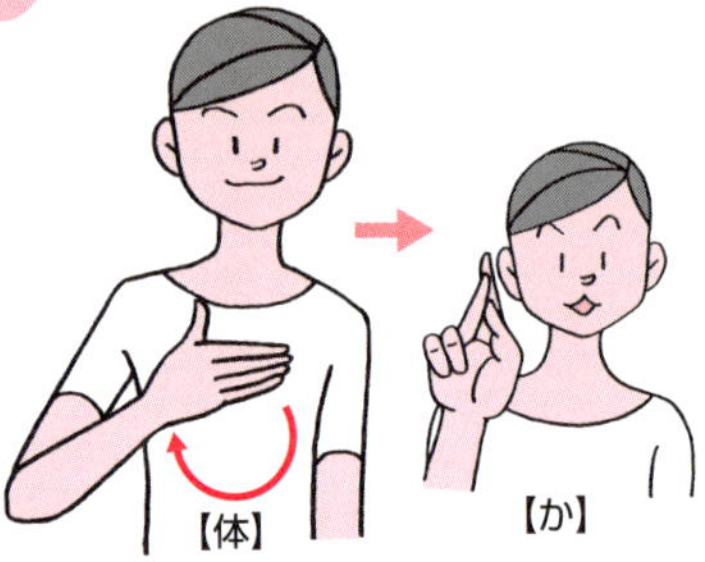

耳鼻科

【耳】人さし指で耳をさす→【鼻】人さし指で鼻をさす→指文字【か】

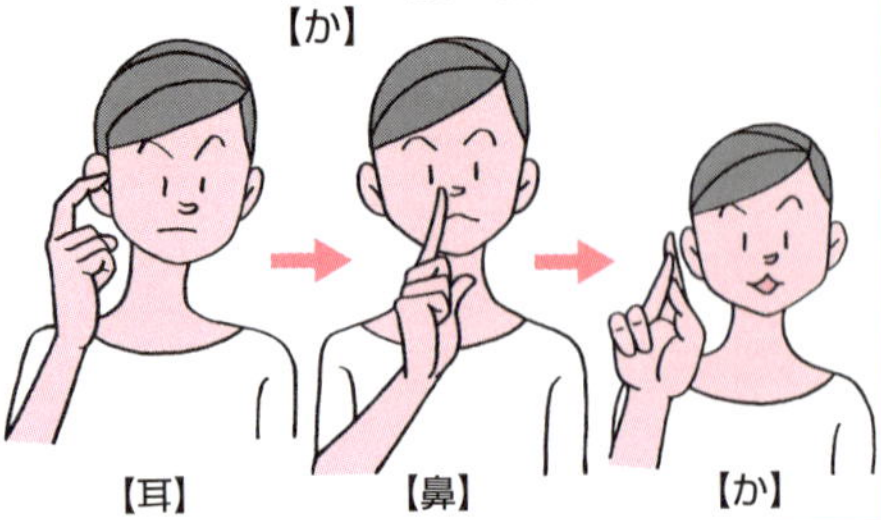

整形外科

【復活】重ねた両手のこぶしを立てる→【手術】→指文字【か】

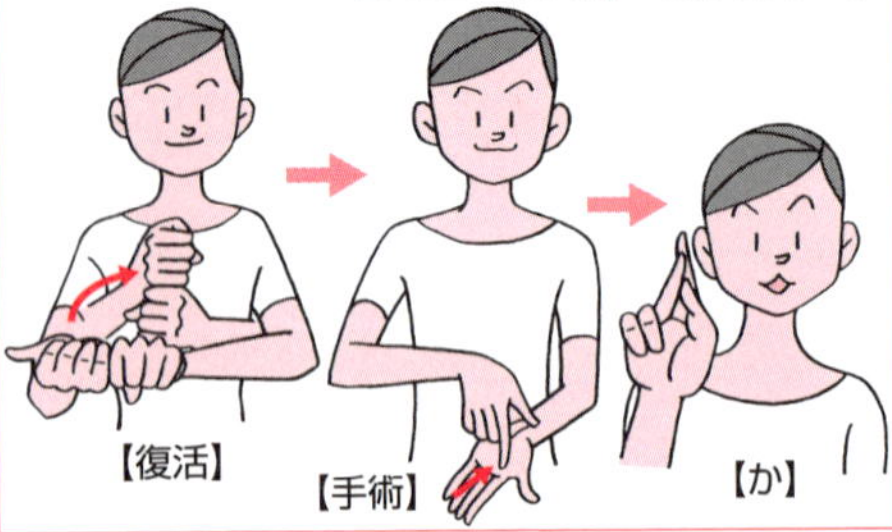

産婦人科

【妊娠】おなかが大きい様子→【女性(複数)】→指文字【か】

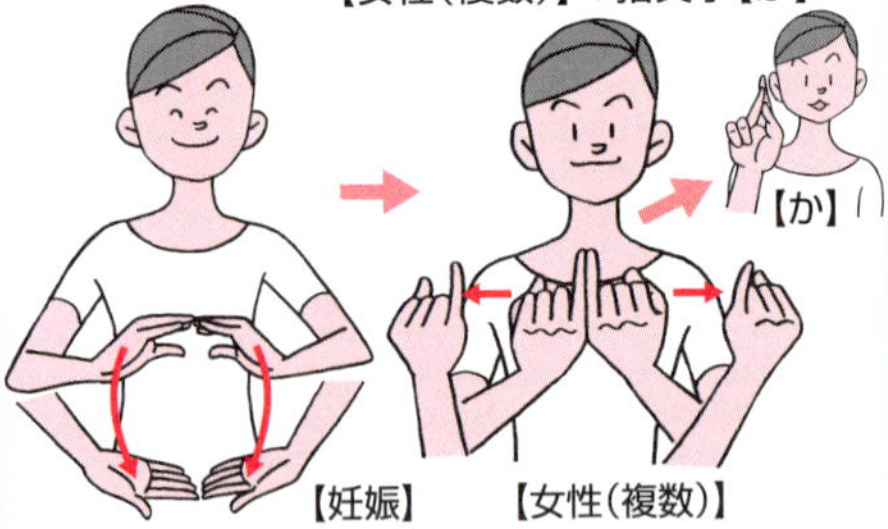

小児科

【小】→【こどもB】両手のひらをあやすように振る→指文字【か】

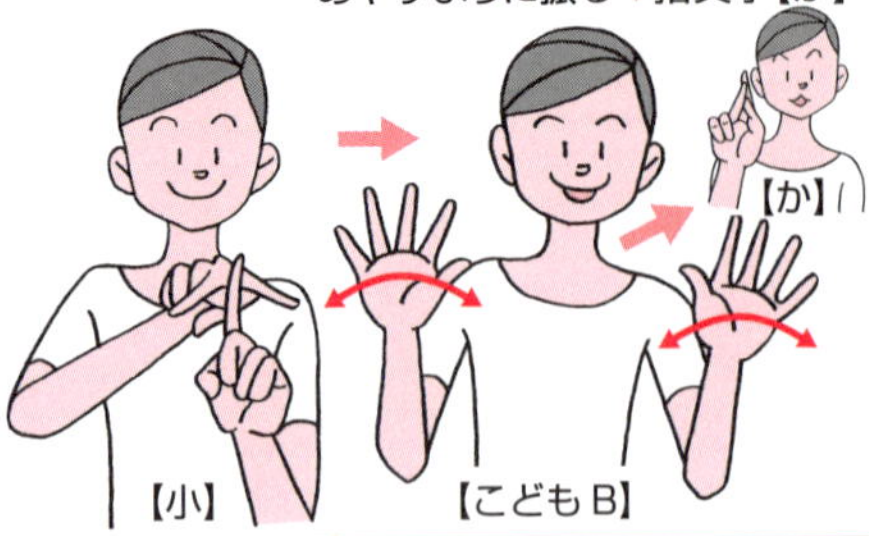

入院

【病院】→【入院】右の人さし指と中指を左手にのせ、両手を前へ出す

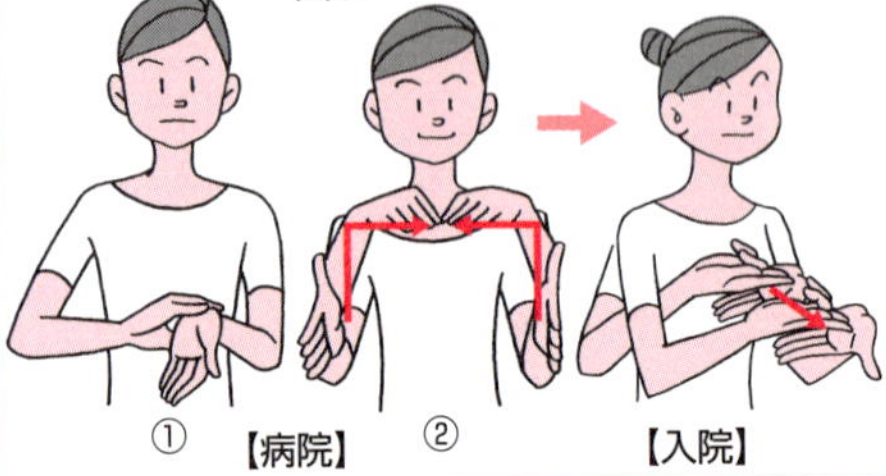

退院

【病院】→【退院】右の人さし指と中指を左手にのせ、右手を手前に引く

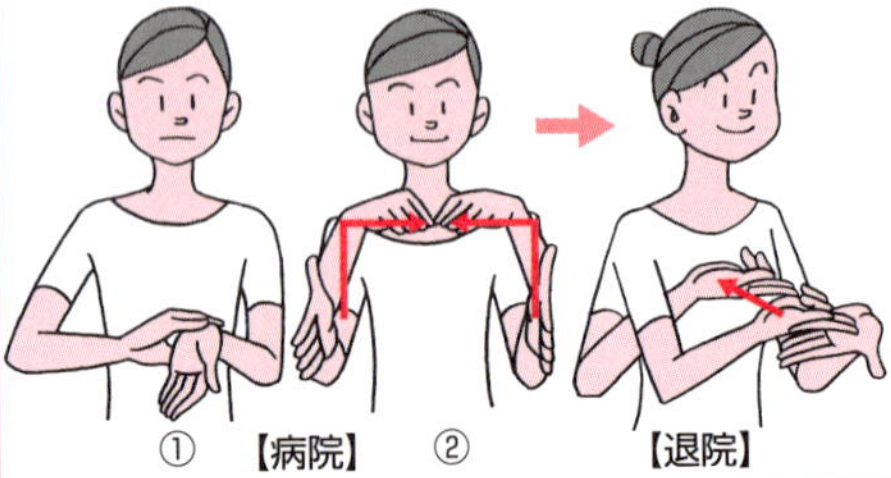

救急車

救急車の赤灯をあらわす

赤十字のマークをつくってから、指を軽く曲げ上向きにした右手を回転させる

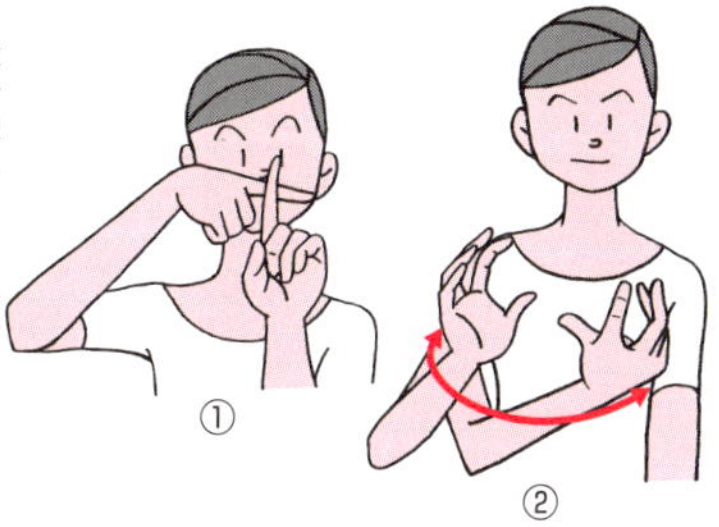

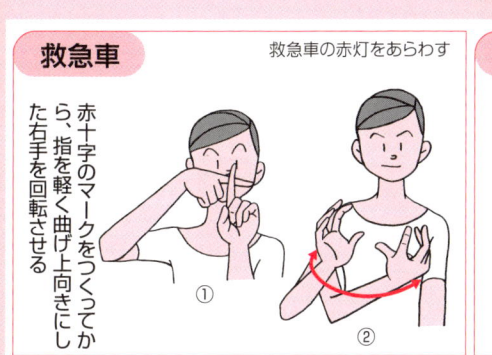

健康保険証

【健康】➡【大切】左手の甲を右手でなでる➡【カード】

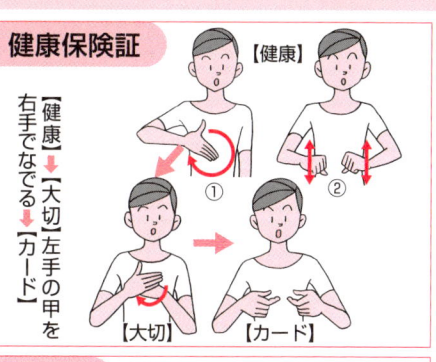

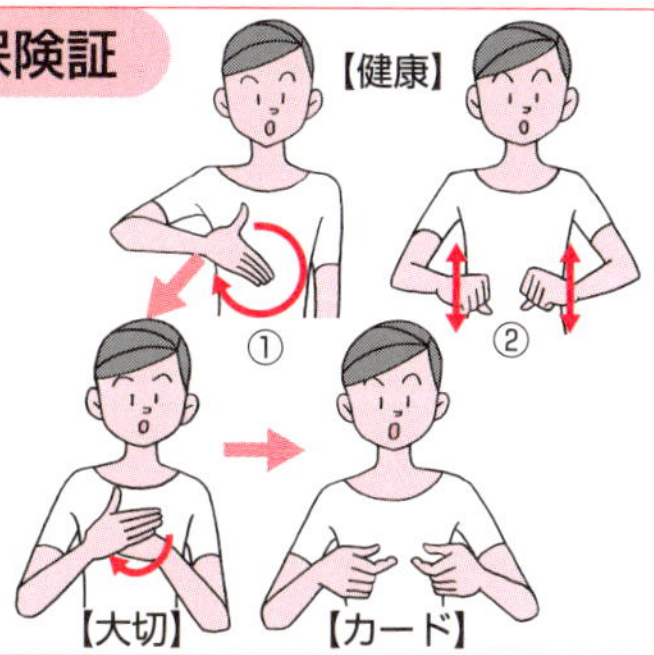

受付

左手のひらを下に向け、小指側に右手をあて、４本の指を前後に動かす

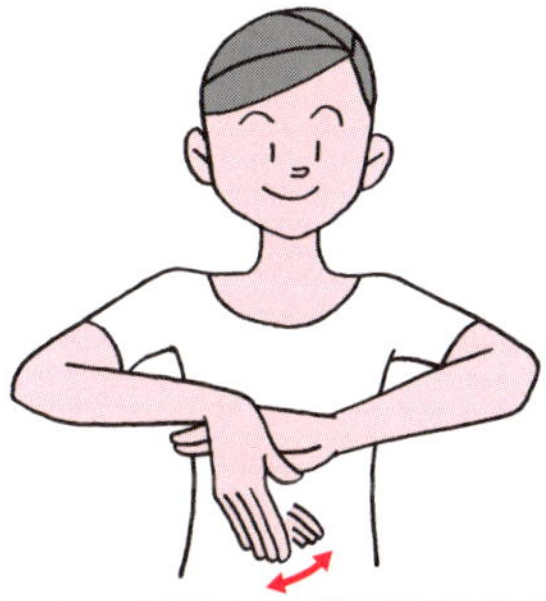

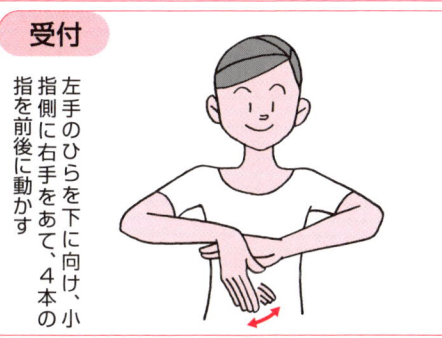

待合室

【待つ】４本指の甲をあごに➡【部屋】両手のひらを縦横に動かし、四方の壁をあらわす

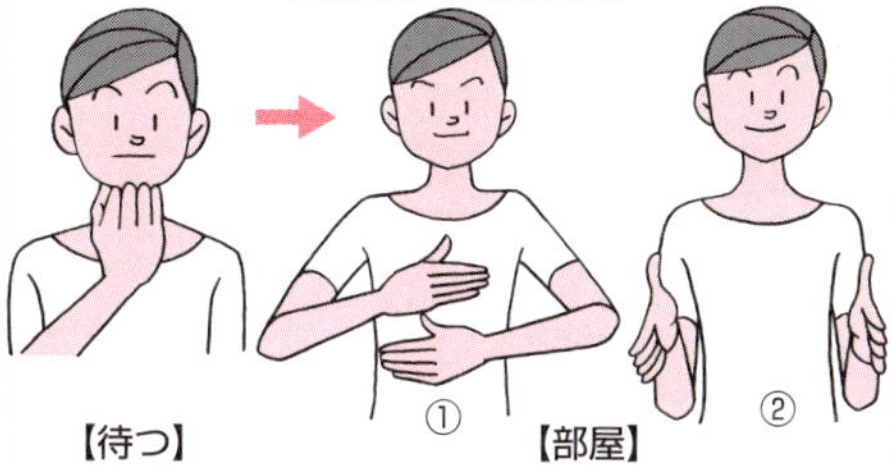

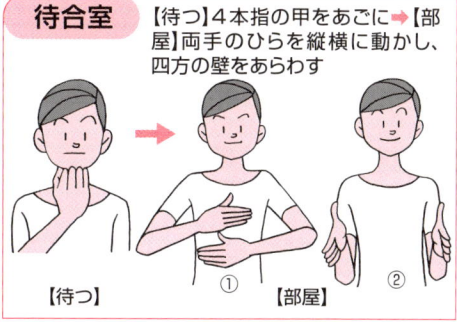

会計

【お金】➡【計算】指を下に向けた右手を、左手のひらの上で右に数回動かす

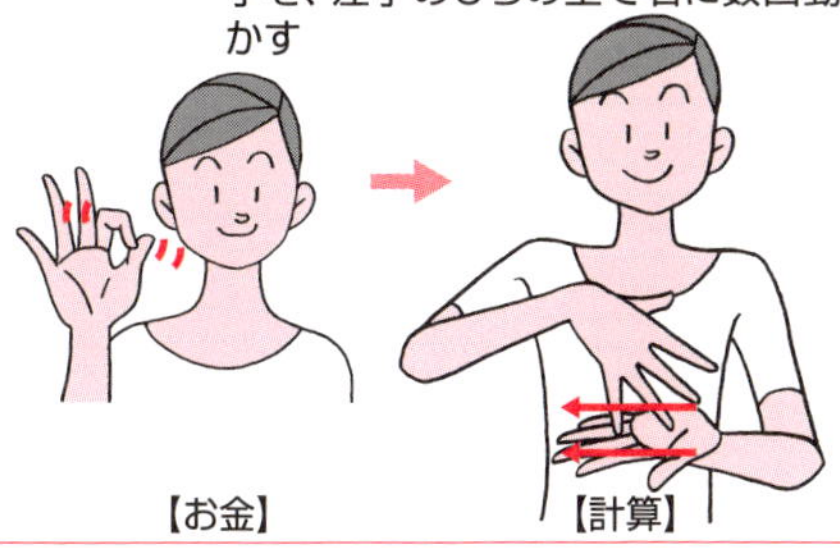

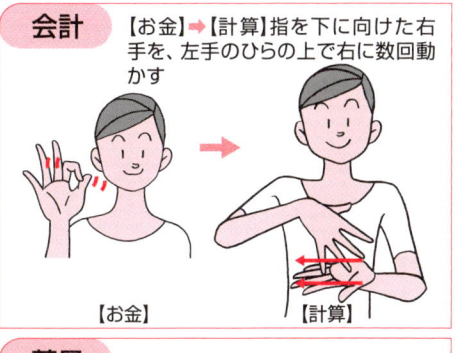

薬

右の薬指を伸ばして左の手のひらの上で小さく回す

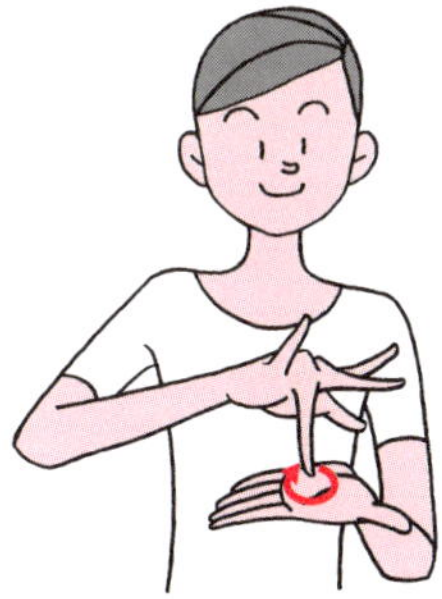

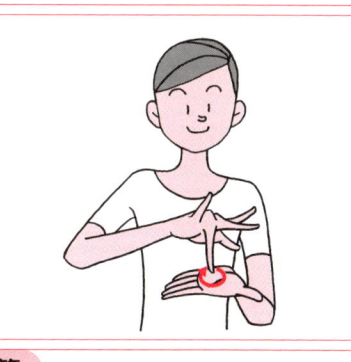

薬局

【薬】➡【局】左手をまるめ、右手で空書し、漢字の形をあらわす

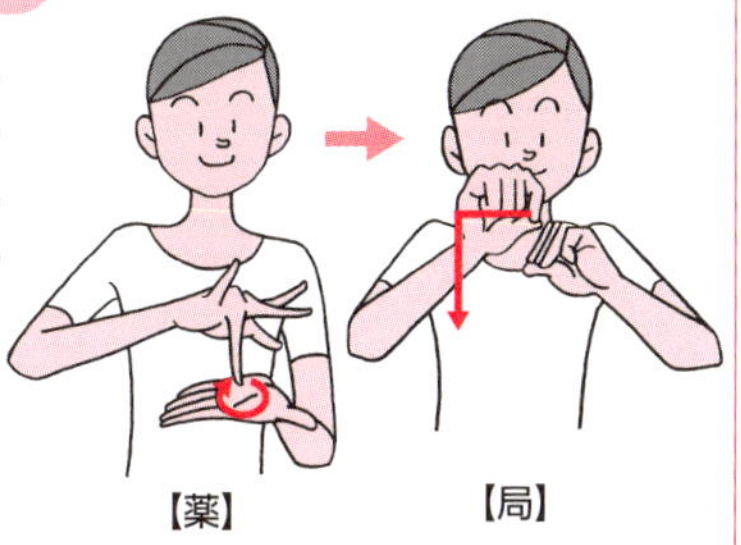

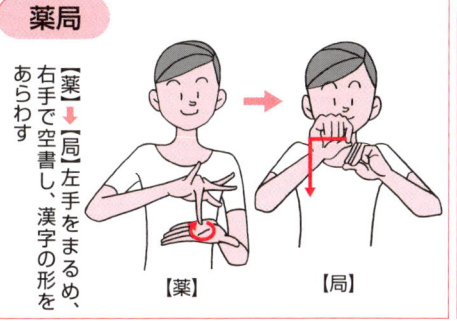

処方箋

【薬】➡【紙】両手の人さし指で、四角を描く

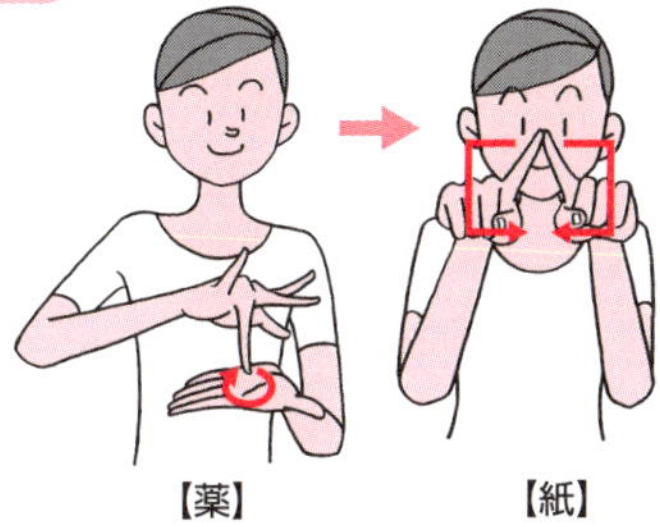

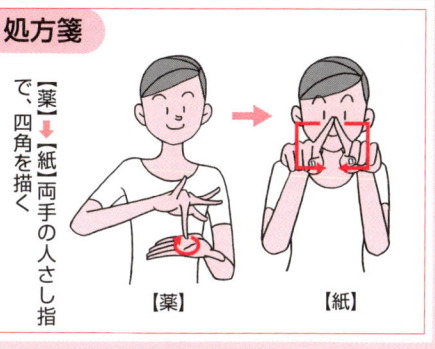

色をあらわす手話

赤

唇の色から

人さし指を唇にあて、右に動かす

白

歯の色から

人さし指で歯を指さす

青

ひげそりあとから

右手の4本の指をそろえて頬にあて、なで上げる

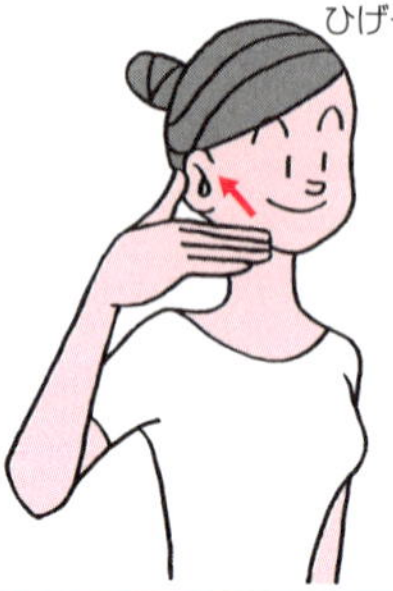

黒

髪の毛から

右手のひらを髪にあてて、なで下ろす

緑

草の色から

両手の甲を相手に向け、交互に小さく上下させながら左右に開く

【草】【原】

黄

ニワトリの鶏冠《とさか》から

右手の親指を額につけ、人さし指を伸ばして数回横に倒す

ピンク

桃の形から

両手をふくらませて合わせ、左右に振る

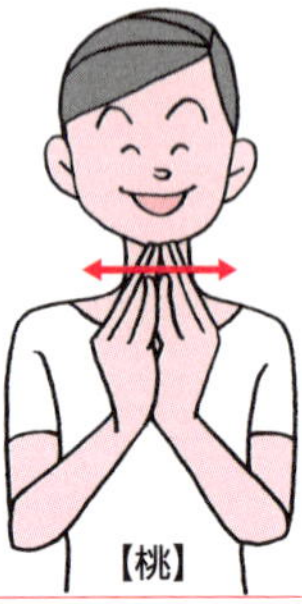

【桃】

グレー

ネズミの歯から

右の人さし指と中指を口の前において、指を曲げる

【ネズミ】

第4章

日常会話に
チャレンジ

道をたずねたり、
買いものや食事に行ったりなど、
日常会話の例をいくつかあげてみました。
第３章までの単語も多く出てきますので、
日常での使い方を練習してみましょう。

弟は春から大学生です

A お久しぶりですね。
みなさんお元気？

手話文 久しぶり／みんな／元気？

久しぶり →

B お久しぶりです。
元気にやっています

手話文 久しぶり／元気

久しぶり →

A 弟さんは
今年高校3年生
でしたっけ？

手話文 弟／今年／
高校／3年／学年／同じ？

弟 →

今年 →

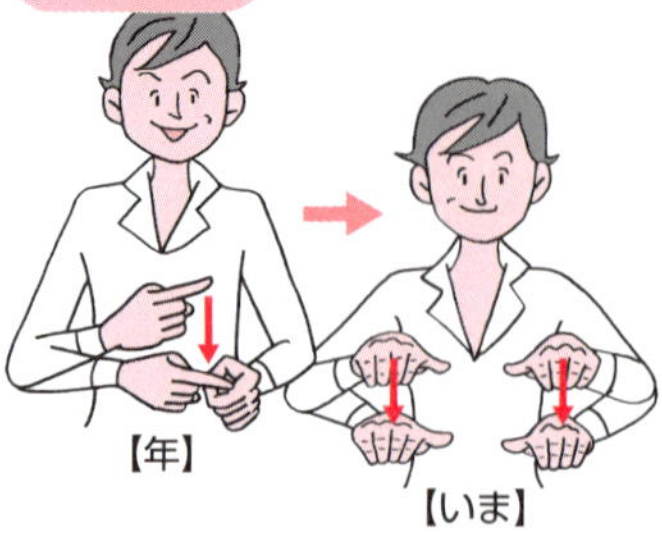

B いいえ、
春から大学生です

手話文 違う／春／～から／大学／学生

違う →

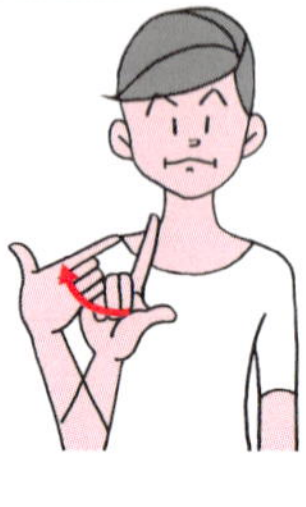

春 →

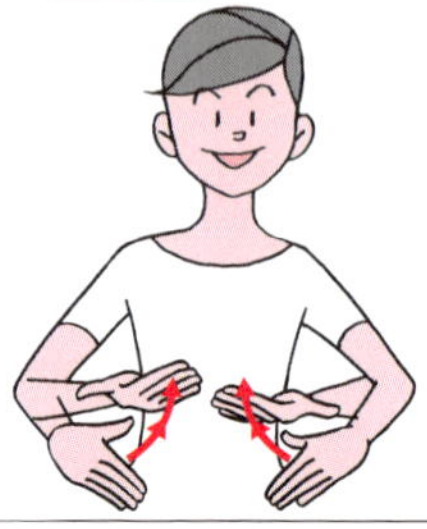

会話においては、リズムが重要となってきます。イラスト間で点線のある部分（手話文では斜線の部分）は、間《ま》をとる場所をあらわしています。

明日はまた真夏日のようです

A 明日も
暑いのかな？

手話文　明日　同じ／暑い？

明日 →

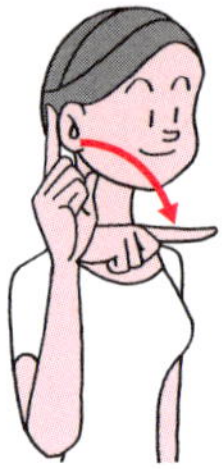

同じ →

B さっきの天気予報で
30℃を超えると
言っていたけど…

手話文　さっき　天気予報／
気温　30℃　超える／言われる

さっき →

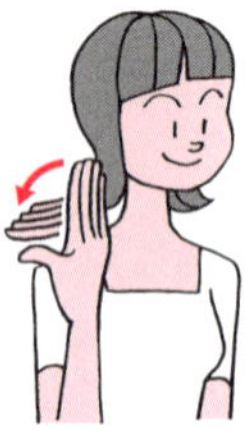

天気予報 →

【天気】↓【予想】右手をこめかみのあたりから斜め前へ上げる

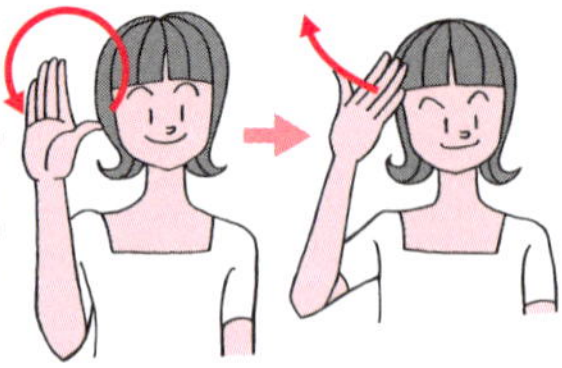

【天気】　【予想】

A えー、
また真夏日なの？

手話文　不満／また　真夏日？

不満 →

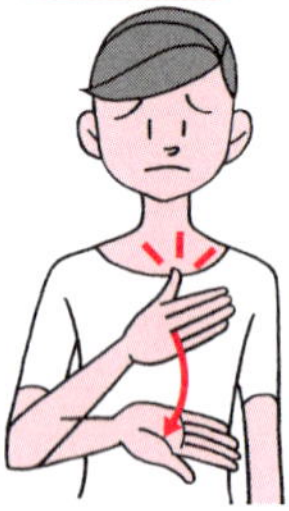

また →

右手の2本指を開きながら下げる

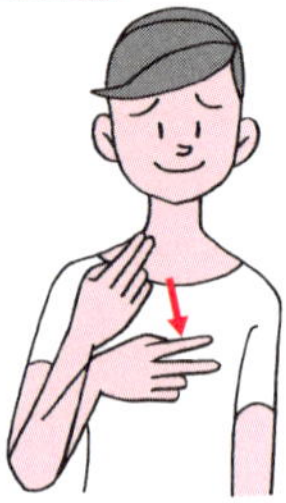

B 毎日暑くて
まいっちゃうね

手話文　毎日　暑い／うんざり

毎日 →

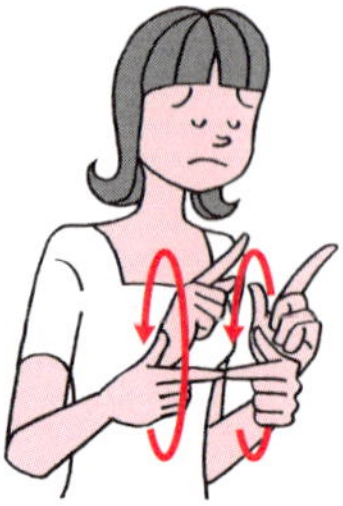

暑い →

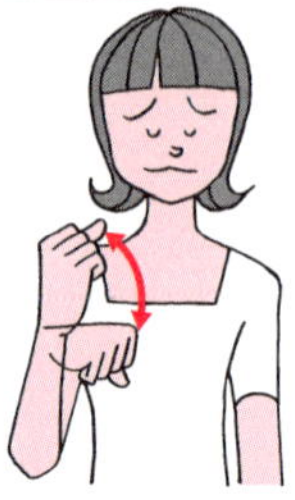

暑い?

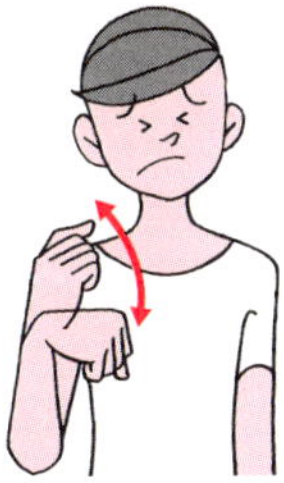

気温

左手のひらを相手に向け、その前で人さし指を伸ばした右手を上げる

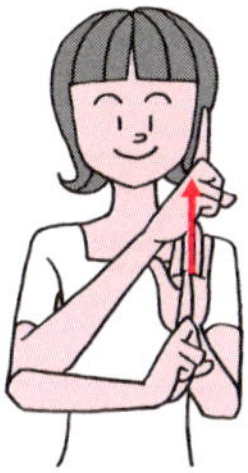

30℃

【30】

「℃」を空書する

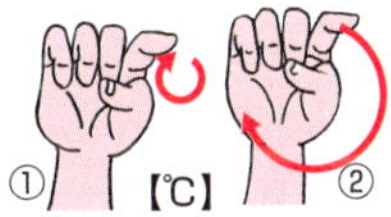

【℃】

超える

手のひらを下にした左手の内側で、右手を垂直に上げる

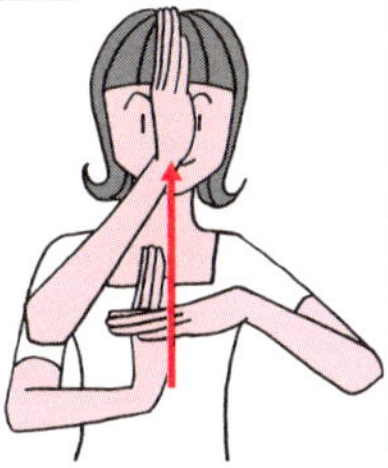

言われる

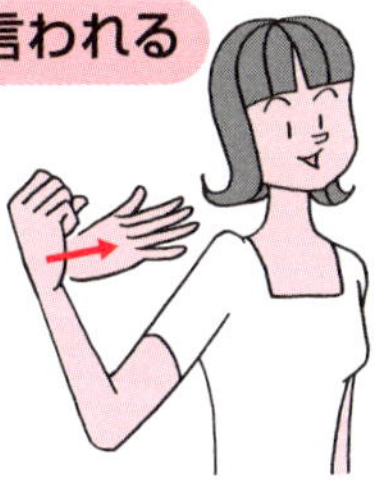

真夏日?

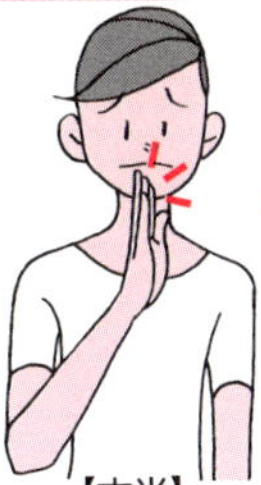

【本当】

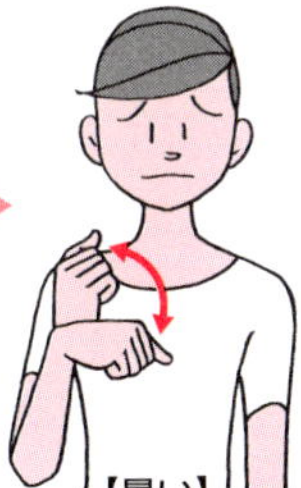

【暑い】

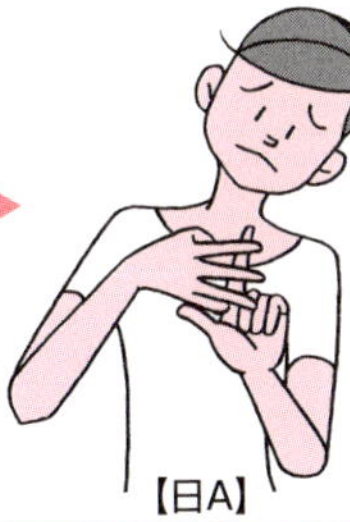

【日A】

うんざり

両手の親指と人さし指を立て、親指をこめかみにあて、手を前に下ろす

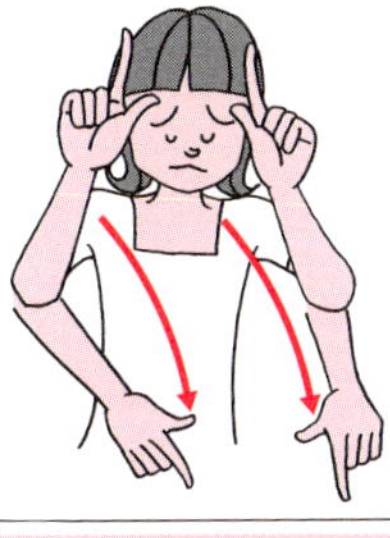

毎日残業で帰宅も遅いです

A 最近、
仕事はどう？

手話文 最近／仕事／どう？

最近

【いま】→【くらい】右手のひらを軽く左右に振る

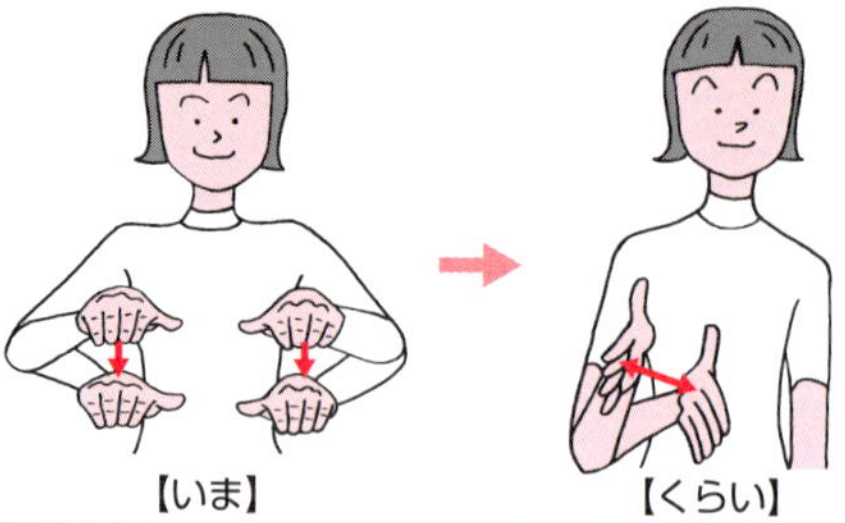

B 毎日残業が
続いて
疲れちゃった

手話文 毎日／残業／続く／疲れた

毎日

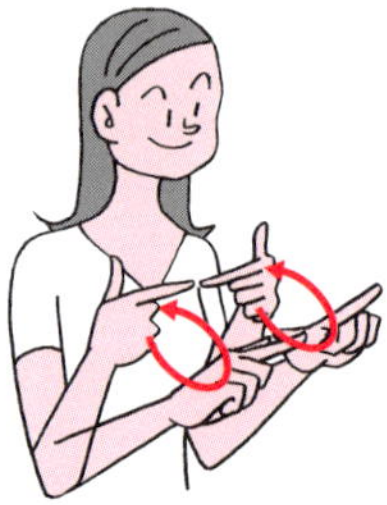

A たいへんだね。
家に着くのは
何時頃？

手話文 たいへん／
家／帰る／時間／いくつ？

たいへん

左手は握り、左の腕に右のこぶしを2回打ちつける

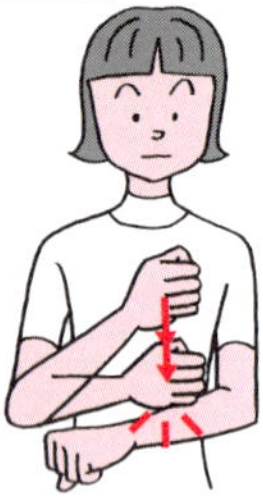

家

B 12時頃

手話文 12時／くらい

12時

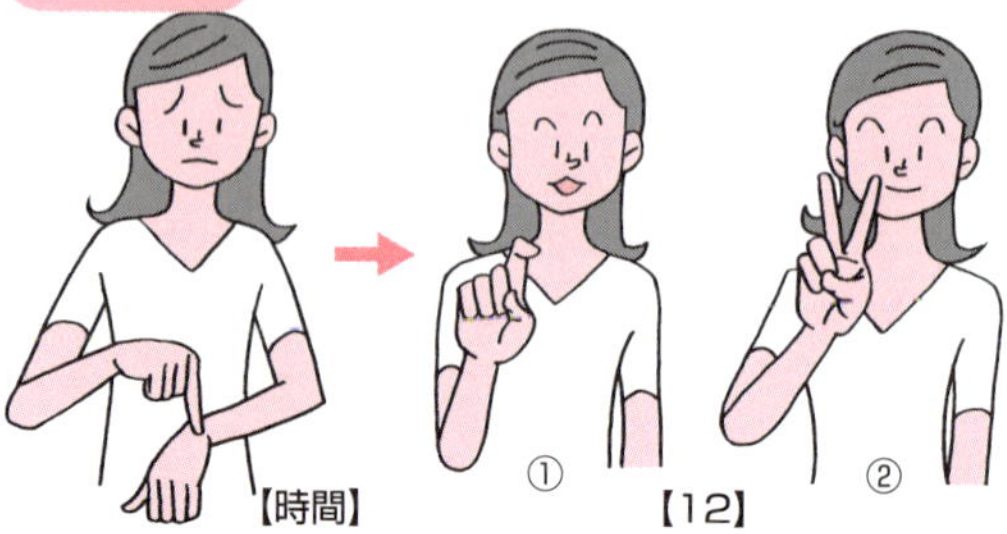

仕事

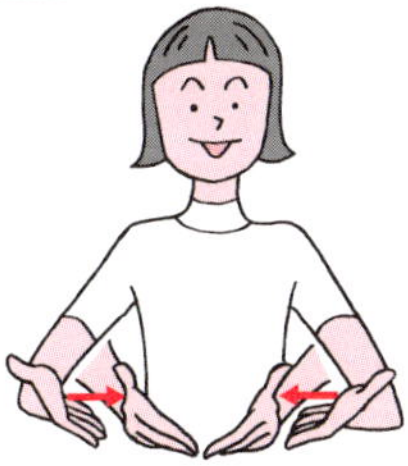

どう?

残業

【仕事】↓【過ぎる】手のひらを下にした左手の甲の上で、右手を垂直に前に出す

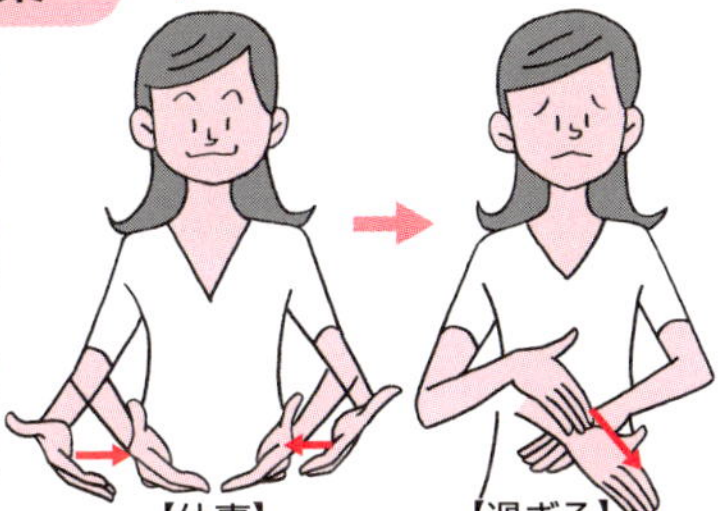

【仕事】　【過ぎる】

続く

両手の親指と人さし指でつくった輪をからませ、前に出す

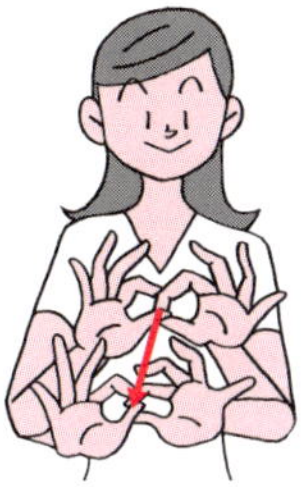

疲れた

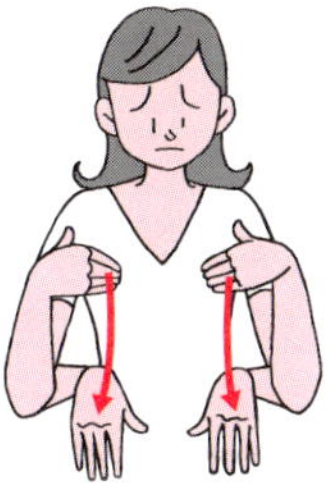

帰る

右手を開き、親指と4本の指を合わせながら、斜め前に出す

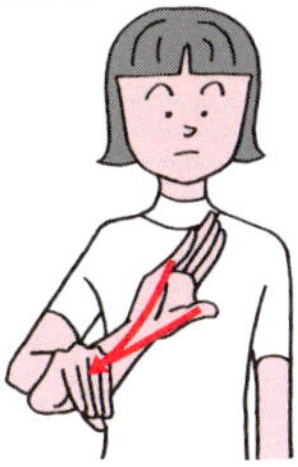

時間

いくつ?

くらい

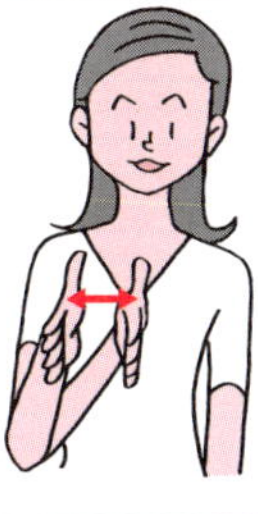

DVDを貸してください

A このあいだ買った
DVD
貸してくれる？

手話文　このあいだ　買った　DVD／
借りる　かまわない？

このあいだ →

右肩の前で右手の甲を前に向け、後ろに倒す

【さっき】

買った →

【買う】↓【〜した】両手のひらを下向きに倒す

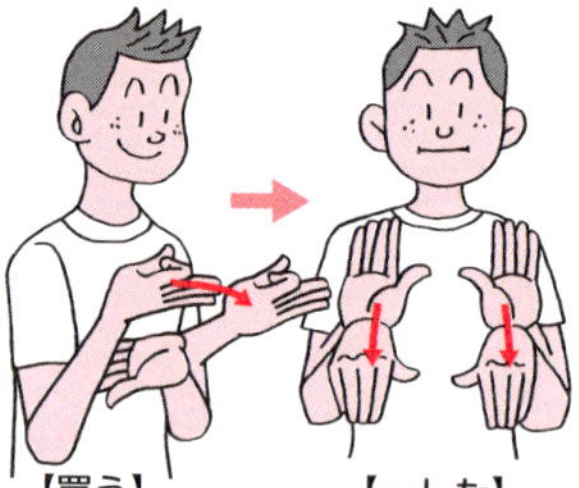

【買う】　【〜した】

B いいよ。
でもいま、
友達に貸してるんだ

手話文　かまわない／しかし／いま／
友達／貸す　中

かまわない →

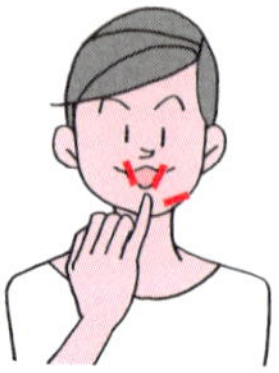

しかし →

右手のひらを相手に向け、裏返して甲を見せる

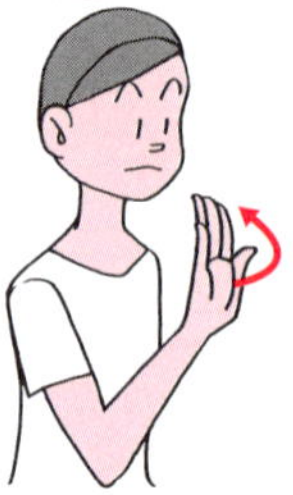

A 残念。
いつ頃戻ってくるの？

手話文　残念／返ってくる　いつ？

残念 →

自分に向けた左手のひらに右手のこぶしを上から打ちつけて上げる

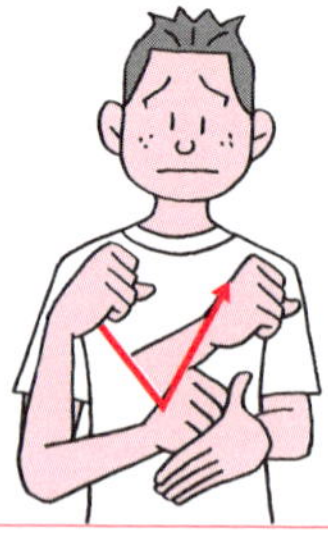

B あさって。
少し待ってね

手話文　あさって／少し　待つ　頼む

あさって →

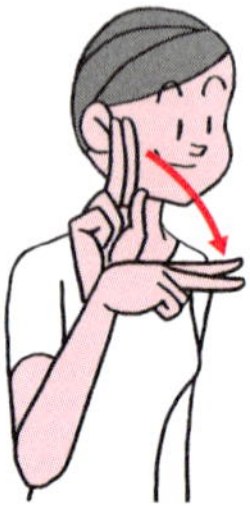

DVD

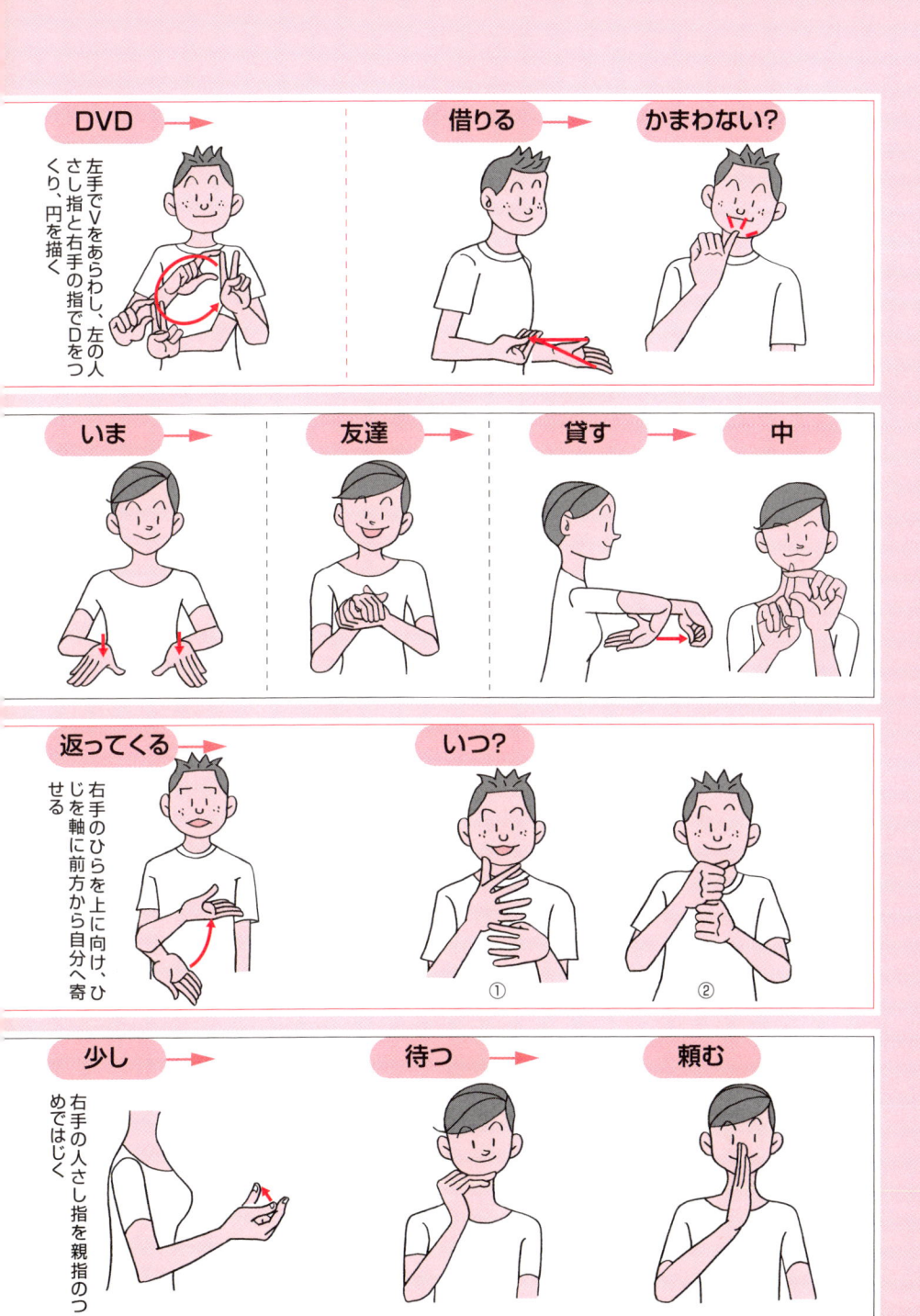

左手でVをあらわし、左の人さし指と右手の指でDをつくり、円を描く

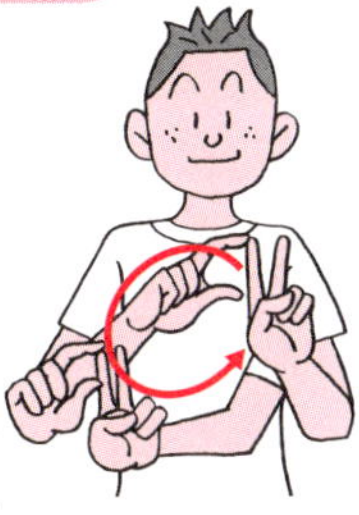

借りる

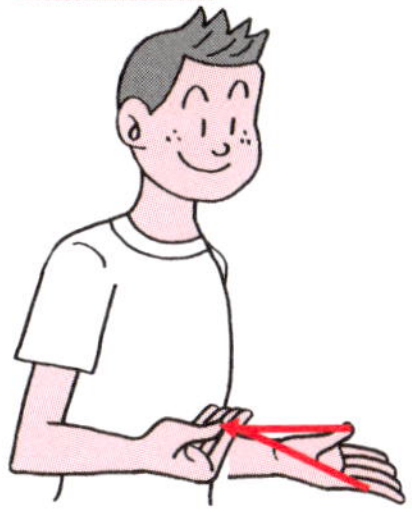

かまわない?

いま

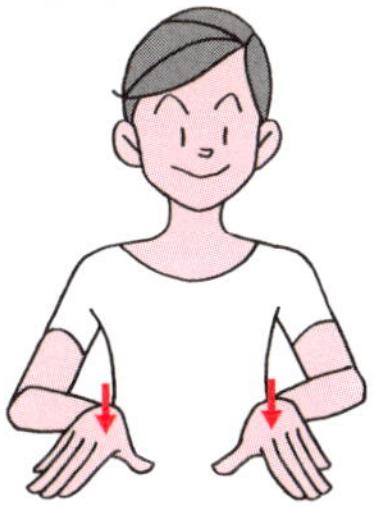

友達

貸す

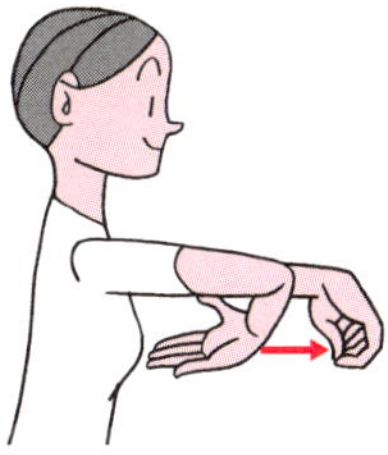

中

返ってくる

右手のひらを上に向け、ひじを軸に前方から自分へ寄せる

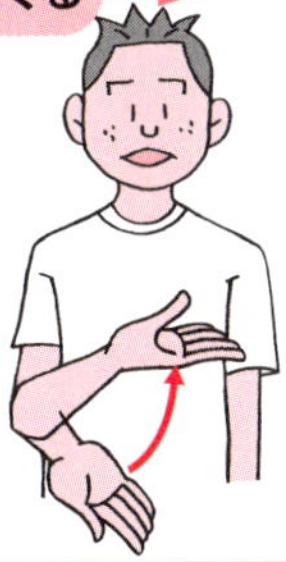

いつ?

①

②

少し

右手の人さし指を親指のつめではじく

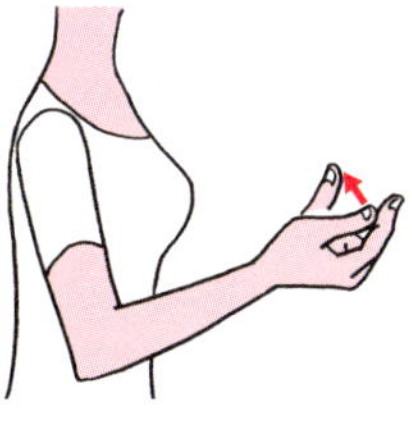

待つ

頼む

郵便局の場所はどこですか？

A この近くに
郵便局は
ありませんか？

手話文 ここ 近い／郵便局／どこ？

ここ →

近い →

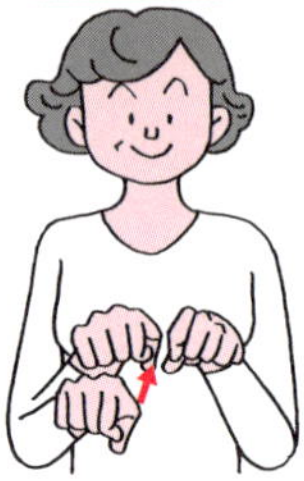

B 2つめの交差点の
左側にあります

手話文 2つめ 交差点／左側 ある

2つめ →

【2つ】左手の2本指を横にして、右の人さし指で上から指さす↓【目】目を指さす

【2つ】

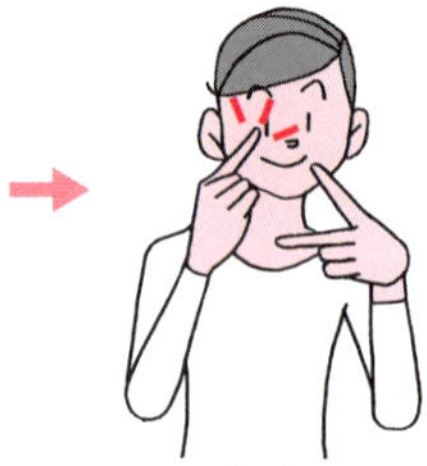

【目】

A ここから歩いて
どれくらい
かかりますか？

手話文 ここ 歩く 時間 いくつ？

ここ →

歩く →

B 5分くらいです。
すぐにわかりますよ

手話文 5分 くらい／
すぐ 見つける わかる 思う

5分 →

くらい →

右手のひらを軽く左右に振る

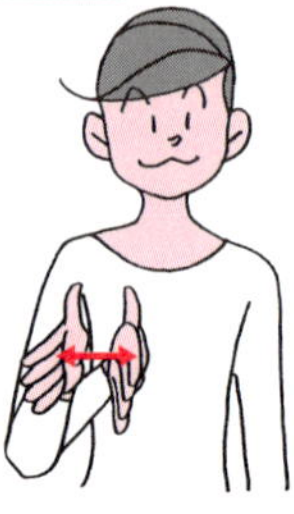

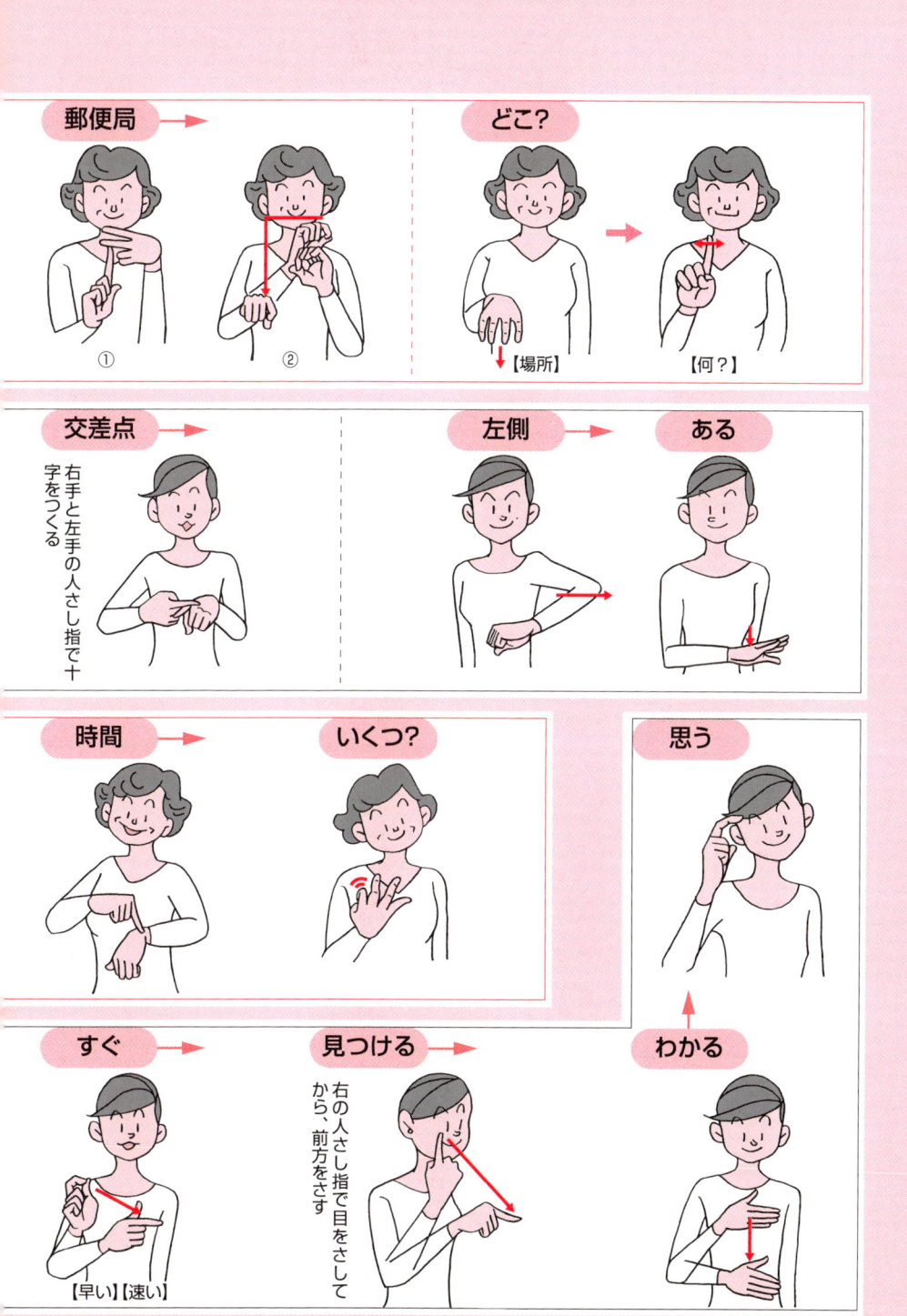

郵便局

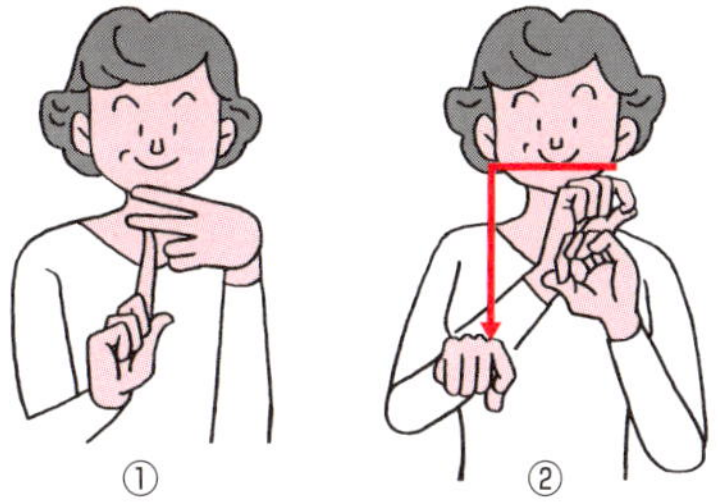

①　②

どこ?

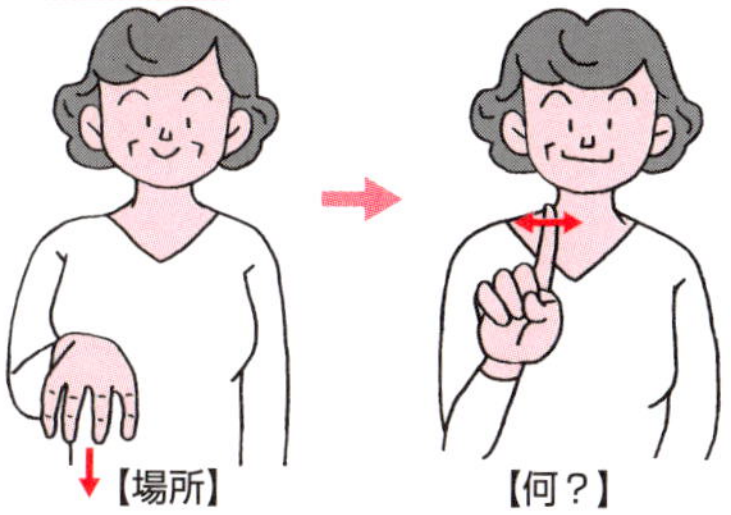

【場所】　【何？】

交差点

右手と左手の人さし指で十字をつくる

左側

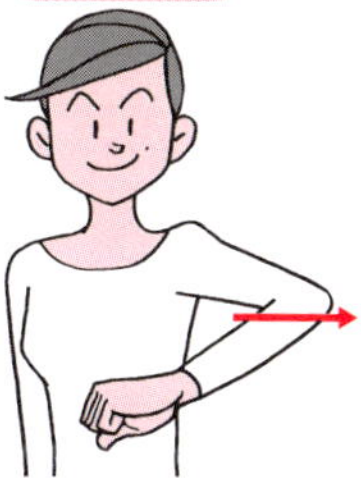

ある

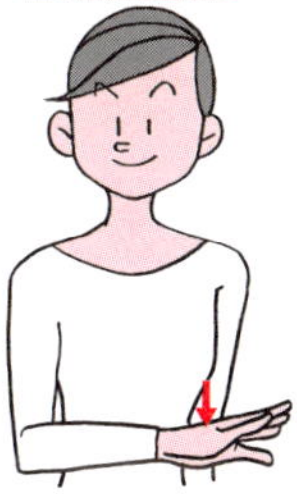

時間

いくつ?

思う

すぐ

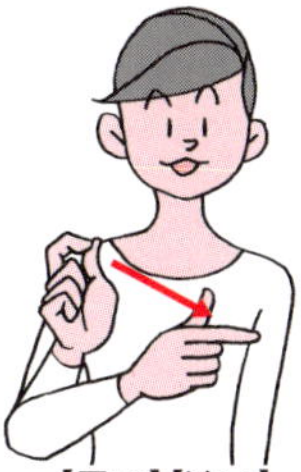

【早い】【速い】

見つける

右の人さし指で目をさしてから、前方をさす

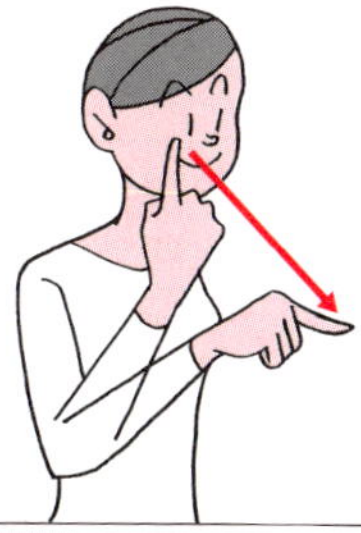

わかる

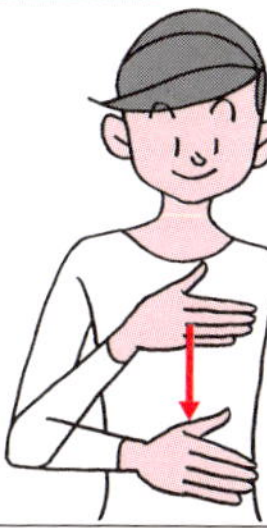

自転車と電車で通勤しています

A 会社は
どこですか？

手話文　会社　場所／どこ？

会社 →

場所 →

B 東京ドームの
近くにあります

手話文　東京ドーム　近い　ある

東京ドーム →

【東京】⬇【ドーム】指文字【と】で左から右に弧を描き、右側で指文字【む】にする

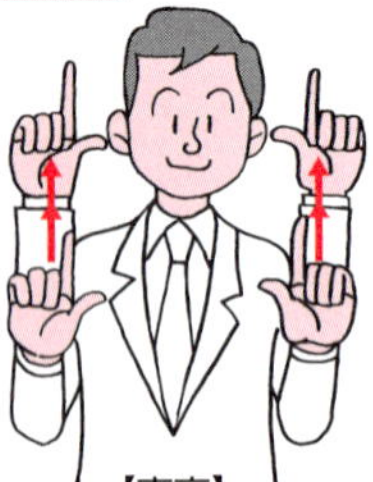

【東京】

→

【ドーム】

A どうやって
通っている
のですか？

手話文　通う　どうやって？

通う →

親指を立てた右手を胸の前から前に出して戻す

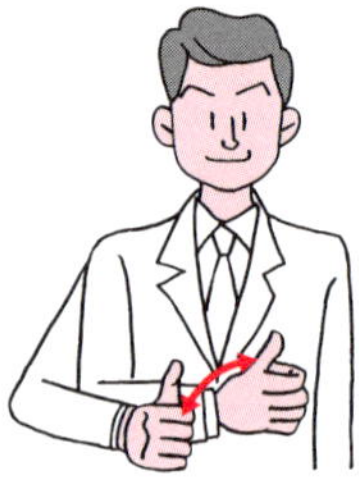

B 自宅から駅までは自転車で。
それから電車に乗って
通っています

手話文　自宅　自転車　駅／
乗り換え　電車　通う

自宅 →

【自分自身】右の人さし指で自分を指さしてから、手首を返して立てる⬇【家】

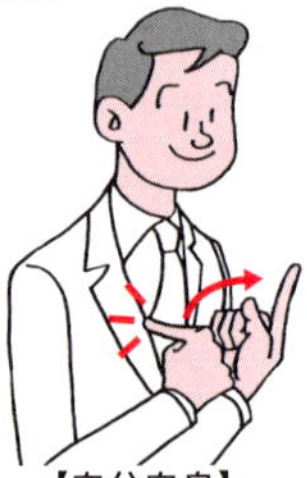

【自分自身】

→

【家】

どこ?

【何？】

近い

ある

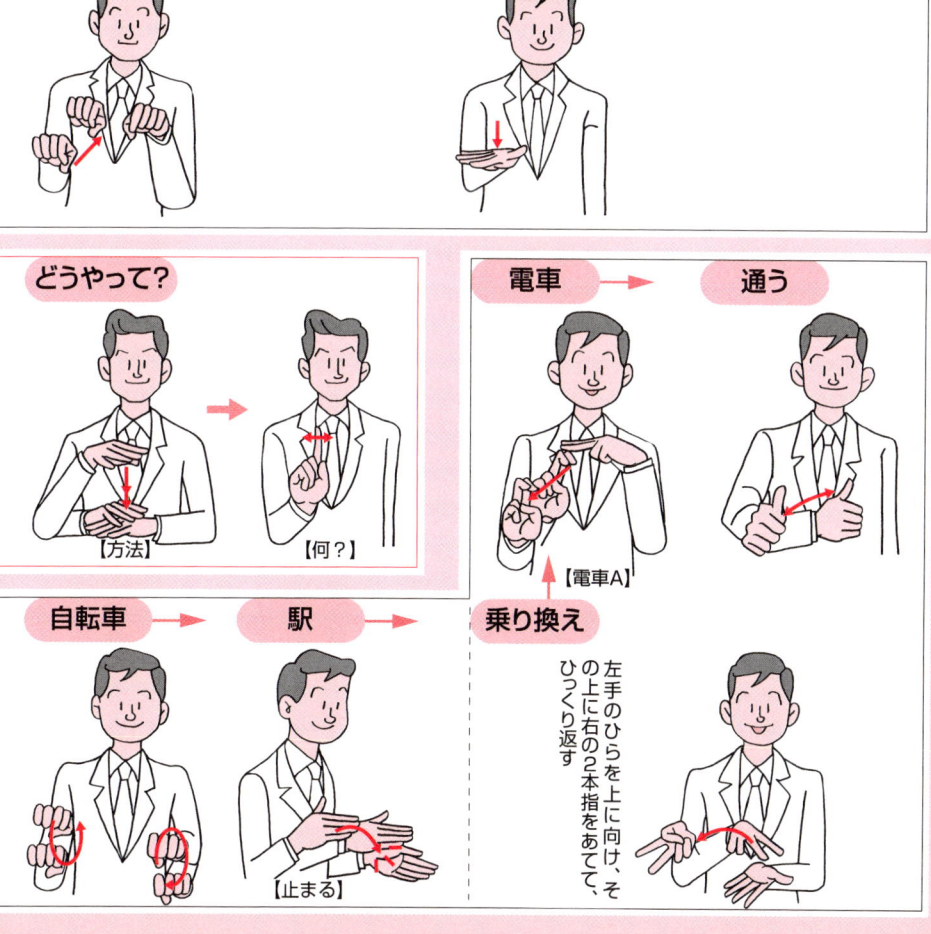

どうやって?

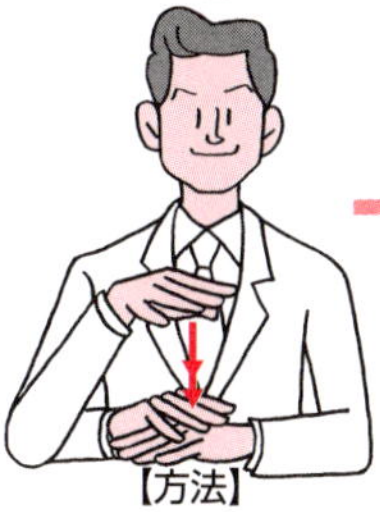

【方法】

【何？】

電車

【電車A】

通う

自転車

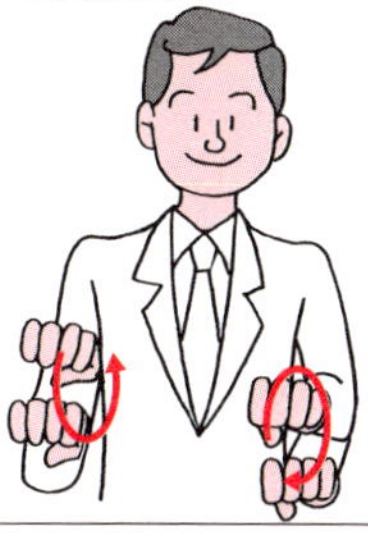

駅

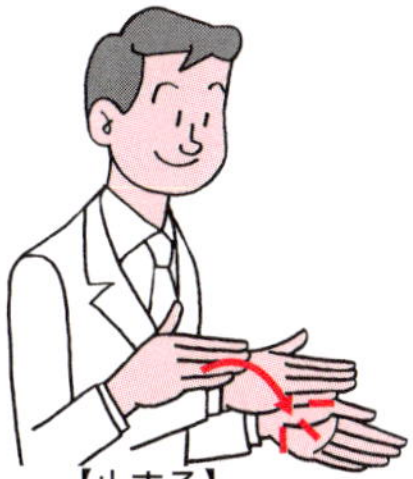

【止まる】

乗り換え

左手のひらを上に向け、その上に右の2本指をあてて、ひっくり返す

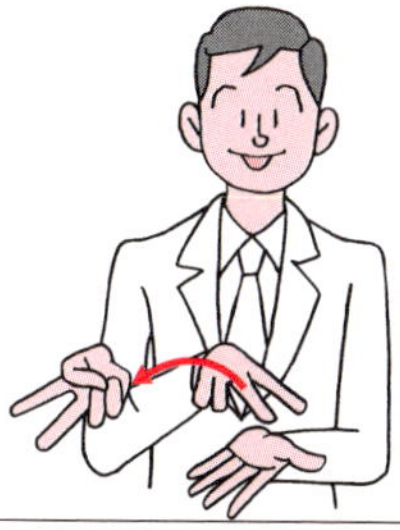

昨日のサッカーはすごかったです

A 昨日テレビで
サッカーの試合
見た？

手話文　昨日／
テレビ　サッカー　試合　見た？

昨日
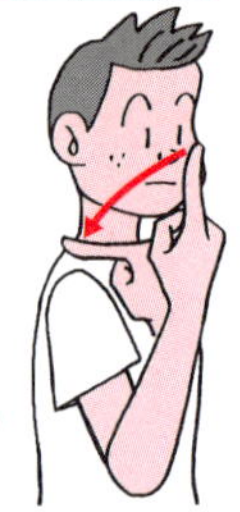

テレビ
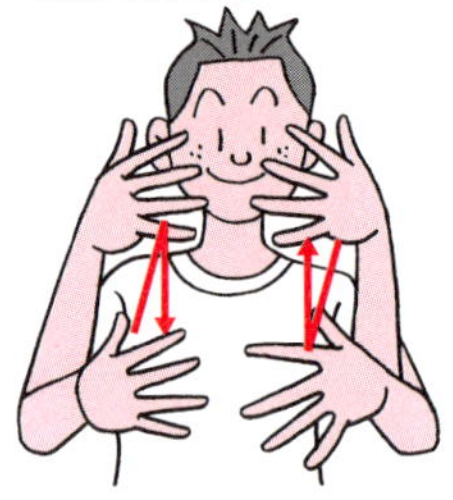

B 見た見た。
日本代表チームの
シュートすごかったね

手話文　見た／日本　代表　チーム／
シュート　すごい

見た

日本
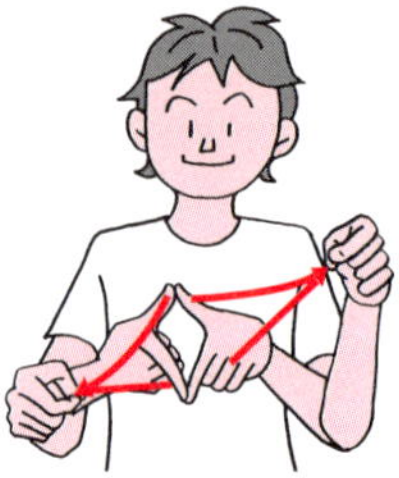

A でも、
ハラハラする
試合だったね

手話文　しかし／見る　ハラハラ／
試合　同じ

しかし
右手のひらを相手に向け、裏返して甲を見せる
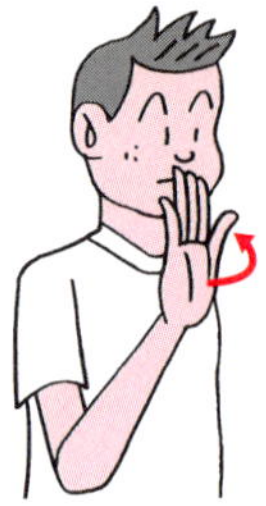

B ワールドカップが
楽しみだな

手話文　ワールドカップ　試合／
楽しみ

ワールドカップ
【世界】両手で球体をつくり、手前から下に手首を回す↓【カップ】握った両手を下から上げ、カップの取っ手をあらわす
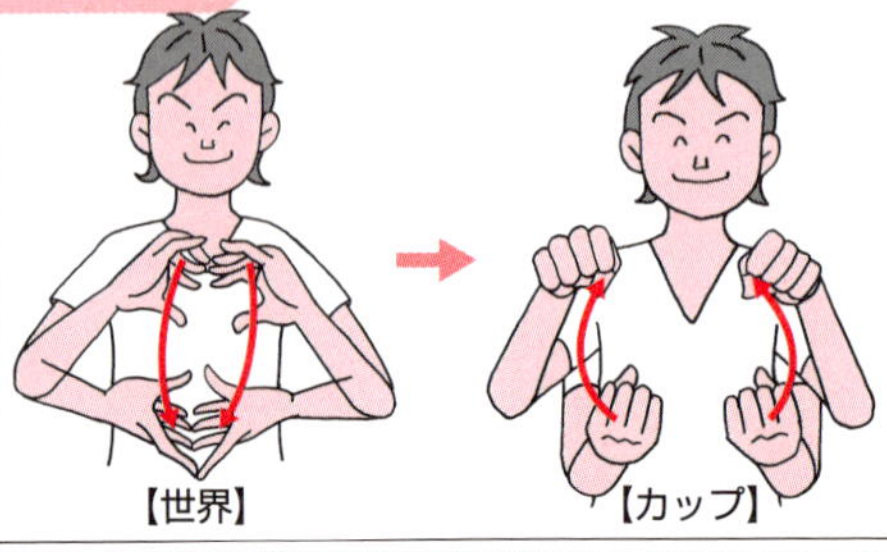

サッカー →

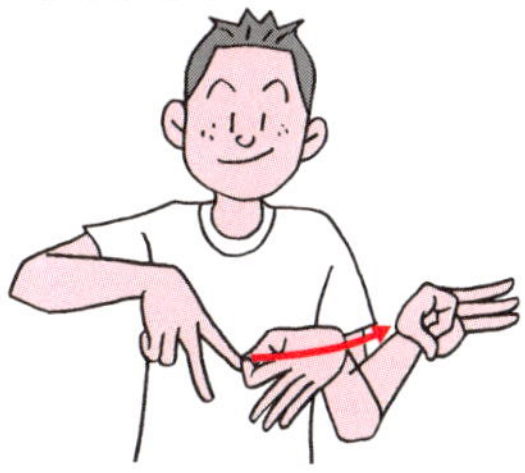

試合 →

親指を立て、握り込んだ両手を左右から合わせる

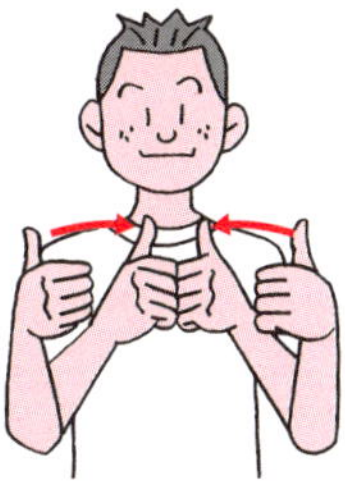

見た?

【見るA】↓【〜した?】右手の指を伸ばし、手首を折るように下ろす

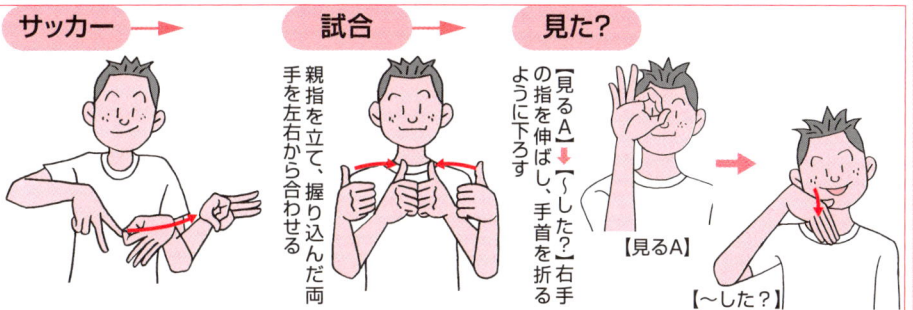

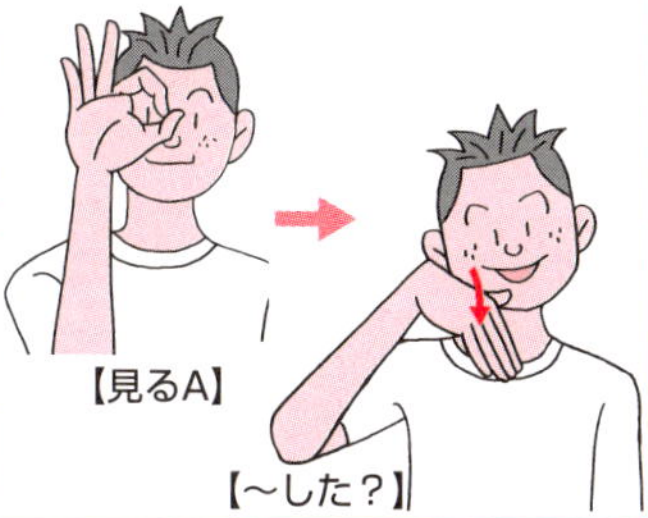

代表 →

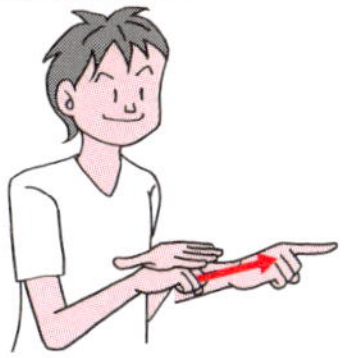

手のひらを下に向けた左手の下から、人さし指を伸ばした右手を前に出す

チーム →

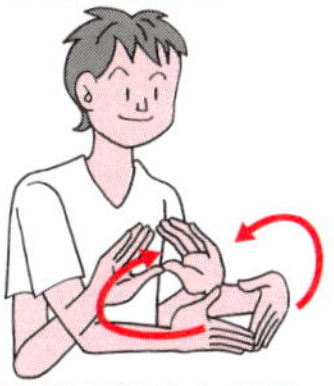

両手で前方から手前へ球を描くようにする

シュート →

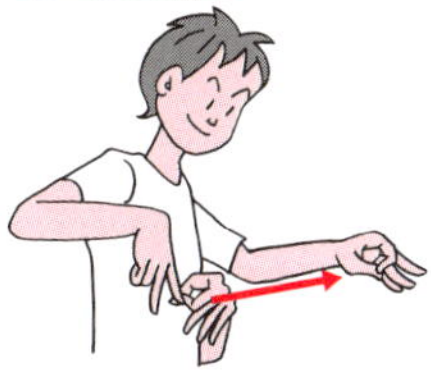

左手でつくった輪を右手の2本指で蹴るようにし、左手を前方に出す

すごい

左腕の上で軽く指を曲げた右手で山を描く

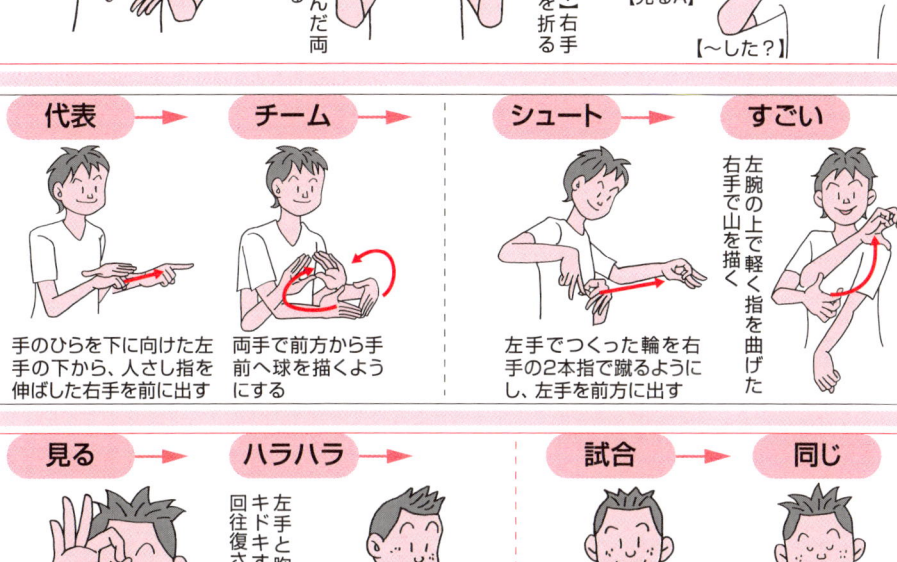

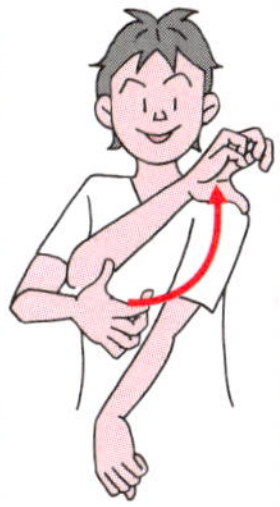

見る →

【見るA】

ハラハラ →

左手と胸の間で、心臓がドキドキするように右手を数回往復させる

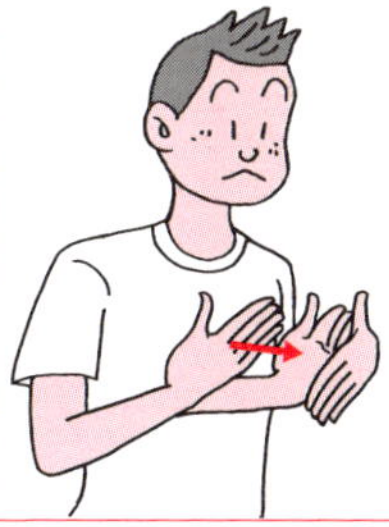

試合 →

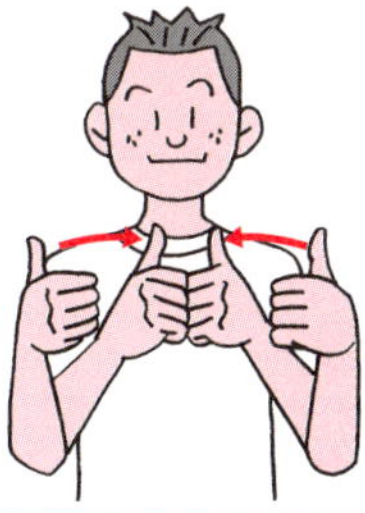

同じ

試合 →

楽しみ

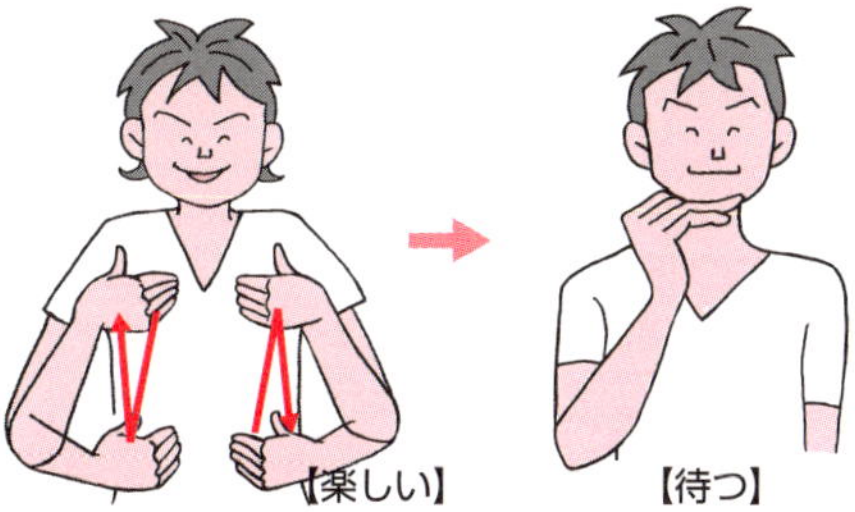

セールで新しい靴を買いましょう

A 今週の土曜日、
買いものに
つき合ってくれる？

手話文 今週／土曜日／
買いもの／一緒に行く／かまわない？

今週 →

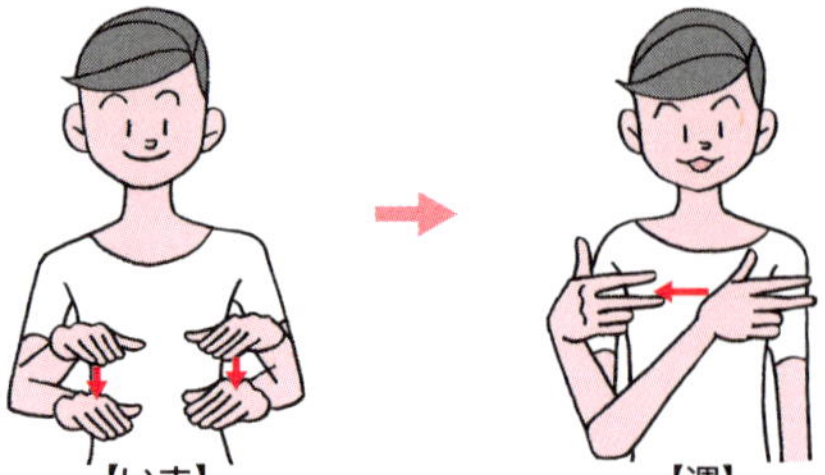
【いま】　【週】

B いいよ。
何を買うの？

手話文 かまわない／買う／何？

かまわない →

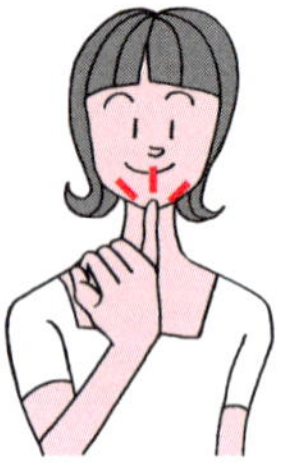

A 新しい靴が
ほしいんだ

手話文 新しい／靴／ほしい

新しい →

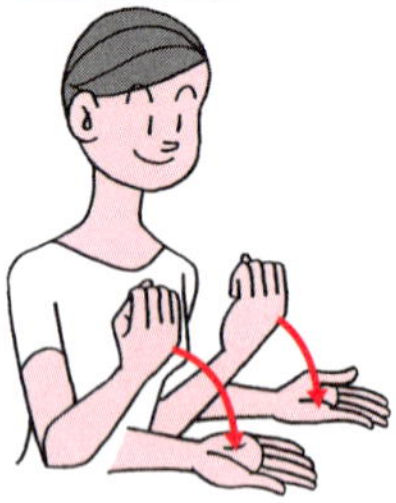

靴 →

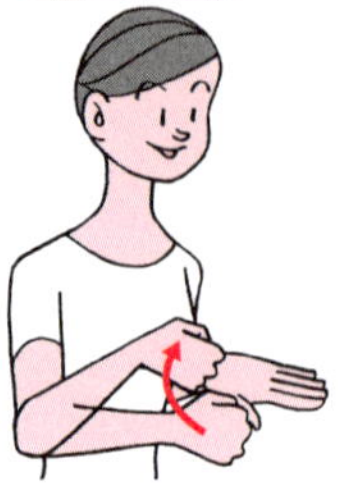

B マルイでセールを
やってるから、
見に行こうよ

手話文 マルイ／いま／セール／中／
見る／行こう

マルイ →

マルイのマークから

右手は人さし指を立て、左手は丸をつくり、両手を左において右におく

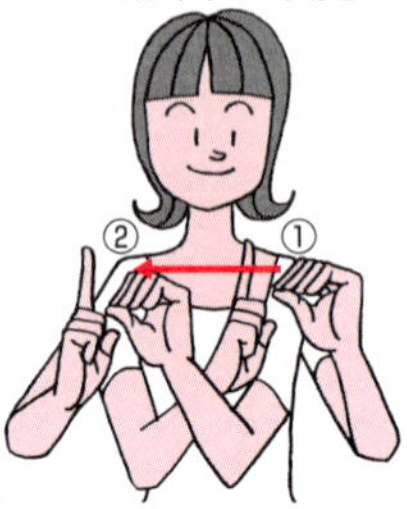

いま →

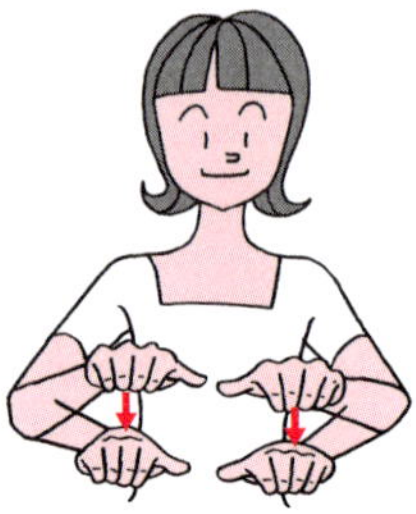

土曜日

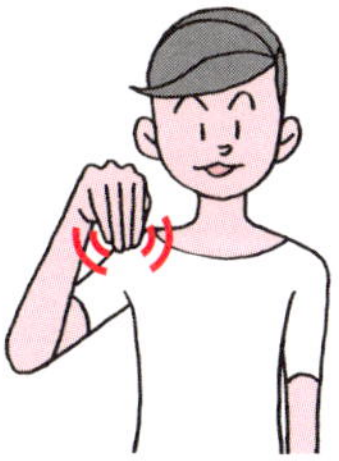

買いもの

手のひらを上に向けた左手の上で、右手であらわした【お金】を数回前に出す

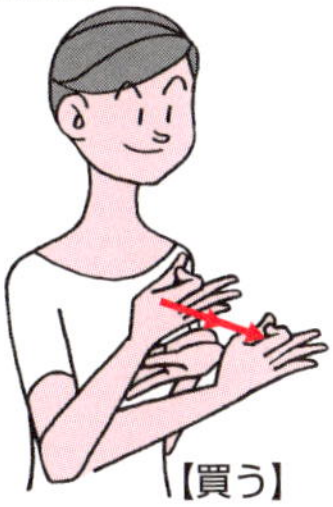

【買う】

一緒に行く

両手の人さし指を前方に伸ばして正面で合わせ、前に出す

かまわない?

買う

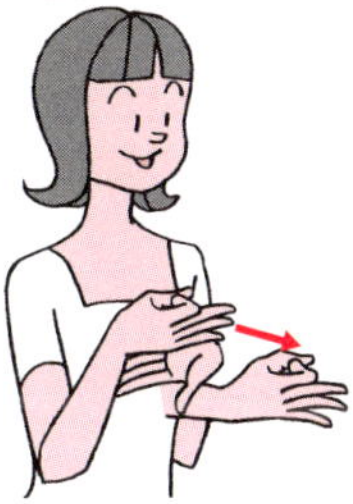

何?

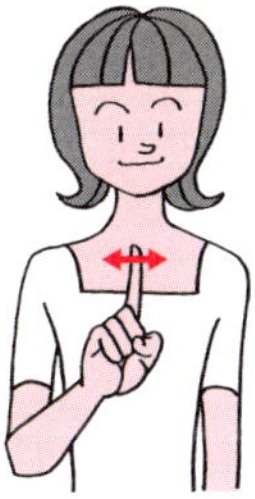

ほしい

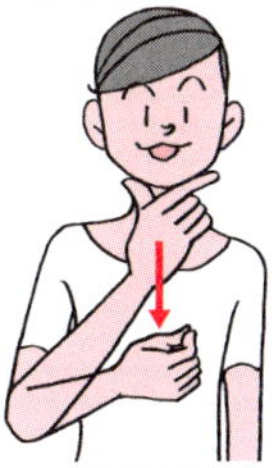

【好き】

行こう

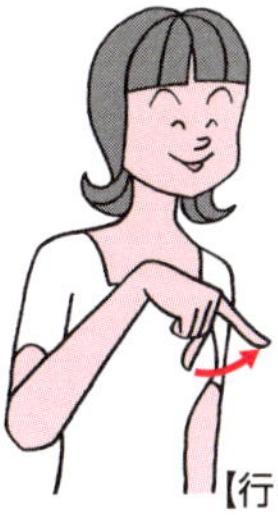

【行く】

セール

両手の人さし指を立てて甲を相手に向け、右上から左下へ下ろす

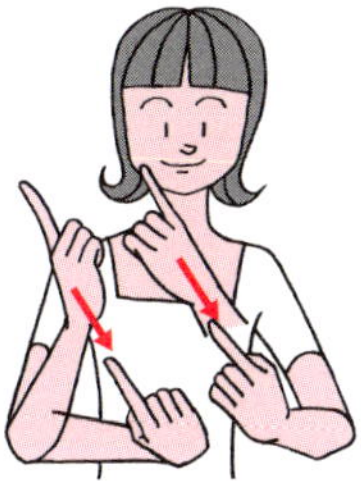

中

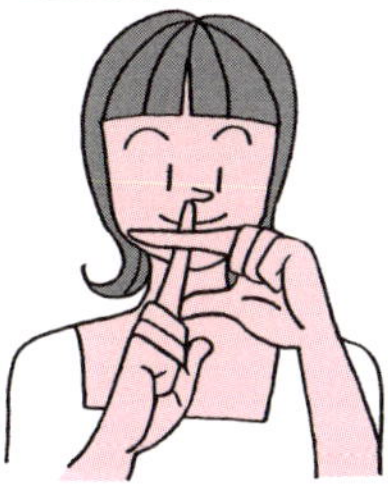

見る

【見るA】

手話サークルを教えてください

A 手話の勉強を始めたいんだけど、どこか知ってる？

手話文 手話／勉強／始めたい／知る／場所／どこ？

手話 →

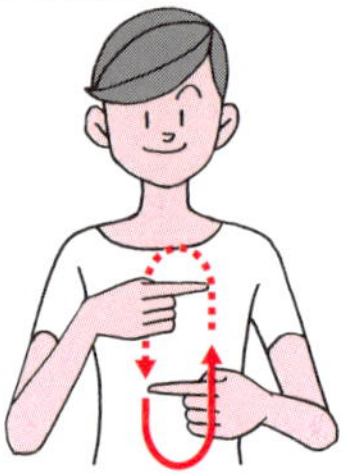

勉強 →

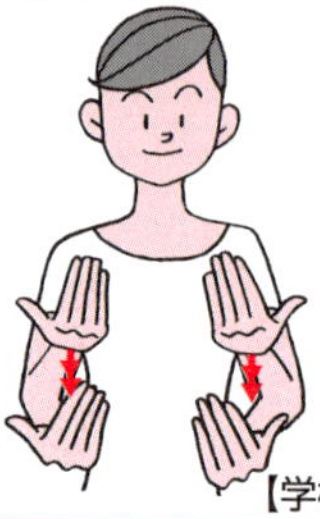

【学校】

B 品川区に手話サークルがあるよ

手話文 品川／区／手話／サークル／ある

品川 →

【品】右の親指と人さし指で輪をつくり、漢字をあらわすように3か所におく⬇【川】

【品】

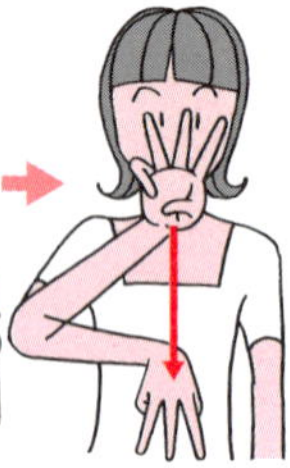

【川】

区 →

【く】

A 毎週あるの？何時から？

手話文 毎週？／何時？

毎週? →

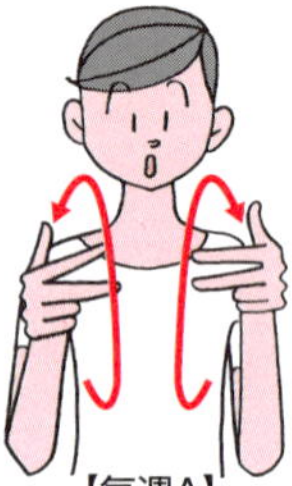

【毎週A】

B 毎週水曜日の午後6時半から

手話文 毎週／水曜日／午後／6時半／～から

毎週 →

左手の4本指を横に向け、その指の上から下へ右の人さし指を下ろす

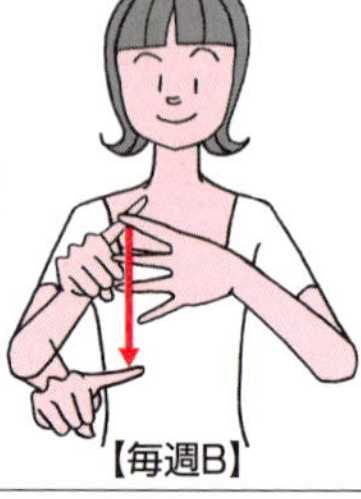

【毎週B】

水曜日 →

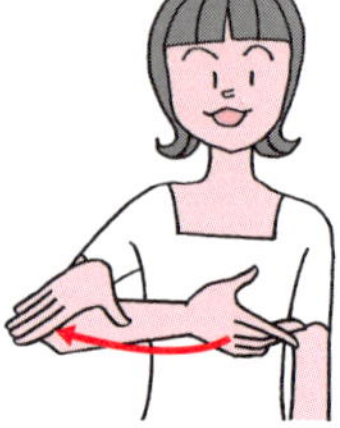

【水A】

始めたい →

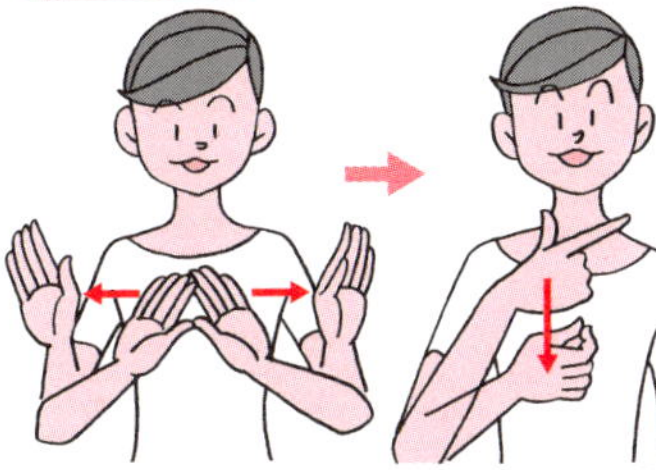

【始める】 → 【〜したい】

知る → **場所** → **どこ?**

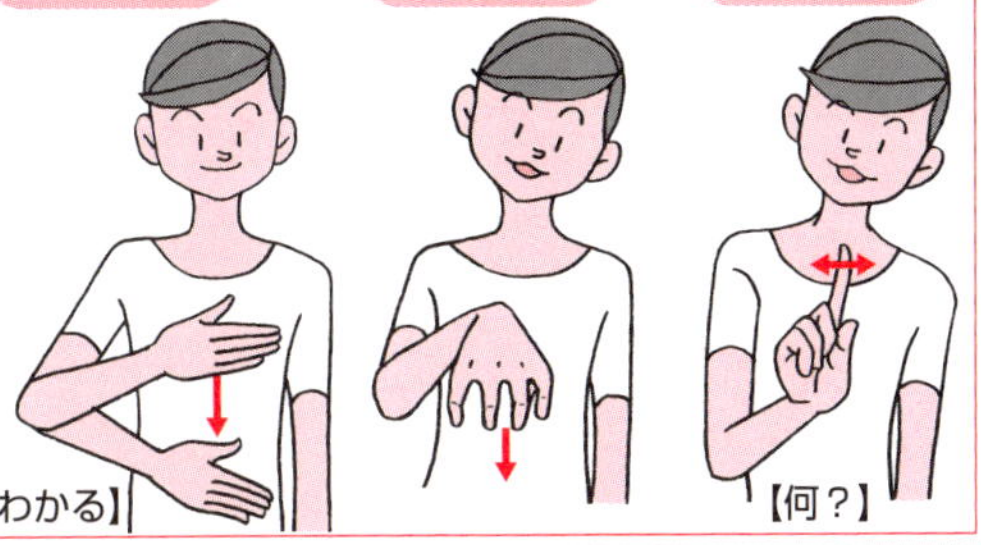

【わかる】　【何？】

手話 →

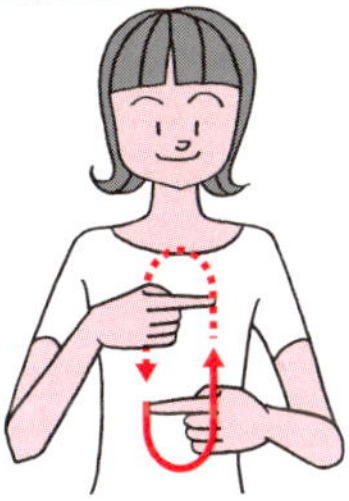

サークル →

右手を握り、水平に前へ向かって円を描く

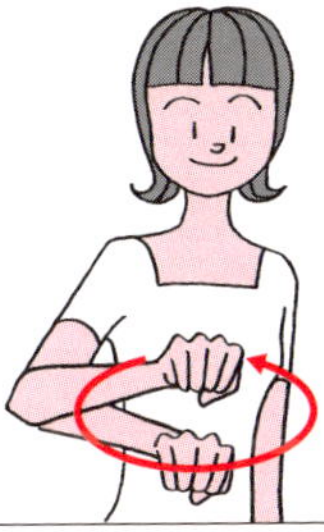

ある

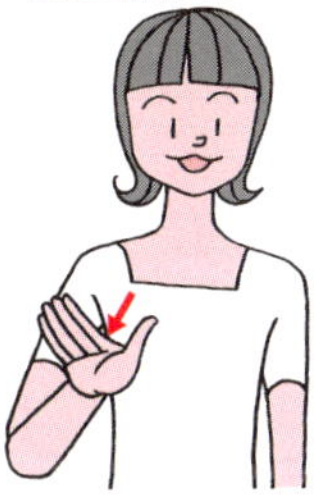

何時?

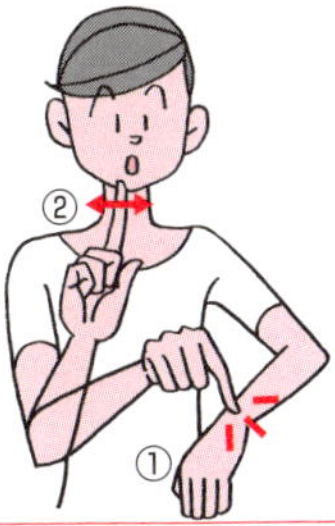

午後 →

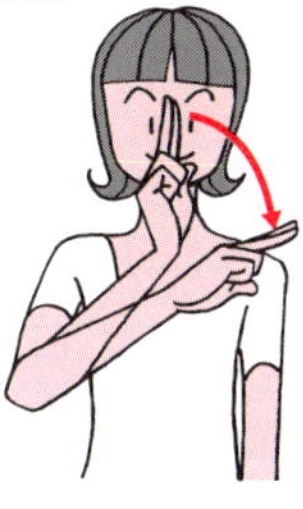

6時半 → **〜から**

【時間】→【6】→【半】右手のひらを左に向け、垂直に下ろす

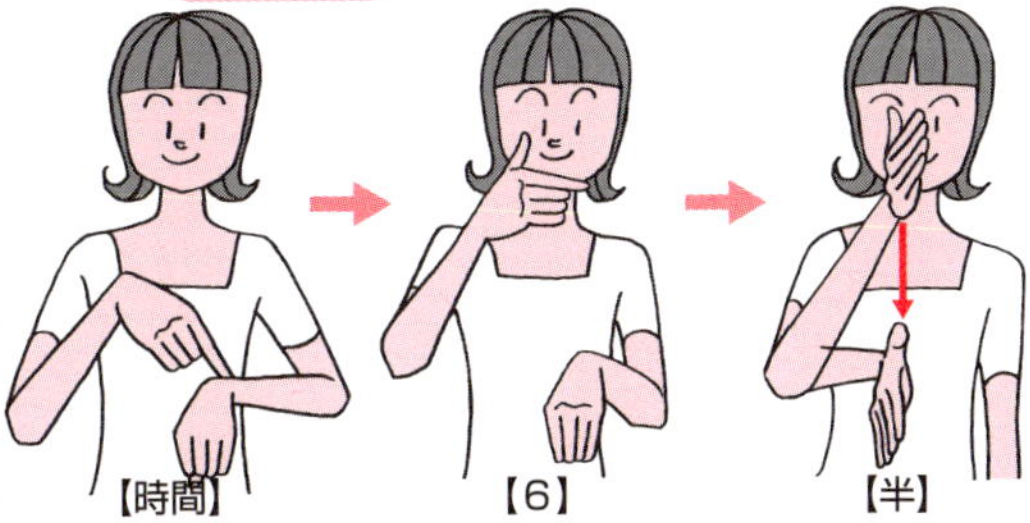

【時間】 → 【6】 → 【半】

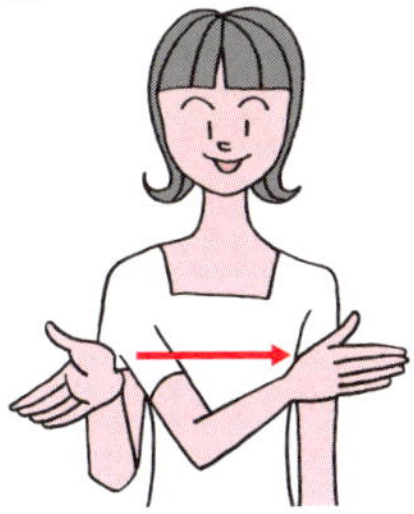

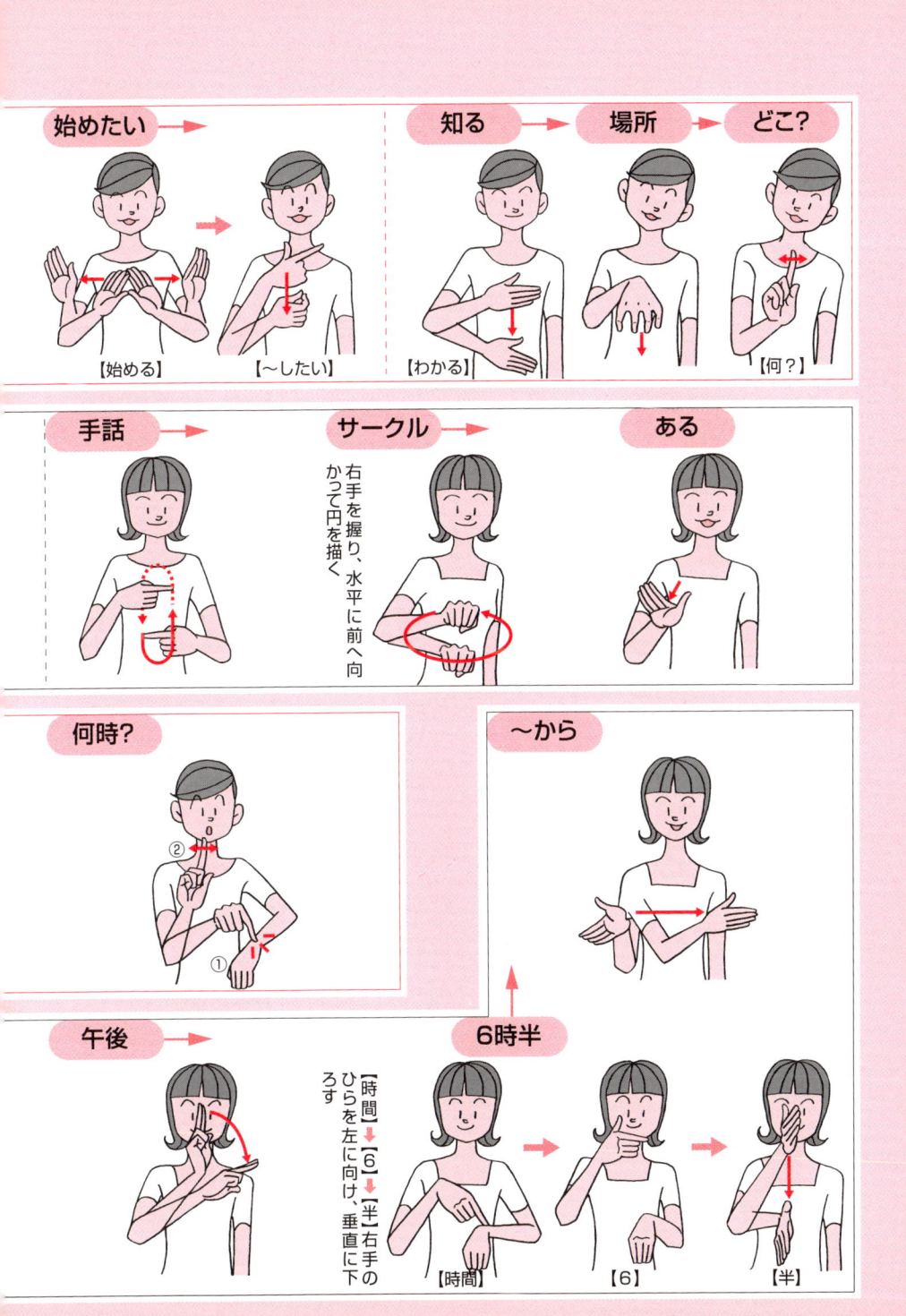

イタリアンの店に行きましょう

A 会社の近くの
新しいイタリアンの
お店知ってる？

手話文 会社 近い /
新しい イタリアン 店 / 知ってる？

会社 →

近い →

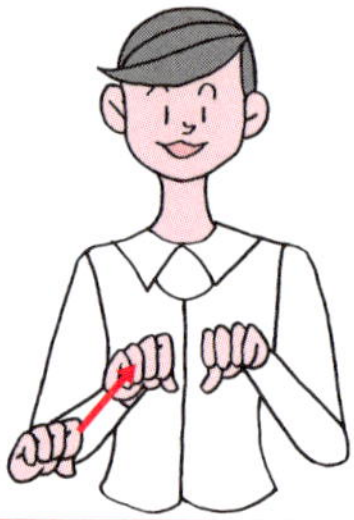

B いつも並んでいる
お店でしょ？
おいしいの？

手話文 いつも 人々 行列 店 同じ？ /
おいしい？

いつも →

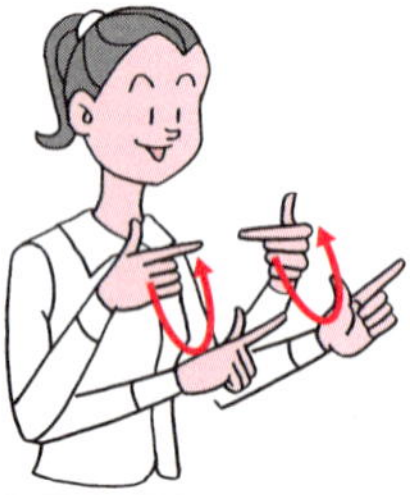

人々 →

A おいしいらしいよ。
ランチは飲みものつきで
1000円なんだって

手話文 おいしい らしい /
ランチ 飲みもの つく 1000円

おいしい →

らしい →

右の人さし指と中指を伸ばし、斜め下に2回振る

B いいね。
明日お昼になったら
急いで行こう

手話文 よい / 明日 昼 /
急いで 行く

よい →

明日 →

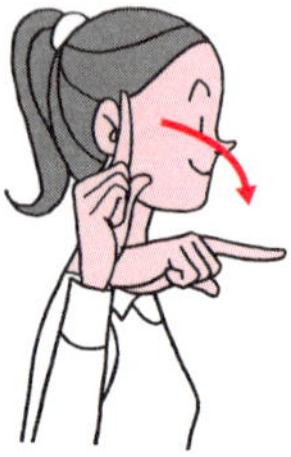

昼 →

【正午】

新しい →

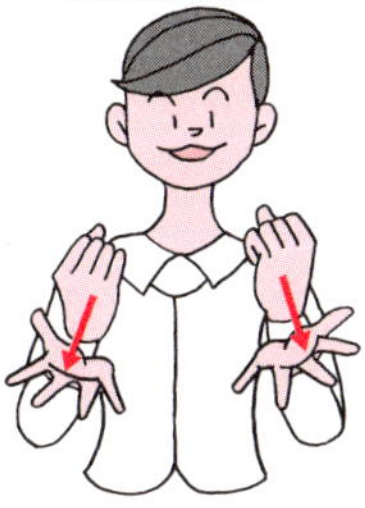

イタリアン →

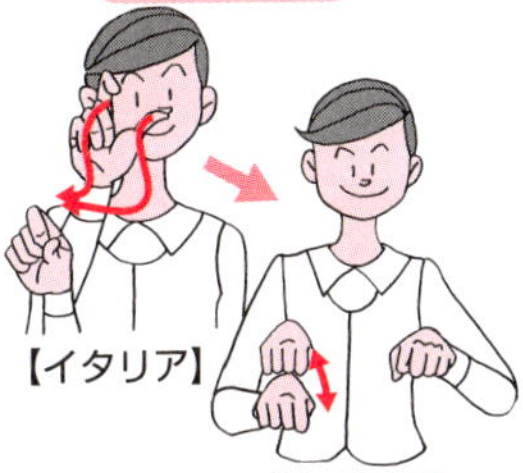

【イタリア】【食べるB】

店 →

【店A】

知ってる?

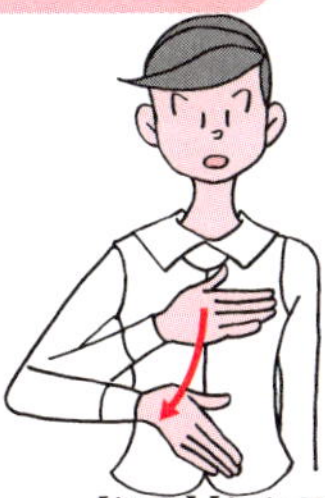

【知る】【わかる】

行列 →

両手のひらを前後ずらして向かい合わせ、右手を引く

店 →

【店A】

同じ? →

おいしい?

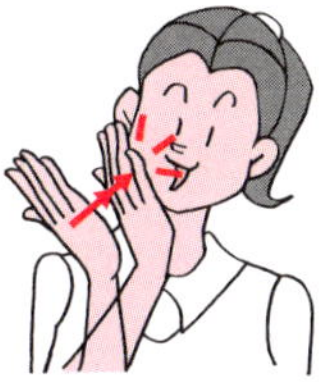

ランチ →

【正午】【昼】

【食べるA】

飲みもの →

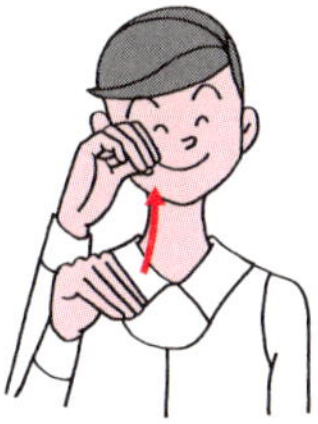

つく

親指と4本の指を合わせた両手を左右からくっつける

1000円

【千】↓右の親指と人さし指を曲げて右に動かし、お札の形をあらわす

【千】

【円】

急いで →

【早い】【速い】

行く

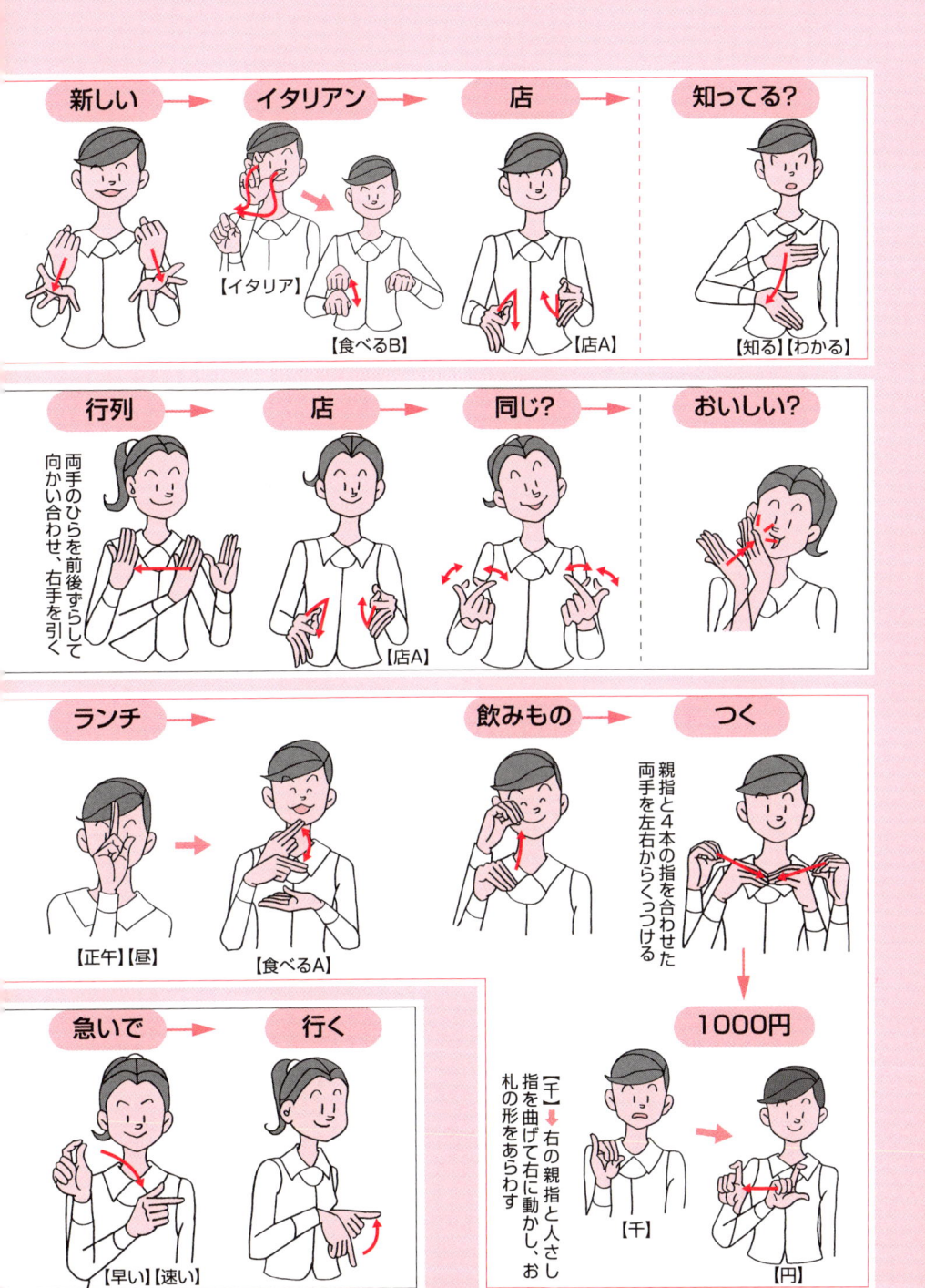

講演会のお知らせを見ましたか？

A 第3日曜日の講演会のお知らせ見た？

手話文 第3週 / 日曜日 / 講演 / 会 / ポスター / 見た？

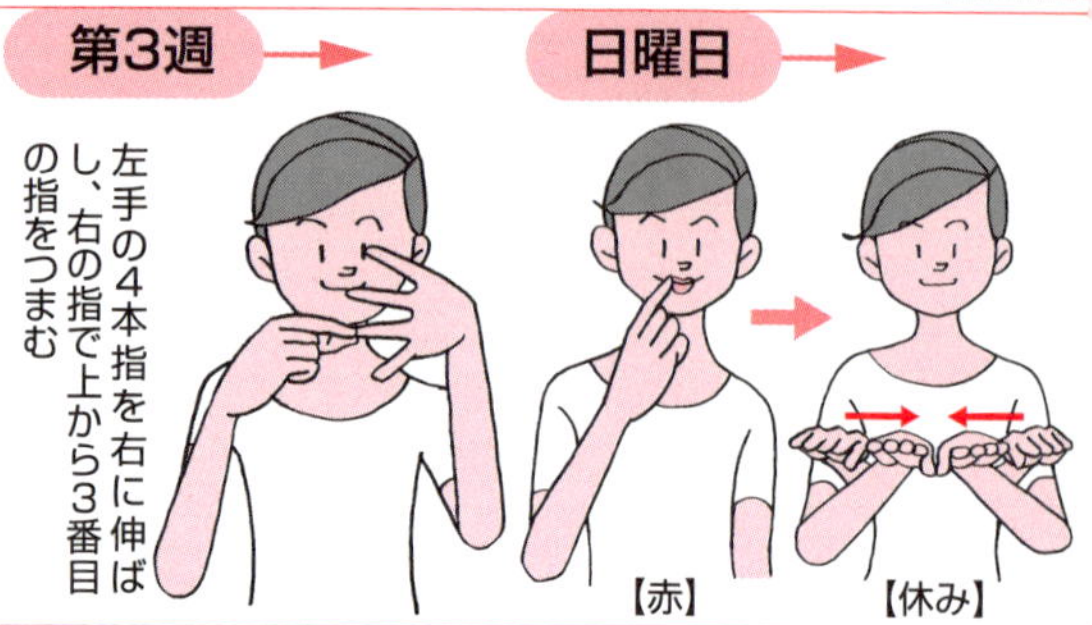

左手の4本指を右に伸ばし、右の指で上から3番目の指をつまむ

B まだ見てない。講師は誰？

手話文 見る / まだ / 講師 / 誰？

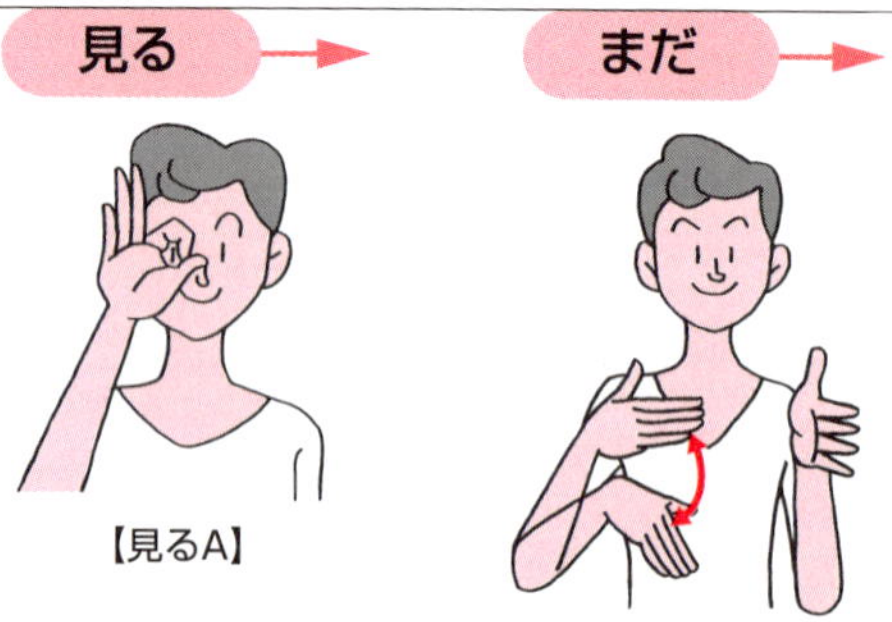

A 大学の教授がバリアフリーについて講演するんだって

手話文 大学 / 教授 / バリアフリー / テーマ / 講演 / らしい

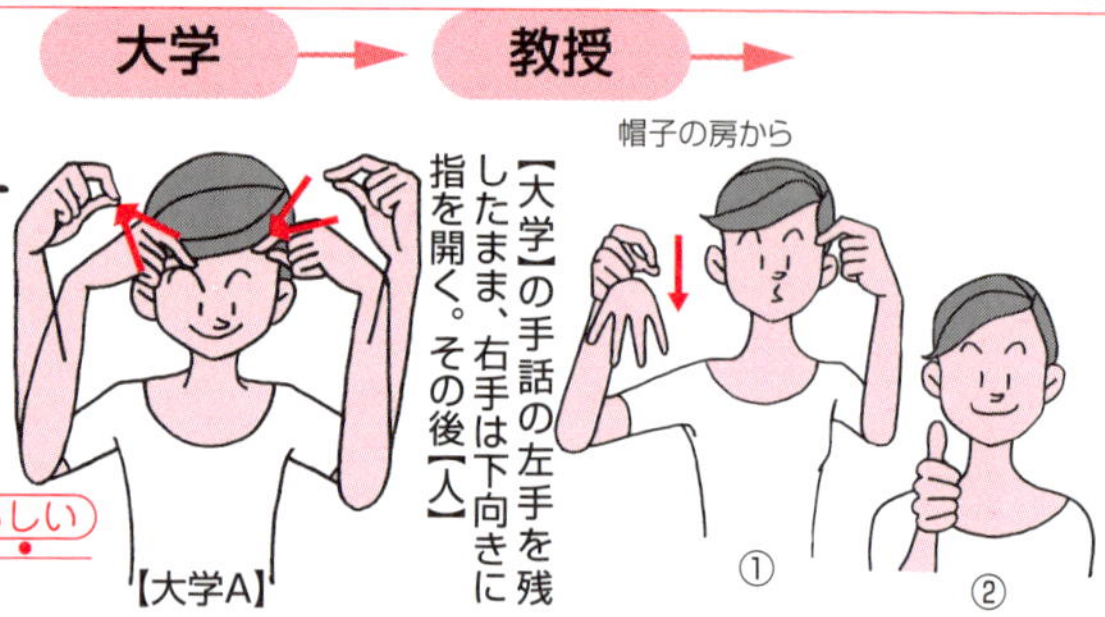

帽子の房から

【大学】の手話の左手を残したまま、右手は下向きに指を開く。その後【人】

B へえ。おもしろそうだね

手話文 へえ / 興味

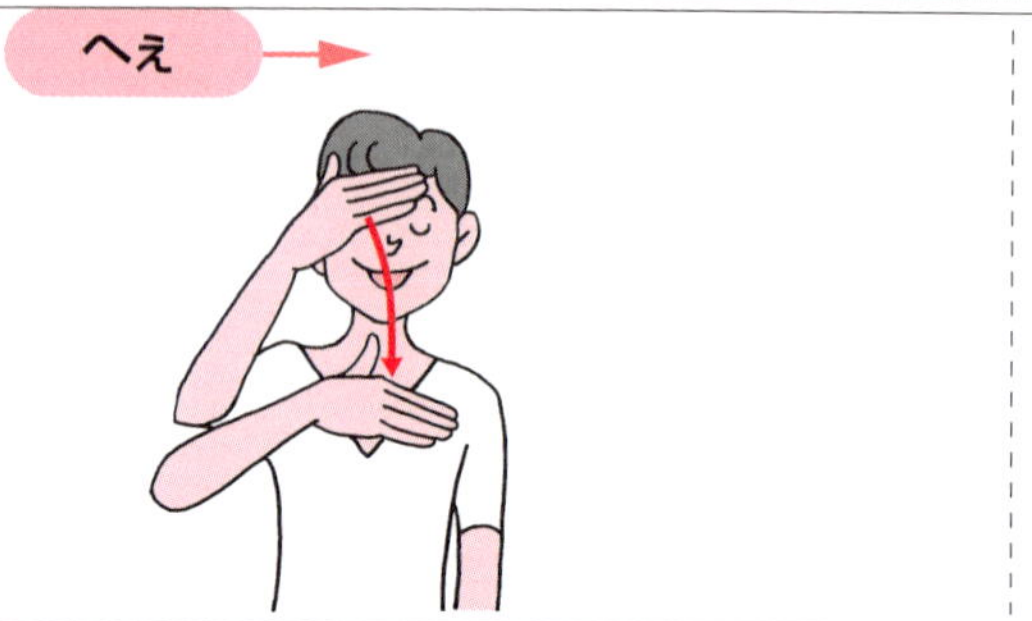

講演

右に倒した左手の甲に右手のひじをつけ、右手を前後させる

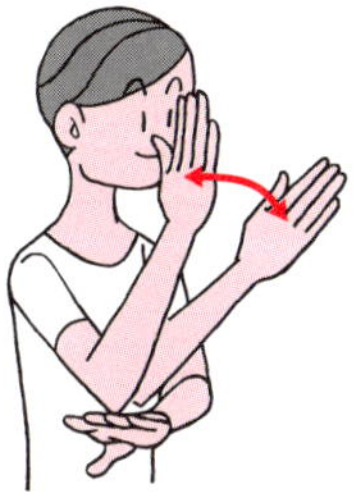

会

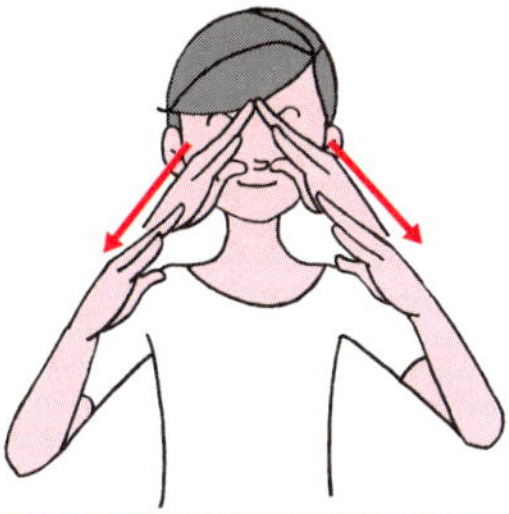

ポスター

両手の親指を立て、上、下とポスターを貼るしぐさ

見た?

【見るA】➡【〜した】指を伸ばし、手首を折るように下ろす

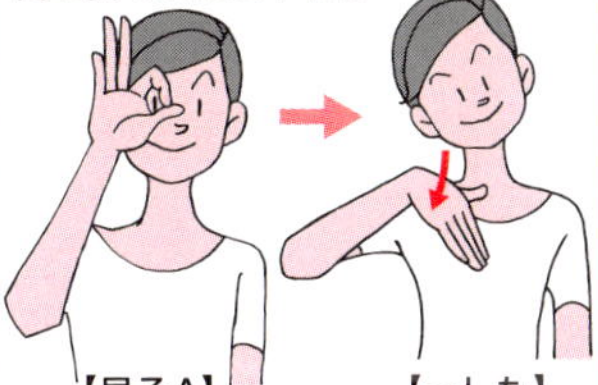

【見るA】　【〜した】

講師

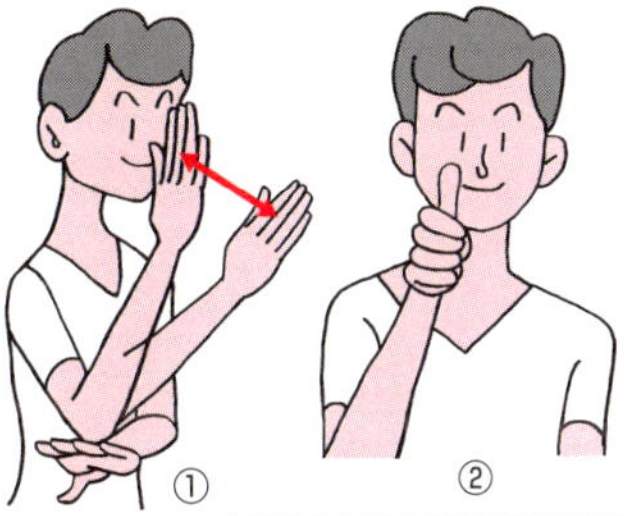

誰?

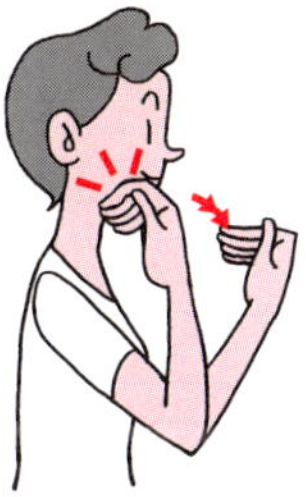

バリアフリー

両手をまっすぐ下げ、左右に開く

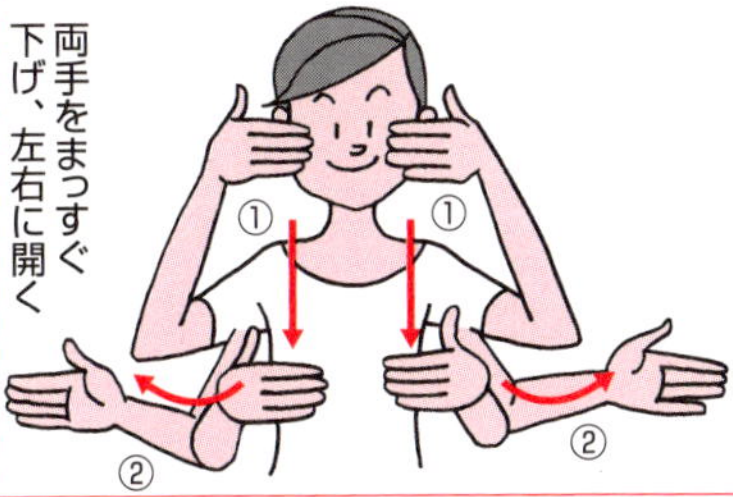

テーマ

左手のひらに、右の親指と人さし指をあて、下げる

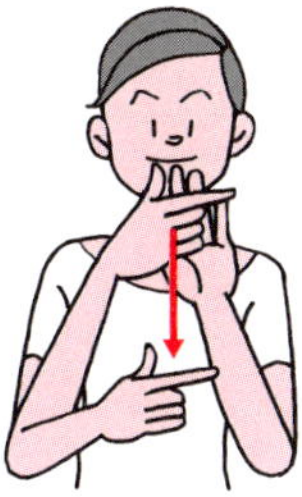

講演

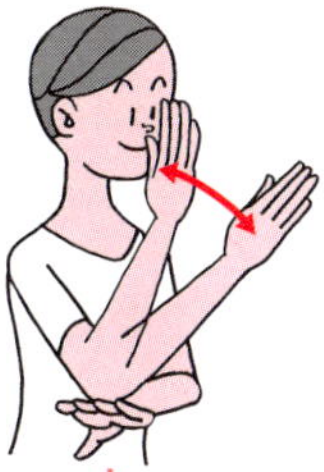

らしい

右の人さし指と中指を伸ばし、斜め下に2回振る

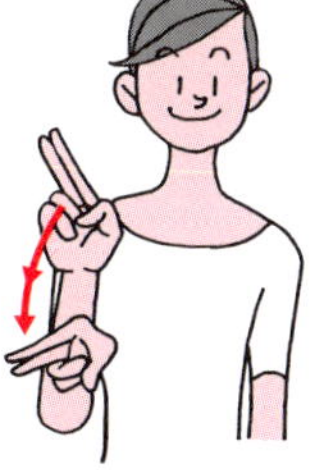

興味

顔の前に右手のひらを開いて向け、手を閉じながら前へ出す

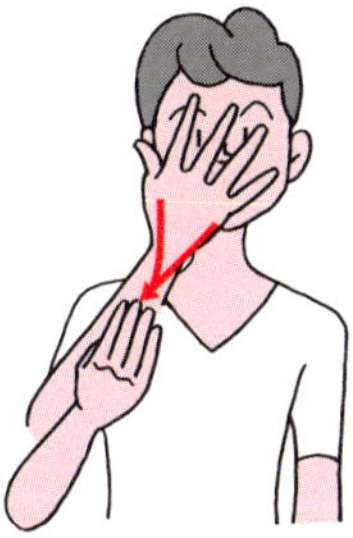

電車で伊豆に行きましょう

A 来月の連休に
伊豆に行かない?

手話文 来月／連休／
伊豆／一緒／行く?

来月 →

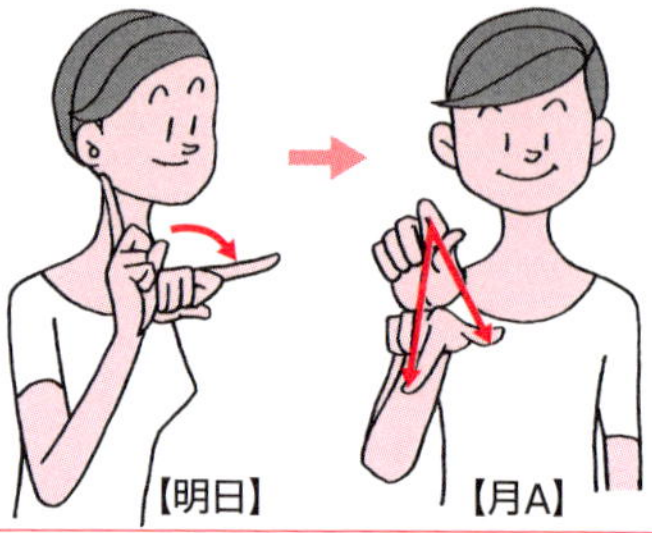

B 渋滞に
巻き込まれるのは
いやだなぁ

手話文 自動車／渋滞／
いや

自動車 →

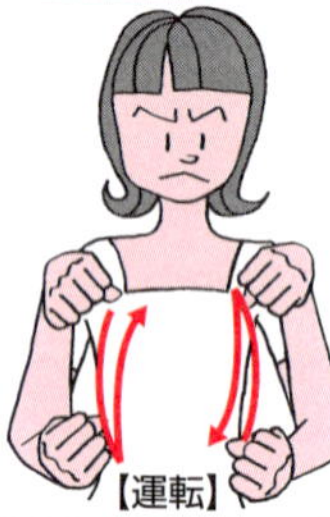

渋滞 →

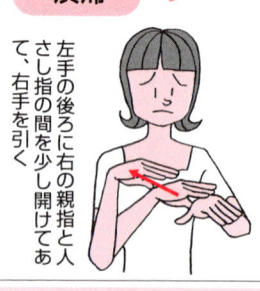

左手の後ろに右の親指と人さし指の間を少し開けてあて、右手を引く

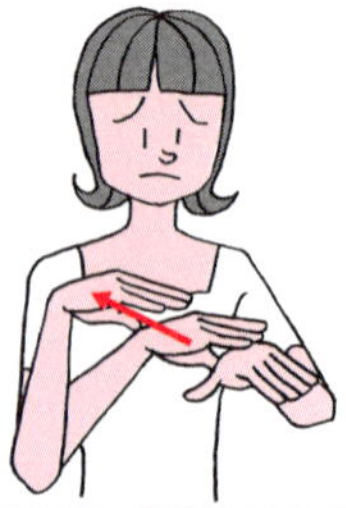

A 車はやめて
電車で行くのは
どう?

手話文 自動車／やめる／
電車／行く／どう?

自動車 →

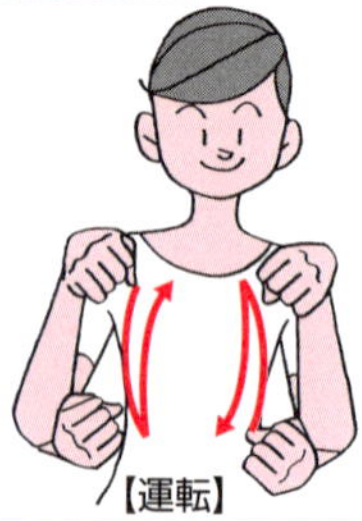

やめる →

左手のひらに右手を垂直に下ろす

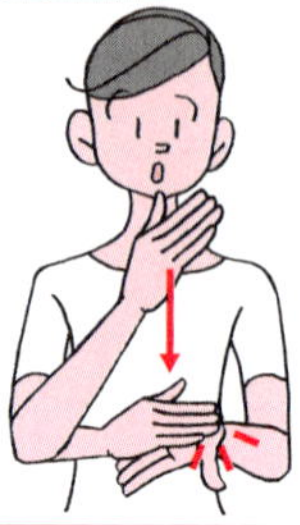

B それならいいよ。
海を眺めながら
ゆっくり行こう

手話文 かまわない／海／眺めながら／
ゆっくり／電車で行く

かまわない →

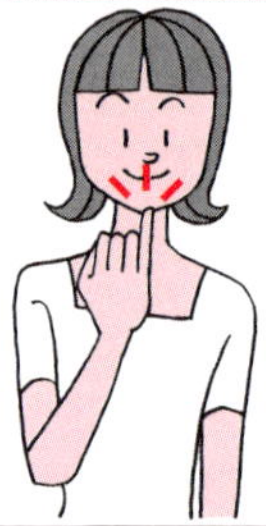

海 →

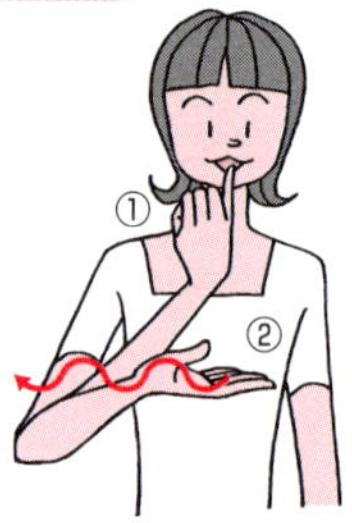

連休 →

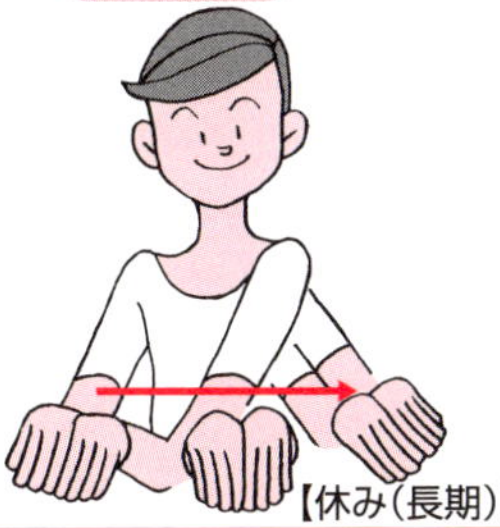

【休み（長期）】

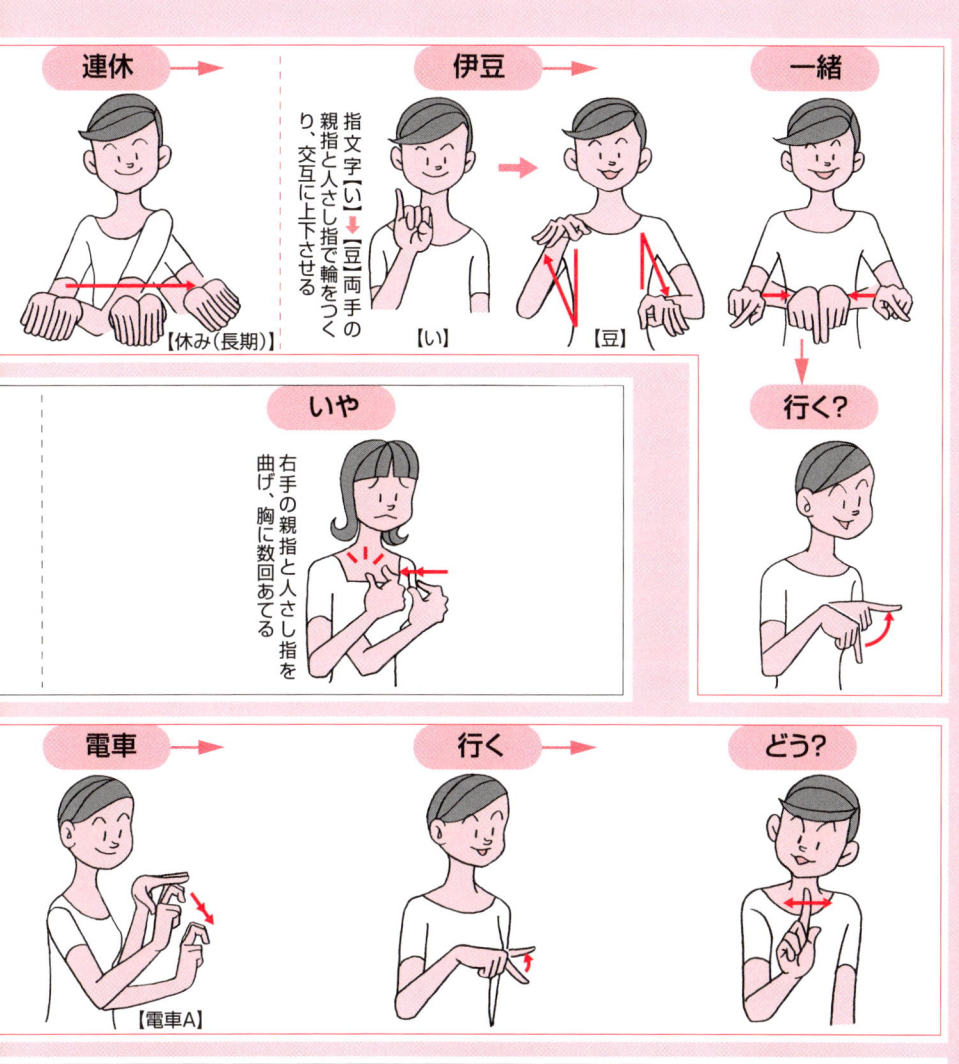

伊豆 →

指文字【い】⬇【豆】両手の親指と人さし指で輪をつくり、交互に上下させる

【い】

【豆】

一緒

行く？

いや

右手の親指と人さし指を曲げ、胸に数回あてる

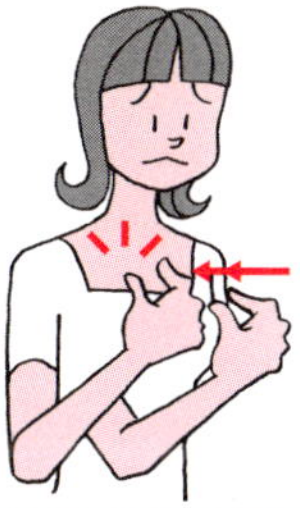

電車 →

【電車A】

行く →

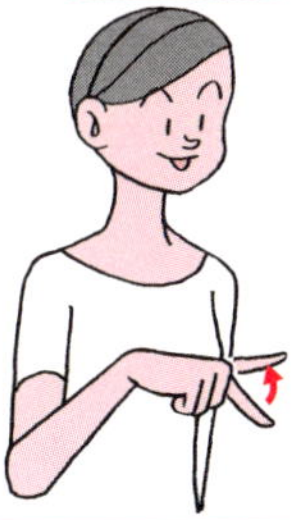

どう？

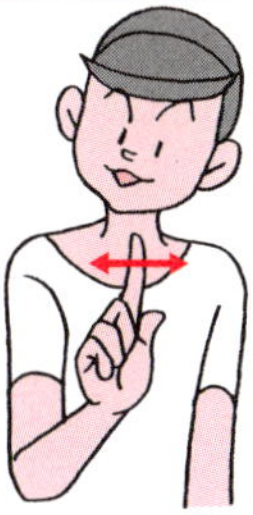

眺めながら →

手のひらを下に向けた右手の人さし指側を額にあて、左から右へ見渡す

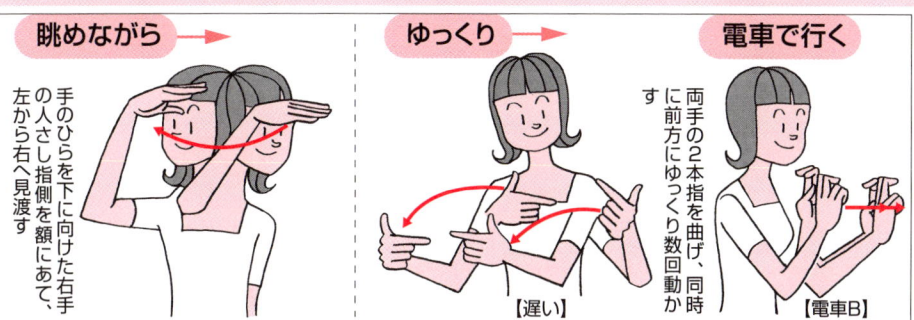

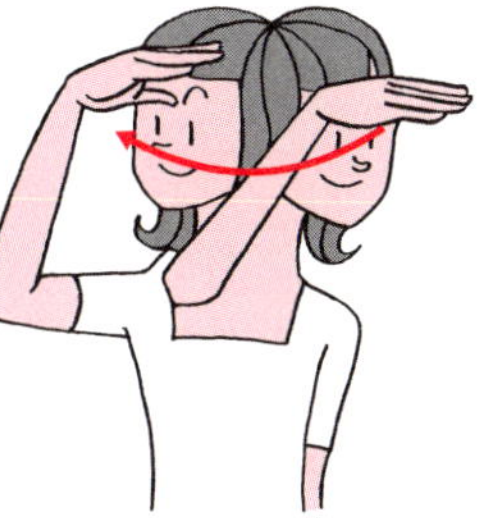

ゆっくり →

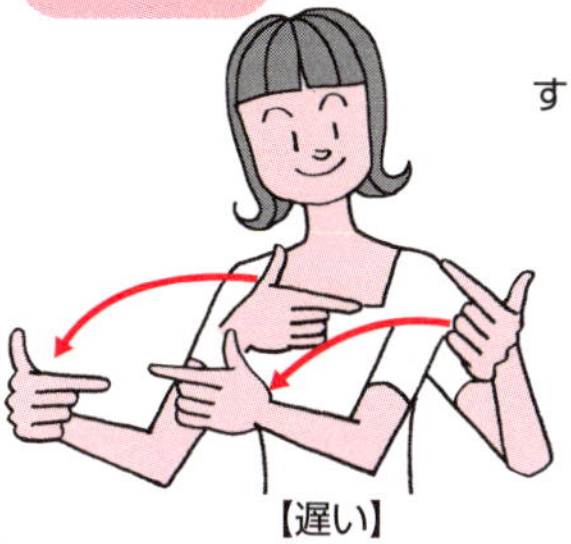

【遅い】

電車で行く

両手の2本指を曲げ、同時に前方にゆっくり数回動かす

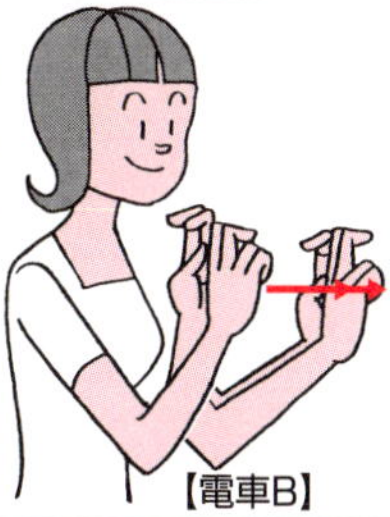

【電車B】

お正月は家族でハワイに行きます

A お正月は
どうするの？

手話文 (正月)(予定)(何？)

正月 →

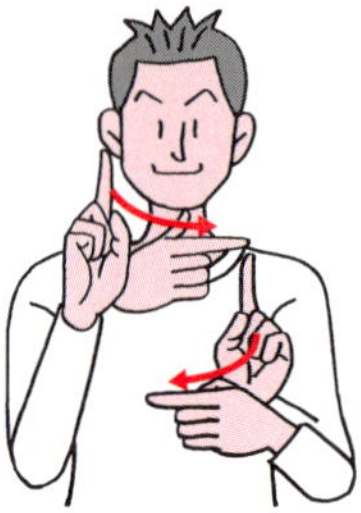

B 家族で
ハワイに
行く予定

手話文 (家族)(一緒)/
(ハワイ)(飛行機で行く)(予定)

家族 →

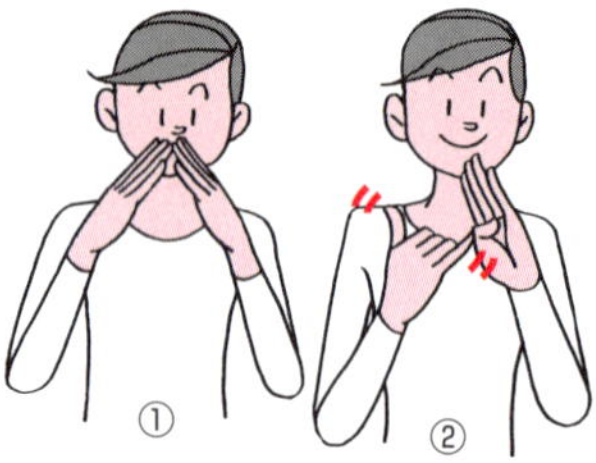

一緒 →

A いいなぁ。
でもお正月は
高いでしょ？

手話文 (うらやましい)/(しかし)/(正月)(間)/
(お金)(高い)(同じ？)

うらやましい →

右の人さし指を口の横にあてる

しかし →

右手のひらを相手に向け、裏返して甲を見せる

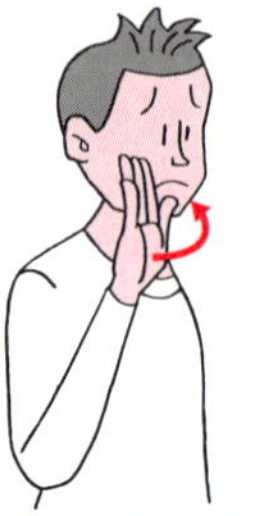

B 格安の
ツアーを
見つけたんだ

手話文 (格安)(ツアー)(見つけた)(私)

格安 →

右手で【お金】をつくり、それを上から左手のひらに打ちつける

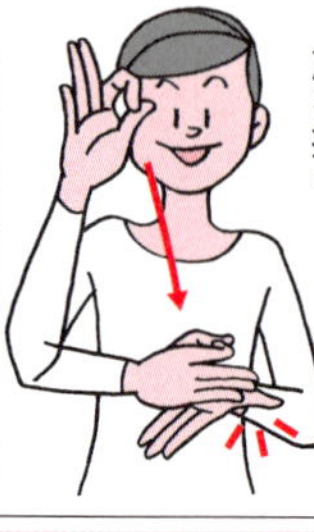

ツアー →

左の人さし指を立て、右の親指と人さし指で三角の旗を描く

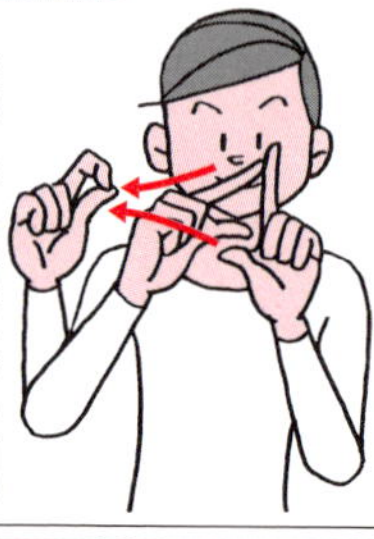

予定

【予】握った右手を顔の前で倒す⬇【計画】水平にした左手の小指側で、右手を左から右へ動かす

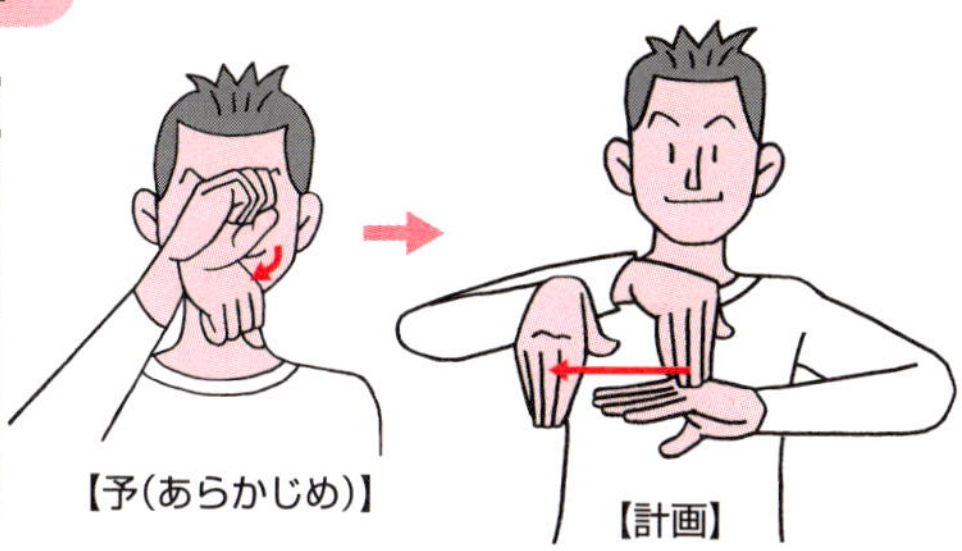

何?

ハワイ

両手を右に向け、フラダンスのように揺らす

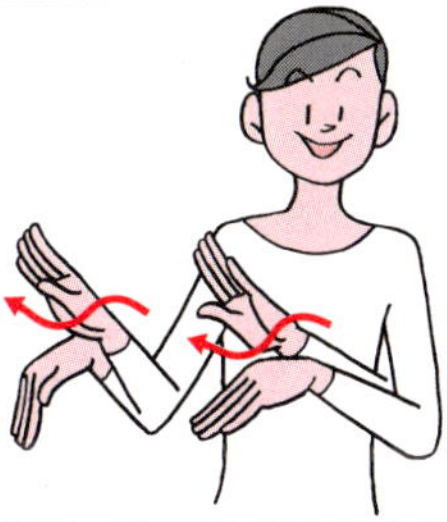

飛行機で行く

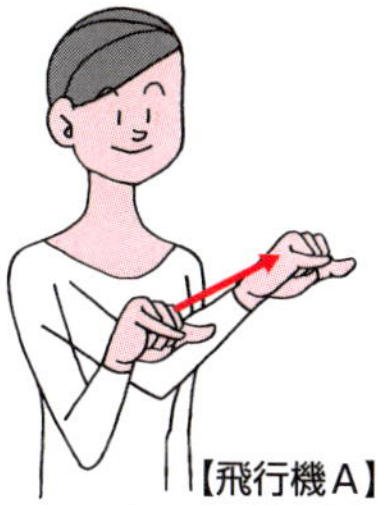

予定

正月

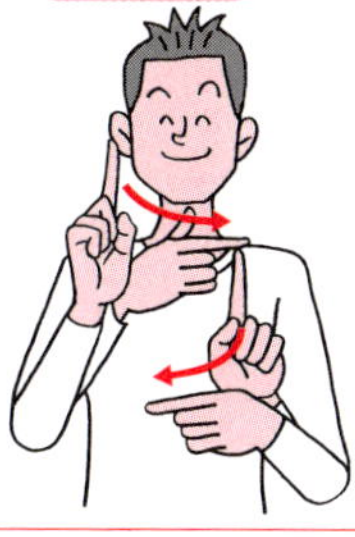

間

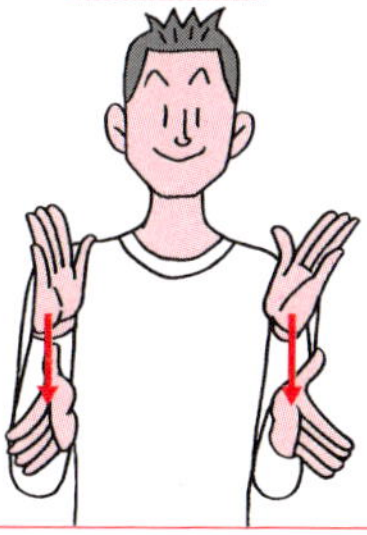

お金

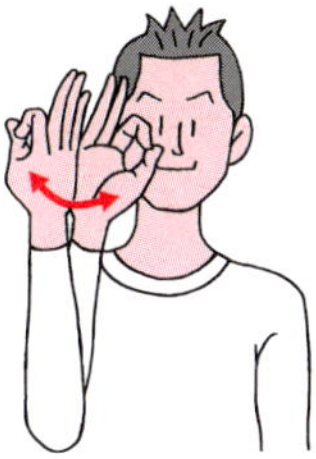

高い

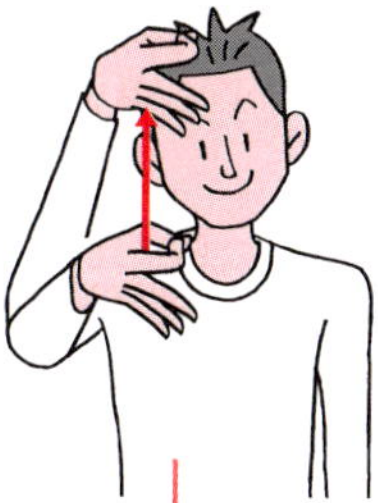

同じ?

見つけた

右の人さし指で目を指さしてから、下を指さす

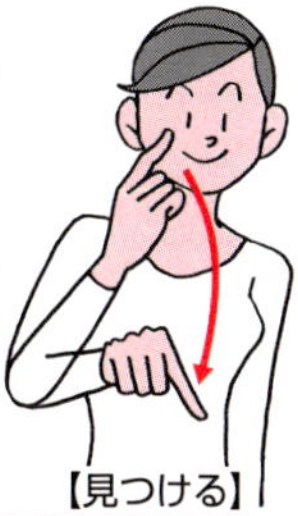

私

沖縄で毎日泳いでいました

A あら、お土産？
ありがとう。
どこに行ってたの？

手話文 土産／ありがとう／
行く どこ？

土産

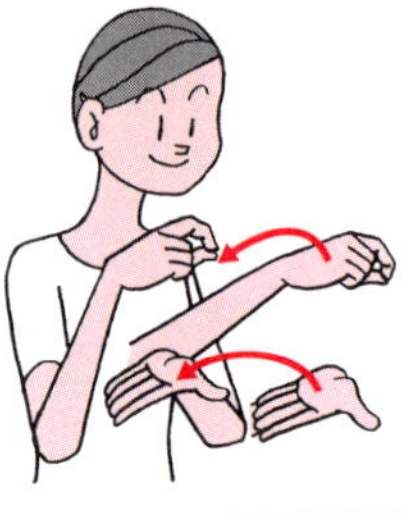

ありがとう

B 2泊3日で
沖縄に
行ってたんだ

手話文 2泊3日／
沖縄 飛行機で行く ～した

2泊3日

【2】 【泊】 【3日】

A だから
真っ黒
なんだね

手話文 へぇ／顔 真っ黒

へぇ

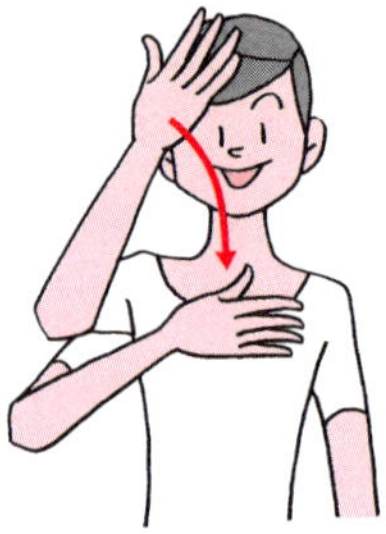

B うん。
毎日海で
泳いでいたからね

手話文 うん／毎日 海 泳ぐ 私

うん

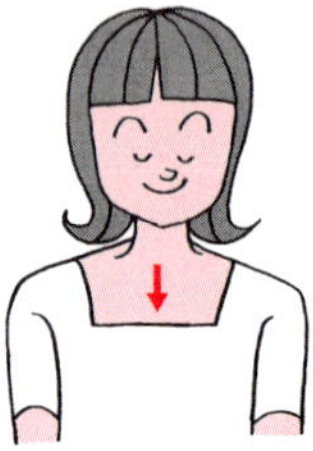

毎日

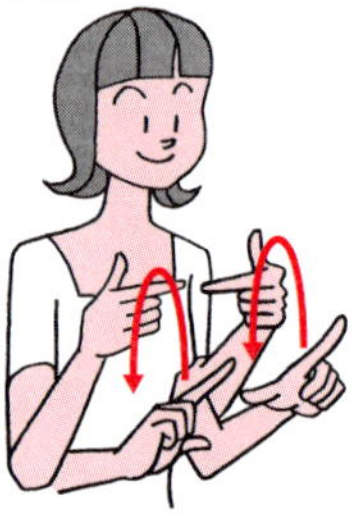

行く →

どこ?

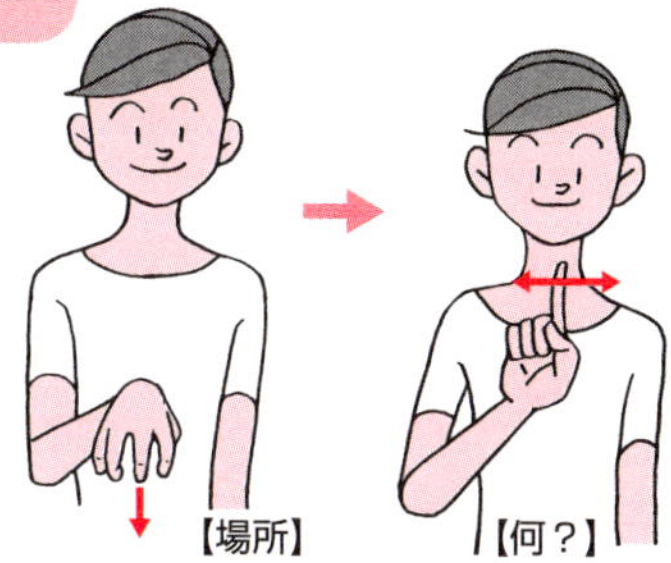

沖縄 →

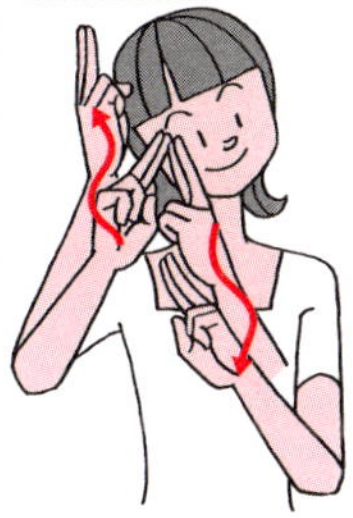

飛行機で行く →

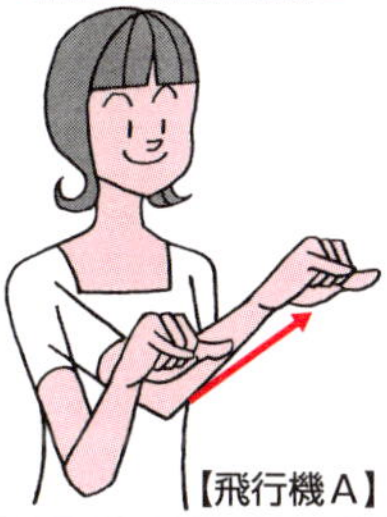

～した

両手のひらを下に向け、手首を折るように下ろす

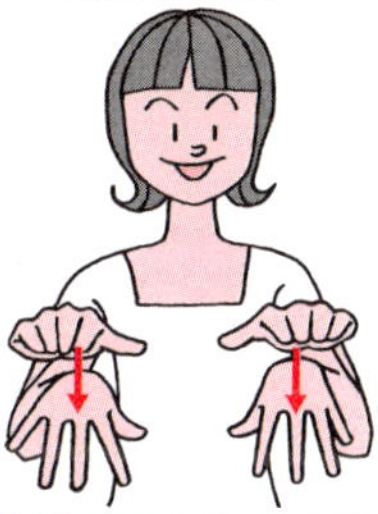

顔 →

右の人さし指で顔をふちどる円を描く

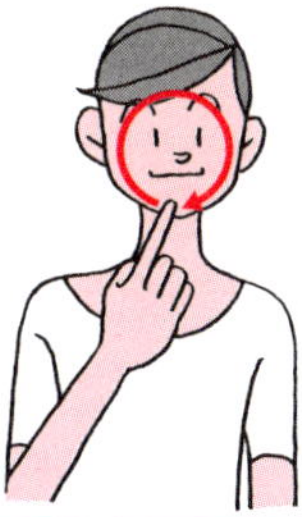

真っ黒

右の手のひらを顔に向け、円を描きつつ手を閉じる

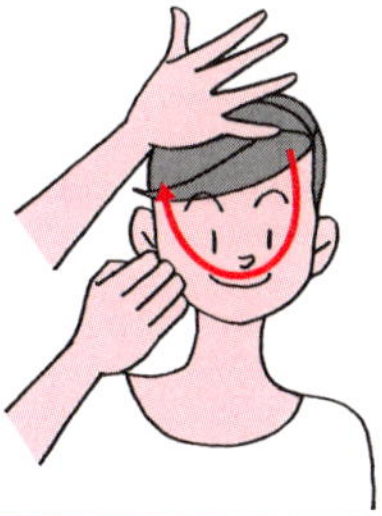

海 →

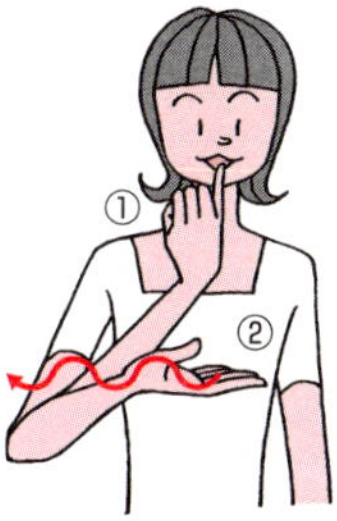

泳ぐ →

両手で平泳ぎのように水をかくしぐさ

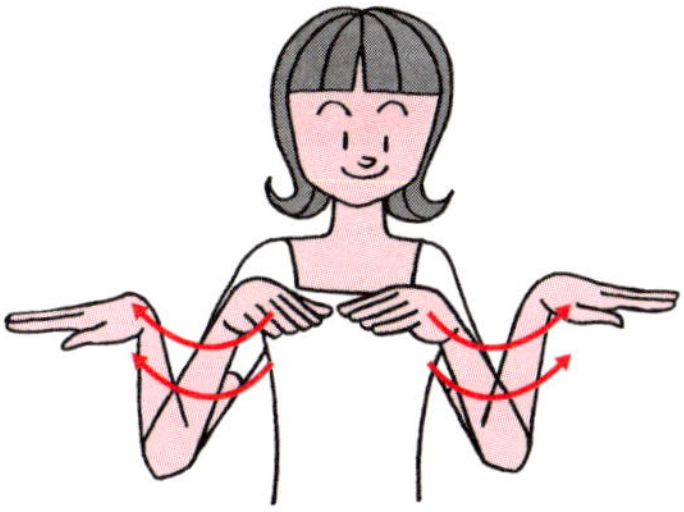

私

熱があるので病院に行ってきます

A 具合が悪そうだね。大丈夫？

手話文 具合が悪い あなた／ 大丈夫？

具合が悪い

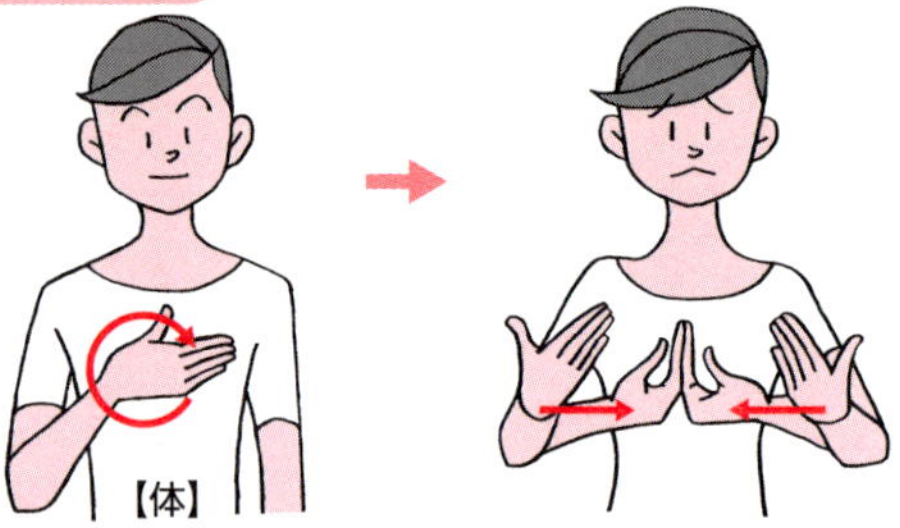

B 昨日の夜から熱があって…

手話文 昨日 夜 発熱 私

昨日 **夜**

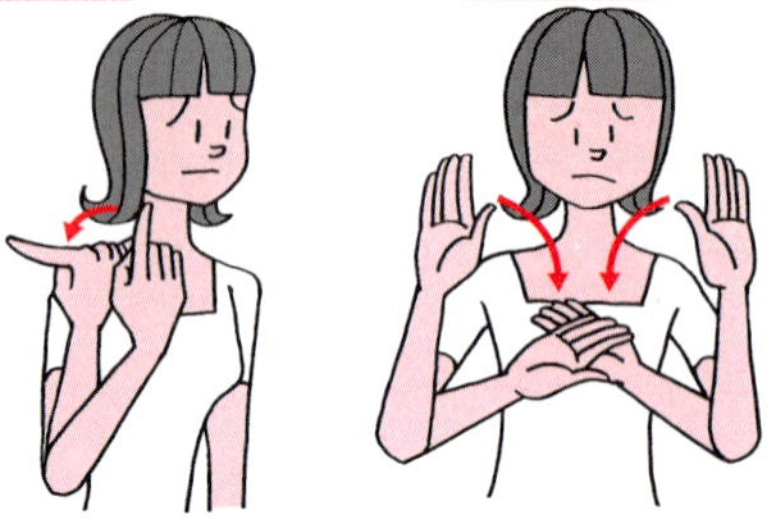

A 無理しないで、早く帰ったほうがいいよ

手話文 無理 不要／ 早い 帰る よい

無理 **不要**

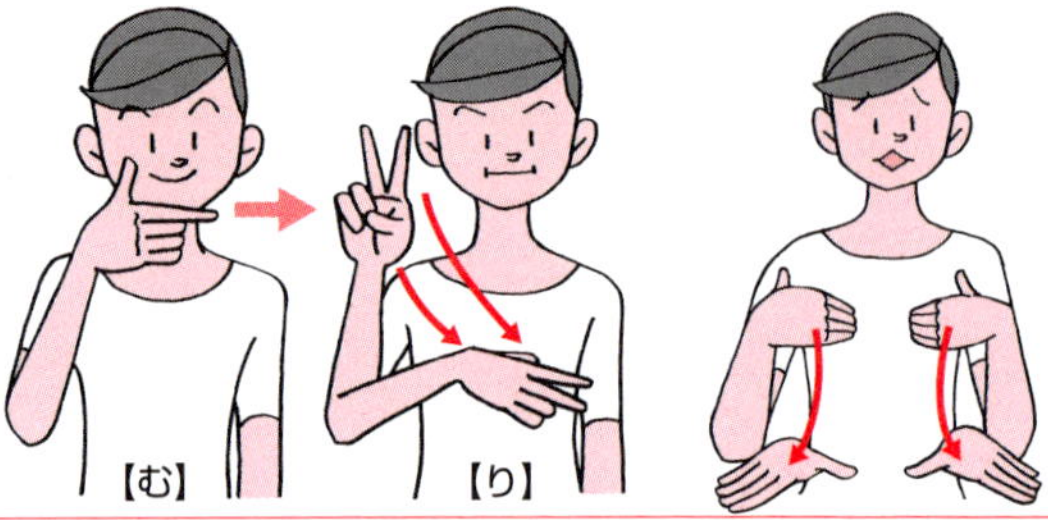

B ありがとう。病院に行ってみるね

手話文 ありがとう／病院 行く 私

ありがとう

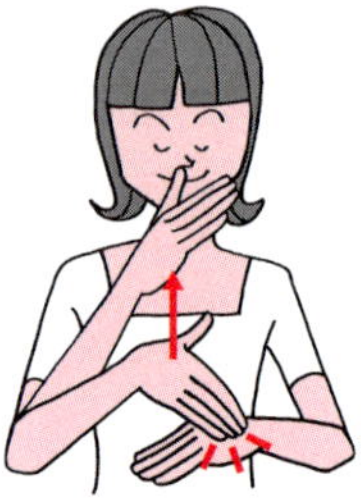

あなた →

大丈夫?

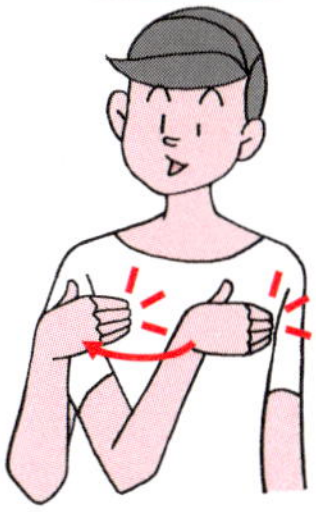

発熱 →

①

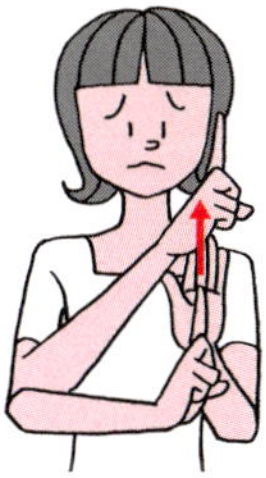

②

私

早い →

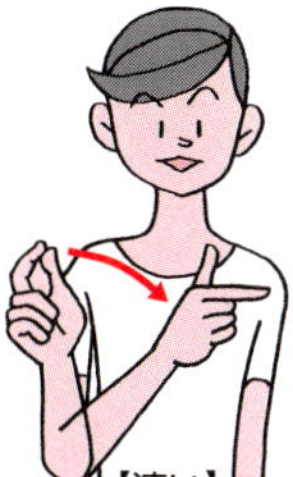

【速い】

帰る →

右手を開き、親指と４本の指を合わせながら、斜め前に出す

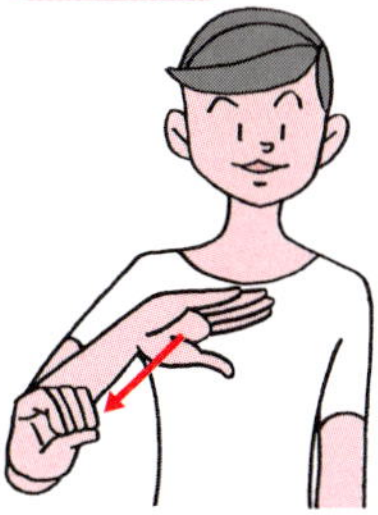

よい

病院 →

【脈】

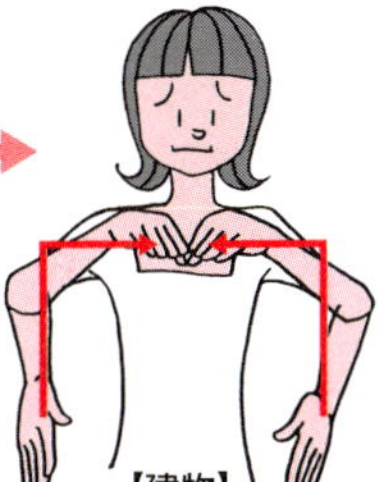

【建物】

行く →

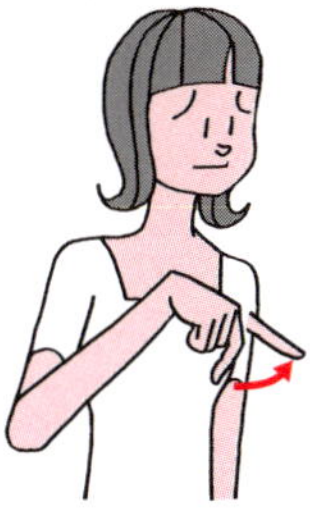

私

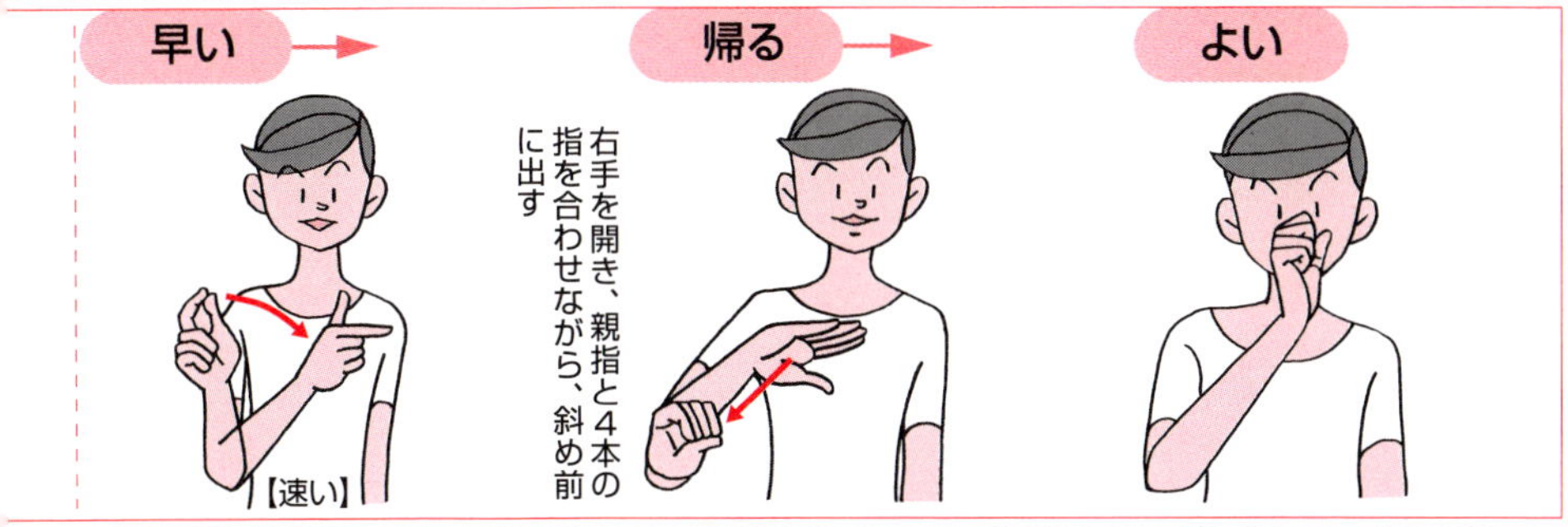

肩こりにマッサージはどうですか？

A 最近、
肩こりが
ひどくて…

手話文 最近 肩こり とても

最近 →

【いま】↓【くらい】右手のひらを軽く左右に振る

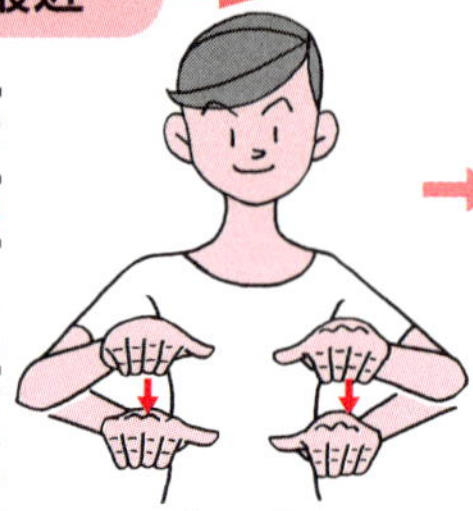

【いま】

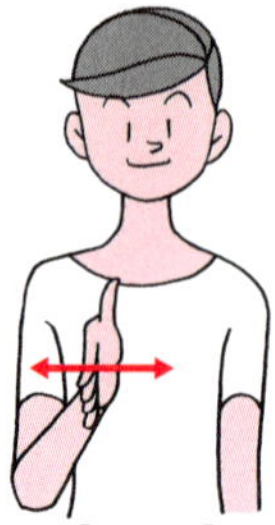

【くらい】

B 大丈夫？
パソコンの
やり過ぎじゃない？

手話文 大丈夫？/
パソコン 打つ 過ぎる 違う？

大丈夫? →

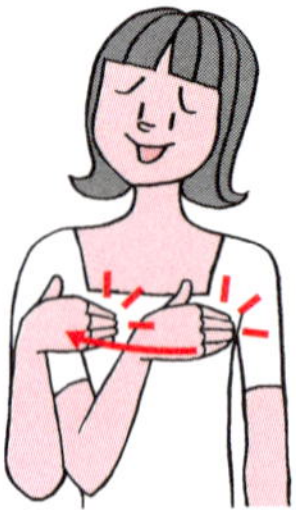

A まいったなぁ。
マッサージにでも
行こうかな

手話文 まいった/
マッサージ 行く 試す

まいった →

右手のひらで額を打つ

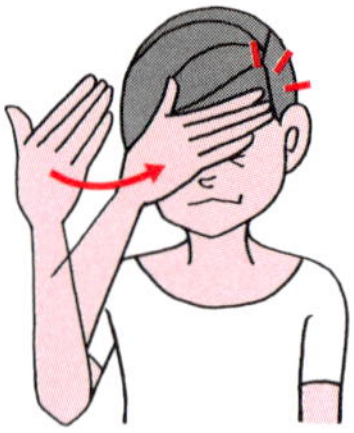

マッサージ →

両手の親指とそれ以外の指で、もむようなしぐさ

B 渋谷に
いい店があるから、
行ってみたら？

手話文 渋谷/よい 店 ある/
行く よい

渋谷 →

【渋い】

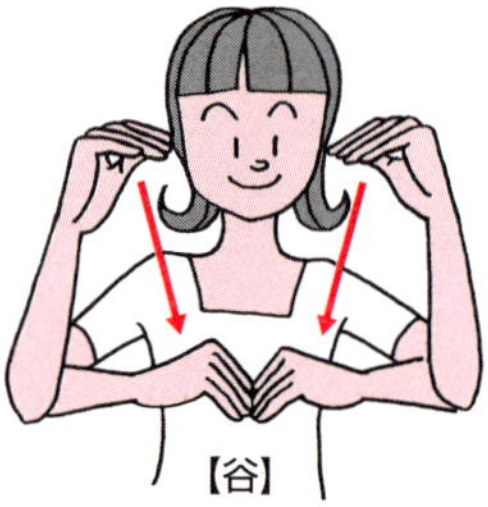

【谷】

肩こり →

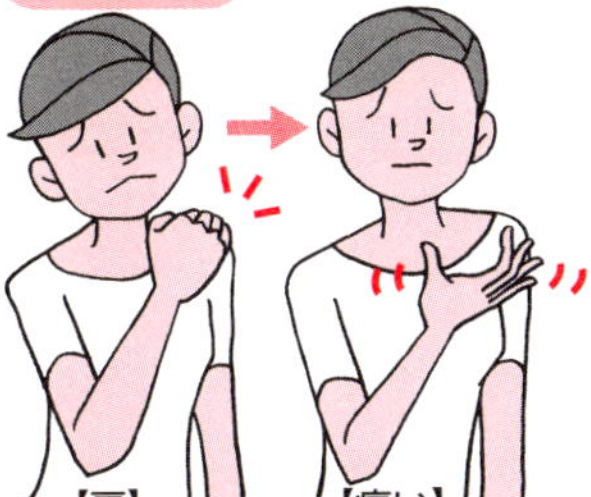

【肩】　【痛い】

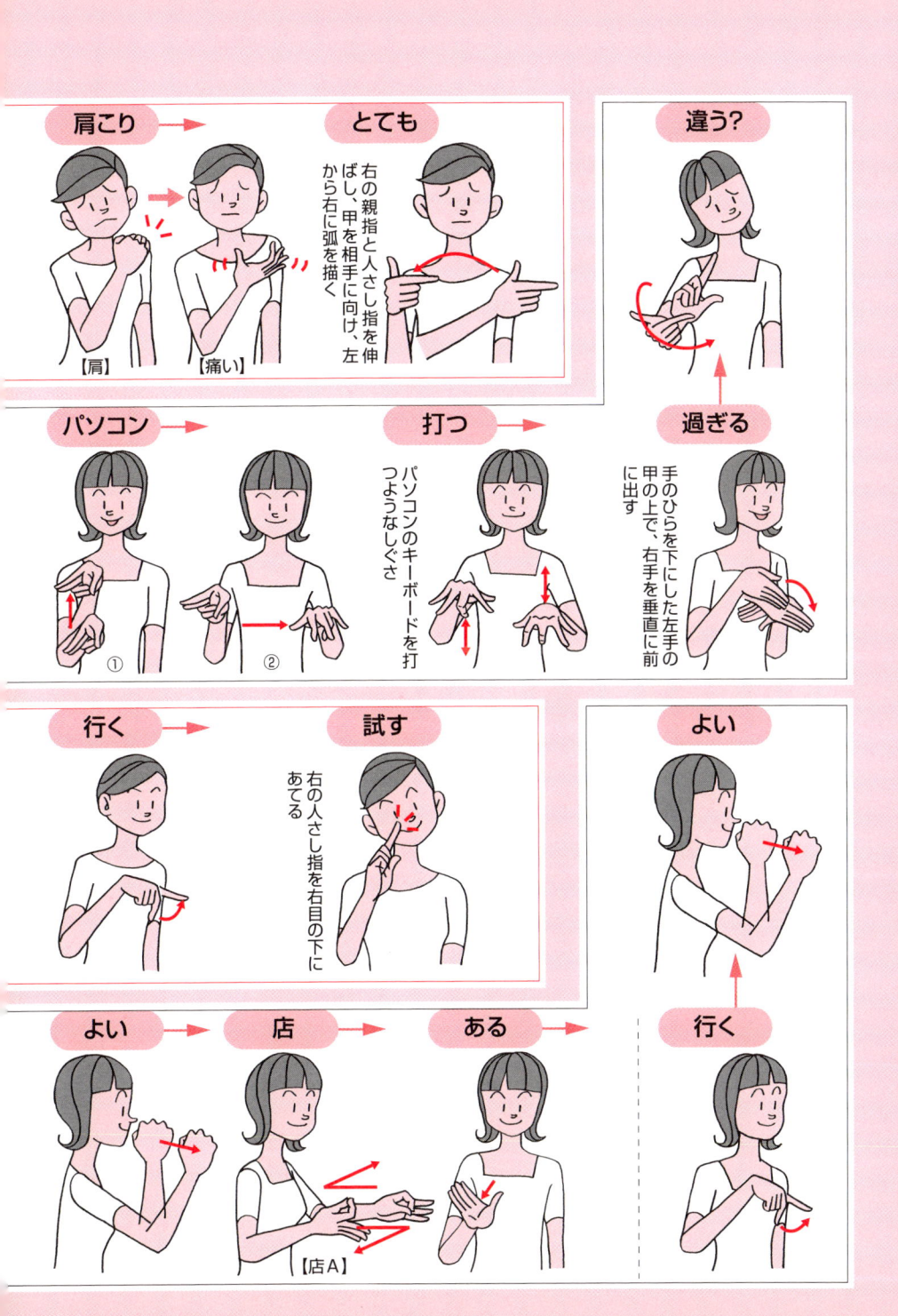

とても

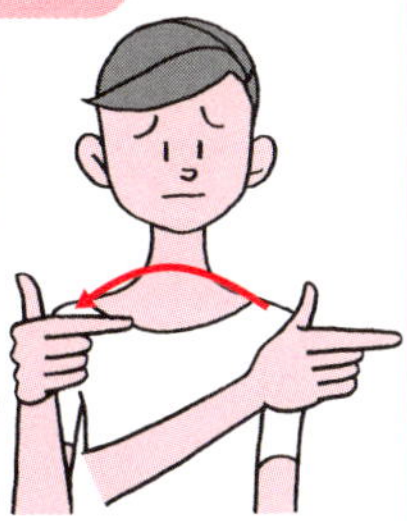

右の親指と人さし指を伸ばし、甲を相手に向け、左から右に弧を描く

パソコン →

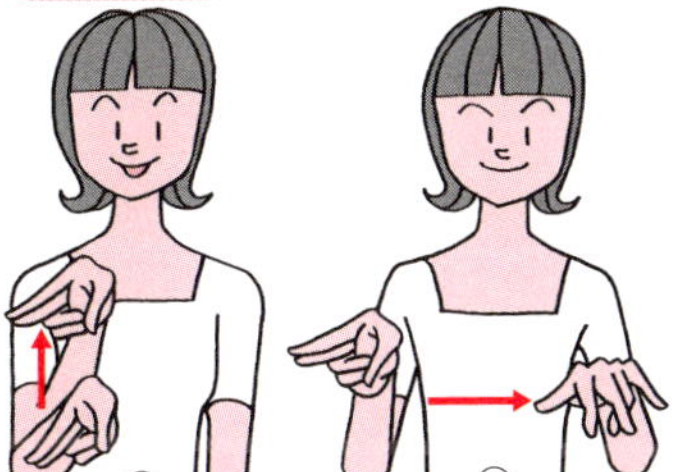

①　②

打つ →

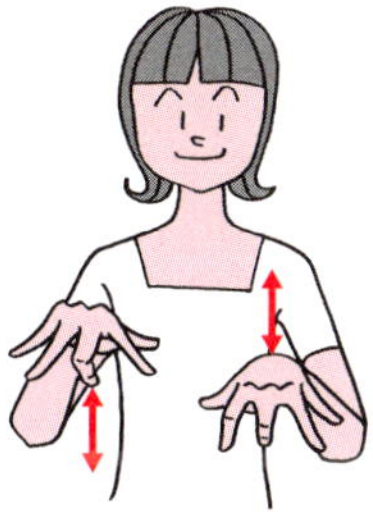

パソコンのキーボードを打つようなしぐさ

過ぎる

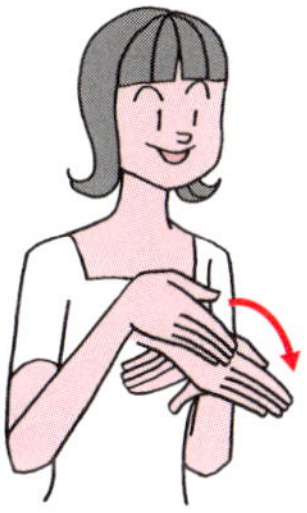

手のひらを下にした左手の甲の上で、右手を垂直に前に出す

違う?

行く →

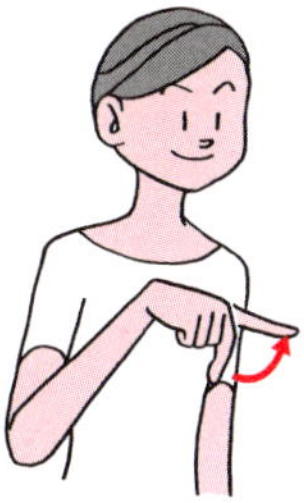

試す

右の人さし指を右目の下にあてる

よい →

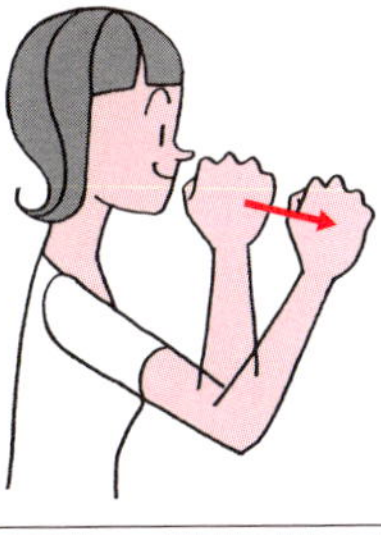

店 →

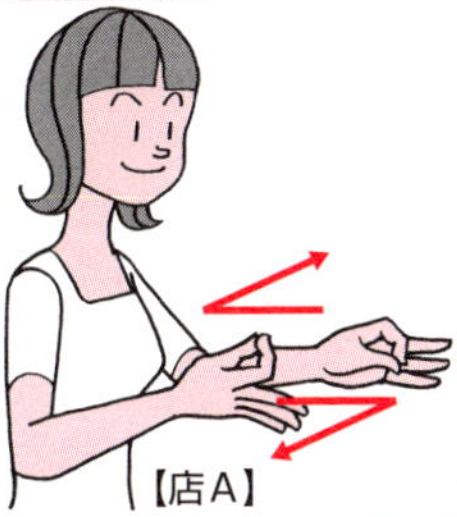

【店A】

ある →

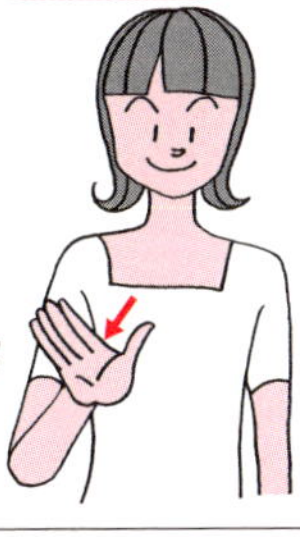

行く

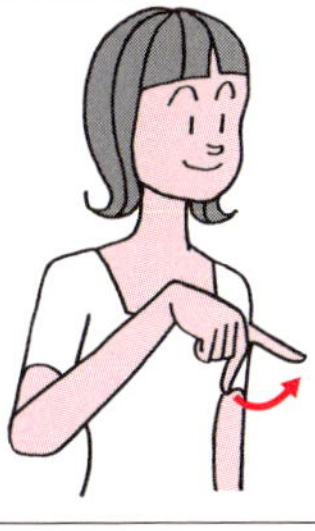

よい

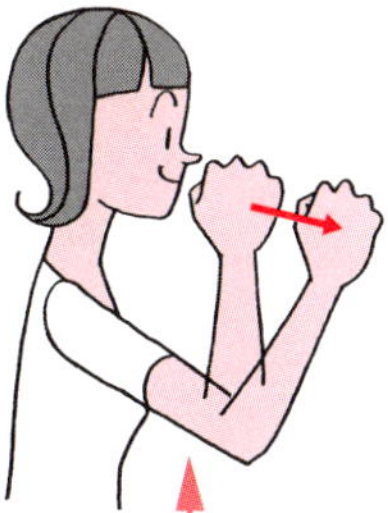

アルファベットのあらわし方

アメリカ式指文字

おもにこちらを多用します。日本の指文字はこれらをもとにつくられました。

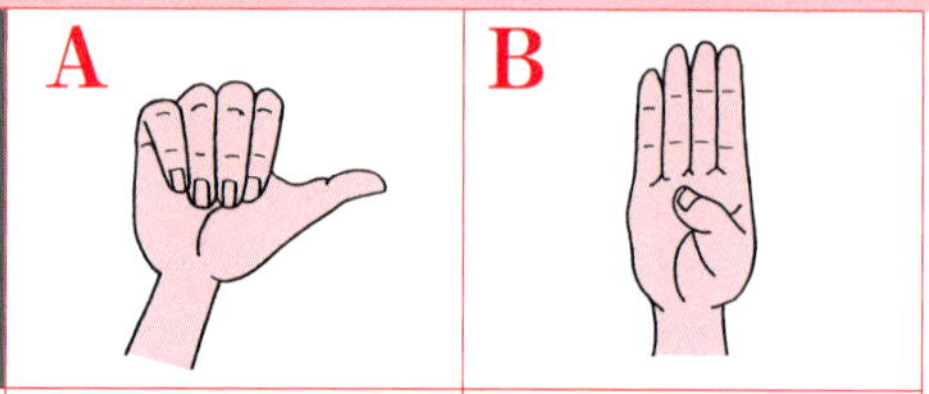

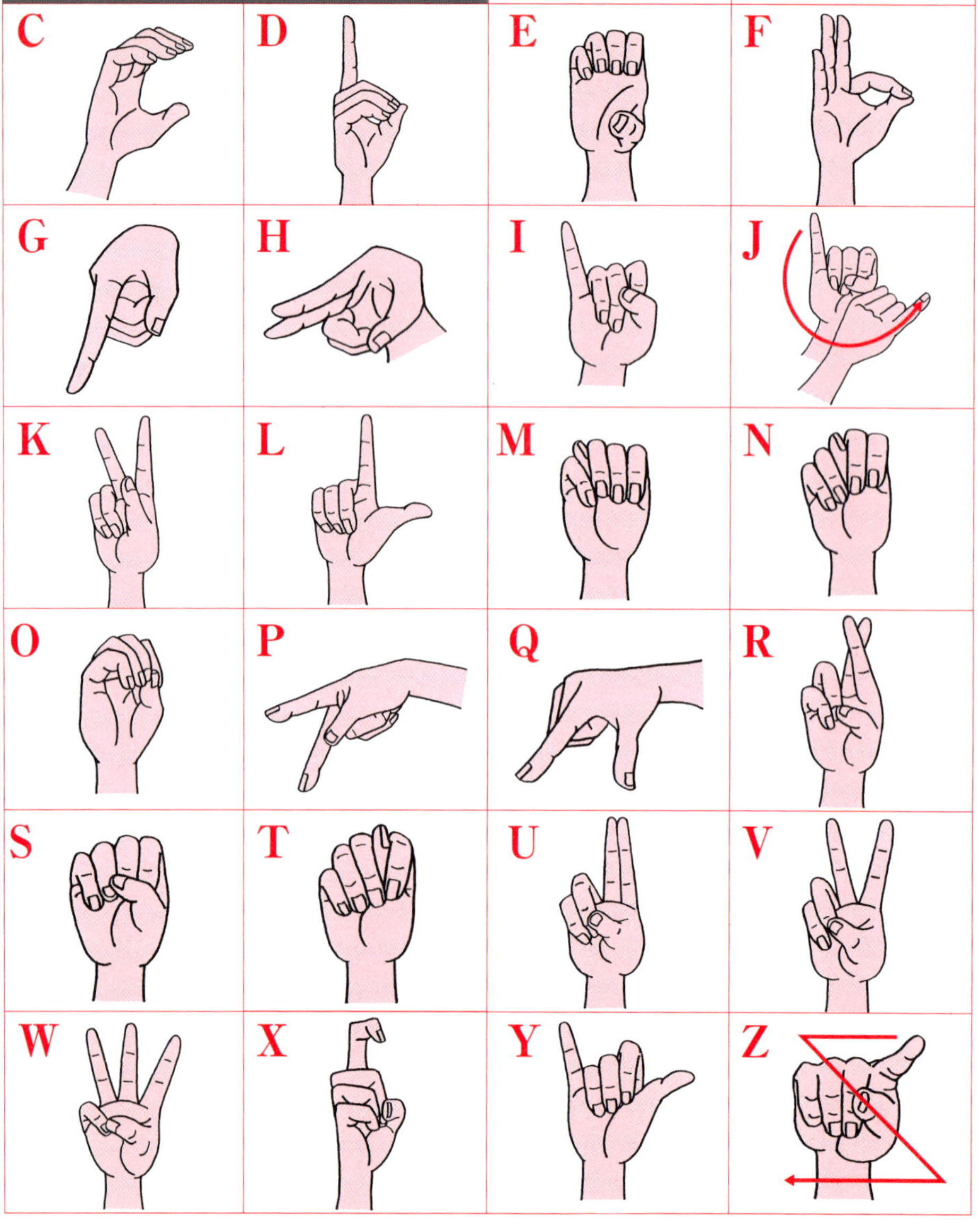

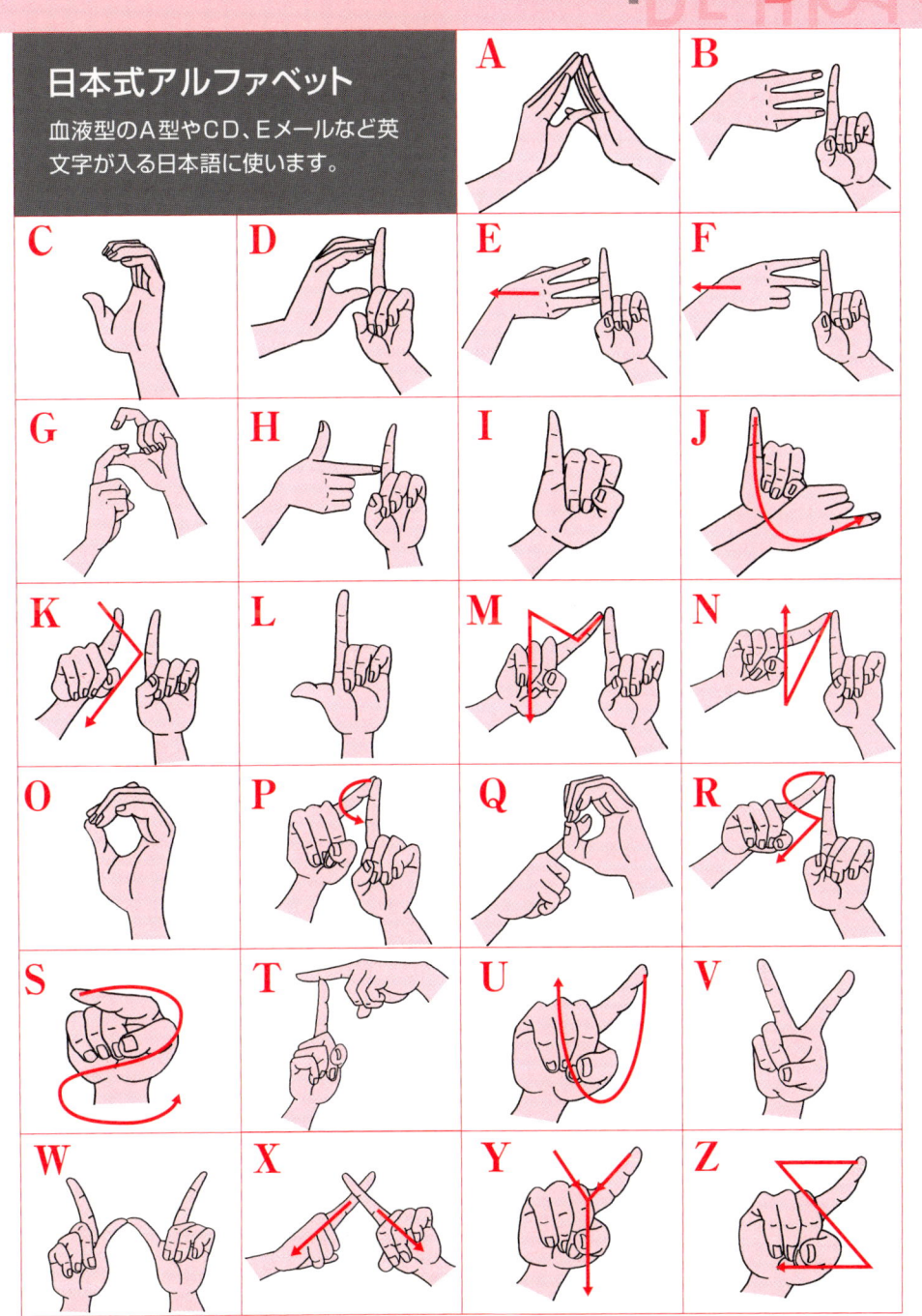

日本式アルファベット

血液型のA型やCD、Eメールなど英文字が入る日本語に使います。

A

B
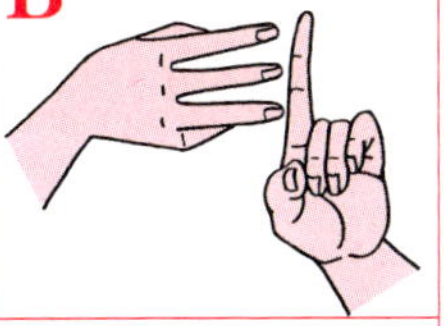

C
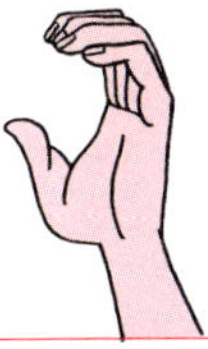

D
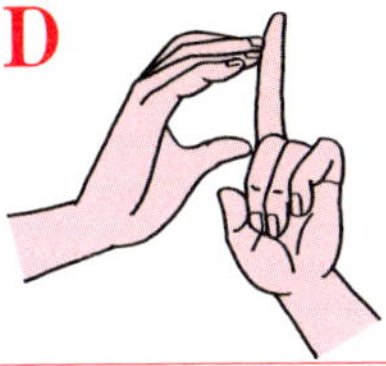

E
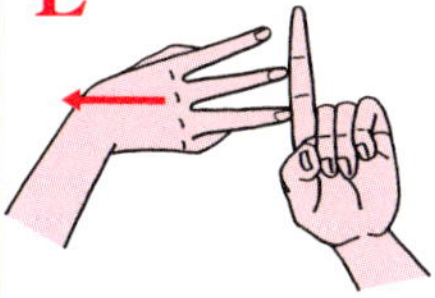

F
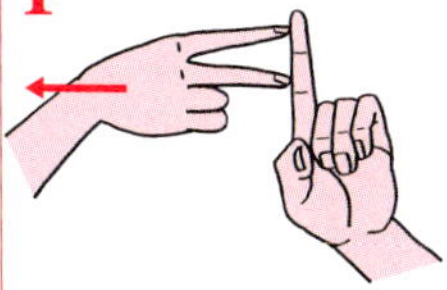

G
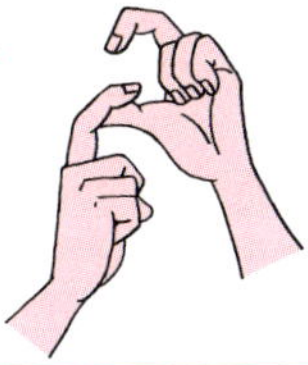

H

I

J
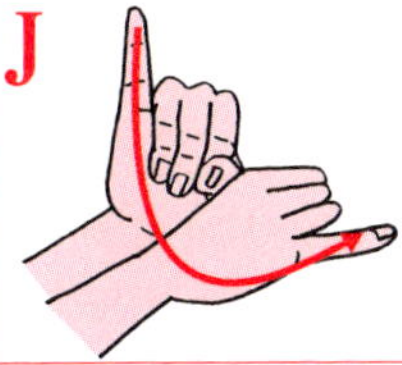

K
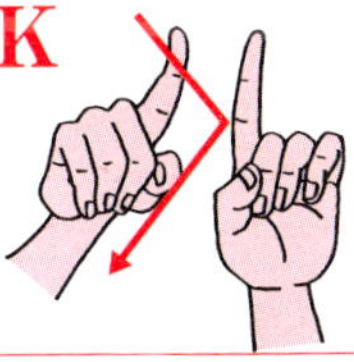

L
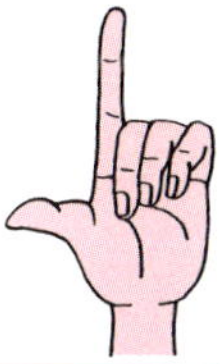

M
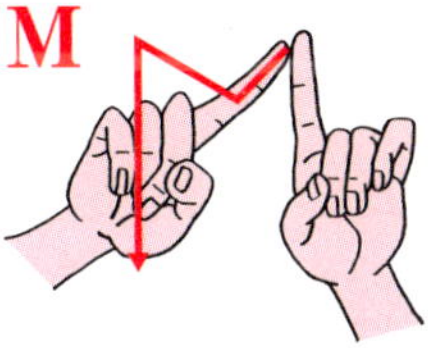

N
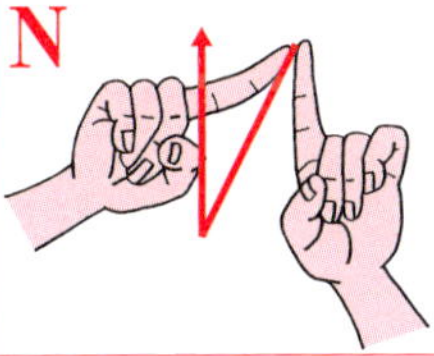

O
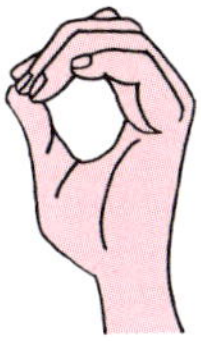

P
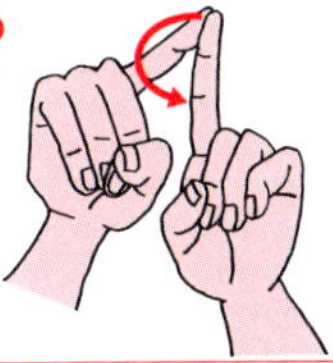

Q
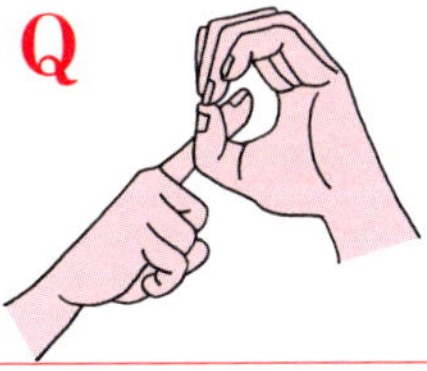

R
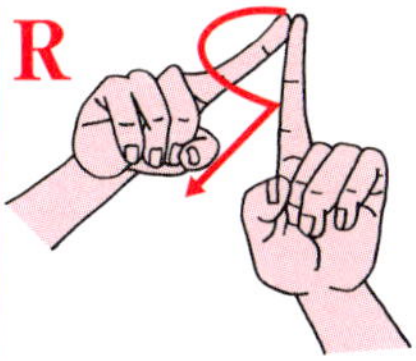

S
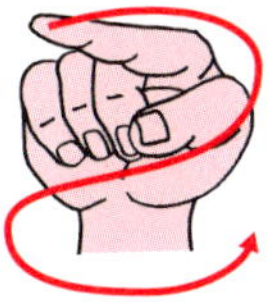

T
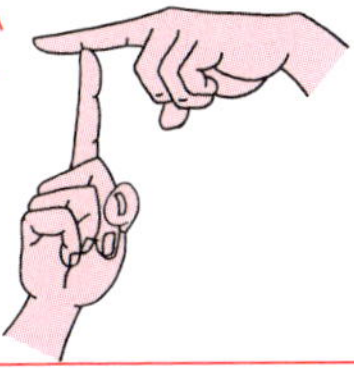

U
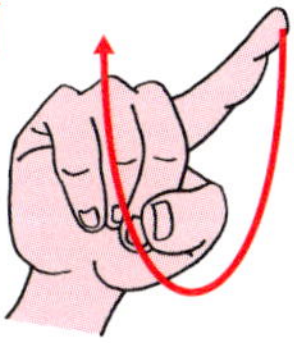

V

W

X
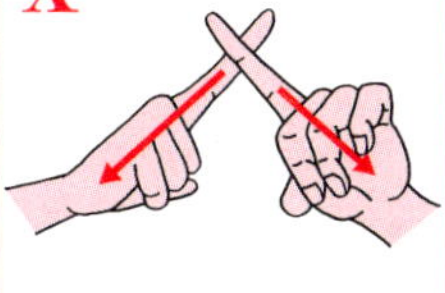

Y
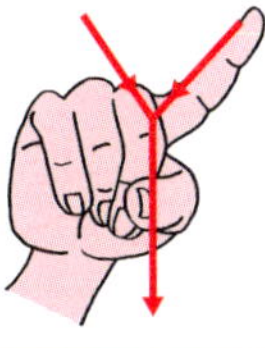

Z
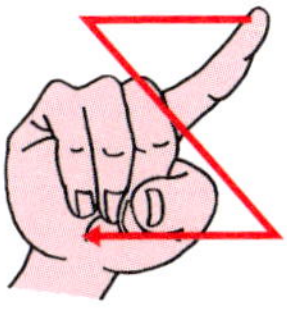

索引

五十音順に並べています。詳しく説明しているページの数字は太字になっています。

個々の指文字、数字、アルファベットについては、一部を除いて掲載を省略しています。

あ

相・会(あい) **15**
あいさつ **8**、9
アイスクリーム **55**
愛する 30
間(あいだ) 70、**72**、145
愛知 **30**
会うA **8**
会うB 92
青 28、**118**
青森 28
赤 50、53、54、57、68、113、114、**118**、140
明るい 84、**102**
秋 71
秋田 28
アクセサリー 63
揚げる 53
あげる 103
朝 8、9、**65**
浅い 105
あさって **70**、126
アジ 48
味 57
明日 **67**、122、138、142
遊ぶ 43、80
あたたかい 60、71
頭 111
頭割り 92
新しい **14**、**107**、134、139
暑い 71、73、122、123
厚い **105**
熱い **106**
あとで **72**
アトピー **113**
アドレス **61**
あなた **11**、149
兄 **24**
姉 **24**
あの **48**
油 53、**57**
甘い 10、55、**56**
編みもの **45**
雨 **84**、85
予(あらかじめ) 145
ありがとう **9**、56、146、148
ある **58**、**74**、129、131、137、151
歩く 12、42、128
アルバイト **39**
安(あん)→安(やす)

い

井 **13**、30
胃 112
いいよ **96**
言う **100**
家 22、26、88、124、130
行く **88**、**101**、135、139、143、147、149、151
いくつ？(数) 94、95、125、129
いくつ？(歳) 20、**94**
いくら？ **95**
池 **13**
行こう 135
居酒屋 **81**
石 **14**、30
医師 **38**
石川 **30**
椅子 **60**
伊豆 **143**
泉 **13**
急いで 139
忙しい **108**
痛い **110**、111、112、151
いただきます **56**
イタリア 52、139
イタリアン **52**、139
市(いち) 15
1時間 **69**
1日 **69**
1年 **69**
いつ？ 26、**95**、127
1か月 **69**
一緒 **88**、143、144
一緒に行く **135**
1泊2日 **91**
いつも 67、70、138
伊藤 **12**
犬 **86**
茨城 **29**
いま(今) **14**、**20**、**64**、66、120、124、127、134、150
居間 **59**
妹 **25**
胃もたれ **112**
いや 143
イライラ **114**
イルカ **87**
いろいろ 62
岩 28
祝う 90、91
岩手 28
言われる **100**、123
員 11、37、39
インフルエンザ **111**

う

ウィスキー **51**
ウーロン茶 **50**
上 **13**、**73**
ウエイトレス **39**
受付 **117**
牛 **87**
薄い **105**
うそ **96**
歌う 45
内 **15**
宇宙 **85**
打つ **151**
美しい 79、82、**106**
馬 29
生まれる **26**
海 34、**86**、142、147
浦 **15**
うらやましい **144**
売る **101**
うるさい **108**
うれしい 98
うん 146
うんざり **123**
運転 39、45、63、142
運転手 **39**
運動 91
運動会 **91**

え

エアコン **60**
映画 **40**、80
映画館 **80**
映画観賞 **40**
au **61**
駅 **76**、131
エスカレーター **74**
NHK **75**
NTT **75**
愛媛 **32**
エレベーター **74**
絵を描くA 40、**42**
絵を描くB **42**
円 139
演劇 **42**、80
遠視 **115**
遠足 **90**

お

おいしい **48**、56、138、139
大分 **33**
大阪 **31**
岡 **15**、30
おかず **51**
お金 **14**、68、95、117、145
拝む 56
岡山 **32**
おかゆ 89
お勘定→勘定
沖縄 **33**、147
お好み焼き **53**
怒る **98**
おじ **25**
おじいさん 22
教える 37、**100**
おせち **89**
遅い **107**、143
お雑煮 **89**
教わる **100**
お疲れさま **9**
夫 **23**
弟 **25**、40、58、120
お年玉 **89**
おととい **70**
驚く **99**
同じ 18、96、121、122、133、139、145
おば 25
おばあさん 22
おはよう 8、**9**
覚える **104**
お盆 **90**
おみくじ **89**

重い 31、**106**、112
思う **97**、129
おもしろい 45、**99**
おやすみなさい **9**
お遊戯 78
泳ぐ **147**
終わる **104**
音楽 **42**

か

カード 117
ガールフレンド **92**
貝 **86**
会 77、91、141
絵画鑑賞 40
会計 **117**
会社 27、37、39、**79**、130、138
会社員 **37**
買いもの **135**
買う **101**、126、135
返ってくる **127**
帰る **125**、**149**
顔 **147**
香り 32
香川 **32**
家具 **62**
学生A **37**、121
学生B **37**
カクテル **51**
格安 **144**
過去 64、**66**
鹿児島 **33**
貸す **101**、127
ガス **59**
風 **84**、85
風邪 **111**
家族 **22**、81、**88**、144
肩 112、151
かたい **106**
肩こり **112**、151
勝つ **105**
学校 78、90、136
買った **126**
カップ 132
加藤 **12**
神奈川 **29**
悲しい **98**
金(かね)→お金
金持ち 109
彼女 **92**
花粉症 **113**
鎌 **15**
かまわない 96、126、127、134、135、142
神 **14**、29、77、88
紙 117
雷 **85**
かゆ→おかゆ
通う **130**、131
火曜日 **68**
～から **72**、121、137
辛い 53、**56**
カラオケ **45**
体 110、116、148
仮 39
借りる **101**、127
軽い **106**
カレーライス **53**
彼氏 **92**
川 **13**、29、30、32、**83**、136
河 **14**
かわいい 32
考える **97**
関係 **36**
看護師 **38**
鑑賞 **40**
勘定 **92**
簡単 **108**
関東 **34**

き

木 12、68、**83**
黄 **118**
気温 **123**
機械 77
菊 **15**
季節 **71**
北 34、**73**
ギター **42**
汚い **106**
喫茶店 **81**
昨日 **66**、132、148
岐阜 **30**
客 59
キャベツ 53
救急車 **117**
休憩 42
給仕する 39
九州 **34**
牛乳 50
清・清い **14**、82、106
今日 **66**、**82**
教会 **77**
教授 **140**
兄弟 **23**
京都 **31**
強風 82
興味 **141**
行列 **139**
局 75、117
去年 **66**
嫌い **101**
霧 **85**
切り傷 **112**
きれい **82**、106
キレる **97**
金(きん) 68
近畿 **34**
銀行 **75**
近視 **115**
金曜日 **68**

く

区 136
具合が悪い **110**、148
草 **86**、89、118
くしゃみ 113
クジラ **87**
薬 **117**
果物 **54**
口 **14**、32
靴 **62**、134
国 **14**、34
熊 **15**
熊本 **33**
雲 **84**
曇り **84**
くやしい **99**
暗い 9、65、**102**
くらい 124、125、**128**、150
暮らす **27**
栗 **15**
クリスマス **91**
来る **101**
苦しい **99**
車椅子 **115**
グレー **118**
黒 **118**
軍 31
群馬 **29**

け

計画 145
警察 38、75
警察官 **38**
警察署 **75**
計算 117
芸術 79
携帯電話 **61**
ケーキ **55**
けが **110**
外科 **116**
劇場 **80**
ケチャップ **57**
血圧 **112**
血圧が高い **112**
血液 114
血液検査 **114**
血縁 23
結婚 **25**
月曜日 **68**
下痢 **112**
元気 110、121
健康 **110**、117
原稿 39
健康保険証 **117**
検査 114
現在 64、**66**
健聴 **115**

こ

子→こどもA
恋 92
こいのぼり **90**
公 37、79
公園 **79**
講演 **141**
合格 **109**
高校A **78**、121
高校B **78**
合コン **92**
交際 **92**
交差点 **129**
講師 141
工場 77
高速道路 **76**
高知 **32**
紅茶 **50**
紅茶を飲む→飲む(紅茶)
更年期 **113**
神戸 **35**
公務員 **37**
超える **123**
コーヒー **50**、81
コーラス **45**
ゴールデンウィーク **71**
ここ **58**、**74**、128
午後 64、**65**、137
こしょう **57**
午前 64、65

ごちそうさま **56**
コップで飲む →飲む（コップで）
今年 **66**、120
こどもA **15**、38、78、90
こどもB 116
こどもの日 **90**
このあいだ **126**
ご飯 **51**
ご飯を食べる →食べる（ご飯）
５分 64、128
困る **99**
米 **14**、51
ごめんなさい **9**
ゴルフ **44**
怖い **98**
今週 **66**、134
こんにちは **9**
こんばんは 8、**9**
コンビニエンスストア **81**
今夜 **82**

さ

サークル **137**
～歳 **20**
最近 **124**、**150**
最高 **109**
埼玉 **29**
最低 **109**
斉藤 **12**
裁判 38
坂 **14**
佐賀 **33**
魚 43、48、**86**
魚が泳ぐ 79
崎 **14**、33
桜 **15**、90
さくらんぼ 28
酒を飲む→飲む（酒）
佐々木 **12**
サッカー **44**、133
さっき **72**、122、126
雑誌 **62**
札幌 **35**
さつまいも **54**
佐藤 **10**
砂糖 10
茶道 **43**
さびしい **98**
寒い 71、98、106
沢 **14**
残業 **125**
30℃ 123
３年 **121**
残念 **126**
産婦人科 **116**
散歩 **42**

し

士 36、38、39
師 36
じ 48
試合 **133**
幸せ **98**
JR **76**
塩A 56
塩B **57**
滋賀 **31**
しかし **126**、**132**、**144**
時間 **64**、95、124、125、129、137
式 90
四国 **34**
仕事 **36**、37、39、78、125
次女 **23**
地震 **85**
静岡 **30**
静か **108**
下 **13**、**73**
～した 126、132、133、141、**147**
～したい 101、137
自宅 **130**
～したくない 101
7月20日 **20**
実家 26
湿疹 **113**
知ってる 139
失恋 **92**
自転車 **63**、131
自動車 **63**、142
品（しな） 136
品川 **136**
次男 **23**
耳鼻科 **116**
渋い **56**、150
渋谷 150
自分自身 130
島 **14**、28、32
姉妹 **23**
島根 **32**
視野が広い 79
シャンパン **51**
週 66、**69**、70、134
十 77
週間 **70**
19 **20**
15分 **64**
住所 27
ジュース **50**
渋滞 **142**
シュート **133**
12 124
12時 124
重箱 89
週末 **68**
祝日 **65**
手芸 **45**
手術 116
手段 95
出身地 26
主婦 **37**
趣味 **40**
手話 39、136、137
手話通訳士 **39**
小（しょう） **13**、39、78、116
消火 75
紹介 78
正月 88、**89**、144、145
小学校 **78**
将棋 **43**
正午 9、64、**65**、138、139
上手 **108**
小説家 **39**
焼酎 **51**
小児科 **116**
商売 77
消防署 **75**
しょうゆ **57**
将来 67
昭和 **70**
ジョギング **45**
職 36、37、39
職員 **37**
職業 78
職業安定所 **78**
女性 **11**、24、36、39、92
女性（複数） 116
ショック **97**
しょっぱい **56**
処方箋 **117**
知らない 97
知る 32、97、137、139
城 **14**、28、35
白 84、85、**118**
新（しん）→新しい
新幹線 **76**
神社 **77**
親戚A **23**
親戚B **23**
新聞 **62**

す

水泳 **44**
スイカ **55**
水族館 **79**
水道 **59**
水曜日 **68**、136
スーツ **62**
スーパーマーケット **80**
スカート **63**
好き **41**、53、**101**、135
杉 **13**
スキーA **44**
スキーB **44**
過ぎる 125、**151**
すぐ 107、129
スケート（フィギュア） **45**
スケート 45
すごい **133**
少し **127**
すし **53**
鈴 12
鈴木 **12**
涼しい 60、71
スターバックス **81**
スタジアム **80**
頭痛 **111**
すっぱい **56**
ストーブ **60**
ストレス **114**
スナック菓子 **55**
スナックを食べる →食べる（スナック）
スノーボード **44**
スパゲティ **52**
スパゲティを食べる →食べる（スパゲティ）
スポーツ **41**
ズボン **63**
住む **27**
相撲 **43**
座る 60

せ

生家 26
生活 27
整形外科 **116**
正式 39
正社員 **39**
生理 **113**

セール **135**
世界 85、132
関 **15**
せき **111**
説明 38
狭い **105**
世話 38、78
千(漢字) 29
1000円 **139**
選手 39
先週 **66**
先生 **37**
仙台 **35**
専門 78
専門学校 **78**

そ

そう **96**
雑煮→お雑煮
ソース **57**
そば **52**
祖父 22、**24**、27
SoftBank **61**
祖母 22、**25**
そよ風 82
空 **84**
損 **109**

た

田 **13**
大(だい) **13**
体育 79
体育館 **79**
退院 **116**
ダイエット **114**
体温計 **115**
大学A **78**、140
大学B **78**、121
第3週 **140**
大正 **70**
大丈夫 **97**、104、149、150
大切 117
台所 **59**
代表 **133**
台風 **85**
大仏 31
たいへん **124**
太陽 **85**
平(たいら)→平(ひら)
高い 12、32、**103**、112
高い(金額が) **103**、145
高橋 **12**
タクシー **76**
武(たけ) **14**
打診 38
畳 59
立・立つ **15**、74
卓球 **44**
建物 74、75、79、80、149
七夕 **90**
谷 **13**、150
楽しい 80、**98**、133
楽しみ 133
頼む 8、127
食べる(ご飯)→食べるA
食べる(スナック) **49**
食べる(スパゲティ) **49**
食べる(ハンバーガー) **49**
食べるA **49**、51、52、56、139
食べるB 52、81、139
食べるC 53
玉 29
だまされる **102**
だます **102**
たまに **72**
たまねぎ **54**
だめ **96**
試す **151**
誰? **94**、141
誕生日 26
タンス 62
男性 **11**、24、36、92

ち

チーム **133**
近い **107**、115、128、131、138
違う **96**、120、151
地下鉄 **76**
地球 **85**
父 **24**、**36**
千葉 **29**
中(ちゅう)→中(なか)
中華 **52**
中学校 **78**
中国 52
中国(地方) **34**
注射 **114**
駐車場 **74**
酎ハイ **51**
注文 **91**
長女 **23**
長男 **23**
調理師 **38**
チョコレート **55**

つ

ツアー **144**
通訳 39
塚 **15**
疲れた 125
疲れる **110**
月A 20、68、**69**、70、142
月B **85**
つく **139**
作る 36
辻 **15**
土 68、**83**、85
続く **125**
妻 **23**
冷たい **106**
強い **107**
釣り **43**
釣る 43

て

で 19
ティーバッグ 50
DVD **127**
ディズニーシー **81**
ディズニーランド **81**
デート **92**
テーマ **141**
できない 97、**104**、108
できる 97、**104**
テニス **41**
テニスをする 41
デパート **80**
寺 **14**、**77**
テレビ **60**、132
店員 **37**
天気 122
電気 **59**
天気予報 **122**
電車A **76**、131、143
電車B **143**
電車で行く→電車B
点滴 **114**
天ぷら **53**
電話 **61**

と

ど 81
℃(ど) 123
ドア **60**
トイレ **59**
どう? 125、143
東海 **34**
動悸 **113**
東京 **26**、**29**、130
東京ドーム **130**
動物 79、**86**
動物園 **79**
東北 **34**
どうやって? **95**、131
遠い **107**、115
ドーム 130
ときどき **72**
徳 32
得 **109**
徳島 **32**
読書 **42**
どこ? **94**、129、131、137、147
docomo **61**
年(とし)→年(ねん)
図書館 **79**
栃木 **29**
どちら? **94**
鳥取 **31**
とても **151**
ドトール **81**
トマト **54**
止まる 76、131
富 **15**、109
友達 **11**、15、92、127
富山 **30**
豊(とよ) **15**
土曜日 **68**、135
ドライブ **45**
鳥 31、**87**
取る 31

な

内科 **116**
中(なか) **13**、34、78、127、135
長い 30、33、**103**
長崎 **33**
長野 **30**
眺めながら **143**
名古屋 **35**
夏 **71**、73
夏休み **71**
七草がゆ **89**
何? **94**、**95**、129、131、135、137、145、147
那覇 **35**
鍋 12
名前A **10**

名前B 11
奈良 **31**
並ぶ 79
成(なる) **15**
なるほど **96**
縄のれん 81
何時? **95**、137
難聴 **115**

に

新潟 **29**
苦い **56**
肉 53
肉親 23、24
西 31、**73**
虹 **84**
日曜日 **68**、140
似てる 23
2泊3日 146
日本 **35**、52、132
日本酒 **50**
日本茶 **50**
日本茶を飲む →飲む(日本茶)
入院 **116**
入学式 **90**
ニワトリ **87**
〜人 **22**
妊娠 **116**
にんじん **53**

ね

根 17、32
ネクタイ **63**
猫 **86**
ネズミ 118
寝る 60、80
年 66、67、**69**、120
ねんざ **113**
年齢 **20**

の

飲みもの 139
飲む(酒) **49**、81
飲む(紅茶) **49**
飲む(コップで) **49**
飲む(日本茶) **49**
乗り換え **131**

は

ぱ 39
パートタイマー **39**
パーマ 38
バイク **63**
入る 90
博多 33、**35**
吐き気 **111**
泊 91、146
博物館 **79**
橋 12
始まる・始める **104**、137
始めたい 137
初めて 8
はじめまして 8
場所 **26**、27、59、75、76、78、79、80、81、94、129、130、137、147
バス **76**
はずかしい **99**
パソコン **58**、151
旗 65
20歳(はたち) 20
バッグ **63**
服部 **12**
発熱 **111**、149
初日の出 **89**
初詣で **88**
バドミントン **44**
花 **86**、113
鼻 116
バナナ **55**
花火 **91**
花見 **90**
鼻水 **111**
母 **25**
浜 **14**
早い 107、129、139、149
速い **107**、129、139、149
林 **13**、**83**
原 **14**、86、118
払う 92
ハラハラ **133**
バリアフリー **141**
春 **71**、120
晴れ **84**、102
バレーボール **44**
バレンタインデー **89**
ハワイ **145**
半 137
パン **52**
はんこ **62**
ハンバーガーを食べる →食べる(ハンバーガー)
半分 51

ひ

火 68、75、**83**
日A 65、**69**、89、90、123
日B **69**
ピアノ **42**
ピーマン **53**
ビール **50**
日帰り **91**
東 29、34、**73**
低い **103**
飛行機A **77**、145、147
飛行機B **77**
飛行機で行く→飛行機A
ピザ **52**
久しぶり **9**、120
美術館 **79**
左 **73**
左側 129
必要 **102**
ビデオ **60**
人 11、37、38、39
人々 **11**、22、88、138
ひな祭り **90**
日の出 89
ひま **108**
病院 **75**、116、149
病気 **110**
兵庫 **31**
美容師 **38**
平(ひら) **15**、65
昼 9、65、138、139
広い **105**
広島 **32**
琵琶 31
ピンク **118**
貧血 **114**

ふ

ぷ 19
ファクシミリ **61**
ファミリーレストラン **81**
フィギュア 45
夫婦 **23**
深い **105**
ふき 28
福 **14**、28、30、36
副 51
福井 **30**
福岡 **33**、35
福祉 **36**
福島 **28**
不合格 **109**
藤 12
富士山 30
豚 **87**
2つ 128
2つめ **128**
復活 116
ぶどう 30、**54**
船 **77**、88
船で行く 88
不満 **99**、122
冬 **71**
不要 **102**、148
フランス 52
古・古い **14**、**107**
ふるさと 26
プレゼント **91**
フレンチ **52**
風呂 46、**59**

へ

平(へい)→平(ひら)
平日 **65**
平成 **70**
へぇ **96**、140、146
下手 **108**
ベッド **60**
ヘビ **87**
部屋 **58**、59、117
勉強 136
弁護士 **38**
弁当 **91**
便秘 112

ほ

保育園 **78**
保育士 **38**
方法 95、131
ボーイフレンド **92**
ボード 44
北陸 **34**
星 **82**
ほしい 135
ポスター **141**
北海道 **28**
ホテル **80**
堀 **15**
本 **14**、42、45、**62**、79
盆→お盆
本当 **96**、123

ま

麻雀 **43**
毎週A **67**、136

毎週B **136**
毎月 **70**
まいった **150**
毎年 **67**
毎日 **67**、122、124、146
前 **14**
負ける **105**
増(ます) **15**
まずい **56**
貧しい **109**
また 122
まだ **72**、140
町 **13**
待合室 **117**
松 **13**
待つ 117、127、133
真っ黒 **147**
マッサージ **150**
～まで **72**
窓 **60**
真夏日 123
豆 **54**、143
まゆみ **10**
マヨネーズ **57**
マルイ **134**
漫画 **45**
マンション **74**
満足 **99**

み

三重 **31**
みかん **55**
右 **73**
短い **103**
水A **13**、68、**83**、136
水B 59
店A 37、**48**、**77**、80、139、151
店B **77**
見た 132、**133**、**141**
～みたい 23
道 **13**
３日 146
ミッキーマウス 81
見つける・見つけた **129**、**145**
認めない **102**
認める **102**
緑 86、**118**
皆さん **11**
南 71、**73**
耳 116
宮 **14**、28、33、77
宮城 **28**
脈 38、75、149
土産 146
宮崎 **33**
未来 64、**67**
見られる **100**
見るA 40、132、133、135、140、141
見るB 100
見るC 90
ミルク **50**
みんな 11、121

む

昔 **66**
虫 **87**、113
虫歯 **113**
難しい **108**
息子 **24**
娘 **24**
村 **13**
無理 **97**、104
無理(指文字) 148

め

目 115、128
明治 **70**
メール **61**
めまい **111**
メロン **54**

も

木曜日 **68**
餅 89
者 11
桃 118
もらう **103**
森 **13**、28、**83**
盛岡 **35**

や

焼き肉 **53**
野球A 39
野球B **43**
野球選手 **39**
焼く 53
役所 **75**
やけど **112**
野菜 **53**
安(やす) **15**
安い **103**
休み 65、68、**71**、140
休み(長期) 71、143
薬局 **117**
山 **13**、30、32、**83**
山形 **28**
山口 **32**
山梨 **30**
やめる **142**
やわらかい **106**

ゆ

遊園地 **80**
夕方 **65**
遊戯→お遊戯
郵便 75
郵便局 **75**、129
裕福 **109**
雪 44、**84**
ゆっくり **107**、143

よ

予(よ)→あらかじめ
よい **8**、**104**、138、149、151
幼稚園 **78**
洋服 **62**
横浜 **27**
吉・良(よし) **15**
予想 122
予定 **145**
４人A **22**
４人B **22**
読む 42
夜 8、9、**65**、**82**、102、148
よろしくお願いします **8**
弱い **107**

ら

ラーメン **48**
来月 **142**
来週 **67**
来年 **67**
らしい **138**、**141**
ランチ 139

り

離婚 **25**
理由 **95**
理容 38
理容師 **38**
両親 **23**
料理 38、**43**、59
旅館 **80**
旅行 **43**
りんご **54**

れ

列車 43
レモン **55**
連休 143
レントゲン **114**

ろ

ろう **115**
老眼 **115**
６時半 **137**

わ

和 **15**
ワールドカップ **132**
ワイン **51**
和歌山 **31**
わからない **97**
わかる **97**、129、137、139
和室 **59**
和食 **52**
忘れる **104**
私 **10**、11、**20**、**22**、**26**、**41**、145、147、149
私たち **11**
渡辺 **12**
笑う **95**
割り勘 **92**
悪い 96、**104**

本書は1996年発行の書籍『すぐ使える手話』を一部改変し、
新版として発行するものです。

装丁・本文デザイン　杉原瑞枝
表紙イラスト　らたこ
本文イラスト　角　愼作
原田敬子
本文DTP　ティエラ・クリエイト
執筆協力　小田島誓子
校閲　小川かつ子
編集担当　柏野花名

参考文献

●『わたしたちの手話』（全日本ろうあ連盟）
●『すぐに使える手話辞典6000』（ナツメ社）
●『親子で学ぼう！はじめての手話』（メイツ出版）
●『NHKみんなの手話』（日本放送出版協会）
●『やさしい手話入門』（日本文芸社）
●『やさしい手話』（ナツメ社）

最新版 すぐ使える手話

編　者　株式会社主婦と生活社
発行者　倉次辰男
印刷所　大日本印刷株式会社
製本所　小泉製本株式会社

発行所　株式会社主婦と生活社

〒104−8357　東京都中央区京橋3−5−7
電話　03−3563−7520（編集部）
03−3563−5121（販売部）
03−3563−5125（生産部）

ISBN978-4-391-13556-5